Viktor Farkas

Gnadenlose Macht

Steht die ganze Welt
auf dem Spiel?

1. Auflage Oktober 2007

Lektorat: Perfect Page, Sandra Tabery
Umschlaggestaltung: Angewandte Grafik/Peter Hofstätter
Satz und Layout: Perfect Page, Karlsruhe
Druck und Bindung: Clausen & Bosse, Leck

ISBN: 978-3-938516-59-1

Gerne senden wir Ihnen unser Verlagsverzeichnis
Kopp Verlag
Pfeiferstraße 52
D-72108 Rottenburg
E-Mail: info@kopp-verlag.de
Tel.: (0 74 72) 98 06-0
Fax: (0 74 72) 98 06-11

Unser Buchprogramm finden Sie auch im Internet unter:
www.kopp-verlag.de

Viktor Farkas

Gnadenlose Macht

Steht die ganze Welt auf dem Spiel?

JOCHEN KOPP VERLAG

Danksagung

Ich danke einer großen Anzahl von Lesern, die mich mit Informationen versorgen, ich aber aus Platzmangel namentlich nicht alle anführen kann, ausgenommen meine unerschütterlich treue »Superfanin« Frau Iris Rüttimann aus der schönen Schweiz. Ihr verdanke ich viele Fakten. Und natürlich danke ich meinem engagierten Verleger, Herrn Jochen Kopp, der der Informationsfreiheit verpflichtet ist.

Über den Autor:

Viktor Farkas, Jahrgang 1945, ist Journalist, Kommunikationsfachmann, Referent und renommierter Sachbuchautor. Seine Bücher umfassen ein breites Spektrum brisanter und aktueller Themen. Zu seinen bekanntesten Werken zählen »Das Science Fiction-Quizbuch«, »Neue Unerklärliche Phänomene«, »Vertuscht. Wer die Welt beherrscht«, »Zukunftsfalle- Zukunftschance. Leben und Überleben im Dritten Jahrtausend«, »Geheimsache Zukunft. Von Atlantis zur hohlen Erde«, »Schatten der Macht«, »Lügen in Krieg und Frieden. Die geheime Macht der Meinungsmacher«, »Mythos Informationsgesellschaft. Was wir aus den Medien nicht erfahren«. »Jenseits des Vorstellbaren. Der neue Reiseführer durch unsere phantastische Realität« und neu »Rätselhafte Wirklichkeiten«.
Siehe Homepage **www.farkas.at**

Inhalt

DISTANZIERUNG

Aufgrund bundesdeutscher Justizpraxis können auch Zitate, sogar welche aus wissenschaftlichen Werken und historischen Dokumenten, zu einer Strafverfolgung führen, wenn man sich nicht glaubhaft vom Inhalt distanziert und die Veröffentlichung geeignet ist, den öffentlichen Frieden zu stören. Hiermit distanziere ich mich ausdrücklich von solchen Zitaten und Aussagen. Übertragen gilt das auch für Quellenverweise einschließlich der Bibliographie mit weiterführender Literatur.

Vorwort

Anleitung zur Erlangung des Durchblicks

»Die Völker werden so sehr betrogen,
weil sie immer einen Betrüger suchen:
nämlich einen aufregenden Wein für ihre Sinne.
Wenn sie nur den haben können, dann nehmen sie
wohl mit schlechtem Brot fürlieb. Der Rausch
gilt ihnen mehr als die Nahrung – hier ist der
Köder, an dem sie immer anbeißen werden!«
Friedrich Nietzsche

Die in diesem Buch vorgelegten Fakten werden Ihnen großteils neu sein. Viele davon werden Sie gerade deswegen besonders schockieren. Wahrscheinlich werden Sie Unbehagen dabei empfinden, dass uns offenbar etwas völlig anderes weisgemacht wird als das, was de facto der Fall zu sein scheint. Manches davon können wir vage erkennen, das eine oder andere sogar selbst erleben. Was wir nicht erkennen können, sind die Hintergründe, weil den meisten Zeitgenossen der Durchblick fehlt, besser gesagt, verwehrt wird. Die klare Sicht zu schärfen und somit Durchblick zu erlangen, dazu soll Ihnen dieses Buch verhelfen.

Darum gleich am Anfang meine Empfehlung an Sie: Fragen Sie möglichst oft nach dem »Wieso«. Denn »Wieso« ist die Zauberformel zur Erlangung des Durchblicks. Verwenden Sie diese Formel so oft als möglich.

Fragen Sie sich doch einmal, wieso das Unbehagen in der Bevölkerung der westlichen Staaten so groß ist. Obwohl die Wirtschaftszahlen prächtig und die Börsenkurse im Höhenflug sind, bemerkt der »Otto Normalverbraucher« nur, dass er immer mehr arbeiten muss und das Geld hinten wie vorne nicht reicht. Auch ein richtiges Sicherheitsgefühl will sich, selbst bei den aufmunterndsten Kriminalstatistiken, nicht bei ihm einstellen, da er in den Zeiten des »Gesundsparens« nur selten eines Polizisten ansichtig wird, wohl aber verdächtiger Gestalten.

Überhaupt verbreitet der dauernde »Fortschritt« nicht das positive Gefühl, das eigentlich mit diesem Begriff verknüpft sein sollte. Unter anderem auch wegen der Omnipräsenz von Fäkalsprache, Regieexzessen, Eingeweideorgien etc. in Kunst und Kultur, was »unmodernen Geistern« nicht zuletzt wegen der dafür eingesetzten Steuermillionen sauer aufstößt.

Die Antwort auf all dieses Unbehagen ist bei klarer Sicht im Grunde ganz einfach: In Wirklichkeit ist nämlich ein Rückschritt im Gange, der uns lediglich als Fortschritt angepriesen wird.

Vertreter meiner Generation schwärmen sehnsüchtig davon, wie es in den fünfziger und sechziger Jahren des vorigen Jahrhunderts zuging. Jüngeren Lesern darf ich versichern: Glauben Sie mir, genauso war es.

Die Familie wurde als einzig reale Keimzelle des Staates betrachtet und dementsprechend geschützt. Ein Facharbeiter konnte eine mehrköpfige Familie erhalten, auch wenn seine Angetraute »nur« Hausfrau war. Es gab einmal eine Sozialversicherung, die eine optimale Behandlung gewährleistete, ganz ohne Klassenunterschied, private Eigenvorsorge und Zuzahlung bei verordneten Medikamenten.

Die Mädchen sagten »nein«, wodurch die Ausgaben für Verhütungsmittel, medizinische Behandlungen sowie für Abtreibungen gespart wurden. Kinder und Jugendliche waren weder Kettenraucher noch Kampftrinker bis ins Koma, mit anschließender Internetpräsentation des selbstmörderischen Besäufnisses. Vom Rauschgift war schon gar keine Rede. Zum Jahreswechsel amüsierte man sich, ohne die Umgebung in die Luft zu sprengen. Vandalenakte waren so gut wie unbekannt.

Studenten benützten öffentliche Verkehrsmittel. Kinder von einfachen Leuten konnten sehr wohl studieren, weil sie bei Fleiß und Talent Stipendien erhielten. Persönlichkeiten wie Papst Benedikt XVI. durften damals promovieren, auch wenn sie, wie er, der Sohn eines Gendarmeriemeisters waren. Lehrer und Schüler waren korrekt gekleidet und die Lehranstalten nicht beschmiert. Professoren wurden nicht geduzt. Schulgewalt gab es nur in US-Filmen. Rabiate bzw. verhaltensauffällige oder »verhaltensoriginelle« Schüler terrorisierten weder die Mitschüler noch den Lehrkörper, weil sie sonst in Erziehungsanstalten landeten, die allerdings weit humaner waren als die gegenwärtigen US-Bootcamps, wo Jugendliche heute von Militärs »auf Vordermann« gebracht werden (wofür sie oftmals hinterher dankbar sind, wie man den TV-Dokumentationen entnehmen kann). Kinder von heute sind nicht motiviert und benehmen sich täglich schlechter, da der Anpassungsdruck in der Schule enorm ist. Und zwar Anpassung nach unten.

Wieso ist das so?

Wieso gab es einen allgemeinen Aufschrei in Politik und Medien, als im Juli 2007 ein österreichischer Politiker anregte, der hemmungslosen Gewalt an den Schulen durch Ordnung und Disziplin zu begegnen. Finden Sie, dass Sanktionen gegen gewalttätige Schüler – beispielsweise ein Schulverweis – eine Rückkehr in düstere Zeiten bedeuten würde? Eltern beklagen völliges Ignorieren von kultiviertem Verhalten. Selbiges wird als dekadent und elitär betrachtet. Damit ist nur harmlose Höflichkeit gemeint wie grüßen, während des Unterrichts nicht essen und trinken, nicht rülpsen, keine ordinären Äußerungen machen, Türen aufhalten etc., etc. Was man früher als Kindererziehung praktizierte ist heute »out«. Wer seine

Kinder maßregelt, auch wenn sie es verdient hätten, kann vor dem Richter landen.

Wieso ist das so?

Abnorme Entwicklungen der »Jugendkultur«, denen heute alle hilflos gegenüberstehen, wären früher jedenfalls undenkbar gewesen. Beispielsweise das so beliebte »Happy Slapping«. Sie wissen ja: Schülerhorden filmen sich selbst dabei, wie sie andere Jugendliche krankenhausreif zusammenschlagen, und verbreiten diese Aktion dann via Handy oder Internet. Früher undenkbar – und zwar nicht wegen der damals dafür nicht vorhandenen Technologie.

Parkanlagen waren Oasen der Erholung. Abendspaziergänge konnte man auch als Frau machen, ohne belästigt zu werden. Slums und Ghettobildung waren in unseren Breiten unbekannt. Niemand machte sich Gedanken über Zuwanderer oder Asylanten. Nach einer Fahrt in den öffentlichen Verkehrsmitteln besaß man in der Regel immer noch seine Brieftasche. Verbrecher wurden zur Abschreckung und zum Schutz der Nicht-Kriminellen mit der Härte des Gesetzes konfrontiert, wogegen sie heute umsorgt werden, während »das Opfer mit seinen Gefühlen weitgehend marginalisiert, der Ruf nach Rache als Strafmotiv verpönt ist« *(Zitat aus der FAZ vom 31. Januar 2007)*. Man kann sogar gelegentlich hören, der Staat **wolle** seine nicht kriminellen Bürger weder schützen noch verteidigen, rächen schon gar nicht – und wenn sie sich selbst verteidigen, trifft sie die ganze Härte des Gesetzes. Abgesehen davon, dass sie sich in der Regel gar nicht verteidigen können, da sie – im Gegensatz zu den Verbrechern – mit absoluter Gründlichkeit entwaffnet sind. Manche scheuen sich nicht einmal vor der Aussage, dass Humanität gegenüber Verbrechern grobe Inhumanität gegenüber den (nicht kriminellen) Opfern und deren Angehörigen ist. Sie weisen darauf hin, dass in den USA Angehörige der Opfer bei Hinrichtungen anwesend sind und hinterher sagen, jetzt kämen sie endlich zur Ruhe. Im »humanen« Europa hingegen leiden Angehörige oft für den Rest ihres Lebens, wenn beispielsweise Kinderschänder und Mörder nach wenigen Jahren wieder in Freiheit sind, was oft genug der Fall ist.

Häuser werden zu Unrecht versteigert, Menschen zu Unrecht verurteilt, Verbrecher wegen Formalitäten freigesprochen oder laufen gelassen. Politiker und »Top-Manager« übertreten unbehelligt Gesetze. Fahrlässigkeit und Schlamperei sind fast überall an der Tagesordnung. Willkür, Korruption, Rechtsbeugung, nicht wahrgenommene Aufsichts- oder Auskunftspflicht sind dabei leider weder Zufall noch Einzelfall. Viele betrachten daher den heutigen Zustand der Gesellschaft als völlig verkommen; da bleibt kein Auge trocken.

Wieso ist das so?

Auch wenn sich jüngere Leser das vielleicht nicht vorstellen können: In Mitteleuropa hat es einmal eine Zeit ohne EU, ohne Reformen und ohne Globalisierung gegeben. Heute hat sich das Bild allerdings soweit verändert, dass sich ein Bürger von »damals« auf einen anderen Planeten versetzt fühlen würde, würde man ihn mit einer Zeitmaschine in die Gegenwart befördern. Viele fragen sich: Wieso ist das alles nicht mehr so, obwohl es doch dauernd »aufwärts« geht? Die Unternehmensgewinne sprudeln, die Produktivität ist ungleich höher als in jenen fernen Tagen, die Humanität wird propagiert wie nie zuvor – und trotzdem riecht es für viele nach Niedergang. Wenn Ihnen das immer bewusster wird, wächst Ihr Durchblick.

Begriffe wie **Pflicht** und **Anstand** haben sich völlig verabschiedet. Von **Ehre** will schon gar niemand mehr reden, zu leicht wäre er dann vielleicht im »braunen Bereich.« Der früher gültige Handschlag landet heute im Gesicht des Konkurrenten, und zwar als Faust. Gebildete Feingeister zitieren angesichts der heutigen Zustände Immanuel Kant (1724–1804): »Wenn die Gerechtigkeit untergeht, hat es keinen Sinn mehr, dass Menschen leben«. Für weniger Feingeistige herrscht bereits verdeckte Anarchie. Das wollen wir doch nicht hoffen, auch wenn der schleichend angestiegene, mittlerweile mit Volldampf betriebene Verkauf von Volksvermögen (manche sprechen vom »Diebstahl des Volksvermögens«) in absehbarer Zeit dazu führen dürfte, dass sich alle Versorgungseinrichtungen, die mit Steuergeld errichtet wurden, im Besitz von Investoren befinden. Was, gelinde gesagt, Unruhe zur Folge haben dürfte.

Ja, wenn es so ist, dass Post und Bahn an die Börse gehen, warum auf halbem Wege stehen bleiben? Eigentlich müsste auch die Feuerwehr oder die Polizei schnellstmöglich an die Börse (*Robocop* macht es uns doch vor). Mittlerweile wird da und dort ernsthaft versucht, Tierheime gewinnorientiert zu führen, was der Quadratur des Kreises schon sehr nahekommt. Und last but not least: Wenn man das Wasser verkaufen kann, warum nicht auch die Luft? Öffentliche Straßen werden zu Mautstraßen, gleichzeitig immer desolater. Strommasten knicken um. Im Winter stürzen Hallendächer ein. Das Schienennetz verlottert; in England rapide, aber selbst das der Deutschen Bahn ist marode.

Nicht nur ausgewiesene Pessimisten sind überzeugt, dass in einigen Jahren in Europa ein »Normalzustand« einkehren wird, bei dem Benzin, Gas und Heizöl unbezahlbar sind, so dass zahlreiche Bürger im Winter in ihren Wohnungen frieren werden. Für noch mehr von ihnen wird es mit dem Autofahren vorbei sein, das bei den Tempobeschränkungen (firmierend als »Schutz gegen Feinstaub«) auf kaputten Straßen ohnedies immer beschwerlicher wird. Ausreichende öffentliche Verkehrsmittel wird der Staat wohl auch nicht mehr bereitstellen können. Massenstilllegungen von Bahnstrecken, die »sich nicht rechnen«, sind nämlich heute schon die Norm. Öffentliche Gebäude werden gesperrt, weil sie schlichtweg zerfallen.

Weder kommunistisch angehauchte noch apokalyptisch ausgerichtete

Experten prognostizieren, dass die weiter betriebenen Sozialreformen, Marktöffnungen, Auslagerungen, Lohndrückereien usw. in Europa zuerst amerikanische Verhältnisse und später solche wie hierzulande im 19. Jahrhundert hervorrufen werden – nicht sofort mit Bettgeherunwesen und Kinderarbeit, aber wer weiß? Burnout-Syndrom, Malochen bis zum Umfallen noch dazu bis 67, Zehn-Stunden-Arbeitstag, Zeitarbeit, Streichung von Feiertagen (beispielsweise den 15. August »Mariä Himmelfahrt«), Ein-Euro-Jobs, Hartz-IV-Grausamkeiten (jeder sechste Berliner soll von Hartz IV »leben«, und seit neuestem soll es Leistungskürzungen geben, wenn die Kinder von Hartz-IV-Beziehern größere Kommunionsgeschenke erhalten), »Working Poor«, Zwei-Klassen-Medizin (in Österreich beispielsweise sollen schon mehrere Kinder einige Tage nach völlig harmlosen Mandeloperationen an Blutungen gestorben sein, weil sich die Nachbeobachtungszeit von mehreren Tagen im Krankenhaus heute nicht »rechnet« und sie unmittelbar nach dem Eingriff nach Hause geschickt wurden), Zwei-Klassen-Ausbildung und viele andere »notwendige Umstrukturierungen« haben wir ja bereits. Und all das bei besten Wirtschaftsdaten sowie astronomischen Konzerngewinnen wohlgemerkt!

Manche fragen sich, wann sich in der europäischen »Unternehmenskultur« der in den USA schon gängige Begriff des »Zeitdiebstahls« einbürgern wird. Als solcher Diebstahl wird in den Vereinigten Staaten auch der Gang zur Toilette angesehen. Daher kommt das Personal in manchen Fast-Food-Restaurants über sechs oder sieben Stunden nicht einmal beim Pinkeln zum Sitzen. Fälle wie der einer Fabrikarbeiterin, der keine Pause gestattet wurde und die sich daher in Papierwindeln, die sie unter ihrer Arbeitskleidung trug, entleeren musste, sollen keine Seltenheit sein. September 2007: In Österreich kosteten zu viele WC-Pausen Urlaubstage. Kontrolle mit Stechuhr.

Weil diese »Reformen« noch lange nicht das Ende der Fahnenstange sind, empfehlen die Experten, sich vorsorglich darauf einzustellen. Wie genau, das verraten sie allerdings nicht. »Vielleicht durch Anlegen eines Vorrates von Windeln für Erwachsene«, ätzen Zyniker.

Die Liste dessen, was einmal war, auch seit ich die Schulbank gedrückt habe, und was im Sinne des »Fortschritts«, aber meist gegen den Willen der Wählermehrheit als »Reform« abgeschafft oder eingeführt wurde, ließe sich noch seitenlang fortsetzen. Das ist nicht notwendig. Stattdessen genügt eine einfache Frage, die vielen auf den Lippen brennt: »Wieso fällt den meisten Zeitgenossen nicht auf, dass hier ein eiskalt geplanter Umbau in Richtung Weltherrschaft im Gange ist?« Denn wenn dieser Fall eintritt, ist es zu spät. Dann fristet der so genannte »moderne Bürger«, gänzlich gesteuert und bar jeglicher Eigentums- und sonstiger bürgerlicher Rechte in einem brutalen Weltregime, sein armseliges Dasein – als Rechnung für seinen hirnlosen Egoismus.

Um sich dieser Entwicklung bewusst zu sein, bräuchte man eigentlich nur mit klarem Blick und kühler Logik alles und jedes zu hinterfragen, was man uns weismachen will. Genau diesen Durchblick verhindert allerdings die Mediendampfwalze, die uns stündlich überrollt, Unwichtiges zur Gigantomanie aufbläht und Wichtiges, gelinde gesagt, »ausblendet«. Und gegen das Aufkommen der Logik, haben wir die Unterhaltungsindustrie.

Den Durchblick, der uns wegen des tonnenweise in die Augen gestreuten Sands getrübt wird, zu gewinnen und die Logik zu schulen ist angesichts der täglichen Gehirnwäsche nicht leicht. Aber möglich ist es schon. Halten Sie nach **Ungereimtheiten** Ausschau! Diese sind gar nicht so schwierig zu finden, wenn man sich die Mühe macht. Das **Erkennen** muss allerdings trainiert werden.

Natürlich ist es für unsereins zuviel verlangt, einander widersprechende Wirtschaftsdaten oder falsche wissenschaftliche Argumente zu erkennen. Sei es bei der Frage, ob die USA bankrott sind oder nicht, oder beim Streit um den Klimawandel, den manche Fachleute vehement und mit reichlich Datenmaterial schlichtweg für eine Erfindung halten. Nein, da sind wir eindeutig überfordert. Fragen Sie sich stattdessen, ob Ihnen nicht schon einmal etwas schlicht und einfach **nicht richtig** vorgekommen ist.

Hat Sie – wie manche Zeitgenossen – vielleicht die einheitliche Sprachregelung von Eliten und Medien bezüglich der »Aufständischen« im Irak irritiert, weil Ihnen irgendwann klar geworden ist, dass der Irak nicht der 51. Bundesstaat der USA ist? Auch wenn das Gemetzel seit der US-Invasion von 2003 eine verhängnisvolle Eigendynamik bekommen hat, ist Widerstand gegen eine gewaltsam eingedrungene Besatzungsmacht völkerrechtlich legitim und alles andere als ein »Aufstand«. Genauso wenig wie der vergebliche Abwehrkampf der nordamerikanischen Ureinwohner ein Aufstand war, ungeachtet dessen, dass in Wildwestfilmen dauernd Indianeraufstände niedergeschlagen wurden.

Wenn Ihnen solche Widersinnigkeiten bereits bewusst geworden sind, befinden Sie sich auf dem richtigen Weg. Wenn nicht, empfehle ich: Suchen Sie gezielt in den Zeitungen oder in den Fernsehnachrichten nach ihnen. Mit etwas Übung wird es Ihnen gelingen. Um dies zu schulen, gebe ich Ihnen anhand einiger weniger Beispiele aus den unterschiedlichsten Bereichen des Geschehens auf der großen Weltbühne, wie auch aus dem Alltag von Hinz und Kunz, eine kleine Schützenhilfe.

Also: Augen auf, weg mit dem »Brett vorm Kopf«.

Haben Sie sich beispielsweise gefragt, warum immer mehr Videoüberwachung und Rasterfahndungen eingeführt werden, wenn doch gleichzeitig Gewaltverbrecher und Vergewaltiger regelmäßig auf freiem Fuß angezeigt werden, oder – wenn sie doch einsitzen – es sich im »Wohlfühlgefängnis« gemütlich machen können (in Österreich sogar mit Sexstunden in eigens dafür geschaffenen »Kuschelzellen«; kein Witz)? Dass selbst Mörder oft nur wenige Jahre in Haftanstalten verbringen müssen, die zudem sehr komfortabel sind, ist nicht übertrieben und sehr zum Leidwesen der Angehörigen der Opfer, die offensichtlich keine Lobby haben.

Speziell hinsichtlich des Anlegens von zweierlei Maß in der öffentlichen politischen Meinung, findet sich Reichliches für ein gesundes Misstrauen und für einen klaren Durchblick.

Als im April 2007 in Moskau Polizeikräfte mit Demonstranten rüde umgingen, widmete eine Tageszeitung mit Millionenauflage diesem Ereignis eine ganze Seite mit der in Balkenlettern gesetzten Überschrift »Putin zeigt sein wahres Gesicht«. Dazu muss allerdings gesagt werden, dass weder ein Demonstrant ums Leben kam, noch schwer verletzt wurde. Selbst der unverhohlen agitierende Ex-Schachweltmeister Garri Kasparow verbrachte nur einige Stunden in Polizeigewahrsam und wurde gegen eine Kaution von 1.000 Rubel (29 Euro) auf freien Fuß gesetzt. Wie es der Zufall so will, findet sich in eben dieser Publikation zwei Seiten vorher eine winzige Notiz, die in 11 kurzen Zeilen (eine Spalte) vermerkt, die US-Truppen hätten in Afghanistan nach einem Bombenanschlag, bei dem einer ihrer Kameraden verletzt wurde, auf vorbeifahrende Autos geschossen und dabei 10 Zivilisten getötet sowie 33 verletzt (was sie dort und im Irak regelmäßig tun).

Während Putin dauernd auf Demokratie und Menschenrechte hingewiesen wird, wartete man vergeblich darauf, dass Politiker und Medien Präsident Bush auf aktuelle amerikanische Kriegsverbrechen hinweisen würden (von vergangenen gar nicht zu reden). Etwaige »Abmahnungen«, fremde Länder nicht völkerrechtswidrig zu bombardieren, die den USA weder den Krieg erklärt haben, noch sie bedrohen können, unterbleiben grundsätzlich.

Um Ihnen die monströse Unverhältnismäßigkeit deutlich zu machen, zitiere ich aus dem Brief, den der ehemalige US-Justizministers Ramsey Clark 2002 an die UNO geschrieben hatte und der im Internet kreiste. Verhindern konnte er den herbeigelogenen Irak-Krieg von 2003 damit allerdings nicht:

»1990 erzwangen es die Vereinigten Staaten, dass dem Irak völkermörderische Sanktionen auferlegt wurden. Die USA schufen die Wirtschaftssanktionen gegen den Irak, die der Sicherheitsrat am 6. August 1990, dem 45. Jahrestag des amerikanischen Atombombenabwurfs auf Hiroshima, billigte. Diese Sanktionen sind die direkte Ursache dafür, dass mehr als eine Million Menschen auf grausamste Weise sterben musste. Dies ist das größte Verbrechen gegen die Menschheit im letzten Jahrzehnt des 20. Jahrhunderts, dem gewalttätigsten der Geschichte. Die große Mehrheit der durch die Sanktionen verursachten Toten sind Säuglinge, Kinder, Alte, chronisch Kranke und medizinische Notfälle. Sie sind es, die besonders unter verschmutztem Wasser, Unterernährung, Medikamentenmangel und fehlender medizinischer Ausrüstung leiden.

Die Behauptungen der USA, die irakische Regierung sei für die Verknappung von Nahrungsmitteln und Medikamenten verantwortlich, sind falsch. Die USA haben Ölverkäufe des Irak sechs Jahre lang blockiert, bevor sie den humanitären Forderungen nachgaben und Ölverkaufe zum Ankauf von Nahrungsmitteln und Medikamenten zuließen. Seit die Verkäufe 1997 begannen, haben die USA das Öl-für-Nahrungsmittel-Programm der UNO gezielt behindert und verzögert, so dass es nicht die nötigen Einnahmen erbrachte, die nötig gewesen wären, um die tägliche Verschlechterung des Gesundheitssystems und die steigende Todesrate im Irak zu stoppen.

Die Luftwaffe der Vereinigten Staaten hat den Irak elf Jahre lang absichtlich angegriffen.

Zehntausende irakischer Bürger wurden getötet. Der Hauptteil der Bomben richtete sich direkt gegen Zivilisten und zivile Einrichtungen. Selbst die wahllosen Angriffe auf Afghanistan wurden kürzlich mit mehr Sorgfalt durchgeführt. Die US-Bomben zerstörten Einrichtungen der Wasserversorgung, Hochspannungsleitungen, Kommunikationsanlagen, Straßen, Fabriken, Felder, Stallungen, Nahrungsmittelvorräte, Produktionsanlagen für Dünger und Schädlingsbekämpfungsmittel, Handelseinrichtungen, archäologische und historische Schätze, Wohngebiete, Schulen, Krankenhäuser, Moscheen, Kirchen und Synagogen.« *(Auszug Ende)*

Die Herausgeber dieses Briefes wollen in Erinnerung rufen, dass für sie der Irak-Krieg 2003 kein »Fehler« war, wie es die mediale Sprachregelung nennt, sondern der Höhepunkt eines ungeheuerlichen und über einen langen Zeitraum betriebenen Kriegsverbrechens, bei dem sich die Opferzahl seit 2003 um offiziell geschätzte 650.000 bis 700.000 Opfer erhöht hat. Die Toten der täglichen Gemetzel, die es ohne die US-Invasion nicht gäbe und die die täglichen Opferzahlen des Irak/Irankrieges von 1980 bis 1988 bereits überschreiten, noch gar nicht mitgerechnet. Kein Wunder, dass vielen Irakern die Zeit unter Saddam und vor den Sanktionen im Rückblick als wohlgeordnet, fast schon paradiesisch, anmutet.

Verglichen mit dem, was die USA im Irak und in Afghanistan angerichtet haben, erscheint Putin vielen wie ein praktizierender Humanist. Bemerkenswert ist im Zusammenhang mit den US-Aktivitäten in Afghanistan und im Irak die Funkstille an der »Betroffenheitsfront«: kein Mucks von jenen, die lauthals protestieren, wenn in den USA ein Mörder hingerichtet wird. Das höchste der Gefühle ist leichter Tadel für die Ermordung von zahllosen nicht kriminellen Zivilisten als »Fehler in der Afghanistan/Irak-Politik«.

Damit zu den Diskrepanzen im zivilen Bereich, selbst im Rundfunk zu hören: Es wurden wieder einmal die unglaublichen »Wohlstands-Vorteile« über den grünen Klee gelobt, die jeder Einzelne durch die EU-Osterweiterung genießt. In **ein und derselben** Nachricht, und zwar als **nächste Meldung**, wurde von Zigtausenden von Stellenstreichungen, zahlreichen Auslagerungen, Firmenabsiedelungen und -abwanderungen im großen Stil berichtet. Danach kam pikanterweise gleich ein Bericht über die, dank der Ostöffnung, explodierende Kriminalität. Fällt der Groschen? Merken Sie, wofür ich Sie sensibilisieren möchte?

Also dann weitere Beispiele, bei denen einiges nicht zusammenpassen will.

Wie man den Medien Ende April 2007 entnehmen konnte, äußerten deutsche Verfassungsrechtler die Ansicht, der wegen der Ermordung des elfjährigen Bankierssohns Jakob von Metzler zu lebenslanger Haft verurteilte Magnus Gäfgen könnte aufgrund seiner Beschwerde, er habe das Versteck des von ihm entführten Buben nur aufgrund einer Folterandrohung durch Frankfurts Vize-Polizeipräsidenten verraten, frei gehen. Ein solches Geständnis dürfte demnach nicht verwertet werden, wodurch dem Täter der Mord nicht nachgewiesen werden könnte, ungeachtet der Tatsache, dass man die Kindesleiche am bezeichneten Ort gefunden hatte.

Um nicht nur Täterfreundlichkeit aus deutschen Landen ins Blickfeld zu rücken, ein Beispiel aus Österreich: Im Juni 2007 verschwand eine 14-jährige Linzerin auf dem Schulweg spurlos. Entführung wurde befürchtet. Vier Stunden nach dem Verschwinden erfolgte ein Anruf der Schülerin auf dem Handy der Mutter. »Mama, Mama!«, erklang die verzweifelte Stimme des jungen Mädchens. Die Mutter schrie »Wo bist du?«, doch da war die Verbindung bereits wieder unterbrochen. Da das Kind sein Handy nicht bei sich hatte, war klar, dass es von einem anderen Gerät aus angerufen hatte, möglicherweise von dem eines mutmaßlichen Entführers. Die Nummer des betreffenden Handys war zwar unterdrückt worden, doch wäre es technisch kein Problem gewesen, den Besitzer des Gerätes zu ermitteln. Damit ist der Fall gelöst, denkt der schlichte Normalbürger, doch er irrt. Trotz möglicher »Gefahr im Verzug« durfte die Polizei die Nummer nicht ohne Gerichtsbeschluss ermitteln, was einige Zeit dauern würde. »Wir können ein Verbrechen nicht ausschließen«, so ein Polizist, aber geheim blieb die Nummer trotzdem. Potentielle Entführer freuen solche Gesetze sicher; daran ändert auch die Tatsache nichts, dass der Fall des verschwundenen Mädchens aus Linz doch kein Kriminalfall war. Nachdem endlich der Gerichtsbeschluss zur Eruierung der unterdrückten

Handynummer erreicht war, stellte sich heraus, dass die Schülerin ausgerissen und bei einer Freundin untergeschlüpft war, der das fragliche Mobiltelefon gehörte. Wie die Sache bei einer tatsächlichen Entführung ausgegangen wäre, steht auf einem anderen Blatt.

Abgesehen davon, dass sich für nicht wenige Zeitgenossen die immer wieder gestellte Frage erhebt, wieso eigentlich die Rechte von Gewaltverbrechern grundsätzlich über denen von Nicht-Kriminellen, in den vorliegenden Fällen Kinder, rangieren, scheint ihnen etwas anderes fast noch bemerkenswerter. So gut wie zeitgleich mit der Frage, ob ein Kindermörder wegen angedrohter Schmerzen frei gehen könnte, wurde nämlich im deutschen Bundestag die Forderung erhoben, im Zuge des ominösen »Kriegs gegen den Terror« Geständnisse zuzulassen, die aus Verdächtigen herausgefoltert worden sind. Kurz darauf wurde erwogen, den in den USA üblichen Verschwörungsparagraphen in Deutschland einzuführen. Ein Gesetz, nach dem bereits die **Verabredung** zu einer Straftat in einem Hinterzimmer strafbar ist, ohne dass diese in Angriff genommen wurde. Diesen »Universalparagraphen«, den es in Europa nicht gab, haben die USA übrigens rückwirkend beim Nürnberger Prozess nach dem Zweiten Weltkrieg eingeführt, um deutsche Generale wegen »Verabredung zum Angriffskrieg« verurteilen zu können. Jeder, dessen Geschichtskenntnisse diesen Umstand umfassen und der heute darauf hinweist, dass nach diesem Gesetz beispielsweise die Bush-Administration – die sich nicht nur verabredet hat, den Irak anzugreifen, sondern das auch tatsächlich getan hat – vor Gericht stehen müsste, ist klarerweise ein Verschwörungstheoretiker.

In einem Aufwasch, mit strafloser Folter und strafbarer Verschwörung, wurde in Deutschland auch gleichzeitig die gezielte Tötung von Terrorverdächtigen angeregt. **Zitat:** »Die Sicherheit muss uns **das** (als Verdächtiger erschossen zu werden) schon wert sein.« Hinterher wurde zurückgerudert, alles Missverständnisse. Das ändert nichts an den immer lauter werdenden Stimmen, dass gerade das Mitmachen im nebulosen »Kampf gegen den Terror« – beispielsweise durch den Afghanistan-Tornado-Einsatz, aber nicht nur diesen – den Terror nach Deutschland holen könnte. Die besten Anti-Terror-Maßnahmen seien nicht eine dauernde Einschränkung der eigenen Bürgerrechte, sondern das Einstellen der Hilfsdienste bei den Kriegsverbrechen des »großen Satans«, wie die Islamisten ihren Hauptfeind und Dauerbombardierer zu nennen pflegen.

Wer immer sich in diesem Zusammenhang Gedanken über die Maxime machen möchte, Deutschland würde am Hindukusch verteidigt, dem wird dies von Unangepassten wärmstens empfohlen. Parolen wie »Raus aus Afghanistan« oder »Genug mit der Handlangerei für die USA« sind spärlich, aber doch zu vernehmen.

Der »Krieg gegen den Terror« – für manche in Wirklichkeit ein Krieg gegen Freiheit und Bürgerrechte im eigenen Land – ist ein gutes Schulungsfeld zur Erlangung des Durchblicks.

Hatten Sie auch schon Ärger am Flughafen, weil Sie irgendwelche Flüssigkeiten in Kunststofftüten umpacken mussten und manche gar nicht mitnehmen durften? Lästig, aber notwendig für die Flugsicherheit, werden Sie vielleicht zähneknirschend gedacht haben. Überraschung, Überraschung: alles gar nicht notwendig. Der pompös in allen Medien getrommelte »Anschlag mit Flüssigsprengstoff« vom August 2006 soll reiner Mumpitz gewesen sein, wie ich im Kapitel *»Furcht ist der Schlüssel«*, Abschnitt *»Der Pseudo-Terror löst sich immer wieder auf«*, eingehend darlege.

Wenn Sie sich wundern, wieso im Oktober 2006 dennoch die schikanöse Handgepäckregelung im Flugverkehr eingeführt wurde, ist Ihr Blick schon ziemlich scharf. Und wenn Sie sich folglich fragen: »Was soll das? Soll der schlichte Bürger vielleicht einen weiteren Schraubengang auf staatliche Repressionen aller Art vorbereitet werden?«, ist Ihre Logik bereits am Werk. Ihr Durchblick wächst.

Ich bin mir fast sicher, dass viele bei meinem Appell für klare Sicht auch einige Worte zur Klimawandel-Diskussion erwarten werden, die derzeit in den Medien tobt (anders kann man es wohl kaum nennen). Da es strittig ist, ob es die »CO_2-Katastrophe« **überhaupt** gibt, bin ich nicht anmaßend genug, um zu einer Frage Stellung zu beziehen, bei der sich nicht einmal Experten einig sind. Eines kann ich jedoch anmerken, weil es offenkundig ist: Ein Grund zum Abkassieren ist der existente oder nicht existente Klimawandel allemal. Ökosteuer, Benzinsteuer und andere Energieabgaben werden gehörig hinaufgeschnalzt oder neu eingeführt. Nicht zu vergessen der peinliche »Emissionshandel«, der für viele eher ein Kuhhandel ist, besser noch: ein Ablasshandel.

Und dann gibt es jene, die klipp und klar sagen: »Alles gelogen. Es geht nur ums Abkassieren, andernfalls würden, um nur ein Beispiel zu nennen, doppelwandige Öltanker verpflichtend sein und keine einwandigen mehr auf See herumschippern und immer wieder ausrinnen – Produzenten von Ölteppichen, die das Meer darunter absterben lassen, auch nachdem sie abgepumpt wurden.« Unbestreitbares Faktum ist für Fachleute, dass von Ölteppichen eine **unmittelbare** Gefahr ausgeht. Die größte Sauerstoffquelle der Erde ist nämlich nicht die Flora – vom Gänseblümchen bis zum Baumriesen – sondern das unterseeische *Phytoplankton*. Diese einzelligen Algen liefern durch ihre Photosynthese etwa zwei Drittel des Sauerstoffs, der notwendig ist, um das gegenwärtig immer noch atembare Luftgemisch aufrechtzuerhalten. Eine Ölschicht, die dem Phytoplankton nicht guttut und den Gasaustausch abschneidet ist lebensbedrohender, als eine Temperatursteigerung über Jahrzehnte. Wenn das so ist, wieso gibt es keine weltweite Kampagne zum Verbot einwandiger Tanker oder zumindest Protestkonzerte?

Und wieso hört man im Zusammenhang mit dem Klima nichts mehr vom »Global Dimming«, der globalen Verdunkelung, die noch vor einiger Zeit die Medien erfüllte? Kann es sein, wie manche Experten meinen, dass dieser Effekt, der durch steigenden Schmutz in der Atmosphäre zu einer verringerten Sonneneinstrahlung führt, der globalen Erwärmung via »Treibhauseffekt« entgegenwirkt und daher aus der Diskussion ausgeblendet wird?

Ferner ist wenig in den Medien darüber zu vernehmen, dass die umweltschädigenden Auswirkungen der Überbevölkerung bereits mit jenen mithalten können, die durch die industriellen Aktivitäten der Ersten Welt verursacht werden. Beispiele dafür sind:

- Atmosphärenschädigende **Brandrodungen** von ungeheuerer Größe um Platz zum Siedeln und für Viehherden zu schaffen. Dabei wird Kohlendioxyd nicht nur durch die Verbrennung selbst in die Luft geblasen, sondern auch aus dem Holz freigesetzt, da Holz ein CO_2-Speicher ist.
- Spalt- beziehungsweise Ozonschicht zusätzlich attackierende **Treibhausgase** wie Methan aus den Mägen blähender Viehherden. Jeder Kuh sollen täglich bis zu 250 Liter Methan entfahren, wodurch die unschuldigen Fleischlieferanten aktuell 18 Prozent zum Treibhauseffekt beitragen könnten.
- Voranschreitende **Verkarstung**, da Dung zunehmend nicht mehr als Dünger zum Einsatz kommt, sondern verbrannt oder als Baustoff verwendet wird. Weitere Verödung des Bodens durch unfreiwilligen Wanderackerbau, der dreißigmal mehr aus dem Boden herausholt, als wieder zurückkommt.

Damit erhebt sich eine Frage, vor der viele zurückschrecken: Wieso können wir uns das Überleben nicht leisten? Dies wiederum führt schnurstracks zu einer der grundlegendsten Zukunfts- und Menschheitsbedrohungen überhaupt: der Bevölkerungsexplosion, die noch in den 1970er-Jahren eine große Agenda war und mittlerweile völlig totgeschwiegen wird. Wieso erinnert sich niemand mehr des sinistren Ausspruchs, den Aldous Huxley bereits in den 1930er-Jahren getätigt hat: »Ungelöst wird das Problem der Überbevölkerung **alle** anderen Probleme unlösbar machen«? Oder **will** man sich nicht daran erinnern und warum nicht? Fragen über Fragen, auf die manche eine Antwort haben. Sie lautet: »Die heutigen Zustände sind nicht vom Himmel gefallen, sondern werden bewusst geschaffen.«

Genug der Vorreden. Ich glaube, Sie wissen wo es lang geht. Damit wünsche ich Ihnen eine erhellende Lektüre. Sie wird, das darf ich Ihnen versichern, was den Inhalt betrifft, nicht gerade erquicklich sein – wie es die Realität eben ist – aber Ihren Durchblick wird sie sehr wohl schärfen. Manches, was ich darlege, ist so haarsträubend, dass ich es nicht definitiv behaupten, sondern nur die in diese Richtung deutenden Fakten zur Diskussion stellen kann. Erfunden habe ich nichts.

Wenn ich von »manchen«, »Kritischen«, »Besorgten«, »Zeitgenossen«, »Aufdeckern«, »Insidern«, »Unangepassten« etc. spreche, sollen damit keine Quellen verschleiert werden, vielmehr will ich deren Vielgestaltigkeit Rechnung tragen. Voll und ganz im Sinne meines Bemühens, Stimmungen und »unter der Oberfläche« kursierende Vermutungen und Befürchtungen einzufangen und in ein Gesamtbild zu integrieren. Dazu widme ich auch Kleinmeldungen die ihnen gebührende große Aufmerksamkeit, so wie das auch ein renommierter amerikanischer Trendforscher tut, der damit erstaunlich genaue Prognosen zustande bringt.

Eines kann ich Ihnen aber auf jeden Fall garantieren: Sie werden sich bei meinen Analysen gut unterhalten. Denn auch ein schwarzer Humor ist immer noch Humor. Und ich habe sogar einen tröstlichen Aspekt anzubieten: Im Teil VI zeige ich Hoffnungsschimmer. Trotz allem blitzt also Licht am Ende des Tunnels auf – und das ist kein entgegenkommender Zug …

Viktor Farkas

www.farkas.at

Teil I

Was hinter der Weltbühne vor sich geht

Die Handschrift der geheimen Herrscher

»Nichts ist unglaubwürdiger
als die Wirklichkeit.«
Fjodor Michajlowitsch Dostojewskij

Pläne für eine Sklavenwelt

»Uneingeschränkte Toleranz
führt mit Notwendigkeit zum
Verschwinden der Toleranz.«
Sir Karl Popper

Zum Einstieg möchte ich einige der Ratschläge zur Erlangung und Ausübung von Herrschaft zitieren. Sie stammen von einem strategischen Denker, der von Mächtigen und solchen, die es werden wollen, gerne herangezogen wird: »Stachelt die Jungen gegen die Alten auf ... Entwertet Geschichte und Überlieferungen, gute Sitten und Bräuche! Macht sie lächerlich! ... Zersetzt die Bereitschaft der Jugend, ihrem Volke im Heere zu dienen ... Beeinträchtigt den Willen und die Kraft durch sinnliche Musik ... Sendet Huren aus, um das Werk des Verfalls zu vollenden! Verbreitet Unsittlichkeit, wo ihr nur könnt! ... Seid großzügig mit Versprechen und Geschenken, um Nachrichten zu kaufen! ...«

Ich würde wetten, dass Sie diesen Tipps, deren Verwirklichung man heute allenthalben beobachten kann, nicht ein Alter von mehr als viertausend Jahren zuschreiben würden. Sie stammen aus der berühmten Strategieanleitung »Kunst des Krieges« des nicht weniger berühmten chinesischen Generals und Staatsphilosophen Sun Tsu (ca. 534 bis ca. 453 v. Chr.). Man könnte fast meinen, der weise Chinese würde heute im Hintergrund die Strippen ziehen. Die Welt, wie sie sich im 21. Jahrhundert darbietet, scheint seine Handschrift zu verraten. Für immer mehr Zeitgenossen steht jedenfalls fest, dass eine Weltdiktatur zu erwarten und im Aufbau begriffen ist.

In vielen Ländern ist die Demokratie in mancherlei Hinsicht ausgehöhlt. Wirtschaftsführer, Großbanken, Geheimdienste, private Stiftungen und »Think Tanks« diktieren die Politik. Die Volksvertreter scheinen nicht mehr ihren Wählern verpflichtet, sondern dem Masterplan der Herrscher im Hintergrund. Die Medien stehen ihnen in einem erschreckenden Ausmaß zu Diensten. Das Völkerrecht, die UNO-Charta und die Genfer Konvention, die lange Zeit einen, wenn auch fragilen, Frieden garantiert haben, sind heute so gut wie nicht existent.

Jene, die man üblicherweise augenblicklich ins Verschwörereck verbannt, meinen, diese Entwicklung würde seit Jahrhunderten von Dunkelmächten aller Art betrieben, auch wenn diese gelegentlich nicht dunkel, sondern erleuchtet sein sollen (daher »Illuminaten«). Sie, die wahrhaft mächtigen Strippenzieher, bezweckten den moralischen und sozialen Niedergang der Solidargesellschaft durch geistiges Junkfood, Verwirrung im Rechtsgefüge, Täterschutz und Gummiparagraphen, soziale Verwerfungen durch forcierte Migration, Eigennutz vor Gemeinnutz, Minderheiten vor Mehrheiten, Dekadenz als Zeitgeist, Zerstörung der Familie ... usw., kurzum: durch Chaos, aus dem »One World«, von manchen als »One Slum« bezeichnet, entstehen kann.

Das ist starker Tobak. Trauen wir uns trotzdem, ein Konzentrat dieser Pläne vorurteilslos unter die Lupe zu nehmen, wie Aufdecker sie enthüllt haben wollen. Einer davon ist der zugegebenermaßen umstrittene ehemalige Geheimdienstmann William Cooper. Die Umstände seines Todes verleihen ihm für viele eine gewisse Glaubwürdigkeit. Cooper, der den Anschlag auf das World Trade Center in New York vom 11. September 2001 sofort danach in zahlreichen Vorträgen als Schiebung bezeichnete, wurde diverser Vergehen beschuldigt und am 5. November desselben Jahres »auf der Flucht« erschossen, obwohl er ein Holzbein hatte, mit dem er nicht schnell laufen konnte.

Dieser Mann veröffentlichte 1991 ein Dokument der *US-Naval Intelligence*, das er am 7. Juli 1986 in einem von ihm gekauften, gebrauchten Fotokopiergerät gefunden haben wollte, wo es offenbar versehentlich liegengelassen worden war. Laut Cooper skizziert das Dokument aus dem Jahre 1979 den »heimlichen Dritten Weltkrieg« der »Illuminaten« (*Trilaterale Kommission*, das *Council of Foreign Relations CFR* und die *Bilderberger-Group)* zur Erlangung globaler Totalherrschaft. Die von Cooper zitierten Maßnahmen klingen ungeachtet der Quelle für heutige Ohren nicht unvertraut. Urteilen Sie selbst:

- Verarmung der Bürger, Zerstörung des Mittelstandes
- Angriffe auf den Intellekt der Menschenmassen durch niveaulose Erziehungsmethoden sowie brutalisierende und geisttötende Unterhaltung
- materielles Vergiften der Bürger durch Lebensmittelgifte und durch Zerstörung der Bauernstrukturen
- Schaffung ohnmächtiger bzw. unfähiger, scheindemokratischer Regierungen
- Kontrolle der Energie weltweit
- Förderung der Bevölkerungsexplosion

Auch das zitierte Resümee besagter »erleuchteter Dunkelmächte« – man verzeihe mir das Wortspiel – liest sich, wenn man ehrlich ist, unangenehm vertraut:

»Wir werden die Völker in große Hoffnungen und auch in tiefe Ängste treiben und sie weich kneten. Wenn wir die von uns geplanten Staatsumwälzungen vollzogen haben, werden wir den Völkern sagen: Seht, es ist alles so schrecklich schlecht, ihr seid vor Leid und Gram erschöpft. Seht, wir beseitigen nun die Ursachen eurer Leiden: z.B. die Landesgrenzen, die Verschiedenartigkeit der Währungen. Dann werden sie uns nur noch zujubeln und uns in heller Begeisterung auf Händen tragen – ohne zu wissen, was auf sie wirklich zukommt.

Um den Völkern die wahren Zusammenhänge der Welt zu verbergen, lenken wir die Menschen durch immer wildere Vergnügungen und Spiele ab ...

Wir lassen auch niemanden in die hohen Positionen, der nicht absolut unsere Ziele verfolgt. Wir brauchen die Parteien zur Tarnung unserer Ziele und für die Unterdrückung von Persönlichkeiten. Denn die größte Gefahr droht uns nur durch die echten Persönlichkeiten, die mutig und weitsichtig sind, das Wesentliche bzw. Wichtige erkennen, es durchschauen und eine Bewegung auslösen wollen ...« *(Zitat Ende)*

Es soll also demnach der Großteil der Weltbevölkerung durch Wirtschaftskrisen verarmen und durch Bevölkerungswachstum weiter verelenden. Wenn das in einem bislang noch nicht erreichten Ausmaß geschehen ist, würde sich, so das Dokument, die Sklavenwelt von morgen mit drei globalen Großzonen präsentieren:

- *Gesamtamerika* unter Führung Washingtons. Man denke nur an die Anbindung des US-Dollars an die südamerikanischen Staaten, deren Bevölkerungen sich allerdings immer heftiger zu wehren beginnen. Siehe Venezuela, das nun dabei ist, den gesamten südamerikanischen Raum zu infizieren.
- *Großeuropa* zusammen mit Russland und Afrika unter Führung Brüssels. Der US-Außenposten Brüssel ist in vielerlei Hinsicht heute schon der Oberkommandierende Europas. Von Verordnungen für Gurkenkrümmungen, Scheibenwischern oder Traktorensitze über die Frage, wie die Beschläge bei den Ruderbooten auszusehen haben, über aufgezwungenen Transitverkehr, erzwungene Freizügigkeit (z.B. zwangsweise Öffnung österreichischer Medizinuniversitäten für deutsche Studenten, obgleich diese Institutionen mit österreichischen Steuermitteln errichtet und betrieben werden), kalte Enteignung durch Anti-Diskriminierungsgesetze, die Unternehmern verbieten, diejenigen anzustellen, die ihnen einfach sympathisch sind (das soll dann freies Unternehmertum sein), bis hin zu einer Vielfalt an Giften in Lebensmitteln, wird in Brüssel Unzähliges gegen die Interessen der Massen bestimmt. In den USA und in Asien vollziehen sich ähnliche Prozesse.
- Sowie ein *Gesamtasien* unter Führung Tokios.

Soviel zu den Auszügen aus den angeblichen oder tatsächlichen »Plänen der geheimen Herrscher«. Jene, die man üblicherweise augenblicklich ins Verschwörereck verbannt, meinen jedenfalls: Natürlich kommt eine Weltdiktatur, es wird ja schließlich seit Jahrhunderten auf nichts anderes hingearbeitet. Sie sind überzeugt, fast täglich neue Indizien dafür zu entdecken, die »Otto Normalverbraucher« lediglich nicht als solche erkennt. Ein Beispiel, auf das Sie sich selbst Ihren Reim machen können:

Angesichts der riesigen Mauer, mit der sich die USA gegen illegale Einwanderung abzuschotten scheinen, und der von Menschenrechtlern oftmals beklagten rüden Vorgehensweisen der Behörden gegen solche Einwanderer, waren im Mai 2007 nicht wenige darüber erstaunt, als Videobilder über eine Pro-Einwanderungs-Demonstration im Internet erschienen, die anderes zeigten.

Während rabiate Unterstützer illegaler Einwanderung unbehelligt blieben, ergriffen die Polizisten einen Mann, der den bekannten Mittelfinger gegen die Demonstranten gerichtet hatte, und rammten sein Gesicht gegen den Asphalt.

Was den Eindruck eines singulären Polizeiübergriffs macht, wird von vielen als Beweis dafür angesehen, dass illegale Einwanderer in den USA über dem Gesetz zu stehen scheinen. Begründungen für diese unorthodoxe Ansicht werden angeführt: Illegale Einwanderer brauchen weder eine Versicherung noch einen Führerschein. Wenn die bei einer Polizeikontrolle Angehaltenen kein Englisch sprechen, lassen die Polizisten sie gehen. Polizeibeamte sollen Journalisten gegenüber zugegeben haben, ihnen sei der Befehl erteilt worden, Illegale in Ruhe zu lassen. Diese können inzwischen ohne Sozialversicherungsnummer oder irgendein anderes US-Dokument Bankkonten eröffnen, Kreditkarten erhalten und Schecks einlösen. Alles was benötigt wird, ist eine leicht erhältliche Karte von der Regierung eines anderen Landes. US-Bürger hingegen bekommen größte Schwierigkeiten, wenn sie nicht alle Papiere bereithalten. Die Kritiker dieser Regelung sind nicht dagegen, dass Minderheiten Erleichterungen gewährt werden, sondern bestehen darauf, dass Gesetze und Vorschriften für jedermann zu gelten hätten. Als Beispiel für die beanstandete Ungleichheit wird angeführt, dass Grenzschutzbeamte, die versuchen, Drogenschmuggler an der Einreise in die USA zu hindern, selbst von den Behörden verfolgt werden. Damit erhebt sich die Frage: Wenn das wirklich so ist, was soll das Ganze? Warum werden illegale Einwanderer behütet, während amerikanische Bürger, ganz gleich ob weiß, schwarz oder latino, schikaniert und überwacht werden? Enthüllungsjournalisten haben eine Antwort: Auf der einen Seite soll der Plan weitergetrieben werden, die USA, Mexiko und Kanada zu einer nordamerikanischen Union zu verbinden. Eine »Rückeroberung« der amerikanischen Südstaaten durch Mexikaner ist hierbei ein wichtiger Schritt. Andererseits sind die dadurch zu erwartenden Unruhen, Aufstände und Rassenkriege der ideale Vorwand für einen kompletten Polizeistaat, der sich derzeit ohnedies bereits zu entfalten beginnt. Zum Vergleich in Europa: Der erste Fall einer multiresistenten offenen Tuberkulose in Österreich – hochansteckend und lebensgefährlich. Träger der Tbc war ein Asylwerber, der über die Gefährlichkeit Bescheid wusste und 2004 schon einmal in Haft war, weil er sich nicht an die Quarantänebestimmungen gehalten hatte. Gelernt scheint der Lungenkranke daraus nichts zu haben. Abgeschoben wurde er trotz allem nicht. Nach seinem neuerlichen Prozess im Januar 2005 mussten die Gerichtsbediensteten danach zum Lungenröntgen.

In Deutschland wiederum scheinen Neubürger immer mehr von den »alten« Gesetzen befreit zu werden. Das befürchten Besorgte aufgrund des – nennen wir es einmal so – »originellen« Urteils einer Richterin in Frankfurt. Besagte Juristin hatte im März 2007 einen prügelnden muslimischen Ehemann freigesprochen, weil »Prügel in Moslem-Ehen normal seien«. Wenn dem so ist, fragen manche, wann werden dann Ritual- und Ehrenmorde als Bestandteil anderer Kulturen straffrei sein?

Trotzdem – ich weiß, ich weiß – ist jemand, der jedes Mal hinter dem immer abstoßender werdenden Weltgeschehen geheime Strippenzieher vermutet, sofort ein Verschwörungstheoretiker und redet bloß gegen eine Wand. All jenen, die so gar nicht an geheime Lenkung glauben, sei aber eine Nuss präsentiert, an der sie sich die Zähne ausbeißen werden:

Auch wenn da und dort auf das politische Gedicht »*The Kaisers Dream*« verwiesen wird, das in der Weihnachtsnummer des englischen Wochenmagazins »*Truth*« vom 26. Dezember 1890 als »hellsichtige Vision« veröffentlicht wurde, lohnt sich eine ausführliche Erwähnung trotzdem. Schließlich wird es wohl nicht allen bekannt sein. Ergänzt wurde das Gedicht von einer gezeichneten Landkarte, die Frankreichs Ostgrenze an den Rhein verlängert, die dänische Grenze nach Süden ausdehnt, Ostpreußen durch einen polnischen Korridor abtrennt, Polen, die Tschechoslowakei und Finnland als selbständige Republiken und das Deutsche Reich in mehrere Republiken geteilt zeigt – in etwa die tatsächliche politische Geographie des Jahres 1918, beziehungsweise noch deutlicher von 1945. Das Magazin, das von 1876 bis 1957 erschien, kam auf insgesamt über 4.000 Ausgaben und hatte zu der Zeit, als das Gedicht und die Landkarte abgedruckt wurden, eine Auflage von einer Million Exemplaren. Gründer war der von manchen als Maurerbruder »geoutete« Henry Du Pré Labouchère (1831–1912). Zeichner der Landkarte war der erste bei einer Zeitung arbeitende politische Cartoonist Sir Francis Carruthers Gould (1844–1925). Alles »olle Kamelle«? Sind Sie da sicher?

Wer glaubt, die alten Bündnis- und Pressionssysteme, die bereits im Ersten Weltkrieg ausschlaggebend geworden sind, der irrt nach Meinung von Fachleuten, die nicht im offiziellen Medienkanon mitsingen. Als Beispiel wird oft der langjährige EU-Beitrittskandidat Kroatien genannt, der trotz des Erfüllens aller Bedingungen stiefmütterlich behandelt wurde.

Eine Bedingung nämlich konnte der ehemalige Verbündete der Mittelmächte im Ersten Weltkrieg nicht erfüllen oder wollte es nicht: Man sah sich lange Zeit außerstande, den mutmaßlichen Kriegsverbrecher General Ante Gotovina an Den Haag auszuliefern, der ein Jahrzehnt zuvor fast ein Drittel Kroatiens mit elektronischer Unterstützung durch die USA befreit hatte. Der Ex-Befreier, der am 7. Dezember 2005 auf Teneriffa gefasst wurde, war nämlich nicht bereit, sich freiwillig seinen Häschern zu stellen, zu denen nicht wenige gehörten, die ihm Jahre vorher hilfreich unter die Arme gegriffen hatten, um es vornehm auszudrücken.

Einige Informationen, die Informierte in den gleichgeschalteten Medien schmerzlich vermissten, machen vielleicht deutlich, warum der General sich möglicherweise nicht ganz so verbrecherisch betrachtete, wieman ihn darstellte – und daher auch nicht in Den Haag einsitzen und dort vielleicht auch unter seltsamen Umständen versterben wollte, hört man auf die Gerüchte, die sich um Milosevics Tod ranken und die nicht nur aus der serbischen Ecke kommen.

Im Leserbrief eines in Österreich lebenden Kroaten, veröffentlicht im Sommer 2005 in der größten österreichischen Tageszeitung, lesen wir:

»Der Ex-Fremdenlegionär (auch französischer Staatsbürger!) leitete im August 1995 die kroatische Blitz-Befreiungsaktion ›Oluja‹ (der Sturm), in der er in kürzester Zeit fast ein Drittel Kroatiens befreite, das bis dahin von den von Slobodan Milosevic organisierten und unterstützten Serben besetzt war. Diese Aktion fand damals einen sehr breiten internationalen Beifall. Es wussten alle, dass damit dieser unsinnige, blutige Krieg beendet wurde! Viele Experten sind auch der Meinung, dass diese Blitzaktion im benachbarten Bosnien und Herzegowina ein weiteres, diesmal noch viel schlimmeres ›Srebrenica‹ verhindert hat, nämlich die bis dahin von den Serben eingekesselte westbosnische Stadt Bihac, um ein Vielfaches größer als Srebrenica.

Am 8. August 1995 trafen auf einer Brücke in Bihac kroatische und bosnisch-herzegowinische Streitkräfte zusammen, nachdem kurz zuvor die Kroaten des A. Gotovina dort siegreich die serbischen Tschetniks vertrieben haben!

Europa atmete danach mit Recht auf! Gotovinas Aktion haben auch die US-Amerikaner elektronisch unterstützt!

Zehn Jahre später wird Kroatien wieder zurück auf den Balkan gedrängt. Die Mächtigen versuchen die jüngste Geschichte zu verfälschen und die Schuld an den Kriegen (1991–1995) ›gleichmäßig‹ zu verteilen. Täter und Opfer werden gleichgestellt und somit die Schuld des wahren Täters relativiert.

Dafür braucht man in Den Haag einen hochrangigen Kroaten, auch wenn dieser womöglich unschuldig ist. Dieselben, die damals applaudierten, haben heute eigenartige Gedächtnislücken. Noch mehr, weil in Serbien große und grausame Turbulenzen bevorstehen (wahrscheinlich die Abspaltung Montenegros und ein endgültiges Adieu der Kosovo-Provinz), denn willens der Mächtigen darf Kroatien in der ›Region‹ einfach nicht besser als Serbien dastehen! Kroatien ist also auch heute noch eine Geisel Serbiens (vergessen wir Ante Gotovina; er ist nur eine willkommene Ausrede. Ihm wirft man ohnehin keine persönliche Schuld vor!).

Angesichts dieser Tatsachen, aber auch auf Grund der Berichterstattung aus der EU sowie Aussagen von deutschen und österreichischen ›EU-Skeptikern‹ sind die Kroaten inzwischen in puncto ›EU‹ ziemlich abgekühlt.

Die jüngsten Umfragen ergaben ernüchternde Ergebnisse; nur noch ca.

20 % der Kroaten wären derzeit für den EU-Beitritt. Immer öfter hört man dort das Wort ›Neutralität‹ als wünschenswert, à la Schweiz! Außerdem, aus der leidreichen eigenen Geschichte wissen die Kroaten allzu gut: Solche multinationalen Experimente sind eine sehr leicht verderbliche Ware und halten nie bis zum Ablaufdatum. Und bisher sind alle in Blut und Leid versunken. Dort, in Kroatien, heißt es derzeit: ›EU? Ne, hvala! Nein, danke!‹.« *(Ende des Leserbriefs)*

Was damit gesagt werden soll ist Folgendes: Wann immer ein ehemaliger »Freund und Verbündeter« Langzeitplänen im Wege steht, mutiert er zum Schurken. Man denke nur an Saddam Hussein, der ein ausgesprochener Darling des Westens war, als er – sozusagen im Auftrag des Westens und von diesem ausgerüstet – gegen die Mullas Front machte (Irak-Iran-Krieg 1980 bis 1988). Über seine Kurdenmassaker wurde nicht nur gütig hinweggesehen, sondern diese sollen vielmehr erst durch die Lieferungen der entsprechenden Chemikalien aus dem Westen in ihrem Umfang möglich geworden sein. Dabei soll es kein Geheimnis gewesen sein, wofür das Material gebraucht wurde. Davon, dass der Westen hierbei blutige Hände hatte, war natürlich im Juni 2007 keine Rede, als Saddams Cousin Hassan Al-Majid, genannt »Chemie Ali«, für eben diese Massaker zum Tode verurteilt wurde.

1987, beim Beginn von »Alis« Giftgas- und Chemiewaffenoffensive, waren Saddam und die Seinen noch die absoluten »Darlings« der Westmächte. Erst als der Diktator auf die fatale Idee kam, das Öl seines Landes nicht mehr gegen Dollars verkaufen zu wollen, wurde er zum »Dieb von Bagdad«. Nicht wenige sprechen in solchen Fällen von unerträglicher Heuchelei. Solche Stimmen wurden auch im Sommer 2007 laut, als der österreichische Ex-Präsident Dr. Kurt Waldheim am 14. Juni verstarb, ohne von der amerikanischen »Watchlist« (Einreiseverbot) gestrichen worden zu sein, auf die er 1987 gesetzt worden war. Vor dieser Entscheidung der US-Behörden, die gegen die Einreise bluttriefender Diktatoren wenig zu haben scheinen, war Dr. Waldheim beschuldigt worden, als ehemaliger Oberleutnant der deutschen Wehrmacht im besetzten Jugoslawien an Kriegsverbrechen beteiligt gewesen zu sein. Nachdem mehrere Historikerkommissionen diesen Mann, der zweimal zum UNO-Generalsekretär gewählt worden und damit sicherlich der durchleuchtetste Mensch des Planeten war, auch nur der entferntesten Beteiligung an Kriegsverbrechen freigesprochen hatten, blieb im Grunde nur noch der Vorwurf, irgend etwas in seiner Vergangenheit »verschleiert« zu haben, wozu manche damals meinten, man könne einem Unschuldigen wohl nicht vorwerfen, sich ungeschickt verteidigt zu haben. Noch dazu, wo er und sein Umfeld völlig überrascht wurden, einschließlich der Werbeagentur, die seinen

Wahlkampf bis zum Zeitpunkt der Turbulenzen geführt hatte, obwohl sie – wohlgemerkt – normalerweise Politiker nicht promotete. Bei Waldheim hatte man wegen seiner »Untadeligkeit« eine Ausnahme gemacht.

Viele, die sich an diese Einzelheiten noch erinnern, sind der Meinung, dass jene Macht, die seit langem bestimmt, wer ein Schurke ist und wer nicht, heute jegliche Zurückhaltung aufgegeben hat, und dies in treuer Gefolgschaft des Großteils der »westlichen Wertegemeinschaft«, die ihrerseits völlig zu vergessen schien, dass der »Nazi Butcher« Waldheim (**O-Ton US-Medien**) trotz seiner Ächtung 1990 in persönlichem Einsatz 92 österreichische Geiseln aus der Gewalt von Saddam Hussein befreite, wobei er eine Engländerin blitzartig durch Ausstellen eines Passes zur Österreicherin machte und ihr damit höchstwahrscheinlich das Leben rettete. Das hat die Betreffende nie vergessen und ihrem Retter in einer ergreifenden Grabrede gedankt. Ganz im Gegenteil zu den USA, die 1987 einen Mann auf die Watchlist setzten, der 1980 versucht hatte, die 52 amerikanischen Geiseln in der US-Botschaft von Teheran zu befreien und dabei von rasenden Demonstranten fast erschlagen worden war. Etwas skurril, wenn auch durchaus bezeichnend für die übliche verlogene Heuchelei, erscheinen mir die Verbalattacken der Mafia-Witwe Victoria Gotti gegen US-Präsident Bush anlässlich des 5. Todestages ihres wegen zweifachen Mordes verurteilten Mannes, »Don« John Gotti, der 2002 im Gefängnis an Kehlkopfkrebs gestorben war. Seine Witwe bezeichnete die US-Regierung als »die wahre Mafia Amerikas«.

Zitat: »Es ist widerlich, immer wieder von den Verbrechen meines seligen Mannes und seiner Organisation hören zu müssen, wenn Bush und seine Vize Cheney einen Krieg nach dem anderen beginnen. Über diese Gangster sollte Amerika sich Sorgen machen. Diese Burschen haben das Leben von 3500 unserer Soldaten auf dem Gewissen (600.000 bis 700.000 Irakis nicht zu vergessen). Was ist das [der Doppelmord ihres Mannes] gegen den Irak?«

Ohne der Mafia das Wort reden zu wollen, muss man wohl zugeben, dass unter dem Herunterbeten von Slogans aus Think Tanks wie »*Enduring Freedom*« oder »*Infinite Justice*« Bomben auf wehrlose Länder regnen, internationales Recht als obsolet und durch Tortur erzwungene Geständnisse für legal erklärt werden. Personen werden auf Verdacht im Ausland entführt und in geheime Foltergefängnisse verfrachtet. Bankkonten werden ausspioniert, Telefone, E-Mails und Handys überwacht, Flugpassagiere mit schikanösen und noch dazu unnötigen Handgepäcksverordnungen traktiert. Seit August 2007 ist virtuelle Totalentblößung angesagt. US-Behörden dürfen nämlich nunmehr auf sage und schreibe 19(!) verschiedene Privatdaten ausländischer Flugpassagiere zugreifen und (offiziell) fünfzehn Jahre speichern, einschließlich E-Mail-Adressen, Essensgewohnheiten, Kreditkartennummern, Religion, Rasse, Gesundheitszustand, politische Ansichten und sogar sexuelle Ausrichtung. All das sind offenbar unerlässliche Informationen beim »Kampf gegen den Terror«, deren Bekanntgabe daher folgsam von der EU abgesegnet wurde.

Gesetze gegen alle Rechtsgrundlagen werden geschaffen, Verträge gebrochen, Verbrechen begangen, usw. usf. – eine endlose Liste der Unfreiheiten im Namen der Freiheit. Und das Hand in Hand mit Anti-Diskriminierungsorgien, die die persönliche Freiheit, beispielsweise auf Geschmacklosigkeit, reduzieren oder die Freiheit über den eigenen Besitz zu verfügen. Nicht zu vergessen die militärische »Demokratisierung« von »Schurkenstaaten«.

Weil es heute in der Welt so und nicht anders zugeht, sind auch durchaus ernsthafte Naturen überzeugt, dass es sich bei all dem um gewollte und inszenierte, von langer Hand vorbereitete Entwicklungen handelt, bei denen jeder oder jede – egal in welcher Position – aus dem Weg geräumt wird, der oder die sich in den Weg stellen …

»Bist du nicht willig …«

»Wir müssen sagen, was wir denken,
müssen tun, was wir sagen und
müssen sein, was wir tun.«
Alfred Herrhausen

Als der indischen Staatschefin Indira Gandhi von einem Repräsentanten der US-Regierung mitgeteilt wurde, es seien gerade siebzig amerikanische Geschäftsleute in Neu-Delhi angekommen, die Aufträge für 30 Milliarden Dollar zu vergeben hätten, soll sich ihre Begeisterung in Grenzen gehalten haben. Damit Indien diese Aufträge erhalten könnte, müsste sie sich nämlich innerhalb weniger Stunden bereit erklären, einen Kredit des Internationalen Währungsfonds IWF in Höhe von 30 Milliarden Dollar anzunehmen. Am nächsten Morgen empfing Indira Gandhi den Vertreter in ihrem Parlamentsbüro. Dort teilte sie ihm mit, dass sie das Angebot nicht annehmen könnte. Indien hätte gerade mit Mühe einen Kredit von zwei Milliarden Dollar zurückgezahlt und könnte sich auf das angebotene »Geschäft« nicht einlassen.

Bekanntlich fiel die erste und bislang einzige indische Premierministerin am 31. Oktober 1984 einem Schussattentat zum Opfer, das von zwei ihrer Leibwächter ausgeführt wurde und über dessen Hintergründe heute noch diskutiert wird. Ein indischer Zeitzeuge meinte in Bezug auf Indiras Ablehnung des IWF-Kredites: »Sie hat diese Haltung mit dem Leben bezahlt.«

Selbst europäische Zeitgenossen, die sich der Ansicht anschließen, Finanzmächte hätten hier die Finger im Spiel gehabt, tendieren zu der Ansicht, solcherlei Verbrechen seien hierzulande undenkbar. Nicht ganz so Blauäugige halten sie jedoch für durchaus denkbar. Sie führen als Beispiele die Ermordung des Vorstandssprechers der Deutschen Bank Alfred Herrhausen am 30. November 1989 und die des ersten Chefs der »Treuhand« Detlev Karsten Rohwedder am 1. April 1991 an; zwei Attentate, die angesichts der im Frühjahr 2007 geführten Diskussion, ob man RAF-Mitglieder begnadigen solle oder nicht, doppelte Aktualität haben.

Die damit einhergehende Argumentation bezieht sich unter anderem auf Herrhausens Äußerungen, er würde durch seine Arbeit vielleicht etwas unterstützen, was er nicht befürworten könne. Diese Bedenken des mächtigen Bankiers kamen in einer Fernsehsendung in ARTE am 18. November 2002 klar zur Sprache.

Den Aufdeckern zufolge ist Herrhausen auf heftigen Widerstand gestoßen als er am 28. November 1989 dem Vorstand seiner Bank einen Schuldenerlass der Entwicklungsländer vorschlug. Wie seine Frau erklärte, sei ihr Mann »arg niedergeschlagen« aus der Sitzung zurückgekommen, die sich dann als seine letzte erweisen sollte. Am Morgen vor dem Attentat soll Herrhausen zu seiner Frau gesagt haben: »Ich weiß nicht, ob ich das überlebe.«

Der konkrete Anlass für die Ermordung Herrhausens ist nach Ansicht eines ehemaligen Pentagonmitarbeiters im Rang eines Colonels (Oberst) wohl sein für den 4. Dezember 1989 in New York vor dem *American Council in Germany* geplanter Vortrag. In dieser ungehaltenen Rede wollte der ebenso visionäre wie humanitäre Bankier weitreichende Konzepte für eine grundsätzliche Neugestaltung des Umgangs mit Ostdeutschland darlegen, die den Lauf der Geschichte nach 1989 dramatisch in eine andere Richtung gelenkt hätten. Nach Ansicht mancher Fachleute wären in der DDR in der Tat »blühende Landschaften« entstanden. Und zwar relativ bald, ohne jahrzehntelange Finanztransfers in astronomischer Höhe. Die diesbezüglichen finanzwirtschaftlichen Konzepte hier darzulegen würde zu weit führen. Sie sind Interessierten durch Recherche zugänglich. Ebenso wie die, gelinde gesagt, fragwürdigen Umstände des Herrhausen-Attentates, die für Misstrauische eindeutig eine Mitarbeit offizieller Organe an dem Mord verraten sollen.

Tatsächlich waren die als Baustelle getarnten Arbeiten auf Herrhausens Route weder der Polizei noch dem Bundeskriminalamt verdächtig vorgekommen, obwohl der Bankier offiziell zum Kreis der am stärksten gefährdeten Personen in der Bundesrepublik gehörte und die Umgebung seines Hauses ständig überwacht wurde. Ferner entsprachen der große materielle und technische Aufwand sowie der Einsatz einer Bombe militärischer Bauart mit dem Sprengstoff TNT nicht der bisherigen Vorgehensweise der RAF. Zu den Seltsamkeiten des Anschlags zählt auch, dass das normalerweise eingesetzte vorausfahrende zweite Begleitfahrzeug kurz vor dem Anschlag abgezogen worden war, was viele an die Entfernung der Plastikschutzhaube von John F. Kennedys Limousine unmittelbar vor dem Attentat erinnerte.

Für viele Fachleute ist Herrhausen eine untypische Zielperson für die RAF, da er mit seiner Initiative des Schuldenerlasses ähnliche Ziele wie die RAF vertrat. Von diesen Fachleuten wird daher das am 2. Dezember 1989 in der Nähe des Tatorts gefundene Bekennerschreiben der *Roten Armee Fraktion* in Zweifel gezogen, das bis heute den einzigen Hinweis auf die Täter liefert.

Nur die wenigsten werden abstreiten, dass nach Herrhausens Abgang alles im Sinne jener gelaufen ist, die den Osten privatisiert sehen wollten (und die jetzt dasselbe Rezept auch im Westen zu verwirklichen beginnen). In dieser im wahrsten Wortsinn »Wendezeit« begann, in Form der vorgezogenen europäischen Währungsunion, des Maastrichter Vertrags, des Stabilitätspakts und der Einführung des Euro, der wirtschaftliche Kahlschlag für die neuen Bundesländer.

Detlev Rohwedder war ein weiterer Mann mit Einfluss, der Visionen im Interesse Deutschlands hatte. Bei seiner Aufgabe, die so genannten *Volkseigenen Betriebe der DDR* in die deutsche Wirtschaft einzugliedern, ist ihm offenbar aufgedämmert, dass selbst nützliche und lebensfähige Industriebetriebe platt gemacht werden sollten, um so den West-Konzernen lästige Konkurrenz vom Halse zu schaffen. Er kam schließlich zu dem Schluss, dass deren rücksichtslose Privatisierung verheerende soziale Folgen haben würde (ein Phänomen, das sich nun im Westen mit Zeitverzögerung wiederholt).

Anfang 1991 wollte Rohwedder eine neue Vorgehensweise nach dem Motto »Sanieren **vor** Privatisieren« und damit eine soziale Komponente in das Konzept der Treuhand einführen, die damals die größte Industrieholding der Welt war. Damit machte er sich nicht nur in der Privatisierungsfraktion im Treuhand-Vorstand Feinde, auch britische und amerikanische Consulting-Firmen und Investmentbanken warfen ihm vor, ausländische Investoren zu blockieren. Obgleich Rohwedder wie Herrhausen durch sein Eintreten für die Arbeitnehmer im Grunde Gedankengut der RAF vertrat, wurde er nach offizieller Lesart von dieser zur Strecke gebracht. Und das auf hochprofessionelle Weise mit einer Gewehrkugel im NATO-Standard-Kaliber 7.62, die aus 63 Meter Entfernung durch das Fenster in seinem Arbeitszimmer abgefeuert wurde. Der Umstand, dass nur im Erdgeschoss Fenster mit schusssicherem Panzerglas eingebaut waren, nicht aber im ersten Stock, in dem Rohwedder erschossen wurde, verrät erstaunliches Insiderwissen des oder der Attentäter.

Auch hier fand man am Tatort ein RAF-Bekennerschreiben. Weiteres wurde nie bekannt. Die Ermittlungsbehörden gingen nie der Frage nach, ob die Feinde Rohwedders vielleicht im Bereich der internationalen Finanzkreise zu suchen wären, die sehr wohl ein Motiv haben konnten. Unter der Leitung von Rohwedders Nachfolgerin ging die rigorose Privatisierung zügig über die Bühne, die nach Ansicht von Fachleuten die Ex-DDR in eine Industriewüste verwandeln sollte und dies lange Zeit auch getan hat.

»Freie Wirtschaft« – Mutter des Krieges

»Die Börse hat in unseren Tagen einen Einfluss gewonnen, welcher die bewaffnete Macht für ihre Interessen ins Feld zu berufen vermag.«
Generalfeldmarschall Graf von Moltke (1800–1891)

»Es wird notwendig sein, dass sie Krieg machen, und daraus – das fühle ich – werden große Wandlungen entstehen, und Mammon wird regieren, schlimmer noch als jetzt, denn sie werden es Lebensverbesserung und Fortschritt nennen ...«
Karl May, 1910

Wovon Persönlichkeiten mit Macht **und** Gewissen wie Herrhausen oder Rohwedder die Dritte Welt befreien und was sie uns ersparen wollten, hat die berühmte indische Schriftstellerin Arundhati Roy im März 2003 in »*Le Monde diplomatique*« auf den Punkt gebracht: »Die globalen Konzerne wollen die Kommerzialisierung unserer Ernten, unseres Trinkwassers, unserer Atemluft und unserer Träume durchsetzen.«

Einen Vorgeschmack darauf, was auch uns blühen könnte, verspüren manche bei Berichten über ein Dorf im südindischen Staat Kerala. Das Gebiet ist eines der wasserreichsten auf der Welt, was auch einem weltweit agierenden Getränke-Konzern nicht entgangen ist, der 2001 dort seine Zelte aufschlug. In Vereinbarung mit den regionalen Politikern begann man, bis zu 1,5 Millionen Liter Grundwasser täglich abzuzapfen, in Flaschen zu füllen und unter einem anderen Markennamen zu verkaufen. Innerhalb kürzester Zeit begann der Grundwasserspiegel zu sinken. Wie beim GATS Kongress 2003 dargelegt wurde, soll es in einem Radius von drei Kilometern keinen Tropfen Wasser mehr für die Bevölkerung geben.

Jeder Brunnen sei trocken, jede Zisterne leer, jeder Fluss ausgetrocknet.

Nicht ausgetrocknete indische Flüsse bieten sich natürlich für kommerzielle Nutzung geradezu an. Mit dem *Sheonath* in der Provinz Chattisgarh ist mittlerweile der erste Fluss privatisiert worden. Den Behörden ist die Wahrung der Interessen der ausländischen Flusseigentümer ein Herzensanliegen. In einem Streifen von einem Kilometer neben beiden Flussufern entfernt dürfen die Brunnen nicht mehr benutzt werden. Ein bewährtes System. So durften beispielsweise in Bolivien nach der Privatisierung ebenfalls die Brunnen nicht mehr genutzt werden. Nicht einmal das Sammeln von Regenwasser war dort gestattet. Entlang des Sheonaths patrouilliert motorisierte Polizei, um zu verhindern, dass Einheimische auch nur einen Eimer Wasser aus dem Fluss »stehlen«. Frauen und Mädchen sind daher bis zu zwölf Stunden am Tag zum Wasserholen unterwegs.

Fehlender Zugang zu sauberem Wasser in ausreichenden Mengen fördert Krankheiten, sodass Frauen und Mädchen sich vermehrt um kranke Angehörige kümmern müssen. Die Folgen wiederum sind unregelmäßiger Schulbesuch und schlechterer Zugang zu Bildung.

Weniger Wasser bedeutet auch weniger Grünfutter und damit eine geringere Produktion von Milch sowie Kuhfladen, die man dort als Brennstoff und Dünger verwendet. Weniger Kuhfladen reduzieren die landwirtschaftlichen Erträge. Geringere Erträge beeinträchtigen die Qualität der Nahrung und die Ernährung der Frauen. Ein Teufelskreis für die Einheimischen, sprudelnde Geldquellen für die Investoren. Kein Wunder, dass die Volksseele kocht.

Dessen ungeachtet wird Regenwald für die Rinder der reichen Welt abgeholzt und genmanipuliertes Soja als deren Futter angebaut. Das Land fehlt für den Anbau von Lebensmitteln für die Bevölkerung. In Brasilien ist bereits ein Fünftel der Ackerfläche somit in Beschlag genommen. Diese Entwicklung wurde schon vor längerer Zeit vorausgesehen, wie einige Zitate belegen:

»Mit entsprechendem Profit wird Kapital kühn. Zehn Prozent sicher, und man kann es überall anwenden; 20 Prozent, und es wird lebhaft; 50 Prozent, positiv waghalsig; und für 100 Prozent stampft es alle menschlichen Gesetze unter seinen Fuß; 300 Prozent, und es existiert kein Verbrechen, das es nicht riskiert, selbst auf die Gefahr des Galgens.«

Zitat stimmt

Was ein englischer Gewerkschafter des 19. Jahrhunderts mit solchen Worten als Ausdruck des Abscheus formulierte, ist heute »modernes Management«. Aus demselben Jahrhundert kann man, auch ohne Marxist zu sein, für die ökonomischen und moralischen Aspekte der Globalisierung Zitate aus dem 1848 erstmals edierten *»Kommunistischen Manifest«* von Karl Marx und Friedrich Engels heranziehen:

»Das Bedürfnis nach einem stets ausgedehnteren Absatz für ihre Produkte jagt die Bourgeoisie [heute würde man sagen der Kapitalismus] über die ganze Erdkugel. Überall muss sie sich einnisten. Die Bourgeoisie hat durch die Exploitation [Ausbeutung] des Weltmarkts die Produktion und Konsumption aller Länder kosmopolitisch gestaltet. Die uralten nationalen Industrien sind vernichtet worden und werden noch täglich vernichtet. Sie werden verdrängt durch neue Industrien, deren Einführung eine Lebensfrage für alle zivilisierten Nationen wird, durch Industrien, die nicht mehr einheimische Rohstoffe, sondern den entlegensten Zonen angehörige Rohstoffe verarbeiten und deren Fabrikate nicht nur im Land selbst, sondern in allen Weltteilen zugleich verbraucht werden. An die Stelle der alten lokalen und nationalen Selbstgenügsamkeit und Abgeschlossenheit tritt ein allseitiger Verkehr, eine allseitige Abhängigkeit der Nationen voneinander. Und wie in der materiellen, so auch in der geistigen Produktion. Die geistigen Erzeugnisse der einzelnen Nationen werden Gemeingut. Die Bourgeoisie reißt durch die rasche Verbesserung aller Produktionsinstrumente, durch die unendlich erleichterten Kommunikationen alle, auch die barbarischsten, Nationen in die Zivilisation. Die wohlfeilen Preise ihrer Waren sind die schwere Artillerie, mit der sie alle chinesischen Mauern in den Grund schießt. Sie zwingt alle Nationen, die Produktionsweise der Bourgeoisie sich anzueignen, wenn sie nicht zugrunde gehen wollen; sie zwingt sie, die so genannte Zivilisation bei sich selbst einzuführen, d.h. Bourgeois zu werden. Mit einem Wort, sie schafft sich eine Welt nach ihrem eigenen Bilde …

Die Bourgeoisie hebt mehr und mehr die Zersplitterung der Produktionsmittel, des Besitzes und der Bevölkerung auf. Sie hat die Bevölkerung agglomeriert [konzentriert], die Produktionsmittel zentralisiert und das Eigentum in wenigen Händen konzentriert. Die notwendige Folge hiervon war die politische Zentralisation. Unabhängige, fast nur verbündete Provinzen mit verschiedenen Interessen, Gesetzen, Regierungen und Zöllen wurden zusammengedrängt in eine Regierung, ein Gesetz, ein nationales Klasseninteresse.«

Karl Marx fragt in den »*Theorien über den Mehrwert*«: »Ohne nationale Verbrechen – wäre je der Weltmarkt entstanden?« Eine Feststellung, die manchen vor dem Hintergrund der konkreten Auswirkungen der so genannten Globalisierung als Untertreibung erscheint.

Ein Kommentar, den ich bei einer Diskussion zu dieser Problematik einmal gehört habe, ist mir so stark in Erinnerung geblieben, dass ich ihn an dieser Stelle wiedergebe: »Der Weltmarkt als solcher – und die damit verfestigte Ungleichheit – ist ein Verbrechen!«

Die meisten Menschen erkennen nicht die militärische Komponente dieser Entwicklung. Sie demonstrieren gegen freien Handel und Privatisierung, gegen IWF und Weltbank, für die Streichung der Schulden der Dritten Welt, nicht aber gegen »humanitäre Interventionen«, die Länder weichklopfen sollen, deren Führer sich weigern, die Infrastruktur zu verkaufen, oder die Waren nicht ins Land lassen wollen. Dabei gehen »freie Wirtschaft« und Krieg Hand in Hand. Man denke nur an die beiden Opiumkriege im 19. Jahrhundert, mit denen die Briten China den »freien Handel« mit Opium aufgezwungen haben. Winston Churchill soll 1914 in einer internen Debatte im Parlament unter anderem mit folgenden Worten auf ein höheres Militärbudget gedrängt haben:

»Wir haben einen **ganz und gar überproportionalen** Anteil am Reichtum und Handel der Welt in Beschlag genommen. Wir haben an Gebieten alles, was wir haben wollen, und unsere Forderung, beim Genuss dieser großen und prächtigen Anwesen, **[welche] zum Großteil mit Gewalt genommen und mit Gewalt gehalten werden**, nicht gestört zu werden, scheint für andere oft weniger vernünftig als für uns.« Die halbfetten Phrasen sind jene, die in der späteren Veröffentlichung fehlen.

In dieser Tradition agieren die USA schon lange, gemäß der Aussage des »Friedenspräsidenten« Woodrow Wilson: »Wir werden mit jedem Handel treiben, ob er will oder nicht. Wer uns seine Märkte nicht öffnen will, dem treten wir die Türe ein.«

Zu diesen Aussichten eine aktuelle Analyse des 1956 geborenen indischen Schriftstellers und Historikers Amitav Ghosh:

»Die Verbindung aus Kapitalismus und Imperium bedeutet ein Programm des permanenten Krieges – jener Vorstellung, an der sich einst die Trotzkisten berauschten und die sich nun jene Neokonservative aufs neue zu eigen machen, die das Projekt für das neue amerikanische Jahrhundert ersonnen haben. Wenn es diesen Kreisen gelingen sollte, die Welt mit ihrem Programm zu beherrschen, wird es mit den heutigen technischen Möglichkeiten und Waffensystemen noch weniger Schlupflöcher geben als in den großen totalitären Diktaturen des 20. Jahrhunderts.«

Bei einer TV-Diskussion äußerte ein Politiker, »die Menschen würden sich nach jenen Tagen zurücksehnen, als es noch nationale Souveränität, nationale Finanzhoheit und damit soziale Ausgewogenheit gegeben hatte, was es alles heute ja nicht mehr gibt«. Was er nach Ansicht von Kritikern zu äußern unterlassen hat, ist die Konklusion, dass eben der Verlust der nationalen Souveränität der Krebsschaden ist, durch den alles heute den Bach hinuntergeht. Die Überführung der Macht bzw. der nationalen Eigentumsverhältnisse an eine Handvoll supranationaler, nicht gewählter Organisationen, die keinem Wähler verantwortlich sind, ist für sie nichts anderes als die Einführung einer verkappten Weltregierung.

Aufdecker bringen es auf den Punkt: Wenn ein Land sich der »unsichtbaren Hand des Marktes« widersetzt, mutiert diese zur deutlich erkennbaren militärischen Faust, welche dann die Voraussetzungen für die Globalisierung, Deregulierung, Privatisierung herstellt.

So wird, von den Medien kaum beachtet, manches zwischen *IWF* und *NATO* koordiniert, wofür der Kosovo als Beispiel gilt. Schon vor dem Einsetzen der NATO-Bombardements hatten *IWF* und *Weltbank* einen Nachkriegs-Wirtschaftsplan erstellt, einschließlich der Einführung des freien Marktes.

»Goldrausch« am Balkan

»Erfolgreiche Kriegsverbrecher sitzen
zu Gericht über erfolglose Kriegsverbrecher.«
Aus dem Internet zum internationalen Kriegsverbrechertribunal

Als die tönernen Beine des sowjetischen Riesen einknickten und die UdSSR sich aufzulösen begann, eröffnete sich für jene, die wir ja schon kennen, eine gigantische Goldgrube, in der es galt, »Claims« abzustecken. Darauf fußt die Annahme, Jugoslawien wäre bewusst über *Weltbank* und *IWF* in den wirtschaftlichen und politischen Ruin getrieben worden, was zum Bürgerkrieg führte, der dann durch Bomben »gelöst« wurde. Damit wäre das Land der Privatisierung (Ausverkauf) geöffnet worden. Von der Theorie zu den Fakten.

Dass die Serben 1991 in Bosnien als erste »ethnischen Säuberungen« durch die Kroaten ausgesetzt waren, ist heute völlig vergessen. Damit sollen später serbische Gräueltaten keineswegs entschuldigt, sondern nur aufgezeigt werden, wieso manche der Meinung sind, es läge von Anfang an eine Inszenierung vor. In diese Richtung weist für kritische Naturen auch die Schaffung des **Internationalen Gerichtshofs für das ehemalige Jugoslawien und seine gesamte moderne Nachkommenschaft auf dem Gebiet der Strafverfolgung von Kriegsverbrechen**. Für sie ist es ein Unikum, dass erstmals ein Strafgerichtshof **vor** einem Krieg geschaffen wurde, um noch gar nicht verübte Verbrechen **hinterher** zu ahnden. In der Praxis dienten dann präventive Anklagen wegen **zu erwartenden** Völkermords der Legitimierung des Völkerrechtsbruchs durch die NATO. Um solches programmgemäß über die Bühne zu bringen, bedarf es natürlich einer umfassenden und ausgefeilten Lügenpropaganda.

Über diese konnte man sich beispielsweise in der TV-Dokumentation »Es begann mit einer Lüge« informieren, die von der ARD am 8. Februar 2001 um 21.45 Uhr ausgestrahlt wurde und auf die sich später Slobodan Milosevic in seiner Verteidigung mehrfach beziehen sollte.

Darin wird der Vorwurf erhoben, zahlreiche Behauptungen, die 1998/99 zum Eingreifen der NATO im Kosovo geführt hatten, seien von PR-Agenturen erfundene Schöpfungen wie die »Brutkastenlüge« vor dem Irak-Krieg von 1991.

Es hätte kein Massaker im Stadion und keine von den Serben verwüsteten Dörfer gegeben (zerstört sollen sie erst durch die Bombardements worden sein). Die zivilen Opfer einer serbischen Massenexekution seien in Wirklichkeit tote UCK-Kämpfer gewesen. Der Hufeisen-Plan zur gezielten Massenvertreibung solle überhaupt nicht existiert haben. Laut OSZE habe es vor den NATO-Angriffen keine »humanitäre Katastrophe« gegeben, sondern sie hätte erst nach den Bombardements begonnen.

Der NATO-Sprecher lobt in der Dokumentation ganz offen den damaligen Verteidigungsminister Scharping für seine Fähigkeit, die Bevölkerung in Deutschland für den Krieg zu gewinnen. Als eine der genialsten PR-Schachzüge wird die Gleichstellung der Serben mit den Nazis angesehen (Auschwitz im Stadion). Ein pädagogischer Untergriff, der im Slogan vom »islamischen Faschismus« seine Neuauflage zu erleben scheint.

Als Milosevic am 11. März 2006 in Den Haag in der Haft von einem jähen Herztod dahingerafft wurde, erklärte der russische General Leonid Iwaschow: »Das war ein politischer Auftragsmord.« Der General, der als Zeuge der Verteidigung für Milosevic ausgesagt hatte, ist einer der einflussreichsten Militärstrategen seines Landes und fungierte damals als »Außenminister der Streitkräfte«. Seine Meinung genießt in national-patriotischen Militärkreisen bis heute höchste Autorität. Dieser Mann äußerte, das Tribunal habe gegen den Angeklagten nichts in der Hand gehabt. Hätte man Milosevic freigesprochen, wäre das einem Schuldspruch gegen die NATO wegen der Angriffe auf jugoslawische Ziele im Frühjahr 1999 gleichgekommen.

Nun gut, Verschwörungstheorien entstehen schnell. Trotzdem erscheint bei nüchternster Betrachtung vielen die Theorie schlichtweg eine Zumutung, Milosevic habe auf unbekannten Wegen eingeschmuggelte Medikamente eingenommen, um seine Herzmittel außer Kraft zu setzen, so dass er dem von ihm hellsichtig erwarteten Herzanfall erliegen und als Mordopfer dastehen würde. Ich enthalte mich dazu jeden Kommentars und stelle lediglich die Frage, ob ein Drehbuchautor einem Produzenten einen solchen Plot verkaufen könnte. Verstärkt wurde das Misstrauen gegen diese offizielle Lesart durch den Umstand, dass am Wochenende davor der als Kriegsverbrecher verurteilte frühere Anführer der kroatischen Serben, Milan Babic, in UNO-Haft in Den Haag Selbstmord begangen hatte.

Für Nonkonformisten steht daher fest, dass der Kosovokrieg mehreren Zielen diente: der Schaffung eines Präzedenzfalles für »humanitären Interventionalismus gegen das Völkerrecht«, der Aushebelung des Gewaltmonopols des UN-Sicherheitsrates, der Etablierung der internationalen Kriegs- und Züchtigungsmaschinerie USA – und last but not least dem weiteren Ausverkauf der Nationen via IWF usw.

Wie das Beispiel Jugoslawien zeigt, können globalisierungsunwillige Nationen schon mal zur Einsicht bombardiert und ihr Land hinterher filetiert werden. Bei Ländern, die sich voll der Globalisierung verschrieben haben, ist das nicht notwendig (wir alle wissen, welche Länder das sind). Allerdings kann sich **im Lande** Widerstand regen, wenn die Firma, in der man viele Jahre gearbeitet hat, ins Ausland abwandert, ein weiteres Postamt geschlossen oder eine wichtige Lokalbahn eingestellt wird. Misstrauische Zeitgenossen meinen deshalb, der Staat sei sich dessen natürlich bewusst und würde sich entsprechend vorbereiten ...

Polizeistaat statt Sozialstaat

»Je mehr Gesetze und Regeln,
desto mehr Banditen und Diebe.«
Lao-Tse im Tao Te King, Kap. 57 (600 v. Chr.)

In seinem visionären Roman »*Die Stadt der Sehenden*« entwickelt der 1922 geborene portugiesische Literaturnobelpreisträger José Saramango aus einer (noch?) unwahrscheinlichen Ausgangssituation ein durchaus vorstellbares Szenario: In der Hauptstadt einer ungenannten westlichen Demokratie geben bei einer Wahl aus heiterem Himmel 75 Prozent der Wähler einen unbeschrifteten Stimmzettel ab.

Die Regierung hält sich mit diesem Wahlergebnis trotzdem für handlungsunfähig. Eine Wiederholung der Wahl bringt ein noch schlechteres Resultat. Die Minister sind bestürzt, ein subversiver Angriff auf das System, meinen manche, eine Torpedierung der Demokratie.

Wie auch in der Realität redet man zwar davon, die Motive oder gar den Willen der Wähler zu ergründen, ist aber de facto daran in keiner Weise interessiert. Woran man interessiert ist, ist Machterhalt (klingt vertraut, oder?). Statt also der »Volksherrschaft«, als welche sich die Demokratie ja stets definiert, auch nur ansatzweise zu entsprechen, wird der Ausnahmezustand verhängt. Diktatorische Maßnahmen werden ergriffen. Das Militär patrouilliert auf den Straßen. Willkürliche Verhaftungen folgen. Die ganze Repressionspalette setzt ein, die der Westen auch ohne Wahlverweigerung, dafür aber im Zeichen des »Kampfes gegen (meist schon vorher verhinderten) Terror« in petto hat.

»*Die Stadt der Sehenden*« ist eine sehr nahe an der Realität angesiedelte politische Parabel darüber, wie fragil Demokratie sein kann. Man erinnere sich nur daran, dass in Algerien 1991/92 die demokratischen Wahlen abgebrochen wurden, als sich der Sieg der Islamischen Heilsfront *(Front islamique du salut/FIS)* abzuzeichnen begann. Im März 1992 erfolgte die Anordnung zur Auflösung der FIS, die daraufhin zum bewaffneten Kampf aufrief. Wie könnte es in unseren Landen zu dem geschilderten Szenario kommen?

Zyniker meinen, indem die Regierenden genauso weitermachen, und begründen dies so: Für das Gemeinwohl ist seit alters hier die Institution »Staat« zuständig. Die Aufgabe dieser Institution ist es, die Infrastruktur beizustellen und aufrechtzuerhalten. Dasselbe gilt für geordnete Verhältnisse durch Gesetze, Legislative und Exekutive. Ferner muss sie das Gemeinwesen gegen Begehrlichkeiten von außen schützen. Diese haben sich Jahrhunderte lang in Form feindlicher Invasionstruppen ausgedrückt, denen man auch in unseren Tagen das Eindringen verwehren würde, obwohl das aufgrund der Sparmaßnahmen bei den eigenen Streitkräften immer schwieriger sein dürfte. Anders ist das bei den Begehrlichkeiten der sogenannten »Heuschrecken-Investoren« (bleiben wir ruhig bei diesem Terminus, auch wenn er den tatsächlichen Heuschrecken Unrecht tut).

In unserem großen Vorbild USA wird Anlegern alles und jedes verkauft, beispielsweise mit Steuermitteln errichtete öffentliche Straßen. Die neuen Besitzer treiben – Wegelagerern vergangener Zeiten nicht unähnlich – Wegezoll ein. Ein Fachmann, der in den USA den Markt dafür sondieren sollte, gab an, mindestens ein Drittel der amerikanischen Kommunen sei am Verkauf ihrer Straßen interessiert.

Natürlich beginnen sich auch in Europa Politiker aus Geldknappheit für derlei Geschäfte zu erwärmen. Daher bittet man solche Investoren freudig herein, auf dass sie uns ihre Wohltaten erweisen. Diesen Wohltaten muss natürlich das eine oder andere geopfert werden. Beispielsweise die kostenlose ärztliche Versorgung, das Postmonopol mit seinen Vergünstigungen für die Bürger (interessanterweise ist die US-Post staatlich), das Bildungswesen, das soziale Netz für Alte, Arbeitslose, Behinderte und Kranke. Was viele Jahrzehnte lang anstandslos betrieben werden konnte, ist nämlich plötzlich nicht mehr finanzierbar, obwohl sich die Produktivität und damit die nationale Wirtschaftsleistung unentwegt steigern. Dessen ungeachtet wird eine Versorgungsleistung nach der anderen abgebaut und »eingespart«. In dem Maß, wie die Einkommen der Mehrheit der Bevölkerung Hand in Hand mit explodierenden Konzerngewinnen abnehmen, steigen die Preise für Energie, Nahrungsmittel, Wohnen und Verkehr. Als man im Juli in Österreich aus den Medien erfahren konnte, die heimischen Stromversorger würden noch nie dagewesene Spitzenprofite verzeichnen, und gleichzeitig mitgeteilt wurde, Energie würde erneut teuer, habe ich nicht nur einmal die Frage gehört »Wieso greift der Staat nicht ein?«, aber auch »Wozu brauchen wir dann überhaupt noch einen Staat?«.

Je weniger die öffentliche Hand ihren gesellschaftlichen Aufgaben nachkommt, desto mehr Steuern und Abgaben erhebt sie. Trotzdem überaltert und verfällt die über Jahrzehnte ausgebaute allgemeine Infrastruktur der Verkehrswege, der Wasserver- und -entsorgung, der Energiebereitstellung usw.

Da die Leute davon zunehmend die Schnauze voll haben, müssen die Gesetze so sein, dass man »die menschliche Herde ruhig halten kann«, wie Platon es bereits vor fast zweieinhalbtausend Jahren ausgedrückt hat. Dabei geht man, wie Kritiker meinen, in der bewährten Salamitaktik vor. Taugliche Wischi-Waschi-Gesetze gibt es in der EU ja bereits in ausreichendem Maße, wie Rechtskundige immer wieder bekritteln. Beispiele gefällig?

Wer hätte sich früher schon vorstellen können, dass eine Organisation wie *Greenpeace* wegen einer friedlichen Protestaktion in Kopenhagen gegen Gen-Soja zu einer Strafzahlung von rund 6.700 Euro verurteilt würde? Genau das hat der Obergerichtshof von Ost-Dänemark aufgrund von Anti-Terrorgesetzen aus dem Jahre 2002 entschieden. Vor Gericht landete auch ein österreichischer Tierschützer, der im Herbst 2003 in Finnland heimlich Pelztierfarmen fotografiert hatte, um eine tierquälerische Haltung von Füchsen und Nerzen zu dokumentieren. Wer sich nun fragt, was Lebensmittel- oder auch Tierschutz mit Terrorismus zu tun haben, der wird durch Gummiparagraphen wie »Störung des öffentlichen Friedens«, der auch gegen öffentliches Nasebohren Anwendung finden könnte, eines Besseren, bzw. Schlechteren belehrt. Bedenkt man ferner, dass durch diesen Paragraphen Haftstrafen von fünf Jahren drohen können, kommen manche ins Grübeln. Andere denken ernsthaft an Widerstand, wobei es in Europa beim Denken bleibt.

In der »Alten Welt« gibt es nämlich nichts Derartiges wie den zweiten Zusatz der US-Verfassung (»*Second Amendment*«), der den amerikanischen Bürgern das Tragen von Waffen ausdrücklich erlaubt, damit sie aktiv werden können, wenn die Demokratie abhanden zu kommen droht. Was darunter zu verstehen ist, hat Abraham Lincoln klar und deutlich gesagt: »Dieses Land mit all seinen Institutionen gehört dem Volk, das darin lebt.

Wann immer es der gegenwärtigen Regierung überdrüssig wird, kann es sein Verfassungsrecht ausüben, um sie zu ändern, oder sein Revolutionsrecht, um sie zu zersplittern oder umzustürzen.«

An dieser Situation können auch Entwaffnungsbestrebungen, wie sie vehement von der *Handgun Control Inc. (HCI)* betrieben werden, nichts ändern. Die engagierten Initiativen der HCI sollen sogar eine gegenteilige Wirkung haben, da enthüllt wurde, besagte Organisation sei eine Schöpfung der CIA.

Wie ein Treppenwitz der Geschichte muss westlichen Entwaffnungsfetischisten übrigens erscheinen, dass im Irak in den Wochen vor der US-Invasion 2003 die Regierung jede Menge Schusswaffen samt Munition verteilen ließ. Offenbar hatte das Regime keinerlei Angst davor, als Folge dieser Verteilung von drangsalierten Volksmassen gestürzt und gelyncht zu werden.

In meinem Buch »*Mythos Informationsgesellschaft. Was wir aus den Medien* nicht *erfahren*« präsentiere ich erstaunliche Fakten, die das Bürger-Entwaffnungscredo »Sicherheit durch Wehrlosigkeit« als glatte Lüge entlarven – oder glauben Sie, dass ein Land sicherer wird, wenn nur noch die Verbrecher bewaffnet sind und das auch **wissen**?

Um Missverständnisse zu vermeiden: Weder empfehle ich Aufstände, welcher Art auch immer, noch wünsche ich mir, dass sich die europäischen Zivilisten wie in den USA bis zur Halskrause mit Militärwaffen ausrüsten können (allein schon deswegen nicht, weil Autofahrer sich gegenseitig bei Streitigkeiten wahrscheinlich niederschießen würden). Ich weise lediglich darauf hin, dass hierzulande bewaffnete Aufstände gar nicht möglich wären, wie auch auf die historische Tatsache, dass Machtinhaber, die gegen die Interessen der Bevölkerung Herrschaft ausüben, immer schon interessiert waren, privaten Waffenbesitz zu unterbinden, damit selbst größtem Unmut nur ohnmächtig die Faust in der Tasche geballt werden kann.

Nach dieser Klarstellung wollen wir stellvertretend für zahllose Beispiele ein solches unter die Lupe nehmen, an dem sich »Volkes Grimm« vielleicht entzünden könnte.

»First We Take Boston, Then We Take Berlin«

»Es liegt in der Natur des Kapitalismus, dass es periodisch zu Ausbrüchen des Wahnsinns kommt.«
John Kenneth Galbraith (1908–2006)

Leonard Cohen möge mir die leichte Verballhornung seines berühmten Liedes verzeihen, die sich auf ein Interview bezieht, das der Deutschlandchef einer internationalen Investmentbank einem Internetnachrichtenbrief gegeben hat.

Zitat: »Berlin könnte seine Stärken in der Wissenschaftslandschaft bündeln und z.B. den Weg Bostons einschlagen. Vor 30 Jahren war Boston eine Stadt, die nach Wegen für die eigene Zukunft gesucht hat. Boston hat seine Universitäten genutzt, um Wissensstadt und Wissensstandort zu werden.« Dabei strich er heraus, seine Hauptorientierung in Berlin sei nicht, Geschäfte zu machen, sondern die »Nähe zur Politik« zu suchen.

Nun fragen Sie sich vielleicht, was an dieser Vorstellung jemanden auf die Barrikaden treiben sollte.

Dazu muss man das angepriesene »Bostoner Modell« näher betrachten, das in den 1970er Jahren unter dem Stichwort »Stadterneuerung« realisiert wurde. De facto fand damals ein massiver Industrieabbau statt. Ehemalige Industriegebiete und Arbeitersiedlungen wurden in riesige Spekulationsobjekte im Dienstleistungsbereich verwandelt. Innerhalb weniger Jahre wurde die Infrastruktur der Stadt einschließlich lebenswichtiger Bereiche wie Polizei, Feuerwehr, Kanalisation und Krankenhäuser so weit abgebaut, dass sie kurz vor dem Zusammenbruch stand. Nutznießer dieser Aktion soll eine Gruppe von Bostoner Banken und Versicherungen gewesen sein.

Weniger Euphorische als der Interviewte konstatieren, dass in Berlin im Prinzip das Gleiche seit Jahren im vollen Gange ist: massive De-Industrialisierung, die mit der Förderung von Banken, Versicherungen, Medien, Film und Hightech-Branchen einhergeht. Die Folgen davon sind jedoch nicht, wie vielleicht zu erwarten, allgemeiner Aufschwung, sondern Verarmung und laut Statistiken mehr als eine halbe Million Arbeitslose.

Ein praktisches Beispiel dafür ist die Rolle besagten Investors bei der Schließung eines holländischen Unternehmens in Berlin, das seinerseits 2001 eine Berliner Firma übernommen hatte. Die Übernahme des ursprünglichen Berliner Traditionsunternehmens, das seit über hundert Jahren Land- und Baumaschinen auf höchstem technologischen Niveau erzeugt hatte, war vom Berliner Senat aufgrund des Versprechens, die Produktion würde in Berlin verbleiben, mit 70 Millionen Euro unterstützt worden. Inzwischen hält ein italienischer Konzern, in dessen Vorstand just ein Mann mit starkem Nahverhältnis zu unserem Interviewten saß, 71 Prozent Anteile am erwähnten holländischen Unternehmen. Dessen Management entschied ungeachtet aller »Standortversprechen« die Schließung der Fabrik in Berlin und die Verlagerung der Produktion nach Italien. Die betroffenen Arbeiter streikten mehrere Wochen lang, dann ging ihnen der finanzielle Atem aus.

Solches stört die Verfechter des »Bostoner Models« jedoch in keiner Weise, denn von »Losern« halten sie nicht viel. Bezeichnenderweise halten sie auch nichts vom souveränen Nationalstaat, in dem die Politik den Bürgern Rechenschaft schuldig ist. Ihrer Meinung nach ist der Nationalstaat in der Welt der Globalisierung nicht mehr wichtig. Vielmehr sollen die Städte eine größere Rolle spielen, vor allem bei der scheibchenweisen Übertragung früher vom Staat im Sinne des Gemeinwohls verwalteter Infrastrukturen an private Investoren durch »zukunftsorientierte« Politiker. Um solchen Privatisierungen eine globale Dimension zu verleihen, wurde von den Genannten im Jahr 2000 eine Initiative zur weltweiten Vernetzung von Bürgermeistern lanciert.

Finanzgruppen wie diese bieten auch Beratungen bei »Umstrukturierungen«, »Übernahmen« und »Fusionen« von Firmen sowie beim anschließenden Verkauf von »Filetstücken« an. Dass solche Aktionen nicht selten durch die Schließung von gesunden, schwarze Zahlen schreibenden Firmen riesige Industriekapazitäten vernichten, ist eben »der Preis des Fortschritts«.

Um nicht der Einseitigkeit bezichtigt zu werden, hier ein Beispiel aus Österreich: 2001 wurde das ehemalige staatliche Paradeunternehmen *Austria Tabak* trotz glänzender Marktlage für 770 Millionen Euro an den britischen *Gallaher*-Konzern verscherbelt; eine Summe, die nach Meldungen Anfang 2005 von den Engländern fast schon zur Gänze in Österreich verdient wurde. 2005 kündigte Gallaher die Schließung zweier Werke in Österreich zwecks Abwanderung der Produktion in billigere Länder an. Arbeitsplätze ade. Nicht grundlos, wenn auch vergeblich, erhob sich in diesem Zusammenhang wieder einmal die provokante Frage, wer eigentlich den Vergebern der Privatisierungsaufträge (den Volksvertretern) den Auftrag zu dieser Art der Arbeitsplatzvernichtung erteilt habe. Die Wähler wohl kaum. Wie den Medien zu entnehmen ist, haben dann im Frühling 2007 die Aktionäre in London dem Verkauf von Gallaher an *Japan Tobacco* für sage und schreibe elf Milliarden Euro zugestimmt. Herbst 2007: Standortschließungen; weitere 300 Jobs dahin.

Mir ist klar, dass die Beschreibung solcher Vorgänge einem den Kopf dröhnen lässt. Darum eine Vereinfachung. Man muss sich das Prozedere etwa so vorstellen: ein Konzern kauft der Stadt extrem billig ein zuvor kommunales Unternehmen ab. Wichtig ist dabei ein extrem günstiges

Vertragswerk, in dem beispielsweise die Stadt dem Käufer Förderungen gesetzlich garantiert (kein Einzelfall). Dass Derartiges, verbunden mit Zinsen- und anderen Zahlungen, die Staatskassen leert, liegt auf der Hand.

Hat man gekauft, passiert in der Regel Folgendes:

1. Die Hälfte der Mitarbeiter wird entlassen.
2. Die andere Hälfte »darf bleiben«, muss aber für weniger oder den gleichen Lohn mehr arbeiten.
3. Laufende Kosten werden reduziert: also z. B. weniger Wartungsarbeiten an Schadstoff-Filtern oder bei der Abdichtung von Wasserrohren etc.
4. Der Endpreis für die Verbraucher wird erhöht.
5. Zur Vermeidung von »ruinösem Wettbewerb« bildet man mit etwaigen Konkurrenz-Konzernen ein inoffizielles Preiskartell.

Attacke der »Heuschrecken«

»Unsere Zeit kennt keinen
schöneren Satz als den Umsatz.«
Hellmut Walters (1930–1985, Schriftsteller)

Vernichtung von Volkseigentum durch Verkäufe an in- und ausländische Spekulanten gehört mittlerweile zum Tagesgeschehen. Kommunen verkaufen Hunderttausende von Sozialwohnungen, beispielsweise in Dresden. Millionen weitere sollen in Deutschland dem Verkauf zugeführt werden. Bund und Länder trennen sich von Gebäuden in ihrem Besitz, von Kunstschätzen, kurzfristiger Budgetsanierungen wegen sogar von sprudelnden Geldquellen. So wurde das gesamte, profitable staatliche Autobahnraststättennetz innerhalb der BRD britischen Investoren übereignet, wonach die Pächter über unzumutbare Bedingungen und die Autofahrer über unzumutbare Toiletten zu klagen begannen. Die Bundesautobahnen sollen ebenfalls verkauft werden. Haftanstalten werden Schritt für Schritt von privaten Betreibern übernommen.

Wir leben in einer Zeit, in der in Deutschland Sozialwohnungen an US-Spekulanten verkauft werden, in Österreich Ende 2006 nach 310 Postämtern, die im Laufe von zwei Jahren geschlossen wurden, in einer Nacht- und Nebelaktion zusätzlich noch 2.800 von bundesweit 20.506 Briefkästen stillschweigend abmontiert werden. Die Begründung für diese »Hauruck-Aktion« spricht für sich selbst: »Wir sind ein börsennotiertes Unternehmen und müssen sparen.« Fast wortidentisch mit der kaltschnäuzigen

Antwort der Post AG im April 2007 auf die von Hunderten erboster Bürgern unterschriebene Beschwerde, weil diese nicht einsehen wollten, dass in Wien ein Briefkasten bei einer Straßenbahnhaltestelle, unmittelbar neben einer stark frequentierten Verkaufsstelle, entfernt worden war. Der Umstand, dass viele Menschen, die dort jahrelang Postwertzeichen erworben hatten und die damit frankierten Briefe gleich einwerfen konnten, nunmehr einen Marsch von bis zu einem Kilometer zum nächsten Postkasten machen müssen, war ohne jede Bedeutung für die Post-Manager.

Die meisten Bürger haben allerdings wenig davon, wenn die Post immer horrendere Gewinne macht und im ehemaligen Ostblock die tollsten und profitträchtigsten Objekte erwirbt, sondern wünschen sich lediglich, sie möge ihnen Briefe bringen. Wir dachten nämlich, die Post sei eine staatliche Versorgungsleistung, errichtet mit Steuergeldern. Davon hört man allerdings schon lange nichts mehr.

Da auch kommunalen Einrichtungen investorische Begehrlichkeiten zugänglich gemacht werden, hat sich für viele der Staat faktisch von seinen hoheitlichen Aufgaben verabschiedet einschließlich der sensiblen Versorgung der Bevölkerung mit Wasser. Speziell diese ist wegen der sprudelnden Gewinne und des nie abnehmenden Bedarfs bei Investoren außerordentlich beliebt.

Wie man den Bürgern das Wasser abgräbt

»Heutzutage kennt man von allem
den Preis und von nichts den Wert.«
Oscar Wilde

Es ist kein Wunder, wenn der Wasserverbrauch in der Acht-Millionen-Stadt New York von täglich rund 800 Millionen Litern dazu führt, dass Big Apple langsam, aber sicher, auf dem Trockenen zu sitzen droht. Da sich trotz radikalster Maßnahmen keine neuen Naturquellen erschließen lassen, die geplante Umwandlung des Wassers des Hudson River in Trinkwasser utopisch und die von der Stadtregierung erwogene Versorgung der Stadt durch Riesentanker, gelinde gesagt, problematisch ist, sollte man annehmen, dass wenigstens Wasser gespart wird. Mitnichten. Völlig unbeeindruckt duschen die New Yorker nach wie vor zweimal am Tag, verbrauchen rund 30 Liter für Waschmaschinen sowie 20 Liter in der Toilette und trinken fünf Liter pur oder im Kaffee. Vom obligaten Autowaschen und Gartenspritzen ganz zu schweigen. Im Gegenteil: Das eigene Schwimmbad in der Luxuswohnung ist angesagt. Anfang 2007 waren bereits einige Tausend davon im Bau.

Einige Eckdaten sollen zeigen, wie lukrativ der »Wassermarkt« ist: Für die Erzeugung von einem Kilogramm Reis oder einem Liter Milch benötigt man 2.000 bis 5.000 Liter Wasser, 11.000 Liter für das Rindfleisch eines Hamburgers. Rund 20.000 Liter Wasser stecken in einem Kilogramm Kaffeepulver, und mit den 4.000 Litern Wasser, das die 250 Gramm Baumwolle für ein simples T-Shirt wachsen ließ, könnte man ungefähr 25 Badewannen füllen.

Mittlerweile hat die rings um den Globus vehement betriebene und auch in unseren Landen mit Schalmeientönen angepriesene Wasserprivatisierung zu unglaublichen Gewinnen geführt – und zu unglaublichen Missständen. So waren die Bewohner in der südafrikanischen Stadt Durban in ihrer Not gezwungen, aus öffentlichen Toiletten zu trinken, weil sie von der Wasserversorgung aus Kostengründen abgeschnitten wurden. Daraufhin stieg die Zahl der Erkrankungen an Cholera und Typhus. Ähnliche Geschichten ließen sich aus vielen Städten und Ländern der Welt erzählen, in denen Wasser zu einer Handelsware geworden ist: aus Ghana, Brasilien, Mexiko und Indien, aus Buenos Aires – aber auch aus Grenoble und Atlanta.

Ja, auch in der Zivilisation steht es mit der auf reines Wasser angewiesenen Gesundheit der Massen nicht zum Besten. In Großbritannien haben sich nach der Privatisierung der Wasserversorgung die Fälle von Hepatitis-A verdreifacht und die Durchfallerkrankungen versiebenfacht. Die Wasserpreise zogen kräftig an: 20.000 Haushalte wurden wegen unbezahlter Rechnungen von der Versorgung abgeschnitten. Rechnungen, in denen neben den tatsächlichen Kosten eine Gewinnspanne von bis zu 40 Prozent sowie die um ein Vielfaches gestiegenen Vorstandsgehälter enthalten waren. Nicht gestiegen ist die Belegschaft. Im Zuge der Privatisierung haben die Konzerne fast 100.000 Stellen gestrichen.

Wie der private Hauptversorger von London nicht einmal verheimlicht, tritt **Tag für Tag**(!) rund eine Milliarde Liter Wasser(!) aus lecken Leitungen und Rohren aus und versickert, weil die Firma trotz astronomischer Rekordgewinne nichts in Instandsetzungen investiert. Die Strafen sind nämlich ungleich billiger als die Einhaltung von Qualitätsstandards. Der Mensch muss aber nicht nur trinken und sich waschen, er will (und muss) auch mobil sein.

Von der Schiene gesprungen

War Ihnen eigentlich bekannt, dass vom gesamten Umsatz der hundert größten Industriekonzerne der Welt mehr als die Hälfte allein auf den addierten Umsatz der Ölkonzerne, der Fahrzeugbaufirmen und der Flugzeugindustrie entfällt? Dem Öl und seinen Derivaten (Benzin, Diesel, Kerosin und Raketentreibstoff) verdanken diese Wirtschaftsriesen ihre globale Macht. Um zu verstehen, wovon hier die Rede ist, erweist sich ein Blick in unser großes transatlantisches Vorbild als lehrreich – und sei es nur, um etwas **nicht** nachzuahmen.

Anfang des 20. Jahrhunderts gab es in den USA eine gigantische Umwälzung. Die Eisenbahnunternehmen verloren ihren Rang als weltweit führende Kapitalmacht an die Ölindustrie und an die entstehende Autoindustrie. Das veränderte den Verkehrsmarkt in den USA von Grund auf, ohne dass sich die Öffentlichkeit dessen wirklich bewusst wurde. Bis zur »Ölkrise« von 1973, über deren Hintergründe auch so manches zu sagen wäre.

Besorgt wurde plötzlich entdeckt, dass in den meisten amerikanischen Städten ein öffentliches Schienenverkehrssystem auf den Straßen nur noch symbolisch vorhanden war. Daraufhin beauftragte der US-Senat einen jungen Soziologen namens Bradford C. Snell mit einer Untersuchung dieser Veränderungen. Das führte zum »*Snell-Report*« mit 103 Seiten und 142 Anmerkungen, der 1974 veröffentlicht wurde. Er soll, so Fachleute, klar dokumentieren, dass das Verschwinden der oberirdischen schienengebundenen städtischen Verkehrssysteme im Zeitraum 1920 bis 1950 konspirativ organisiert worden sei. Und zwar von einem koordiniert operierenden Verbund, den Autokonzerne und ein Reifenhersteller gebildet hatten. Ein anderes Beispiel. Diesmal aus luftigen Höhen.

Unerwarteterweise meldete am 21. Juni 1970 die amerikanische *Penn-Central-Eisenbahngesellschaft* mit Sitz in Philadelphia Konkurs an. Die angesehene Zeitschrift »*Ramparts*« vermutete als Ursache den Umstand, dass sich im Vorstand der immerhin größten Transportgesellschaft der Welt Personen befanden, die nicht kostendeckende Frachttarife für Bahntransporte einführten. Konkret: Vertreter von Stahl-, Öl- und Kohlekonzernen, deren Interessen dem Eisenbahnverkehr entgegengesetzt waren. Der Vorstand war auch massiv ins Luftfahrtgeschäft eingestiegen. Die Publikation zitiert den Chef von Penn Central mit dem Satz: »Ich will das Penn-Central-Kapital in wirklich profitable Projekte stecken und nicht in diese verdammte Eisenbahn«. Fazit: eine 200 Millionen Dollar-Pleite.

Auch in anderen Ländern haben sich in den letzten hundert Jahren Kapitalgruppen zusammengetan, um den Auto- und Flugverkehr anzukurbeln. Subtile Methoden zur Durchsetzung der Autogesellschaft sind mittlerweile ebenso wenig erforderlich wie die Geheimhaltung. Bahnmanager, die zur Privatisierung »ihres« Unternehmens schreiten (wieso eigentlich »ihres« – man dachte doch, die Bahn gehöre dem Steuerzahler?) sind großenteils offen mit der Auto- und/oder Luftfahrtbranche verbunden. Fälle zum Nachrecherchieren finden sich. Beispielsweise der Fall jenes Mannes, der als Bahnvorstandsvorsitzender die Privatisierung eingeleitet hat, aber zugleich auch Haupteigentümer eines Weltmarktführers zur Herstellung von Autolackierautomaten gewesen sein soll. Andere wiederum, die aus der Luftfahrtbranche stammen, sollen für das Ende 2002 eingeführte neue Bahnpreissystem und seine katastrophalen Folgen verantwortlich sein. Die Meinung des Volkes interessiert wieder einmal kaum, auch wenn sich bei einer *Emnid*-Umfrage vom November 2006 satte 71 Prozent der Bundesbürger dafür ausgesprochen haben, dass die *Deutsche Bahn* in öffentlichem Eigentum verbleibt. In der Schweiz hingegen hat ein diesbezüglicher Volksentscheid sehr wohl etwas bewirkt.

Nicht wenige Fachleute zweifeln an der volkswirtschaftlichen Sinnhaftigkeit eines Verkaufs des hundertprozentigen Bundeseigentums an der »Deutschen Bahn AG« und führen **Gegen**gründe an:

Nach der Privatisierung wird die Schiene weiter Anteile am Verkehr verlieren. Die erzielbaren einmaligen Verkaufseinnahmen von maximal fünf Milliarden Euro können den Haushalt nicht wirksam entlasten. Schon allein deswegen nicht, weil die Steuerzahlenden nach der Privatisierung noch lange Zeit mindestens ebensoviel wie bisher für das System »Schiene« zahlen müssen, nämlich rund zwölf Milliarden Euro jährlich. Das wären dann sozusagen »Alimente« für den oder die neuen Privateigentümer.

Wie schon erwähnt, dämmert diese unheilvolle Entwicklung auch dem schlichten Wahlbürger mehr und mehr auf, ebenso wie die Erkenntnis, **was** hinter all dem zu stecken scheint …

Teil II
Das große Spiel

Durchmarsch zur »Allmacht«

»Das Schachbrett ist die Welt ...
der Spieler auf der anderen Seite unsichtbar.«
Thomas Henry Huxley (1825–1895),
englischer
Politiker, Großvater von Aldous Huxley,
in »Collected Essays«

USA – »United States of Atlantis«

»Jedes System ist am Anfang rein und wird
durch die menschliche Natur korrumpiert.«
Anais Nin

Die bisherigen Spielregeln für das gedeihliche Zusammenleben einer größeren Anzahl von Menschen sind alle auf den Nationalstaat zugeschnitten. Auf planetarischer Ebene herrschen allerdings andere Gesetze, die auch global durchgesetzt werden – und zwar durch die größte Kriegsmaschinerie, die unser Planet jemals hervorgebracht hat. Kommandiert wird dieses ungeheure Machtinstrument von einer kleinen, aber mächtigen Elite, die ein Ziel konsequent verfolgt: die Durchsetzung der Globalisierung und damit de facto die Erringung der Weltherrschaft. Dabei kann sie der Unterstützung des amerikanischen Volkes sicher sein, denn diesem wird schon mit der Muttermilch eingegeben, es wäre die Aufgabe von »God's Own Country«, der Welt Freiheit und Demokratie zu bringen. Sie also zu missionieren, sprich mit Feuer und Schwert zu ihrem Glück – soll heißen zur Globalisierung – zu zwingen. Diese »offenkundige Bestimmung« ist den USA bereits von ihren Gründervätern in die Wiege gelegt worden. Weniger pathetische Naturen meinen, die Vereinigten Staaten seien ganz bewusst als unangreifbare Bastion geschaffen worden, um von dort aus die Welt Schritt für Schritt zu erobern. Ein zweites Imperium nach römischem Vorbild, wofür Begriffe wie Senat und Capitol zu sprechen scheinen.

In dem Zusammenhang verweisen manche auf das im Jahre 1626 erschienene Buch »*Nova Atlantis*« (Das neue Atlantis) von Sir Francis Bacon, Viscount of St. Albans und Baron of Verulam. Bei einer Rede im englischen Parlament erklärte Bacon, sein Werk wäre die Vorlage für die Schaffung einer neuen Welt in Amerika. Die im Jahr 1606 erfolgte Gründung der *Virginia Company* und die darauf folgende Besiedelung Virginias sei für ihn sowohl ein politischer als auch ein spiritueller Akt.

Geschichte macht »man« nicht in Legislaturperioden, sondern in Jahrhunderten, wenn nicht sogar Jahrtausenden. Unter dieser Langzeitperspektive bekommen von Kleingeistern hochgehaltene Werte wie Wahrheit, Humanität oder Ähnliches eine völlig andere Qualität. Lug und Trug müssen eben sein, genauso wie Millionen Tote. Diese werden zu einem etwas größeren Kollateralschaden ohne wirkliche Bedeutung; außer für die Opfer natürlich, aber diese fragt ohnehin keiner. Davon können die amerikanischen Ureinwohner ein Lied singen, die natürlich erst einmal weggeräumt werden mussten, um die Ausgangsbasis für das zu schaffen, was seit einiger Zeit über die Weltbühne geht. Selbstverständlich war die Ausrottung der störenden Einheimischen von Anfang an mit hohlen Phrasen garniert.

Beispielsweise fand US-Präsident Quincy Adams hochtrabende Worte, um die Kriegsverbrechen bei der Eroberung Floridas zu rechtfertigen. Der Historiker William Earl Weeks beschreibt in blutigen Einzelheiten die Massaker, die General Andrew Jackson in einer »Schau von Morden und Plünderungen, welche als Erster Seminolenkrieg von 1818 bekannt sind«, vollführt hat. So zerstörte Jackson Dörfer und Nahrungsquellen, um die Stämme bewusst auszuhungern, die in die Sümpfe geflohen waren. Ein zweiter Vernichtungsfeldzug richtete sich danach gegen die überlebenden Seminolen, jene, die nach Westen geflohen waren und später dort liquidiert wurden. Weeks betont, dass die energische Befürwortung der Verbrechen Jacksons durch Adams die Macht, einen Krieg zu beginnen, in Verletzung der Verfassung vom Kongress auf die Exekutive verschob. Dieses Prinzip lebt weiterhin fort.

Das Ziel der Diplomatie von Adams war territoriale Expansion im Pazifik und der Krieg eine weitere Phase in dem »Projekt zur Beseitigung oder Eliminierung der amerikanischen Eingeborenen des Südostens«, das schon lange im Gange war.

Unmissverständlich betont der Historiker die propagandistischen Elemente, die solche (und folgende) Ungeheuerlichkeiten nicht nur möglich machen, sondern sogar fordern: die Annahme einer einzigartigen moralischen Erhabenheit der Vereinigten Staaten, die Verkündigung ihrer Mission, die Welt durch die Verbreitung ihrer Ideale und dem »American Way of Life« zu erlösen und der Glaube an das »göttlich bestimmte Schicksal« der amerikanischen Nation (Manifest Destiny).

Der theologische Rahmen reduziert bis heute alle Aktionen auf eine Entscheidung zwischen Gut und Böse, wodurch auch gleich die Gefahr von zu viel Demokratie gebändigt wird. Kritiker können als »antiamerikanisch« ausgeschaltet werden – ein Konzept, wie totalitäre Regime es gerne anwenden.

In einem Artikel beschrieb der wohlbekannte Noam Chomsky die lange Blutspur, die die Disziplinierung der »Bösen« durch die selbsternannten »Guten« in der Geschichte hinterlassen hat, wie wenig die Verbrechen der »Guten« in der Historie Erwähnung finden, und wie perfide die Dämonisierung der jeweilig zu Disziplinierenden betrieben wurde und nach wie vor wird.

Ein Professor der Yale-Universität weist in der *New York Times* darauf hin, dass George W. Bushs Rahmenprogramm für den »Krieg gegen den Terror« seine Ursprünge in den Traditionen der US-Präsidenten John Quincy Adams und Woodrow Wilson hat. Daher denkt Bush in seinem planetaren Kreuzzug natürlich nicht daran, sich von Wischi-Waschi-Erwägungen wie »internationalem Recht« oder »öffentlicher Meinung« einschränken zu lassen.

Juristen ist klar: Würden die Verantwortlichen daheim in den USA auch nur einen Bruchteil der Verbrechen begehen, die sie im Ausland vollführen, könnten sie alle gemeinsam in der Todeszelle über die Neue Weltordnung diskutieren. Es ist auch völlig unerheblich, wenn der Kongress Folterungen oder die Anwendung verbotener Kriegsmittel wie **Napalm** legalisiert, denn auch manch andere Ungeheuerlichkeiten des Dritten Reichs oder der kaiserlich-japanischen Truppen waren von heimischen Gesetzen gedeckt, was allerdings keinen der Täter vor dem Tribunal Nürnberg oder Tokio und in der Folge vor dem Galgen bewahrt hat. Verschont von der Justiz der Sieger blieben lediglich solche Täter, die man selbst brauchen konnte, beispielsweise manche deutschen KZ-Ärzte und Raketenfachleute oder japanische Folterknechte wie jene der *Einheit 731* des Generalleutnants Shiro Ishii. Diese Vorgehensweise ist als *Paperclip-Affäre* bekannt geworden, über die ich in einigen meiner Bücher geschrieben habe. So gut wie gar nicht bekannt ist der von Aufdeckern behauptete Hintergrund der beiden Atombombenabwürfe. Ein erschreckendes Szenario, das – wenn es auf Punkt und Komma so stimmt – dem großen Bild einer Nation, die den Rest der Welt als ihr Eigentum betrachtet, ein weiteres Puzzlesteil hinzufügen würde ...

Hiroshima und Nagasaki anders gesehen

Als erste und bis dato einzige Nation haben die USA Atomwaffen eingesetzt, und das zu einem Zeitpunkt, als der Gegner kaum mehr schnaufen konnte. Die erste, am 6. August 1945 über Hiroshima abgeworfene Atombombe tötete rund 140.000 Menschen sofort oder in den folgenden Monaten und damit fast die Hälfte der damaligen Einwohnerzahl der Stadt. Die zweite vom 9. August forderte in Nagasaki weitere 70.000 Opfer. Dabei soll eine Begeisterung geherrscht haben, die heute taktvoll verschwiegen wird.

In offiziellen Geschichtsbüchern der US Air Force soll geschrieben stehen, dass ein führender Luftwaffengeneral sich nach der Bombardierung Nagasakis »ein möglichst großes Finale« gewünscht hätte: einen Angriff von 1.000 Bombern auf wehrlose japanische Städte. Der Chef der Air Force hätte als großes Finale einen dritten nuklearen Schlag bevorzugt, und zwar auf Tokio. Er wurde aber davon abgehalten, weil Tokio bereits im Feuersturm vom März in Flammen aufgegangen war und geschätzte 140.000 verkohlte Leichen hinterließ.

Solche Aktionen galten, und gelten heute noch, als Akte legitimer Selbstverteidigung gegen einen bösartigen Feind, der sich durch seine eigene Ruchlosigkeit, speziell durch die Bombardierung von Pearl Harbor, dies selbst zuzuschreiben hatte. Geschichtsmächtige wie Noam Chomsky halten es hingegen für angebracht, sich daran zu erinnern, wie die USA Japan seit vielen Jahren an der Kehle saßen und dies beim Angriff Japans auf Pearl Harbor am 7. Dezember 1941 mit in Rechnung gezogen werden sollte. Von der Tatsache abgesehen, dass die amerikanische Führung über den Angriff Bescheid gewusst haben soll, ohne Gegenmaßnahmen zu ergreifen, worauf er rund 3.000 Opfer (in etwa soviel wie der 11. September 2001) forderte, 12 Schiffe versenkte und 9 beschädigte (die meisten davon aus dem Ersten Weltkrieg), während die wichtigen Flugzeugträger »zufällig« nicht anwesend waren.

Die japanischen Führer wussten, dass in den USA *Boeings B-17 Flying Fortresses* in Massen produziert wurden. Auch die öffentlichen Diskussionen in den USA dürften ihnen nicht entgangen sein, in denen erörtert wurde, wie diese von Stützpunkten in Hawaii und den Philippinen startenden Bomber die hölzernen Städte Japans anzünden könnten. »Das industrielle Herz des Imperiums mit Feuerbomben angreifen, die den dichten Ameisenhaufen ausbrennen.« *(Zitat eines pensionierten Air Force Generals von 1940).* Dieser Vorschlag soll Präsident Roosevelt »schlichtweg entzückt« haben. Es ist nicht bekannt, ob ihn vielleicht auch die Atombombeneinsätze selbst entzückt hätten. Befehlen konnte er sie jedenfalls nicht, da er am 12. April 1945 verstarb. Daher blieb es seinem Nachfolger Harry S. Truman überlassen, Japan zweimal in einem Licht zu baden, das heller war als tausend Sonnen.

Ehe es soweit war, wartete Truman am 16. Juli 1945 in Potsdam-Babelsberg ungeduldig auf Nachrichten aus Los Alamos. Die Verschiebung der *Potsdamer Konferenz* auf Mitte Juli war von Truman in der Hoffnung, die Atombombenversuche in New Mexico seien bis dahin erfolgreich abgeschlossen, mit fadenscheinigen Ausreden erreicht worden. Aber noch immer war nicht klar, ob die »neuen Bomben« auch tatsächlich funktionierten, so dass Stalin mit einer entsprechenden Erfolgsmeldung beeindruckt und eingeschüchtert werden konnte.

Um 19.30 Uhr des 16. Juli traf die erlösende Nachricht auf Schloss *Cecilienhof* ein: »Operation erfolgte heute Morgen. Diagnose noch nicht vollständig, Ergebnisse scheinen jedoch zufriedenstellend und übertreffen bereits die Erwartungen ...« Tatsächlich übertroffen wurden besagte Erwartungen mit den beiden Abwürfen.

Viele Jahre und viele Gedenktage später, an denen von US-Seite nur Patriotismus und von den Verlierern nur Betroffenheit zelebriert wurde, sollten die beiden Atombombenabwürfe in einem perfideren Licht erscheinen. Ausgelöst durch eine Reihe zufälliger Entdeckungen, über die ab Anfang des 21. Jahrhunderts an verschiedenen Stellen publiziert wurde, einschließlich des Internets. Um diesen ernüchternden Blickwinkel voll erfassen zu können, bedarf es einer Reihe von ebenso grundlegenden wie unbequemen Hintergrundinformationen.

»Gold und Silber lieb ich sehr ...«

»... kann's auch wohl gebrauchen«, so heißt es in dem bekannten Lied weiter, das für manche angesichts einer weniger bekannten »Gold- und Silberbeschaffungsaktion« einen makabren Klang bekommen haben muss.

Sie haben sicher schon vom »Nazi-Raubgold« gehört, aber haben Sie jemals schon etwas vom »Japanischen Raubgold« im Zweiten Weltkrieg vernommen? Nein? Dann lassen Sie sich überraschen. Zuvor nur das: 1945 waren die USA in der glücklichen Lage, sich nicht nur die Überreste des britischen Empire einzuverleiben, sondern auch die bis dahin von den europäischen Kolonialmächten kontrollierten rohstoffreichen Länder Südostasiens. Einschließlich der dort befindlichen Werte, die sich zuvor Japan seit 1937 im gesamten südostasiatischen Raum unter den Nagel gerissen hatte.

Das bei geschichtlichen Erörterungen unerwähnt bleibende »Japanische Raubgold« soll einen Wert von vielen Hunderten Milliarden Dollar ausgemacht haben. Gegen die Summen, von denen hier die Rede ist, nimmt sich die etwa 20 Milliarden Dollar betragende Siegerbeute in Deutschland geradezu bescheiden aus. Besonders, wenn man in Rechnung zieht, dass sie sich überwiegend aus Industriedemontagen zusammensetzte und dass noch dazu Stalins Anteil daran die Hälfte davon ausmachte. Das in Deutschland vorhandene Gold war jedenfalls von den einmarschierenden Amerikanern bis zur letzten Unze konfisziert worden, so dass die im März 1948 gegründete *Bank Deutscher Länder* in ihrer Eröffnungsbilanz zum 21. Juni dieses Jahres kein einziges Gramm Gold aufwies.

Nach Ansicht von Finanzfachleuten bedeutete das japanische Raubgold mit Blick auf das im Juli 1944 von den USA durchgepeitschte Abkommen von Bretton Woods eine sofortige Liquidität für die Vereinigten Staaten, verbunden mit der Kopplung der verschiedenen nationalen Währungen an den Dollar und dieser seinerseits zu einem Kurs von 35,20 Dollar pro Unze an das Gold. Passenderweise (für die USA) unterlagen die anderen Teilnehmer am Bretton-Woods-System einem Zwangsumtausch des Dollars in ihre jeweilige Landeswährung. Dadurch erhöhten sich die Dollarreserven bei allen Zentralbanken und der USA. In der Öffentlichkeit wurde dieser alle nicht-amerikanischen Länder schädigende Mechanismus, durch den die USA eine doppelt hohe Rendite hatten bzw. Waren um den halben Preis geliefert bekamen, schönfärberisch als »Stützungskauf« deklariert. Die *FED* hingegen hatte keinerlei Verpflichtung, ausländische Währung aufkaufen zu müssen. Das nannte sich offiziell »Asymmetrie des Bretton-Woods-Systems«, inoffiziell nannte man es »Genuss ohne Reue«.

Über Gold-, Währungs- Fonds-, und mannigfaltige andere Spekulationen, die jedem ehrlichen Sparer die Haare zu Berge stehen lassen, ist viel publiziert worden. Ebenso darüber, dass die USA nach der Lösung der Bindung zwischen Gold und Papiergeld in den 1970er-Jahren in der Lage waren, die Welt mit Papierdollars zu überschwemmen, die von der privaten(!) US-Nationalbank *Federal Reserve (FED)* hemmungslos gedruckt wurden, um Ware dafür zu erhalten.

Dass eine »aufblasbare Papierwährung«, wie Lenin eine der »Säulen des Weltkapitalismus« bezeichnete, auf lange Sicht in den Abgrund führt, zeigt das verhängnisvolle Experiment mit den »Assignaten«, von denen heute niemand mehr spricht – sogenannte »Finanzfachleute« schon gar nicht. Besagte »Assignaten« waren die ab dem 14. Dezember 1789 ausgegebenen Schatzanweisungen auf die während der Französischen Revolution eingezogenen Güter der Kirche, des Adels und der Auswanderer. Ursprünglich als verzinsliche Staatsobligationen gedacht, verwandelten sie sich schnell in weitgehend ungedecktes und ungebremst vermehrtes Papiergeld mit Zwangskurs, das zu galoppierender Inflation führte (im April 1795 war der Wert der Assignaten auf nur noch acht Prozent abgesunken). Aufgrund der verheerenden Auswirkungen wurden die Assignaten durch eine alternative Papierwährung *(mandats territoriaux)* im Verhältnis von 30:1 ersetzt, die aber ebenfalls rapide verfiel. Deshalb wurde das französische »Papiergeldexperiment« am 21. Mai 1797 beendet. Heute hingegen bestimmt ungedecktes Papiergeld aus der Druckerpresse den wirtschaftlichen und politischen Lauf der Welt.

Letzteres zeigt sich nach häufig geäußerter Ansicht schon daran, dass die USA Kriege führen, um Staaten davon abzuhalten, für die von ihnen gehorteten, durch nichts gedeckten grünen Lappen ihrerseits von den USA Waren irgendwelcher Art zu verlangen, oder – schlimmer noch – besagte Lappen nicht mehr zu akzeptieren. Die »Schurkenstaaten« Irak, Iran und Nordkorea waren die ersten, die nicht länger in Dollars, sondern in Euro fakturieren wollten. Wie es dem Erstgenannten ergangen ist, wissen wir ja. Wer das für eine zu drastische Interpretation hält, der sei an den von der FED am 23. März 2006 bekannt gegebenen Beschluss erinnert, die Geldmenge »M 3« fortan nicht mehr offen zu legen. Unter besagter Menge versteht man in der Ökonomie den gesamten Bestand an Geld, der in einer Volkswirtschaft zur Verfügung steht. Mit anderen Worten: Seit März 2006 wird der wichtigste und zuverlässigste Indikator für die weltweit umlaufende Menge an Dollars unter Verschluss gehalten. Für Kritische nicht unerwartet, da man gelegentlich auf Analysen stoßen kann, die davon ausgehen, die über den Globus verbreitete Dollarmenge würde ein Mehrfaches des Wertes der gesamten USA betragen. Alles klar?

Zurück in die Zeit nach dem Zweiten Weltkrieg.

Der systematische Raub von Edelmetallen durch Japan in Südostasien kann mit Vernehmungsprotokollen japanischer Bankiers aus dem Jahre 1946 belegt werden, die von ihrer Regierung zur Kaiserlichen Japanischen Armee abkommandiert worden waren. Ein weiteres Indiz ist der Umstand, dass Nordkorea offiziell 363 Tonnen Gold von Japan zurückverlangt hat, das während des Zweiten Weltkriegs gestohlen und geplündert wurde. Ferner listen die »*Reports of General Douglas MacArthur*« unter anderem Edelmetalle (Gold, Platin und Silber) sowie Unmengen Diamanten auf, die in Japan 1945 vorgefunden wurden und angeblich nicht zugeordnet werden konnten. »Restitutionen«, so schrieb der nach Japan entsandte Berater von US-Präsident Truman 1946, »liegen nicht im Interesse der Vereinigten Staaten«.

Bereits jetzt dürften sich manche Leser fragen, wieso das erst heute bekannt werden konnte, wo doch so viele Jahre nie davon die Rede gewesen ist.

Durch zufällige Hinweise aufmerksam geworden, haben Journalisten um 2002 herum begonnen, über das japanische Raubgold zu recherchieren. Zunächst ging es um die Frage, ob es überhaupt bedeutende Goldmengen im Fernen Osten gegeben hat, die von Japan während des Zweiten Weltkriegs, der dort mit dem japanisch-chinesischen Krieg bereits 1937 begonnen hatte, geraubt werden konnten.

Die Existenz von riesigen Mengen Gold in den Ländern des Fernen Ostens vor 1945 lässt sich zweifelsfrei belegen. Einer alten asiatischen Tradition folgend, war Gold seit Jahrhunderten ein beliebtes Wertaufbewahrungsmittel, während Silber als Zahlungsmittel diente. Ebenfalls Jahrhunderte lang war weitaus mehr Gold aus dem Westen sowie aus Russland und Australien nach Asien geflossen, als von den meisten asiatischen Ländern exportiert worden war. Gleichzeitig produzierten viele asiatische Länder ebenso lange auch selbst Gold.

Vor dem Zweiten Weltkrieg waren dem Westen die asiatischen Goldhorte als »indische Goldhorte« wohlbekannt. Schon Kolumbus hatte 1492 im Sinne, in Indien danach zu suchen. Als Indien bezeichnete man lange Zeit nicht nur das heutige Indien, sondern weite Teile des Fernen Ostens, die *Vorderindien, Hinterindien* und *Holländisch-Indien* genannt wurden. Seit die USA 1945 den Begriff »Südostasien« für jene Regionen eingeführt haben, die Japan zwischen 1937 und 1945 mit Krieg überzogen hatten, werden die »indischen« Goldhorte fälschlicherweise allein dem heutigen Indien zugeordnet.

Die im riesigen Asien Jahrhunderte lang akkumulierten Goldmengen sind von den Statistiken des Westens ebensowenig erfasst worden wie das in Jahrhunderten vom Westen in den Fernen Osten abgeflossene Gold bis 1939. Die offiziellen Goldmengen-Statistiken des Westens sind folglich falsch, wie der renommierte Statistiker Oskar Morgenstern schon 1956 in seiner Studie über die Gültigkeit der Statistiken internationaler Goldbewegungen nachgewiesen hat. Seine Untersuchung ist nach ihrem Erscheinen seltsamerweise in der Versenkung verschwunden und nur noch in wenigen Universitätsbibliotheken zu finden. Die wahre Menge asiatischen Goldes existierte somit offiziell überhaupt nicht, und war damit ein ideales Objekt zur unauffälligen Aneignung. Diese Aneignung sowie ihre

Verschleierung soll schon lange vor Kriegsende Schritt für Schritt vorbereitet und ab der japanischen Kapitulation konsequent umgesetzt worden sein.

1934 hatte Präsident Roosevelt den Dollar um 40 Prozent abgewertet und den Goldpreis von 20,67 Dollar auf 35 Dollar pro Feinunze angehoben. Daraufhin strömten riesige Mengen europäischen Goldes in die USA, was die europäischen Wirtschaften in Schwierigkeiten brachte, weil eines der wichtigsten monetären Metalle dem internationalen Finanz- und Währungskreislauf entzogen worden war. Zeitgleich ergriff Roosevelt Mitte der 1930er-Jahre nahezu identische Maßnahmen beim Silber. Sie führten zum Abfluss riesiger Mengen des monetären chinesischen Silbers in die USA, was die Wirtschaft im Reich der Mitte ruinierte und die chinesische Regierung zu heftigen Protesten gegenüber Washington veranlasste. Hintergrund soll der britisch-amerikanische Plan gewesen sein, in China einen Gold-Devisenstandard zu etablieren, der auf einen Gold-Dollar-Standard hinauslaufen sollte. Der **Dollar** sollte als **Weltgeld** und internationale Währungsreserve etabliert werden. Dafür mussten der Dollar und das Gold identisch erscheinen. Die USA brauchten also möglichst alles Gold dieser Welt, damit bedrucktes Papier namens »Dollar« vom in Jahrhunderten gewachsenen Vertrauen in das Edelmetall profitieren konnte.

Die Abkehr von diesen »grünen Lappen« sollte übrigens Saddam Hussein schließlich zum Verhängnis werden. Er wollte sein Erdöl nämlich nicht länger in Dollar fakturieren, wodurch der Irak umgehend zum »Schurkenstaat« mutierte. Und zwar gemeinsam mit dem Iran und Nordkorea, die Ähnliches im Sinne hatten. Weniger bekannt ist in dem Zusammenhang, dass der »kalte Krieg« gegen die Sowjetunion ausgerufen wurde, nachdem der Kreml sich geweigert hatte, den Rubel zum Dollar hin konvertibel zu machen.

Mit dem Beginn des Krieges gegen China machte Japan den USA 1937 zunächst einen Strich durch die Rechnung. Erst mit dem 1944 unterzeichneten Abkommen von Bretton-Woods sollte es den USA gelingen, das von ihnen angestrebte internationale Finanz- und Währungssystem zu etablieren. Ein Schelm, der sich etwas bei dem Umstand denkt, dass die Vorbereitungen dafür bereits im Januar 1942 begonnen hatten, wenige Wochen nach dem japanischen Angriff auf Pearl Harbor. Diese Zusammenhänge sind Historikern wie Wirtschaftswissenschaftlern in Europa vor, während und nach dem Zweiten Weltkrieg weitgehend entgangen.

Aus Gegnern werden Komplizen

»Wer Gold hat, hat immer Recht.«
André Kostolany

Die von Japan Ausgeraubten hatten nach dem Ende des Zweiten Weltkriegs zunächst andere Sorgen, als sich um ihre materiellen Verluste zu kümmern. Von 1945 an bis heute standen für sie ihre Schadensersatzansprüche gegenüber Japan wegen der an ihnen begangenen kapitalen Kriegsverbrechen im Vordergrund. Nachdem selbst diese zu nichts führten, schien den meisten asiatischen Opfern die Durchsetzung von Schadensersatzansprüchen für Raub und Plünderungen von vorneherein aussichtslos zu sein. Nicht zuletzt, weil nach Kriegsende Folgendes ablief:

Unmittelbar nach Kriegsende im Fernen Osten wurde in Vorbereitung für das Tokioter Kriegsverbrechertribunal eine Charta für diesen Prozess formuliert. Darin wurde festgelegt, was als Kriegsverbrechen anzuklagen sei. Die Tokioter Charta wurde weitgehend von der Nürnberger Charta des Kriegsverbrechertribunals in Deutschland übernommen. Ein Passus, der in Nürnberg Geltung hatte, fehlte jedoch in Tokio. Daher waren dort »Raub und Plünderungen« keine anklagenswerten Kriegsverbrechen. Daher kamen sie auch nicht zur Sprache.

Dieser bemerkenswerte Vorgang ist Historikern bis heute ebenso wenig aufgefallen wie der Umstand, dass es die USA im Gegensatz zu Deutschland in Japan extrem eilig hatten, einen Friedensvertrag zwischen dem Kaiserreich und den von ihm überfallenen Ländern herbeizuführen. So wurden bereits 1951 im Friedensvertrag von San Francisco sämtliche zukünftigen Schadensersatzansprüche der asiatischen Opfer japanischer Kriegsverbrechen unauffällig und für alle Zeiten ausgeschlossen. Als eleganter Schachzug wird von manchen angesehen, dass man den von Amerika unterstützten, vor Maos Truppen nach Formosa (heute Taiwan) geflüchteten General Tschiang Kai-Shek den San-Francisco-Vertrag mit seiner Unterschrift inhaltlich billigen ließ. Tschiang hatte zu diesem Zeitpunkt zwar weder Macht noch Einfluss auf dem riesigen chinesischen Festland, figurierte aber formell als chinesischer Staatschef.

Somit ließen sich sämtliche von Japan begangenen unterschiedlichsten Kriegsverbrechen und alle Raubzüge unter den Teppich kehren. Die USA mussten nicht befürchten, dass die von ihnen begangene Unterschlagung der japanischen Kriegsbeute jemals öffentlich zur Sprache käme. Tatsächlich sind bis zum heutigen Tag alle Klagen von Opfern japanischer Kriegsverbrechen, die bei amerikanischen und japanischen

Gerichten seit 1945 eingereicht wurden, mit Hinweis auf den Friedensvertrag von San Francisco zurückgewiesen worden. Nun gut, beziehungsweise nicht gut, aber was haben diese unschönen Vorgänge mit den beiden Atombombenabwürfen zu tun?

Atomare Raubkrieger

»Das organisierte Verbrechen ist fester
Bestandteil des amerikanischen way of life.«
Frank Janni, Anthropologe

Bereits in den 1970er-Jahren haben unorthodoxe Historiker in den USA die offizielle Version in Zweifel gezogen, die Atombomben wären über Japan abgeworfen worden, um einer geschätzten Million amerikanischer *GIs* das Leben zu retten, die ansonsten bei einer Invasion Japans gefallen wären. Die damals geäußerte kontroverse Hypothese war, die Atombombenabwürfe hätten die Sowjetunion beeindrucken und sie aus Japan fernhalten sollen. Darüber hinaus wäre es Truman darum gegangen, den sowjetischen Expansionismus einzudämmen. Bei Letzterem lagen diese unkonventionellen Denker schief, die ansonsten schon damals der Wahrheit ziemlich nahegekommen war. De facto war die Sowjetunion nach Kriegsende wirtschaftlich und militärisch zu einer global ausgerichteten Expansionspolitik überhaupt nicht in der Lage. Ihr Industriepotential war in einem beträchtlichen Umfang zerstört worden. Dazu kam der menschliche Aderlass von 25 Millionen Toten. Warum also dann die »atomare Beeindruckung« oder gar »Abschreckung«? Konkreter: Weshalb kam es am 23. April 1945 zu einem abrupten Politikwechsel der USA gegenüber Moskau?

Diesen jähen Schwenk haben Historiker natürlich registriert, konnten ihn aber bis dato nicht erklären, weil ihnen eine wichtige historische Information jahrzehntelang nicht serviert wurde. Diese ist der Umstand, dass es den Deutschen mit einer bis heute von den USA geheim gehaltenen Entschlüsselungsmaschine gelungen war, ab März/April 1945 in die wichtigsten sowjetischen Nachrichtennetze einzudringen und die geheimsten Nachrichten zu entschlüsseln. Die NS-Codebrecher waren von amerikanischen Spezialeinheiten gefangengenommen worden. In eingehenden Verhören berichteten sie von Invasionsplänen der Roten Armee in Japan, die bereits seit Ende Februar 1945 unter strengster Geheimhaltung vorbereitet wurden. So erfuhr Truman im April von der geplanten sowjetischen Landungsoperation auf Hokkaido.

Da in Jalta eine sowjetische Besatzungszone in Japan nicht vereinbart worden war, musste Truman befürchten, dass die Rote Armee vor den US-Streitkräften in Japan sein würde. Die amerikanische Landungsoperation (»Operation Olympic«) war für den 1. November 1945 geplant. Die Rote Armee hatte ihre Vorbereitungen für eine Invasion Japans auf der nördlichen Insel Hokkaido aber bereits im Juni 1945 abgeschlossen. Stalin war bereit loszuschlagen. In Washington schrillten die Alarmsirenen. Mit einer sowjetischen Besatzungszone in Japan würde Stalin den Amerikanern über die Schultern und in die Karten sehen können.

Die von mir herangezogenen Aufdecker sind der Überzeugung, dass nur durch den Abwurf der beiden Atombomben eine russische Besatzungszone in Japan verhindert wurde, durch die den USA aller Wahrscheinlichkeit nach das japanische Raubgold durch die Lappen gegangen wäre. Die eiligst durchgeführten Atomschläge gegen das faktisch bereits geschlagene Japan hatten nach dieser Hypothese zum Ziel, den Krieg sofort zu beenden, bevor Stalin die amerikanischen Pläne, das japanische Raubgold einzusacken, durchkreuzen könnte.

Fakt ist, dass Stalin im letzten Augenblick den Befehl gab, die bereits angelaufene Landungsoperation auf Hokkaido abzubrechen. Stattdessen begann am 18. August 1945 die sowjetische Eroberung der südlichen Kurilen (wir erinnern uns, dass die Atombombenabwürfe am 6. und 9. August stattgefunden haben).

Es wird gemutmaßt, die Russen hätten jahrzehntelang geschwiegen, um nicht zugeben zu müssen, dass die »ruhmreiche Rote Armee« faktisch wenige Minuten vor dem Ende des Zweiten Weltkriegs noch eine Niederlage hinnehmen musste. Erst Jahrzehnte später ließ der Kreml die im Herbst 1945 bereits angelaufene sowjetische Landungsoperation auf der nördlichen japanischen Hauptinsel Hokkaido über die staatliche russische Nachrichtenagentur *RIA Nowosti* in einem von einem Armeegeneral geschriebenen Artikel erstmals offiziell bestätigen.

Japan andererseits hatte gar keine andere Wahl, als zu schweigen, wird weiter argumentiert. Als Verlierer und Täter musste es froh sein, von der Siegermacht USA als Mitwisser und Komplize der Unterschlagung geschont zu werden. Offenbar ein Zweckbündnis, zusammengehalten durch eine gemeinsame Leiche im Keller: das japanische Raubgold. Als Argument dafür, dass dem so wäre, verweisen die Aufdecker auf die im Vergleich zu Deutschland extrem niedrigen Reparationskosten Japans. Selbst das kleine Finnland musste pro Kopf der Bevölkerung zehn Mal höhere Reparationen zahlen als Japan.

Kurz vor dem Tod, wenn sich bei Menschen mit dem Blick aufs Jenseits das Gewissen laut und deutlich meldet, kommen hin und wieder erstaunliche Bekenntnisse ans Tageslicht. So soll es auch im Falle des Generals und Staatsmanns George C. Marshall gewesen sein. Der »Vater des Marshall-Plans« soll angeblich 1957, zwei Jahre vor seinem Tod, den Historiker Forest C. Pogue auf die Frage, warum die Bomben über Japan abgeworfen wurden, mit einer seltsam anmutenden Antwort überrascht haben. Im ersten Halbsatz soll er zunächst die hinlänglich bekannte Standardantwort »Das Leben hundert- und aberhunderttausender Amerikaner stand auf dem Spiel ...« gegeben haben, um dann fortzufahren »... und dazu noch viele hunderte Milliarden Dollar«.

So mancher vermutet angesichts offiziell dargelegter Zukunftspläne, dass die USA seither auf den Geschmack gekommen sind, den Rest der Welt durch Schwenken der »atomaren Keule« sozusagen tributpflichtig zu machen.

So hat das US-Verteidigungsministerium im Mai 2000 ein Dokument mit dem Titel *»Joint Vision 2020«* darüber publiziert, wie die USA bis zum Jahr 2020 eine sogenannte »Full-Spectrum«-Vorherrschaft erreichen wollen. Dieser Terminus heißt im Klartext »die Fähigkeit der US-Truppen, unilateral oder in Kombination mit multinationalen und professionellen Partnern (private Kriegsfirmen) zu operieren, um jegliche Gegenwehr zu besiegen und im gesamten Bereich militärischer Operationen jede Art von Situation zu kontrollieren«. Diese Vorherrschaft soll weltweit zu Land, zur See, in der Luft, im Weltraum und in der Information(!) zum Tragen kommen. Bereits heute können und werden viele der angeblich zivilen Kommunikations- und Satellitensysteme für militärische Zwecke genutzt, beispielsweise im Irak-Krieg von 2003.

Als nächster Schritt wird das vom US-Verteidigungsministerium im Dezember 2001 im Auftrag des Kongresses herausgegebene Dokument *»Nuclear Posture Review« (NPR)* angesehen. Für Kritiker ist darin die zukünftige Marschrichtung der US-amerikanischen Nuklearkräfte in Richtung Weltdominanz skizziert. NPR bedeutet nämlich einen klaren Bruch mit der bisherigen Abschreckungsdoktrin, die während des kalten Krieges als »Gleichgewicht des Schreckens«, konkret MAD (Mutual Assured Destruction), bekannt war. Im NPR hingegen ist geradeheraus von einem »Offensivschlagsystem« die Rede.

Da die Verwirklichung solcher Vorhaben aber Berge an Geld verschlingt und Hunderte Milliarden Dollar seit 2003 im Irak versanden, ist klar, dass die bis an die Zähne bewaffnete US-Bevölkerung über kurz oder lang aufmucken wird, wenn die Armut immer größere Schichten erfasst. Daher heißt es, auch für Aktionen im eigenen Land gerüstet zu sein, was man nach kritischen Stimmen offenbar auch ist.

»Gulags« im »Land der Freiheit«?

»Wer heute eine vernünftige faschistische Diktatur schaffen wollte, würde dafür wohl das amerikanische Modell wählen.«
Noam Chomsky

Nicht nur Verschwörungstheoretiker und Paranoiker fragen in den USA ihre Mitbürger: »Wann war es das letzte Mal, dass Sie einen Golfplatz mit Wachen gesehen haben, die Maschinenwaffen tragen?« Ein Scherz? Keineswegs. Solche Golfplätze gibt es, beispielsweise in Portland im Bundesstaat Oregon. Wie 2006 auf der Website einer Großfirma zu lesen war, wird sie für maximal 385 Millionen US-Dollar im Auftrag der US-Regierung Internierungslager errichten und betreiben. Solche Großeinrichtungen sollen schon länger in den USA zu finden sein, deklariert als Golfplätze oder als Abwassereinrichtungen.

Ein Augenzeuge im Internet: »Ein Freund von mir und ich entdeckten allein 32 Lager in nur einem Bezirk in Colorado. Sie können bis an die Lager heranfahren. Die ›Abteilung für Korrekturen‹ *(Department of Corrections)* in Colorado, das Marshall-Büro, das Bezirkssheriff-Büro und das Büro des Bundesbeauftragten in Colorado streiten alle ab, dass sich dort etwas befindet außer der verlassenen Prärie. Dies ist eine glatte Lüge!«

Rechercheure berichten: »Bewaffnete Wachposten patrouillieren das Gelände in Polohemden oder in der Kleidung des Ministeriums für Wasserversorgung. Es war uns nicht bewusst, dass öffentliche Versorgungsbetriebe ihre Angestellten mit MP5 und M16 bewaffnen müssen. Sogar die kleinsten Einrichtungen, die wir gefunden haben, hatten fünf bewaffnete Wachposten mit einer taktischen Ausrüstung. Manche Wacheinrichtungen sind mit Mikrowellensensoren ausgestattet ...

Wir werden genau beobachtet, wenn wir diese Lager besuchen. Wir werden von bewaffneten Männern angehalten, die nach unserem Identitätsausweis fragen. Dies findet alles auf einer öffentlichen Straße statt. Sollten Sie diese Lager besuchen, wird es damit enden, dass Sie von nun an unter der Überwachung der Regierung stehen ...

Es sieht so aus, als würden Lager förmlich aus dem Boden wachsen, beispielsweise im Januar 1999 waren bei Fillmore in Kalifornien noch keine Lager zu sehen. Im März 1999 waren dort zwei Lager zu bewundern. Es sieht so aus, als würden sie die Bevölkerung einkreisen. Hier werden jede Menge ›Übergangs-Gefängnisse‹ um die Großstädte herum gebaut, die in Bergen und Tälern versteckt sind. Im Süden von Kalifornien gibt es 53 Lager ...«

Nach offiziellen Angaben würde die Einwanderungs- und Zollbehörde, *Immigration and Customs Enforcement (ICE),* diese Lager benötigen, um zukünftige Massen an Immigranten aufzufangen. Allerdings sollen es die Lager der US-Regierung auch ermöglichen, in einer Notsituation Teile der Bevölkerung darin unterzubringen.

Wer solche Erwägungen für paranoid hält, den erinnern Geschichtskundige an eine Zeit, als die USA eigene Bürger sehr wohl in Lager verfrachtet hat. Dabei handelte es sich um jenen Teil der US-Bevölkerung, der mindestens ein Sechzehntel japanischen Blutes aufwies. Am 19. Februar 1942 ermächtigte Präsident Roosevelt Kriegsminister Henry L. Stimson aufgrund der *Executive Order 9066,* mehr als 125.000 eigene Bürger, die sich selbst für hundertprozentige Amerikaner hielten und keine Straftat begangen hatten, in zehn Lagern zu internieren, in denen bis zum März 1946, als die letzten entlassen wurden, rund 30.000 ums Leben gekommen sein sollen. Kritische Geister merkten dazu an, das nach Schätzungen der *Federal Reserve Bank von San Francisco* 1942 von der japanischen Volksgruppe zurückgelassene Vermögen von rund 400 Millionen Dollar wäre der *US-Treasury* nicht unwillkommen gewesen. Schätzungen beziffern die damals durch Enteignung erlittenen Schäden auf bis zu 6,2 Milliarden Dollar.

Der Kongress ließ sich bis 1988 Zeit für seine Entschuldigung und eine Entschädigung von 20.000 Dollar pro Kopf, die wiederum von einer großen Zahl der überlebenden Internierungsopfer aus Gründen der Ehre abgelehnt wurden.

Zurück zur Gegenwart, in welcher der amerikanische Präsident in Kombination mit dem erweiterten Patriot-Gesetz (*»Patriot Act II«*) die alleinige Befugnis hat, in »Notlagen« zu entscheiden, wie die heutigen Lager genutzt werden sollen. Dieses Antiterrorgesetz verleiht ihm eine diktatorische Machtfülle. Seine Unterschrift würde ausreichen, um alle Freiheitsrechte aufzuheben, Bürger zwangsmäßig umzusiedeln, Bürger zwangsmäßig zu enteignen, Bürger unter Zwang arbeiten zu lassen und alle Medien, Transportwege, Flughäfen, Krankenhäuser usw. unter die Kontrolle der US-Regierung zu stellen. Nicht einmal der US-Kongress könnte dem Präsidenten in dieser Lage in die Parade fahren oder ihn gar seines Amtes entheben.

Im Ernstfall (*Code Red-Alarm*) würde eine Reihe von Maßnahmen ablaufen. Zuerst würde das *Nationale Notfall-Reaktionssystem (Civil Homeland Emergency Response System)* in Gang gesetzt, zu dem die *Ready-Gov-Instruktionen* des *Ministeriums für Homeland Security,* das *Big-Brother-Bürgerkorps* und nicht zuletzt das *Nachbarschafts-Überwachungs-Programm* (*USA on Watch* und *Neighbourhood Watch*) des Justizministeriums gehören. Letzteres ist seit dem 11. September 2001 ausdrücklich beauftragt, in ganz Amerika »verdächtige Aktivitäten in der Nachbarschaft zu identifizieren und zu melden«. Die Notfallbehörden hätten auch das Recht, strenge Medienzensur auszuüben, und ohne Zweifel würden sie die alternativen Nachrichtenmedien im Internet lahmlegen.

Wohl nur Schelme erblicken einen Zusammenhang mit dem Einsturz der abbruchreifen und asbestverseuchten *Twin Towers* des WTC (deren Niedergang übrigens zum größten Teil von einer deutschen Versicherung beglichen worden sein soll) und mit diktatorisch anmutenden Gesetzen in den USA. Seit dem 11. September 2001 hat man nicht nur jenseits der US-Grenze mit solchem Krimskrams wie staatlicher Souveränität oder Völkerrecht Schluss gemacht, sondern auch daheim mit Unschuldsvermutung und mit bisher unantastbaren Bürgerrechten. Schließlich könnten Terroristen in jeder amerikanischen Wohnung ihre tödlichen Pläne schmieden.

Manche befürchten sogar: Wenn ein Großereignis wie 9/11 nicht zur Hand ist, ließen sich auch Naturkatastrophen instrumentalisieren.

Der Wind der Un-Freiheit

Nachdem Hurrikan *Katrina* am 29. August 2005 die Deiche von New Orleans bersten ließ, wobei 1.200 Menschen ums Leben kamen, herrschte Gesetzlosigkeit. Um der Anarchie Herr zu werden, blieb der Bundesregierung nichts anderes übrig, als den *Posse Comitatus Act* zu verletzen, der den Einsatz regulärer Militärtruppen im eigenen Land dezidiert verbietet. So hieß es jedenfalls. Manche fanden es seltsam, dass die Behörden inmitten des Chaos Zeit hatten, die **legalen** Waffen der Einwohner zu beschlagnahmen, mit denen sie sich gegen die Räuberbanden verteidigt hatten. Nur ein rasches juristisches Eingreifen der *National Rifle Association (NRA)* stoppte die Konfiskationen.

Eine Folge des Unglücks in New Orleans war eine Pressekonferenz des Präsidenten gemeinsam mit dem Minister für Innere Sicherheit, in der bekanntgegeben wurde, dass das *US-Northern Command* bei zukünftigen Naturkatastrophen eine zentrale Rolle spielen würde. Dieses wurde 2002 gegründet und ist für die Land-, See- und Luftverteidigung nicht nur der Vereinigten Staaten, sondern auch Mexikos und Kanadas zuständig. Mit dieser Entwicklung wächst die Zuständigkeit des Militärs für nicht militärische Angelegenheiten innerhalb des Landes, die normalerweise von zivilen Behörden geregelt wird. Wenig publik gemacht wurde übrigens, dass vor der Fußballweltmeisterschaft 2006 eine ähnliche Schwächung der entsprechenden Gesetze in Deutschland zur Diskussion stand, als vorgeschlagen wurde, Bundeswehrsoldaten für Sicherheitszwecke einzusetzen, wozu es aber dann doch (noch?) nicht kam.

Zurück zum amerikanischen *Ministerium für Innere Sicherheit (Homeland Security Department)*. Wie man lesen kann, soll dessen Leiter – er ist einer der Autoren des »*Patriot Act*« und Befürworter von Folterverhören – einige illustre Gestalten als Planer und Berater in seinem Department beschäftigen. Allesamt Fachleute wie der ehemalige Chef der DDR-Ausland-Stasi, Markus Wolf, oder bekannte KGB-Angehörige wie der russische Ex-Premierminister und frühere Chef der Auslandsaufklärung des sowjetischen Geheimdienstes, Jewgeni Primakow, der frühere KGB-Gesandte in Washington, General Aleksandr Karpov, sowie der frühere Kopf der KGB-Gegenspionage (Division 5), Oleg Kalugin.

Primakow soll an der Entwicklung des *CAPPS-II-Programms* zur computertechnischen Erfassung »gefährlicher Bürger« beteiligt gewesen sein. Unter dem sperrigen Begriff »*Staatlicher-Sicherheits-Bürger-Bedrohungsakt*« (»*State Security Citizen Threat File*«) sollen Daten von »verdächtigen« Personen gesammelt werden, darunter Kreditkartenbenutzung, medizinische Berichte, politische und religiöse Orientierung, Militärlaufbahn sowie Beteiligung an regierungskritischen Aktivitäten.

Primakow sagte bereits 2003 – zwei Jahre bevor der Hurrikan nicht nur die Deiche, sondern auch den »*Posse Comitatus Act*« aufweichen sollte – in einem Interview, es gehe darum, Bürger an neue Formen von Datendokumentation zu gewöhnen und einen sogenannten »*Inlandpass*« *(»Internal Passport«)* einzuführen. Wenn dieser Wirklichkeit geworden sei, so seine kolportierten Worte, würde der »*Posse Comitatus Act*« abgeschafft werden und »das Weiße Haus mehr Kontrolle über die amerikanische Bevölkerung haben, als der Kreml zu Lebzeiten Stalins über die russische Bevölkerung hatte«. Die Vorbereitungen dafür scheinen, so meinen manche, schon länger zu laufen.

Zwei Jahre vor Primakows Aussage, einige Nächte nach dem 11. September 2001, zeigte *CNN*, wie die Nationalgarde die Straßen von Washington patrouilliert und schwer bewaffnete Spezialpolizei in New York City Autos an einem Tunneleingang kontrolliert. Dann wurden Bilder von israelischem Militärpersonal abgespielt, das auf den Straßen von Jerusalem Autos kontrollierte. Israelis erklärten in Interviews, man müsse sich unter den Bedingungen »des internen Krieges gegen Terroristen« auf Opfer in den Bürgerrechten einstellen. »Die Amerikaner werden sich daran gewöhnen so wie wir«, meinte ein Israeli.

Was sich im Umfeld nationaler Katastrophen abspielt, könnte jenen, die die Bürger immer mehr an die Kandare nehmen wollen, ebenso zupass kommen wie Terrorismus. Misstrauische, die schon bei manchen Terroranschlägen Drahtzieher im eigenen Lande vermuten, halten es sogar für denkbar, dass vielleicht auch bei Naturereignissen ein wenig nachgeholfen wird. Für sie scheinen die Deiche von New Orleans nähere Aufmerksamkeit zu verdienen.

Immerhin berichtete die *New York Times*, die Deiche seien an Stellen gebrochen, die erst kurz zuvor repariert und erneuert worden waren. Auch hatte das Wasser an anderen Stellen des Deiches viel stärkeren Druck ausgeübt als an den späteren Bruchstellen. Einer der Deichkonstrukteure war darüber erschüttert, dass der Deich an einer Stelle brach, die er für absolut sicher gehalten hatte. In einem früheren Bericht hatte die *Lousiana State University* andere Schwachstellen ausgemacht als jene, an denen die Deiche tatsächlich einbrachen. Louis Farrakhan, einer der bekanntesten Schwarzenvertreter in den USA und Präsident der *Nation of Islam*, schwante offenbar Übles, denn er äußerte am 13. Oktober 2005 öffentlich die Vermutung, die Deiche seien nicht durch den Sturm, sondern durch Explosionen zerstört worden. Anwohner hätten Explosionen gehört, auch hätten sich Verbrennungsspuren an den Deichen feststellen lassen.

Das ist natürlich starker Tobak, aber nicht für alle. Manche meinen hier ein klares Muster zu erkennen, wie es für Imperien bezeichnend ist, die ihren Zenit überschritten haben: Diktatur im Inneren, verbunden mit einer immer stärkeren Expansion und damit einer Überdehnung. Rom in der Endphase ist ein Beispiel, auch wenn »das Neue Rom« offenbar nichts daraus gelernt hat. Natürlich kann selbst eine gewaltige Macht wie die USA ihre »Legionen« nicht überallhin schicken, wo sie es gerne täte. »Demokratieexport« mit Feuer und Schwert wird zunehmend undurchführbarer, wie der abgerüstete kleine Irak der fremden Streitmacht täglich vorexerziert. Mächte wie China oder die russische Föderation sind militärisch unangreifbar. Subversion kann man im Fall von Russland allerdings schon versuchen, was nach Ansicht mancher Fachleute bereits im vollen Gange zu sein scheint.

Umsturzpraxis »American Style«?

Wie man Veröffentlichungen entnehmen kann, wird die provisorische Regierung Tschetscheniens durch das *American Committee for Peace in Chechnya* des ehemaligen Sicherheitsberaters von US-Präsident Carter, Zbigniew Brzezinski, gestützt. Besagtes Komitee ist im *Freedom House* untergebracht. Es wird von einem vormaligen CIA-Direktor geführt. In ihm tummeln sich bedeutende US-Persönlichkeiten, die in den 1980er-Jahren an der Hochrüstung der afghanischen Mudschahedin federführend beteiligt waren.

Brzezinski gilt als eine der Schlüsselfiguren beim Aufbau des Al-Kaida-Netzwerks durch die CIA beim Krieg zwischen der Sowjetunion und Afghanistan (1979–1989). Die CIA soll dafür damals zwei Milliarden US-Dollar investiert haben, was die kostspieligste Operation gewesen wäre, die sie jemals durchführte. Es heißt, Brzezinski habe Bin Laden, als dieser noch in Beirut lebte, persönlich rekrutiert und ihm die Organisation der Attentate gegen die sowjetischen Besatzer übertragen. In Veröffentlichungen und Vorträgen hat Brzezinski die Demontage der ehemaligen UdSSR gewürdigt und soll hinsichtlich der russischen Föderation die Unterstützung aller antirussischen separatistischen Bestrebungen propagieren. Soviel zur Theorie. Wie sieht es mit der Praxis aus?

Manche sehen Seltsamkeiten im Zusammenhang mit der Geiselnahme in der Schule in Beslan, Nordossetien, zwischen dem 1. und 3. September 2004 als Indiz für genau eine solche Vorgehensweise an.

Am 6. September 2004 sagte der russische Präsident Putin im Verlauf seines Gesprächs mit ausländischen Journalisten in Bezug auf Beslan, »bestimmte westliche Kreise würden Russland schwächen wollen, so wie Rom Karthago zerstören wollte«. Diese Worte wurden lediglich in »*Le Monde*« abgedruckt. In ihrem Kommentar dazu bemerkte die französische Zeitschrift weiter: Das Ziel dieses internationalen Terrorismus, der mehr oder weniger offen von ausländischen Staaten, deren Namen der russische Präsident nicht nennen wollte, unterstützt werde, sei die Schwächung Russlands von innen, ... indem man sein Auseinanderbrechen provoziert, und zwar durch die Propagierung des Separatismus im Kaukasus und die Verwandlung der gesamten Region in ein Aufmarschgebiet für Aktivitäten gegen die Russische Föderation.

Putins kernigen Aussagen, die nur mit seinen am 10. Februar 2007 bei der 43. Münchner Konferenz für Sicherheitspolitik vergleichbar sind, als er der »westlichen Wertegemeinschaft« nicht nur ihre widerliche Heuchelei vorhielt, sondern auch zeigte, wo der Bär wohnt, waren dramatische Ereignisse vorausgegangen.

Sofort nach der blutig verlaufenen gewaltsamen Beendigung der Geiselnahme in Beslan hatte der Westen die dabei zu beklagenden Opfer einhellig dem russischen Präsidenten angelastet. Die bei dem Geiseldrama zu Tage getretenen Ungereimtheiten konnten an dieser Ansicht wenig ändern bzw. wurden gar nicht erst erörtert. Beispielsweise hatte Putins offizieller Tschetschenien-Berater bei direkten Telefongesprächen mit den Geiselnehmern festgestellt, dass diese nicht tschetschenisch sprachen. »Die Terroristen«, so sein Kommentar, »bekamen Befehle aus dem Ausland. Das ist das Werk unserer ›Freunde‹, die wahrscheinlich seit mehr als einem Jahrzehnt riesige Anstrengungen unternehmen, mit dem Ziel, Russland zu zerstückeln.«

Überlebende Kinder in Beslan berichteten, die Geiselnehmer hätten »neue NATO-Uniformen in den klassischen Tarnfarben getragen«. Auch die Aussagen des einzigen festgenommenen Geiselnehmers weisen nach Westen. Er soll nämlich gemeint haben, der Überfall wäre vom dem früheren tschetschenischen Präsidenten angeordnet worden, dessen hochrangige Mitarbeiter in westlichen Hauptstädten hoch angesehen sind. So genießt der Stellvertreter des Ex-Präsidenten, der von den russischen Behörden der Beteiligung an Terrorakten verdächtigt wird, seit November 2003 in Großbritannien Asyl. Der sogenannte Außenminister des Ex-Präsidenten wurde Anfang Juni 2004 in den USA als Asylbewerber anerkannt.

Manche erinnerten sich wieder an Beslan, als sich rund um den am 23. November 2006 an einem Giftanschlag verstorbenen russischen Ex-KGB- und späteren FSB-Agenten Oberst Alexander Litvinenko ein gewaltiges Mediengetöse entfaltete.

Attentate unter falscher Flagge

Während westliche Medien einhellig jede noch so zarte Andeutung, beim Attentat vom 11. September auf das World Trade Center wäre irgend etwas nicht ganz koscher, als schändliche Verschwörungstheorie in Grund und Boden verdammen, finden eben diese Medien nichts dabei, Russland immer wieder zu beschuldigen, man hätte 1999 die Attentate auf die Wohnhäuser in Moskau mit 300 Toten (nicht 3.000 wie beim WTC) selbst inszeniert, um den zweiten Tschetschenienkrieg beginnen zu können. Hierzu eine Anmerkung: Tschetschenien **ist** ein Teil Russlands. Dort handelt es sich in der Tat um einen Aufstand, was man vom Irak nicht behaupten kann, der schließlich niemals zu den USA gehört hat.

Nach dem spektakulären Litvinenko-Attentat mittels des radioaktiven Isotops Polonium 210 habe ich nicht nur einmal in etwa diese Meinung vernommen: »Noch auffälliger geht es kaum. Warum hat man nicht gleich eine Visitenkarte von Putin dazugelegt mit dem Text ›Habe ich Dich endlich erwischt, Dein Wladimir‹?«. Andere erinnerte das Ganze an den nach dem 11. September in den zerschmolzenen Trümmern des World Trade Centers gefundenen »Terroristenpass«, von dem aber schon bald nicht mehr die Rede war.

Die bei der Obduktion im Körper von Alexander Litwinenko gefundene Menge Polonium soll auf dem Schwarzmarkt einen Wert von fast 30 Millionen Euro haben. Ein teurerer Spaß, nicht zu vergleichen mit dem Preis für eine Kugel oder etwa dem Einsatz des berühmten bulgarischen Ricin-Regenschirms aus den 1970er-Jahren.

Wie man unter anderem dem Internet entnehmen kann, soll Polonium bei Isotopenhändlern in den USA zu erwerben sein, von denen manche Zusatzartikel wie Kaffeeschalen mit dem Aufdruck »Liquid Polonium Inside« und ähnlich Geschmackvolles anbieten. Wer solches einfach nicht glauben will, der sei an das Jahr 2003 erinnert. Damals wurde berichtet, Hinz und Kunz, natürlich auch Ibrahim und Suleiman, könnten sogar beim Pentagon hochsensibles Material für Terroranschläge erwerben.

Informationen der amerikanischen Rechnungsprüfungsbehörde (GAO) zufolge würde das Pentagon nämlich sogenannte Überschusswaren anbieten, mit denen Terroristen ihre helle Freude haben könnten. Die GAO hatte im Auftrag des Kongress-Ausschusses für nationale Sicherheit unter falschem Namen beim Verteidigungsministerium Material bestellt und ohne Schwierigkeiten erhalten, mit dem es möglich gewesen wäre, gefährliche Biowaffen herzustellen. Trotz der von eben diesem Pentagon dauernd herausgegebenen Terrorwarnungen, war die Identität der potentiellen Käufer vor der Lieferung nicht einmal ansatzweise überprüft worden. Ohne nennenswerte Formalitäten wechselten gebrauchte Waren im Wert von 46.000 US-Dollar zum Schnäppchenpreis von 4.100 Dollar den Besitzer. Ganz schön unbekümmert, bedenkt man, dass damals bereits auf Flughäfen Schuhsohlen nach Sprengstoff untersucht wurden und dass einige Briefkuverts mit weißem Pulver, das für Milzbrand-Erreger (Anthrax) gehalten worden war, einen ungeheuren Wirbel hervorgerufen hatten.

Der GAO-Bericht kam zu dem Schluss, es würden Artikel angeboten, die laut Gesetz auf keinen Fall in den öffentlichen Verkauf gelangen dürften. Schlimmer noch: Anscheinend hatten sich bereits Käufer aus den Pentagon-Beständen Waren besorgt, um sie in Ländern weiterzuverkaufen, in denen sich Terroristen aufhalten. Der Vorsitzende des Parlamentsausschusses für Nationale Sicherheit sprach davon, dass ausgerechnet das Pentagon kein unbeaufsichtigter Großhandel für preiswerte Biowaffen-Komponenten sein dürfe, bei dem sich potentielle Terroristen bedienen können.

Weil in den Medien sofort die Rede davon war, es handle sich beim Tod Litvinenkos um eine »Nachwirkung« der vom Kreml vorgenommenen »Yukos-Enteignung«, erinnere ich an mein ebenfalls im Kopp-Verlag erschienenes Buch »*Mythos Informationsgesellschaft. Was wir aus den Medien* **nicht** *erfahren*« in dem ich die etwas anders gelagerten Hintergründe dieser »Enteignung« mit allen verschwiegenen Details aufrolle.

Ebenso hinterfragenswert erscheint manchen, dass den Syrern der Mord am 14. Februar 2005 am libanesischen Ex-Ministerpräsidenten Rafiq al-Hariri mittels Autobombe mitten in Beirut angelastet wurde, so dass diese den Libanon auf internationalen Druck verlassen mussten. Hinterfragenswert deshalb, weil Hariri beispielsweise den Bau eines großen amerikanischen Militärflughafens im Norden des Libanon verhindert hatte. Diesen Bau hatten die USA ohne die libanesische Regierung zu konsultieren an zwei US-Firmen vergeben, die auch im Irak tätig sind. Die Logik würde daher, so wird argumentiert, dafür sprechen, dass die USA weit mehr Grund für und Interesse am Ableben Hariris gehabt haben dürften, als Syrien.

Wie auch immer man ein Land von innen her aufweicht, wenn es ums Ganze geht, braucht man natürlich wie jeher den guten alten »Infanteristen«. Der bereits im Entstehen befindliche »Supersoldat der Zukunft« dürfte allerdings wenig Ähnlichkeit mit dem bekannten »Landser« oder »GI« haben.

Robotersoldaten greifen an

»Das einmal exponierte Verbrechen kennt kein Zurück mehr, nur noch den Weg in die Kühnheit.«
Tacitus (55–116)

Nicht wenige Kinobesucher wundern sich heute, wenn sie in historischen Streifen sehen, wie die Truppenverbände in dicht gedrängten Reihen mit ruhig abgemessenen Schritten dem Kugelhagel entgegenmarschierten. Bis zu den Revolutionskriegen des 19. Jahrhunderts bzw. bis zur Erfindung des Maschinengewehrs galt die Linienformation, in der Regel bestehend aus Zwangsrekrutierten und Söldnern, die überhaupt nicht motiviert waren, im Kampf zu fallen. Abhilfe wurde geshaffen mittels unablässigen Drills durch Rhythmus und Bewegung, Trommeln, Schlachtgesängen, Dudelsäcke, Trompeten, Fahnen und Marschtritt, bis alle Individuen automatisch auf akustische und visuelle Reize reagierten.

In der Französischen Revolution verbesserte man die Kampfbereitschaft durch Emotionalisierung für Vaterland und Nation, für Freiheit, Gleichheit, Brüderlichkeit usw. Im Nationalsozialismus wurde die Konditionierung der Soldaten durch fanatische Propaganda, Massenrituale und Massenpsychologie ergänzt. Nach dem Zweiten Weltkrieg ging es allerdings mit der Kriegstauglichkeit im Westen bergab. Die ersten Anzeichen zeigten sich im Vietnamkrieg, der eine riesige Zahl psychisch gestörter Veteranen zurückließ und zur Abschaffung der allgemeinen Wehrpflicht in den USA führte.

In der Zwischenzeit erblühten bis heute Profiarmeen, moderne Söldner, ihrerseits ergänzt durch Landsknechte, wie manche die Angestellten von »Sicherheitsfirmen« sehen, denen mehr und mehr ehemals rein militärische Aufgaben übertragen werden. All das ist natürlich problematisch im Kampf gegen Fanatiker, denen das eigene Leben nichts bedeutet, während *Mercenaries* (Söldner) lieber im Frieden tätig sind und es gar nicht schätzen, wenn auf sie geschossen wird. Was man bräuchte, wären unbezwingbare »Roboterkrieger«. Beispielsweise solche, deren Gehirn mit einer Maschine verbunden ist, so dass sie durch technische »Gedankenübertragung« ihre leichten oder schweren Waffen bis hin zu Bordkanonen, unbemannte Kampfjets oder weit entfernte Waffensysteme direkt bedienen können, ohne einen Finger zu krümmen. Nach den ermutigenden Versuchen mit navigierbaren Ratten soll durch Mikrochips oder andere Implantate das Kriegsgerät vom Kopf aus gesteuert werden – und der einfache Soldat von seiner Kommandozentrale.

Um dieses Konzept Wirklichkeit werden zu lassen, werden beispielsweise im Rahmen des *Brain Machine Interface Programm* Gehirnimpulse von Affen via Computer in Steuerbefehle übersetzt. Auf diese Weise lassen sich Roboterarme oder der Cursor auf einem Monitor bewegen.

Das ist nur der erste Schritt einer Entwicklung, denn für die amerikanische Forschungsstätte für Kriegstechnik *Defense Advanced Research Projects Agency*, kurz DARPA, hat die Zukunft bereits begonnen. Wie sie aussehen soll, hat einer ihrer Forscher schwärmerisch ausgemalt: »Stellen Sie sich eine Zeit vor, in der Soldaten mittels Gedanken kommunizieren. Stellen Sie sich eine Zeit vor, in der menschliche Gehirne ihre eigenen Modems besitzen. Stellen Sie sich eine Zeit vor, in der Kampfflugzeuge und Panzer selbst denken und handeln ...«

In amerikanischen, mit einiger Wahrscheinlichkeit aber auch in russischen, chinesischen, japanischen und europäischen Labors, wird intensiv am Kämpfer von morgen gearbeitet. »Soldaten«, so heißt es in einer Vision des Pentagons für das Jahr 2020, »müssen schneller, tödlicher und präziser werden.«

Wer also glaubt, die genetisch aufgemöbelte *Max Guevera/X5-452* (Jessica Alaba) aus der TV-Serie »*Dark Angel*« oder Roland Emmerichs *Universal Soldier* seien unbesiegbare Kampfmaschinen, der ist nicht auf dem Laufenden. Verglichen mit der Realität sind schwarzhaarige Racheengel ebenso wie die Supersoldaten Lundgren und Van Damme bestenfalls »lame Ducks«.

Der Soldat der Zukunft soll an sieben Tagen 24 Stunden wach bleiben, ohne mental durchzudrehen. Er soll größeres und schwereres Gerät über weitere Distanzen tragen können. Eine 40 Millionen Dollar teure Exoskelettpanzerung (ein stählernes Gerüst mit Kunstmuskeln an Armen und Beinen, bewegt durch Elektro-Motoren) verstärkt jede Muskelbewegung des Soldaten um ein Vielfaches. Die Technik befähigt ihn, weite Strecken durch extrem hohe Sprünge oder gar »kurze Flüge« zurückzulegen. Robert

A. Heinleins Superkampfanzug, der seine »mobile Infanterie« im Roman »Starship Troopers« – nicht aber in Verhoevens Film – so gut wie unbesiegbar macht, ist längst Realität.

Der Soldat der Zukunft muss nicht essen. Er kann mit allen nötigen Elementen, Vitaminen und speziellen Enzymen über Verpflegungspflaster versorgt werden, was ihn beim Ertragen von Entbehrungen wie auch im Gefecht stabiler machen würde. Hilfreich ergänzt werden diese Gaben durch eine Manipulation des Stoffwechsels.

Geschlafen wird natürlich auch nicht mehr. Um im wahrsten Sinne des Wortes unermüdlich, also ohne Schlaf, kämpfen zu können, werden dem Soldaten durch seinen Kampfanzug 5 bis 10 Milligramm des Amphetamins *Dexedrin* verabreicht, so wie es Soldaten, vorwiegend Kampfpiloten, bereits heute schon im Geheimen erhalten sollen. Zur Chemie gesellt sich das *Preventing Sleep Deprivation Program* hinzu, das Kombattanten einen quasi elektronisch gesteuerten oder simulierten Schlaf beschert, aus dem er in Sekundenbruchteilen wieder geweckt werden und mit voller Aufmerksamkeit eine Woche lang ununterbrochen kampffähig bleiben kann.

Trotz allem erleiden auch solche Krieger Verletzungen. Daher versetzt der Forschungsbereich *Persistance in Combat* verwundete Kämpfer in die Lage, sich selbst zu behandeln, Blutungen zu stoppen und überdurchschnittliche Schmerzen zu ertragen.

Wenn diese Truppen einmal im großen Stil einsetzbar sind, so fürchten nicht wenige, wird der Marsch zur Weltherrschaft ohne Maske vor sich gehen, der momentan (noch) nicht offen als »Dritter Weltkrieg«, sondern als Globalisierung, Demokratisierung, Marktöffnung, freier Handel etc. deklariert wird.

»Humanitäres« Kriegstreiben

»Krieg ist die realpolitische
pazifistische Konsequenz.«
Zugeschrieben einem deutschen
Ex-Außenminister, der dann in den USA
zu universitären Ehren gekommen ist

Wie da und dort kritisiert wird, bestimmen heute die Militärplaner des Außenministeriums, des Pentagons und der CIA, Finanzorganisationen, der militärisch-industrielle Komplex, die Öl- und Energiegiganten sowie die Biotech-Konzerne via Welthandelsorganisation WTO, Internationalem Währungsfonds IWF und der Weltbank das Weltgeschehen, medial unterstützt von globalen Kommunikationsunternehmen mit ihrem Nachrichtenmonopol. Die internationale Finanzbürokratie in Washington, verantwortlich für die mörderischen Wirtschaftsreformen, die sie den Schwellen- und Entwicklungsländern sowie den meisten Ländern des ehemaligen Ostblocks aufzwingt, pflegt enge Beziehungen zum Finanzestablishment der Wall Street.

Besagte Wall Street umgrenzte übrigens während der Zeit, in denen die USA eine Sklavenhaltergesellschaft war, den Sklavenmarkt. Sie war die Mauer, an der die Sklaven angekettet waren. Heute, so meinen Zyniker, wird nahezu die ganze Welt an diese Mauer angekettet, indem man im Geiste der Demokratisierung Kriege anzettelt und künstlich verlängert. Wie das in der Praxis vor sich geht, soll man einem Text entnehmen können, der unter dem Titel »*komprimierte Zusammenfassung eines Lehrplanes einer amerikanischen Hochschule zur Ausbildung zukünftiger Politiker*« einige Zeit im Internet kursierte. Selbst wenn es sich nicht wirklich um einen »Lehrplan« handeln sollte, klingt das Prozedere so vertraut, dass der Text es wert ist, wiedergegeben zu werden. Also:

1. Man bewaffnet zuerst einander feindlich gesinnte Völker und unterschiedliche ethnische Volksgruppen, was auch den Export der heimischen Waffenindustrie steigert (geächtete Erzeugnisse wie Anti-Personen-Minen natürlich eingeschlossen).
2. Man findet in jedem Lager Anführer und Politiker, die man beeinflussen kann. Das jeweilige Volk oder die Ethnie hat man mittels Medienhetze und vielleicht ein paar fingierten Attentaten, die man der jeweils anderen Seite in die Schuhe schiebt, schnell für den gewünschten Krieg gewonnen.
3. Die Kämpfe, unter denen in der Regel die Landbevölkerung der Dritten Welt am meisten leidet, bewirken, dass Land nicht mehr bebaut wird und Hungersnöte in den Flüchtlingslagern und in den Städten ausbrechen.
4. Humanitäre Organisationen aus den reichen Ländern versuchen den Menschen in den betroffenen Gebieten beizustehen.
5. Diese Helfer werden nicht selten von den sich bekämpfenden Parteien angegriffen. Es kommt zum Tod und/oder zur Entführung von Missionaren, Ärzten, Krankenschwestern und anderem Hilfspersonal.
6. Schon hat man einen Vorwand, um in dem Gebiet, das nicht selten rein zufällig vor Rohstoffen strotzt, aus humanen Gründen zu intervenieren. Für manche ist der Sudan derzeit ein Idealkandidat für diese Vorgehensweise.
7. Die Interventionstruppen werden angegriffen und müssen daher aufgestockt werden.

8. Der Kreis ist geschlossen. Die Industrienationen sind in den Krieg »hineingezogen« worden. Es bleibt ihnen daher gar nichts anderes übrig, als zusätzlich auch für eine »demokratische Ordnung« zu sorgen.
9. Nach absehbarer Zeit ist das Land kaputt. Die Truppen verabschieden sich und der Wiederaufbau steht ins Haus, finanziert von sogenannten »Geberländern«, die meist nicht identisch mit jenen sind, die dort gewütet haben.
10. Der Wiederaufbau kostet Geld. Ein zerstörtes Land hat kein Geld und muss sich im Ausland verschulden.
11. Geldgeber dafür zu finden ist relativ einfach, wenn man die Kreditbedingungen akzeptiert, die da sind: Land, Bodenschätze, Volkseinkommen, Transitwege, Öl, Wasser und natürlich die Erlaubnis zum Stationieren ausländischer Truppen bzw. zur Errichtung von Stützpunkten.

Fazit: Milliarden-Gewinne im Waffengeschäft, bei der Weltbank und dem IWF. Ein Land mehr ist im Kasten. Wie schon gesagt: Auch wenn ein solcher »Fahrplan« vielleicht nicht wirklich unterrichtet wird, real abzulaufen scheint er trotzdem – möglicherweise in Bälde mit neuem Fußvolk: den im Entstehen befindlichen »Robotersoldaten«.

Fassen wir zusammen: In bewaffneten Konflikten kämpften bisher Menschen gegen Menschen, wobei sie erbarmungslos, barbarisch und unvorstellbar grausam waren. Und das von Jahr zu Jahr mehr und immer akzeptierter. Andernfalls hätte im Verfahren gegen einen US-Oberfeldwebel wegen der Tötung eines irakischen Gefangenen das Militärtribunal in Fort Carson im US-Bundesstaat Colorado Anfang 2006 nicht auf eine Gefängnisstrafe verzichtet, sondern den Angeklagten zu einer Strafe von 6.000 Dollar und 60 Tagen Arrest verdonnert. Außerdem habe er eine Rüge erhalten. Der Oberfeldwebel, der seinem Opfer einen Schlafsack über den Kopf gestülpt und sich solange auf seine Brust gesetzt hatte, bis er tot war, bestritt, dass sein Vorgehen brutal war. Zyniker fragen sich, was wohl in Nürnberg einen für ähnliche Untaten angeklagten Deutschen und in Tokio einen Japaner erwartet hätte: der Strick. Dasselbe würde wohl auch für den US-General gelten, der auf einer Diskussionsveranstaltung im kalifornischen San Diego über den Irak und Afghanistan gesagt haben soll: »Ich will Ihnen nichts vormachen: Leute zu erschießen, ist ein Riesenspaß.« Lachen und Applaus von den Zuschauern.

Seither ist die US-Gerichtsbarkeit gegenüber von Taten bzw. Untaten, die Soldaten in fremden Ländern begehen, noch milder geworden. So wurden im August 2007 die Anklagen gegen zwei US-Soldaten, die im Irak an der Erschießung von 24 Zivilisten beteiligt waren, überhaupt fallengelassen.

Kriegführen einschließlich solcher Exzesse wird aber bald schon nicht mehr von althergebrachten Soldaten vollführt, sondern von »menschlichen Waffensystemen«, wie die Militärs sagen. »Waffensysteme«, die nicht weniger bestialisch als ihre Vorläufer sind, dafür aber umso effektiver. In den Kriegen der Zukunft dürften also menschliche Kampfmaschinen gegen »althergebrachte« Menschen kämpfen. Besagte »Althergebrachte« sind aber nicht nur im gegnerischen Lager zu finden (z. B. Aufständische im eigenen Land wie im Irak), sondern auch daheim. Es sind die eigenen Bürger, die mit dem bisher Geschilderten einverstanden sein müssen oder wenigstens keinen nennenswerten Widerstand leisten dürfen. Das hat bisher geklappt und soll auch in Zukunft so sein. Probates Mittel dafür von gestern, für heute und morgen war, ist und wird sein: *Desinformation und Manipulation.* Konkret: Herrschaft durch Angst.

Teil III

Furcht ist der Schlüssel

»Wirklichkeit schaffen«

»Der Mensch ist ein so freies Wesen,
dass ihm das Recht zu sein, was er zu sein glaubt,
nicht streitig gemacht werden kann.«
Georg Christoph Lichtenberg

»Was jeder für ausgemacht hält, verdient
oft am meisten untersucht zu werden.«
Georg Christoph Lichtenberg

Terror nach Maß

»Die Herrschaft der Dummheit ist
unüberwindlich, weil es so viele sind, und
ihre Stimmen zählen genauso wie unsere.«
Albert Einstein

Wie man dem Internet entnehmen kann, veröffentlichte im August 2007 ein bekannter amerikanischer Journalist und ausgewiesener Kriegslobbyist einen Artikel in der »*Philadelphia Daily News*« mit der Überschrift »*Um Amerika zu retten, brauchen wir einen neuen 11. September*«. Die rechte und Bush-nahe Presse soll ihm Recht gegeben haben.

Um, poetisch ausgedrückt, Furcht und Schrecken in die Herzen der Menschen zu pflanzen, muss man die überwiegende Mehrzahl der Bürger dazu bringen, die Weltlage zu sehen, wie man es **wünscht**, nicht wie sie de facto **ist**. Wenn Sie der weit verbreiteten Meinung sind, dass man Ihnen nichts vormachen könnte, dann bitte ich Sie auf einige Fragen mit »Ja« oder »Nein« zu antworten:

Glauben Sie, dass die USA am 11. September 2001 von arabischen Terroristen attackiert wurden, deren Anführer von einer Höhle in Afghanistan aus operierte?

Halten Sie Lee Harvey Oswald für den Mörder von John F. Kennedy?

Teilen Sie die Ansicht, ein nichts ahnendes Amerika wäre am 11. Dezember 1941 vom Angriff auf Pearl Harbor überrascht worden?

Glauben Sie, dass die Bastille ein finsterer Kerker für Freiheitsliebende war, der am 14. Juli 1789 von ebenso Freiheitsliebenden erstürmt wurde?

Ist für Sie Captain Bligh von der Bounty ein übler Typ, dessen Leuteschinderei Fletcher Christian am 28. April 1789 zum edlen Meuterer werden ließ?

Steht für Sie außer Zweifel, dass der Staatsmann und Fürst von Taurien Grigori Alexandrowitsch Potjomkim, fälschlich Potemkin, 1787 in Südrussland Fassadendörfer errichten ließ, um vor Kaiserin Katharina II. die Veruntreuung von Staatsvermögen zu verschleiern?

Gehört es zu Ihrem Geschichtswissen, dass Galileo Galilei 1642 auf dem Scheiterhaufen die Worte sprach: »Sie bewegt sich doch«?

Zählt für Sie der römische Kaiser Nero zu den übelsten der Imperatoren, auf dessen Konto der Brand von Rom geht und der sich zum Lautenspiel am Anblick brennender Christen ergötzt hat?

Wenn Sie auf zwei dieser Fragen mit »Ja« antworteten, sind Sie nicht allen Lügen auf den Leim gegangen. Antworten Sie auf mehr als drei oder gar auf alle Fragen mit »Ja«, haben die »Meinungsbildner« bei Ihnen ganze Arbeit geleistet.

»Aber«, werden Sie jetzt vielleicht entgegnen, »ist das nicht genau das, was die meisten Leute denken? Würden nicht alle diese Fragen mit ›Ja‹ beantworten?« Das ist richtig, besonders bei den Fragen in Bezug auf das World Trade Center oder Kennedy. Hier herrscht absolutes Wahrheitsverbot, während mittlerweile das Vorauswissen der US-Regierung im Fall von Pearl Harbor einigermaßen bekannt ist und man sich auch darüber informieren kann, dass Captain Bligh ein besonders tüchtiger, ehrenvoller und nachgerade milder Kommandant gewesen war. Auch das Faktum, dass in der Bastille keineswegs »die Opfer des Despotismus« eingekerkert waren, sondern dass es sich dabei um ein fideles Gefängnis für Nobelgefangene mit fast heutig-liberalem Zuschnitt handelte, das dem Pöbel freiwillig übergeben wurde, ist nicht geheim. Ebenso wenig wie die Tatsache, dass die sogenannten »Potemkinschen Dörfer« nie existierten, sondern eine Erfindung der Neider des Fürsten waren. Kein Geheimnis ist auch, dass

Galilei keineswegs verbrannt wurde, sondern nur in Hausarrest musste. Und kaum ein Mensch wurde zu Unrecht so verleumdet wie Kaiser Nero. Der hat viel Gutes getan, wurde aber von raffgierigen Senatoren und von fanatischen Christen derart angeschwärzt, dass die meisten Menschen immer noch glauben, was ihnen die Hollywood-Filme zeigen.

Jene, denen all das völlig neu ist, werden wahrscheinlich auf die Frage, worauf ihre Zustimmung zu den genannten Klischees beruht, antworten: »Na ja, ich hörte es im Rundfunk. Ich sah es im Fernsehen oder im Kino. Ich las es in der Zeitung.« Anders gesagt: Ihnen und zahllosen anderen wurde die »Wahrheit« durch die Massenmedien mitgeteilt. Dazu muss gesagt werden, dass nach kritischen Publikationen eine Handvoll Firmen mit ineinander greifenden Direktionsräten, zusammengesetzt aus Angehörigen des Angloamerikanischen Establishments, fast alles hervorbringen, was wir in seiner angeblichen »Vielfalt« im Fernsehen sehen oder in Zeitungen lesen.

Medienanalytiker bekritteln, dass jedermann, der sich heutzutage auf der Suche nach Information den gängigen Mainstream-Medien aussetzt, in der Regel mit Nichtinformation oder blanker Desinformation bedient wird. So soll beispielsweise Robert F. Kennedy jr., der Neffe von John F. Kennedy und Anwalt für Umweltrecht und Dozent an der Pace-University in New York, in einem Interview mit der »Weltbühne« im Dezember 2004 gesagt haben:

»Die Medien von heute sind das Ergebnis einer dreißigjährigen Strategie der amerikanischen Rechten. In den siebziger Jahren entstand eine unheilige Allianz zwischen der umweltzerstörenden Industrie und den rechten Ideologen. Zuerst wurden rechte Think Tanks im Schatten des Kapitols gegründet. Dann übernahmen sie die Medien. Ich sage Ihnen: Rechte, fast schon rechtsextreme Gruppen kontrollieren alle 5.000 amerikanischen Fernsehsender, die 15.000 Radiostationen und 80 Prozent der amerikanischen Printmedien. In den Vereinigten Staaten geht es heute zu wie in den zwanziger Jahren des vergangenen Jahrhunderts in Deutschland, Italien oder Spanien. Eine wahre Braunhemden-Haltung greift um sich. Wer immer die Regierung kritisiert, wird als unpatriotisch gebrandmarkt. Auch in Europa gab es die rechten Industriellen, die einen Pakt mit fanatischen Faschisten schlossen. Vergessen Sie nicht, auch Hitler wurde demokratisch gewählt – von den Bürgern der gebildetsten Nation der Welt. In den USA sehen wir heute ähnliche Muster.«

Immer mehr Zeitgenossen sind mittlerweile der Meinung, die vom Kommunikationsforscher und Therapeuten Professor Paul Watzlawick (1921–2007) getätigte Kernaussage »*Kommunikation ist Wirklichkeit*« hätte schon vor Jahrzehnten die heutige lückenlose mediale Wirklichkeitsschaffung vorweggenommen. Sie begründen das mit der weitverbreiteten Ignoranz des »mündigen Bürgers« gegenüber einschneidenden, für seine Gegenwart und für die Zukunft seiner Kinder katastrophalen Maßnahmen. Wen sollte es daher in einigen Jahrhunderten wundern (sofern der Homo sapiens dann immer noch die Erde quälen kann), wenn niemand mit Sicherheit weder wissen wird, wie es eigentlich zum Dritten Weltkrieg gekommen ist, noch, dass dieser sofort nach dem Zweiten Weltkrieg seinen Anfang genommen hat und mit dem Niedergang der UdSSR richtig in Schwung gekommen ist.

Solange die Machthaber Methoden vermeiden, die typisch für die Unterdrückungsmaßnahmen althergebrachter Despoten sind, wähnt sich der Bürger in Sicherheit. Sein »Alarmsystem« schaltet sich auch dann nicht ein, wenn Marktöffnungen und Auslagerungen seine Existenz bedrohen. Der Verkauf von Volksvermögen und die Übertragung von hoheitlichen Dienstleistungseinrichtungen an Investoren, die ihm die Nebenbahn streichen, mit der er jahrzehntelang gefahren ist, treibt ihn nicht demonstrierend auf die Straße. Die Auflösung der Familienstruktur erscheint ihm sogar zeitgemäß. Wenn ihm etwas doch sehr gegen den Strich geht, hält er das für ein Versagen der Regierung; für eine Folge unterschiedlicher Standpunkte im Parlament, wie sie nun mal das »Salz der Demokratie« sind. Schlimmstenfalls für eine verfehlte, kurzsichtige Politik, nicht aber für eine gezielte Langzeitstrategie. Da Medien wie Eliten für dieses kontinuierliche Zerstörungswerk unentwegt Pseudoerklärungen liefern, glaubt die Mehrheit der Bürger nicht, es würde ihnen an den Kragen gehen.

Doch selbst die raffinierteste Salamitaktik in PR-Begleitung stößt an Grenzen, wenn der Gesellschaftsumbau bedrohliche Formen anzunehmen beginnt. Trotz einer für Insider erkennbaren eindeutigen Medienhegomonie, die raffinierterweise als »Informationsvielfalt« firmiert, macht sich im »freien Westen« Besorgnis über den Verlust der Lebensqualität breit, auch wenn in Talkrunden der Aufschwung noch so bejubelt wird. Man versteht nicht, wieso die Gewinne explodieren, die Produktivität um ein Vielfaches höher ist als jene in der »guten alten Zeit« mit ihrer sozialen Absicherung und **trotzdem** der Gürtel laufend enger geschnallt und Volkseigentum an die Börse gebracht werden **muss**.

In Zeiten wie diesen bedarf es daher stärkerer Mittel, um die menschliche Herde ruhig zu halten, wie schon Platon vor rund 2.500 Jahren bemerkte. Und was ist eines der stärksten Mittel? Angst um das eigene Leben! Eine Methode, die in unserem »Vorbildland« erfolgreich praktiziert wird und nach immer öfter gehörter Ansicht nunmehr auch die Bürger in der »Alten Welt« streichfähig machen soll.

Amerikaner sind nette Leute. Wären sie nicht dauernd Manipulationen ausgesetzt, würden sie den Verlust ihrer Bürgerrechte nicht mit patriotischer Ignoranz hinnehmen. Um in fernen Ländern wie auch daheim tun zu können, was sie tun, vermitteln die Machthaber den Eindruck, die Welt sei heutzutage gefährlicher als früher, weil Terroristen, unterstützt von Schurkenstaaten, die Zivilisation, Freiheit und Demokratie angreifen.

Mit einer Ungeniertheit, die ihresgleichen sucht, aber nicht findet, wird heute der *Clash of Civilisations/Cultures* propagiert und instrumentalisiert. Der Begriff des »Atomterrorismus« ist bereits erfunden. Bei einem entsprechenden Anschlag wären die üblichen Verdächtigen bereits bekannt, und die westlichen Bürger würden jede Extremmaßnahme begrüßen einschließlich solcher, die ihre Bürgerrechte auf nahezu Null reduzieren. Man ließe sich sogar freiwillig einen Chip zwecks Totalkontrolle einpflanzen (»Damit so etwas nie wieder passiert!«). Wenn alle vor Angst schlottern, stimmen sie so gut wie allem zu, egal wie die Dinge wirklich liegen.

Für die allgemeine Terrorangst ist es völlig unerheblich, dass nach Statistiken des US-Innenministeriums, die kaum jemand liest, in den drei Jahren nach dem 11. September 2001 zwar insgesamt 664 Personen wegen Terrorismusverdachts angeklagt, aber nur 17 schuldig gesprochen wurden – die meisten davon radikale Iren oder indische Sikhs ohne jede Beziehung zum Islamismus. Keinem der Angeklagten konnte eine Al-Kaida-Mitgliedschaft nachgewiesen werden.

In Europa wiederum gab die Polizeibehörde Europol im Frühjahr 2007 in einer Studie bekannt, dass von den im Jahr 2006 registrierten 498 Terroranschlägen nur ein einziger einen islamistischen Hintergrund gehabt hätte. 424 wurden von europäischen nationalistischen Separatisten, 55 von linken bzw. anarchistischen Gruppierungen, 17 von diffusen Tätergruppen und einer von Rechtsradikalen verübt. Das einzige Attentat mit islamistischem Hintergrund bezog sich auf die umstrittenen Mohammed-Karrikaturen von 2005. Dessen ungeachtet kommt Europol zu dem Schluss, die größte Gefahr gehe von islamistischen Terroristen aus.

Vielleicht fragen auch Sie sich mittlerweile wie viele andere: Von welchem Terrorismus wird eigentlich geredet? Was sollen die dauernden Terror-Warnungen oder Terror-Warnstufen, wenn der einzige namhafte Terror, der definitiv stattfindet, der »Aufstand« im überfallenen und besetzten Irak ist? Manche vermuten, die dauernden Warnungen, begleitet von gelegentlichen Sprengungen verdächtiger Koffer, Pakete oder Autos, sollen die Angst des Bürgers am Köcheln halten und ihn für jede weitere Einschränkung seiner Rechte dankbar stimmen. Für Unaufgeregte ist der »Krieg gegen den Terror« de facto virtueller Natur. Wie bei einem Spiel im Cyberspace werden unentwegt Videobotschaften Osamas oder von anderen präsentiert, Pläne enthüllt, Alarme gegeben, neue Verdächtige eingeführt, usw., während in der Welt außerhalb dieses »Terror-Cyberspace« wenig Greifbares passiert und gelegentliche Anschläge in anderen Ländern als dem Irak eher innenpolitischen oder kriminellen Charakter haben.

Natürlich wäre es abwegig, islamistischen Terror gänzlich zu leugnen. Auch wenn Ende Juni 2007 in London beim Piccadilly Circus und in einer Park*verbots*zone (sehr schlau) zwischen Buckingham Palast und Hyde Park »gerade noch« zwei Autobomben aus Gaskartuschen, Benzinkanistern und Nägeln entdeckt wurden die – wie manche vermuten – in die Kategorie »selbst inszenierter Pseudoterror« gehören könnten, so sind doch unleugbar Attentäter fast zeitgleich mit einem brennenden Jeep in die Abflughalle des Flughafens von Glasgow gedonnert, um dort ein Inferno zu entfachen. Allerdings, und auch das sollte nicht dezent verschwiegen werden, dürfte Letzteres als »Antwort« auf das Wüten der USA unter britischer Kumpanei im Irak zu verstehen sein. Wie sagte doch der verstorbene Sir Peter Ustinov: »Krieg ist der Terror der Reichen, Terror ist der Krieg der Armen.«

Gegenüber des regelrechten »Islamisten-Aufstands« im Zusammenhang mit den Mohammed-Karikaturen scheint jedoch hinsichtlich der Darstellung, die der Medienchoral einhellig präsentiert hat, eine gewisse Skepsis angebracht. Aufdecker wollen interessante Zusammenhänge entdeckt haben. Ihnen zufolge soll der Feuilleton/Kultur-Chef, der bei der jütländischen »*Jyllands-Posten*« für die zwölf Mohammed-Karikaturen verantwortlich war, die am 30. September 2005 dort (und am 17. Oktober 2005 in der ägyptischen Zeitung »*Al Fager*«) veröffentlicht wurden, ein alter Bekannter des Harvard-Professors und Beraters des US-Außenministeriums Samuel P. Huntington sein. Dieser sah in seinem Buch »*The Clash of Civilizations and the Remaking of World Order*« (»*Kampf der Kulturen. Die Neugestaltung der Weltpolitik im 21. Jahrhundert*«) bereits 1996 einen Zusammenprall (Clash) vom Islam sowie den chinesisch- und anderssprachigen Völkern mit dem Christentum heraufziehen. Manche halten dieses viel beachtete Werk für eine Prophezeiung mit Selbsterfüllungspotential – und möglicherweise Nachhilfebedarf. Sie verweisen auf das Interview, das Huntington 1997 der »*Berlingske Tidende*« zu seinen Thesen gegeben hatte. Zu dieser Zeit beschrieb der Feuilleton/Kultur-Chef der »*Jyllands-Posten*« in der »*Scandinavian Review*«, der Zeitschrift der *American Scandinavian Foundation*, den Kampf des »kleinen dänischen Wikingers« (an der Seite der USA) gegen den riesigen »chinesischen Drachen«; und gegen Russland bei der Loslösung der baltischen Staaten. Huntingtons frisch erörterte Thesen über den Zusammenprall der Zivilisationen dienten ihm dabei als roter Faden.

Manche halten es ob solcher Übereinstimmungen daher für denkbar, dass der Karikaturen-Zwischenfall kein unabsichtlicher Ausrutscher war, sondern den Westen im Rahmen einer *Psychological Operation (PSYOP)* auf den kommenden Clash einstimmen, bzw. diesem ein wenig nachhelfen soll. Laut »*International Herald Tribune*« soll es »um eine weit größere Geschichte als bloß die Frage von zwölf Karikaturen in einer kleinen dänischen Zeitung« gehen, nämlich um den »Zusammenprall der Zivilisationen«: der »weltlichen Demokratien mit den islamischen Gesellschaften.« Oder mit den Worten eines Misstrauischen: »Terror zu erfinden genügt nicht, man kann ihn auch provozieren, schüren und am Leben erhalten ...«

Wie das Anziehen der »Anti-Terrorismus-Schraube« in der Praxis aussieht, wurde nach Ansicht Misstrauischer im August 2006 vorexerziert. So erfuhr die zähneklappernde Weltöffentlichkeit, man sei in London dem furchtbarsten Anschlag nach dem 11. September 2001 um ein Haar entgangen: Fast zwei Dutzend britischer Selbstmordbomber hatten laut unterschiedlichen Agenturmeldungen mittels Flüssigsprengstoff sechs, zehn, zwölf oder zwanzig Maschinen beim Flug von London in die USA über dem Atlantik sprengen wollen. Dies war das Szenario, mit dem die britischen Behörden den wohl spektakulärsten Terroralarm aller Zeiten begründeten.

Nach dem ersten Schock erinnert man sich in Großbritannien daran, dass wenige Wochen zuvor die Polizei einen angeblichen Terrormassenmord mit dem tödlichen Gift Ricin, mit dem in den 1970er-Jahren einige Personen getötet worden waren (»*Der bulgarische Regenschirm*«) verhindert hatte. Bei diesem Antiterroreinsatz waren allerdings weder Terrorpläne noch Ricin gefunden worden, noch konnte irgendein Verbrechen präsentiert werden. Außer, dass die Polizei einen unschuldigen Mann mit Schüssen schwer verletzte.

Bereits eine Woche nach dem gerade noch verhinderten Flüssigsprengstoffattentat erhoben sich Zweifel, worüber unter anderem in Internet ausführlich berichtet wurde.

Der Pseudo-Terror löst sich immer wieder auf

»Der Mensch, der gar nichts liest,
ist besser informiert als derjenige,
der nur Zeitung liest.«
Lee Iacocca
(Jahrgang 1924, amerikanischer Topmanager)

Ein ehemaliger Nuklearwaffen-Physiker des Pentagon und Mitarbeiter im US-Kongress, soll die offizielle Darstellung unter die Lupe genommen und dabei Verblüffendes dargelegt haben.

Unerlässlich für die unterstellten Explosionsabsichten wären flüssige Explosivstoffe, ein Zünder sowie ein Auslöser, der den Zünder mit einem Starkstromimpuls zur Explosion bringt. Dies wiederum bewirkt die Detonation des Flüssiggemisches. Inzwischen ist auch klar, dass die angeblich geplanten Flüssigexplosivstoffe (Nitroglycerin, Nitrormethan und Triacetone Triperoxid) entweder zu instabil sind, weil sie bereits bei geringen Erschütterungen explodieren, oder aber so durchdringend nach Petroleum riechen, dass man sie kaum hätte in Shampoo-Fläschchen unbemerkt in ein Flugzeug schmuggeln können.

Dessen nicht genug. Um die erforderlichen Komponenten an den Röntgenmaschinen und Durchsuchungsbeamten an Bord der jeweiligen Flugzeuge vorbeischmuggeln zu können, wo sie wiederum noch zusammengesetzt werden müssten, hätten die Explosivstoffe wie Getränke und die Zünder wie elektronische Gebrauchsartikel aussehen müssen. Laut des Experten ist aber insbesondere die Herstellung von zuverlässigen Zündern, die nicht wie Zünder aussehen, außerordentlich schwierig.

Unter den festgenommenen, aus Pakistan stammenden »verhinderten Terroristen« befanden sich weder Feinmechaniker noch Ingenieure. Verdächtige Komponenten oder feinmechanische Werkstätten, in denen sie ihre ruchlose Tat hätten vorbereiten können, wurden auch nicht gefunden. Da es vieler Versuche bedurft hätte, um die Zuverlässigkeit der Zünder mit Explosionen zu testen und zu verbessern, durchsuchte die britische Polizei ergebnislos die Wälder nahe der Wohnorte der Verdächtigen nach Explosionsspuren.

Auch der geplante Zeitpunkt des Anschlags blieb im Dunkeln. Ein britischer Beamter widersprach früheren Berichten, die Bluttat habe unmittelbar bevorgestanden. Keiner der mutmaßlichen Attentäter besaß ein Flugticket nach Amerika. Einige von ihnen seien nicht einmal im Besitz eines Passes gewesen, dem wichtigsten Reisedokument, zitierte NBC Scotland Yard. Bei den Hausdurchsuchungen der Inhaftierten konnten keinerlei Flugtickets oder Reservierungen, geschweige denn Verbindungen zu extremistischen Gruppen gefunden werden. Die dringend Tatverdächtigen wurden wieder freigelassen.

Davon abgesehen ist es unwahrscheinlich, dass Terroristen ausgerechnet in London Sprengstoff an Bord von Flugzeugen schmuggeln wollten. Großbritannien hat spätestens nach dem, für viele ebenfalls nicht ganz astreinen, Bombenanschlag auf die U-Bahn vom 7. Juli 2005 (7/7) die höchsten Sicherheitsmaßnahmen eingeführt. Jeder vernünftige Terrorist, egal aus welchem Umfeld, würde wohl eher ein Land wählen, das nicht so strenge Kontrollen hat und nicht dafür bekannt ist, wahllos Männer in der U-Bahn zu erschießen.

Mittlerweile hat sogar der »*Stern*« über einige dieser Ungereimtheiten berichtet, wenn auch nur in einer Kleinstmeldung.

Und nun das Interessante: **Trotz** dieses Terror-Flops trat im Oktober 2006 EU-weit die groteske Anordnung in Kraft, dass Flüssigkeiten aller Art entweder gar nicht oder nur deutlich sichtbar in einem Plastiksack an Bord zu bringen wären. Wehe dem, der Rasierwasser mit sich führt! Für misstrauische Naturen ein deutliches Indiz, dass der Staat jede Möglichkeit, um nicht zu sagen jeden Vorwand, ergreift, um die Bürger mit Zwangsmaßnahmen vertraut zu machen und sie Schritt für Schritt an den am Horizont erkennbaren Überwachungs- und Repressionsstaat zu gewöhnen. Es wird argumentiert: Erst musste man sich nur abtasten lassen, dann die Schuhe und die Gürtel ausziehen sowie Privatgegenstände aus den Hosentaschen zur Durchleuchtung in eine Plastikwanne legen. Massenhafte Leibesvisitationen oder Reihenröntgen dürften als nächstes an der Reihe sein. Als folgender, logischer Schritt im »Zeitalter des Terrorismus« mutmaßen die Kritiker allgemeine Abtastung, Durchleuchtung und Entkleidung nicht nur auf Flughäfen, sondern auch EU-weit auf zigtausend Bahnhöfen. Und was die Leute am Flughafen und in der Bahn über sich ergehen lassen, das werden sie sich bald überall gefallen lassen. Schließlich geht es doch um die Sicherheit.

Wie manche überzeugt sind, wurde genau in dieser Tradition in Deutschland am 5. September 2007 euphorisch verkündet, es sei gelungen, drei mutmaßliche Terroristen durch Verhaftung an der Durchführung schrecklicher Anschläge zu hindern. Nach über einem halben Jahr Observation mit bis zu 300 Leuten schnappte die Falle zur rechten Zeit zu. Zwei deutsche Konvertiten und ein Türke wurden von der *GSG 9* in einem Dorf im Sauerland »in letzter Minute« festgenommen, ehe sie unter Verwendung von Wasserstoffperoxyd auf deutschem Boden einen »neuen 11. September« inszenieren konnten. US-Präsident George W. Bush gratulierte den deutschen Behörden zu ihrem Fahndungserfolg.

Für die Obrigkeit stand sofort fest, dass man in Deutschland noch mehr Überwachung und noch strengere Gesetze braucht, um der Gefahr durch solche gefährlichen »potentiellen Täter« begegnen zu können. Kritikern hingegen erschienen die Verhafteten weniger gefährlich denn als Schwachköpfe. Sie fragten sich, welcher Schaitan (arabisch für Teufel) die drei geritten hat, ausgerechnet in einem kleinen Dorf, wo jeder jeden kennt und Tratsch sofort die Runde macht, an ihr streng geheimes Werk zu gehen.

Bereits lange vor ihrer »Enttarnung« waren die Fremden örtliches Gesprächsthema geworden. Allein schon deswegen, weil ihr orangefarbener Nissan einmal ein Münchner Kennzeichen und ein anderes Mal eine Nummerntafel aus Stuttgart trug, was den Dorfbewohnern nicht verborgen blieb.

Den Observierten entging lange Zeit, dass ein mit Technik vollgestopfter Wohnwagen sie Tag und Nacht, rund um die Uhr, überwachte wie auch, dass überall im Ort verdeckte Ermittler hockten. Der Dorfbevölkerung fiel die Observation hingegen schnell auf. Selbst als die Beobachteten dies eines Tages mitbekamen, reagierten sie nicht so, wie man das von Terroristen erwarten würde, die einen Anschlag vorbereiten. Es gibt einen Bericht darüber, dass ihnen wegen der Bespitzelung eher der Kragen geplatzt sei. **Zitat:** »Einer der Islamisten stieg an einer roten Ampel aus und schlitzte die Reifen eines Verfolgerwagens des Verfassungsschutzes auf.«

Ungeachtet der Beschattung hantierten sie mit einer Chemikalie, die Fachleuten zufolge für den Bombenbau ziemlich ungeeignet ist. Sie sollen monatelang über 100 kg davon gehortet haben, obwohl es gar nicht so lange haltbar gewesen sein soll. Zudem hatte die Polizei die Substanz durch den Austausch des Peroxyd ohnehin schon unbrauchbar gemacht, ohne dass »die gefährlichen Verschwörer« das bemerkt haben.

Wie beim »verhinderten Flüssigkeitssprengstoffattentat« von London, etwa mehr als ein Jahr zuvor, meldeten Chemiker umgehend an der ganzen Sache Zweifel an, da die Möchtegern-Terroristen mit Wasserstoffperoxyd (auch nicht in der konzentrierten Lösung und mit anderen Ingredienzien) wohl kaum in der Lage gewesen wären, einen **handhabbaren** Sprengstoff herzustellen, ohne über eine Produktionszeit von mehreren Monaten und eine gut ausgerüstete chemische Fabrik zu verfügen.

Obwohl die sogenannten Terroristen aus dem Sauerland der Ausführung von Terroranschlägen nicht einmal nahegekommen sein dürften, sind den Medienvertretern offensichtlich nicht einmal die schreiendsten Widersprüche in den Aussagen aufgefallen – aber das kennt man ja schon vom 11. September 2001 ...

Zuerst hieß es, die Terroranschläge hätten »unmittelbar bevorgestanden«, dann wiederum, dass erst die Anfangsmengen von Wasserstoffperoxyd-Lösung beschafft worden wären usw. Obwohl die in Rede stehende Wasserstoffperoxyd-Lösung nur eine Woche lagerfähig wäre, las man in einer Quelle, die Mengen seinen von Februar bis August 2007 besorgt worden. Eine andere Meldung verkündete, es seien erst mögliche Anschlagsziele besprochen worden, während gleichzeitig der Frankfurter Flughafen und die US-Einrichtungen in Ramstein als konkrete Ziele genannt wurden. Am 8. September 2007 titelte eine Zeitung: »Anschläge sollten noch im September ausgeführt werden« und schrieb, drei Kleintransporter seien bereits besorgt gewesen, um als Autobomben zu dienen. Dann das Dementi der Bundesanwaltschaft: Man wisse nicht, wozu die Kleintransporter dienten.

Dass »offizielle Lesarten« zu Attentaten sowie die daraus resultierenden Folgemaßnahmen eisern aufrechterhalten werden, auch wenn sie widerlegt wurden, ist so neu nicht. Aufdeckern zufolge kann Libyens Gaddafi wahrscheinlich ebenso ein Lied davon singen wie Flugpassagiere, die seit »7/7« diverse Flüssigkeiten in Kunststoffsäcke umpacken müssen.

Vorläufer Lockerbie-Betrug

»Unser ganzes Wissen beruht auf Wahrnehmung.«
Leonardo da Vinci

»Der geschickte Journalist hat eine Waffe:
das Totschweigen – und von dieser Waffe
macht er oft genug Gebrauch.«
Kurt Tucholsky

Wie Leser mir mitgeteilt haben, soll man in einer einzigen TV-Sendung, in alternativen Medien in Deutschland und in einem schottischen Blatt weithin ignorierte Erkenntnisse über ein Attentat erfahren haben, das untrennbar mit einem Mann verbunden wird, der viele Jahre lang als »Pate des Terrors« am Pranger gestanden ist.

Am 21. Dezember 1988 war der Jumbo-Jet des Pan American Fluges 103 über dem kleinen schottischen Ort Lockerbie abgestürzt. Dabei hatte er 259 Menschen im Flieger und elf Bewohner von Lockerbie in den Tod gerissen. Bereits kurz nach dem Unglück behaupteten die untersuchenden britischen und US- Behörden, der Absturz sei zweifelsfrei durch eine Bombenexplosion an Bord verursacht worden. Ungewöhnlich war, dass sich keine der »üblichen verdächtigen« Organisationen zu diesem Attentat bekannte.

Zu jener Zeit musste Libyens Revolutionsführer Muammar Abu Minyar al-Gaddafi als neuer Hauptbösewicht im Nahen Osten herhalten. Der im eigenen Land recht beliebte Oberst verfolgte nicht nur eine vom Westen unabhängige Politik, sondern er saß auch auf einigen der größten Ölquellen im ganzen arabischen Raum. Also war der Westen daran interessiert, mit Versprechungen, aber auch mit anderen Mitteln Einfluss in Libyen zu gewinnen. 1986 gab es sogar einen US-Bombenangriff, dem 37 Personen zum Opfer gefallen sein sollen, darunter eine Adoptivtochter von Gaddafi. Er selbst kam unbeschadet davon.

Unter diesem Aspekt hätte man das Ganze von Anfang an betrachten sollen, meinen die Zweifler an der Version, Libyen stecke als »der größte Exporteur des Terrors« hinter dem Absturz. Wie kam es nun zu dieser Version? Einige Monate nach dem Absturz wurde angeblich in einem Wald abseits von Lockerbie ein kleines Stück eines Elektronikteils gefunden. Es stamme, so hieß es, aus einem Zeitzündermechanismus, der von einer Schweizer Firma exklusiv an Libyen und die DDR-Stasi geliefert worden sei.

Nun begann man systematisch Libyen bzw. den libyschen Geheimdienst zu beschuldigen, die Bombe im Flugzeug angebracht zu haben. Zwar bestritt Gaddafi dies immer, aber dem Druck der unaufhörlich wiederholten Vorwürfe aus den USA und Großbritannien und ihrem gehorsamen Nachbeten in so gut wie allen westlichen Mainstream-Medien war er nicht gewachsen. Schließlich erklärte sich Gaddafi mit einem Prozess gegen den libyschen Geheimdienstmann Abdelbaset Ali Mohmed al-Megrahi einverstanden, der im Mai 2000 im niederländischen Kamp van Zeist begann und im Februar 2001 trotz mangelhafter Beweislage mit einer Verurteilung zu lebenslanger Haft für den Beschuldigten endete. Ausschlaggebend für den Schuldspruch soll der Umstand gewesen sein, dass der Angeklagte das erwähnte Schweizer Unternehmen häufig besucht und sein eigenes Büro sogar am Sitz der Firma hatte.

Schon zur Zeit der Verurteilung wurden einige wenige Stimmen laut, denen lebenslanger Knast aufgrund eines winzigen Stücks Elektronik und häufiger Geschäftsreisen mehr als suspekt war. Die meisten Mainstream-Medien hingegen äußerten keinen Zweifel.

Aufgrund der schwachen Beweislage und neuer Entwicklungen gingen Megrahis Anwälte 2003 bei einem schottischen Gericht in die Revision. In der Zwischenzeit hatte nämlich ein ehemaliger CIA-Agent nach seiner Pensionierung erklärt, die Beweisführung gegen den Libyer sei vom CIA getürkt worden. Ferner hatte sich herausgestellt, dass der vom FBI entsandte »Spezialist«, der die Authentizität des Elektronik-Stückchens bezeugt hatte, alles andere als ein Spezialist auf diesem Gebiet war. Darüber hinaus war er schon früher in den USA wegen Falschaussage verurteilt worden. Trotz dieser offenkundigen neuen Beweislage wurde die Revision vom Gericht abgelehnt – für viele eine noch krassere Fehlentscheidung als die ursprüngliche Verurteilung. Man vermutete, die großen westlichen

Medien hätten dabei eine gewisse Rolle gespielt, da sie die Erklärung des ehemaligen CIA-Mannes als lächerliche Verschwörungstheorie abgetan hatten.

Als weiterer Entlastungszeuge wandte sich ein ehemaliger hoher Polizist (Assistant Chief Constable oder noch höherer Rang) an die Anwälte des libyschen Agenten, da er es mit seinem Gewissen nicht vereinbaren könne, noch länger zu schweigen. Wie er in einer eidesstattlichen Erklärung darlegte, sei das im Wald aufgefundene Elektronikteil von der CIA dort platziert worden.

Die Anwälte erklärten, der Beamte habe sein Wissen deshalb nicht bereits während seiner aktiven Dienstzeit preisgegeben, weil er seine Vorgesetzten fürchtete und auch nicht als Verräter abgestempelt werden wollte. Zudem war er davon ausgegangen, dass ein Prozess sowieso nicht zustande käme. Als das doch geschah, hatte er nicht mit einer Verurteilung gerechnet. Als diese dann doch erfolgte, vertraute er auf eine erfolgreiche Revision. Erst als auch seine diesbezügliche Erwartung nicht eintrat, meldete er sich zu Wort.

Soweit der Stand zum Zeitpunkt, als dieses Buch geschrieben wurde. Nach meinem Wissensstand versuchen unterschiedliche Gruppen ohne bislang erkennbaren Erfolg, die Ungereimtheiten ans Licht und den Verurteilten aus dem Knast zu bringen.

Für viele steht auf jeden Fall fest, dass Abdelbaset Ali Mohmed al-Megrahi ein Bauernopfer war, um den »König« in die Knie zu zwingen. Und das scheint gelungen zu sein.

Unter all dem Druck und sich völlig bewusst, dass er einer US-Invasion nichts mehr entgegenzusetzen hätte als ehedem Saddam Hussein, stellte Gaddafi schließlich sein Öl den englischen und US-Konzernen zu Spottpreisen zur Verfügung. Am 15. August 2003 übernahm er in einem Schreiben an den UN-Sicherheitsrat für Libyen prinzipiell die Verantwortung für den Bombenanschlag und soll bisher den Hinterbliebenen der Absturzopfer Entschädigungen in der Gesamthöhe von 2,46 Milliarden Dollar gezahlt haben. Im selben Jahr gab Gaddafi bekannt, sein Land hätte die Entwicklung von Massenvernichtungswaffen betrieben, er sei aber bereit, dieses Programm aufzugeben. Gaddafis Verhältnis zum Westen hat sich seitdem stark verbessert. Sein Land ist von der Liste der Schurkenstaaten verschwunden und er selbst ist plötzlich kein halbverrückter Despot mehr, sondern ein weiser Führer seines Volkes. Wenig erwähnenswert fanden die Medien, dass in Gaddafis Land Frauen schon immer weit mehr Rechte besaßen als in den meisten arabischen Ländern – vom US-Darling Saudi Arabien ganz zu schweigen.

Die Verwandlung des Schurkens in den Partner des Westens ändert allerdings nichts daran, dass die »Lockerbieschuld« auch dem »geläuterten«

Gaddafi unlösbar anhaftet und bei Bedarf in Erinnerung gerufen wird. Beispielsweise wurde im Juli 2007 in den westlichen Medien darauf hingewiesen, er würde diese Schuld durch die Begnadigung der fünf bulgarischen Krankenschwestern und des palästinensischen Arztes weiter abtragen wollen, die beschuldigt worden waren, 460 libysche Kinder vorsätzlich mit dem HIV-Virus (AIDS) infiziert zu haben.

Wahrscheinlich fragen Sie sich: Wenn jene Recht haben, für die Libyen der (hoch willkommene) Sündenbock war, was könnte aber nun wirklich gelaufen sein? Aufdecker vermuten, es könnte sich um eine Vertuschungsaktion von Waffenverkäufen und Drogendeals im Umfeld der iranischen Geiselnahme und des syrischen Geheimdienstes gehandelt haben. Es sollen sich nämlich zwischen fünf und acht CIA-Agenten eines Untersuchungsteams auf dem Flug 103 befunden haben, die ohne Erlaubnis, dafür aber mit Belastungsmaterial, in die USA zurückfliegen wollten, um die Regierung zu informieren und in der Öffentlichkeit Stunk zu machen. Die Vermutung geht dahin, der syrische Geheimdienst, der verschiedene Connections zur CIA hat, habe die Rückkehr der Agenten und damit einen Riesenskandal durch Sprengung des Jumbos verhindert.

Damit zurück in die Gegenwart, in der Terroranschläge mit zweifelhafter Urheberschaft anscheinend nicht nur dazu dienen, auf der internationalen Ebene zu punkten, sondern – wie Misstrauische überzeugt sind – primär dazu, die heimische Bevölkerung auf Trab zu halten.

»7/7« als »9/11 neu«?

Nach Terroranschlägen vom 7. Juli 2005 in London konnte die britische Regierung Bürgerrechte abbauen, die früher von zahlreichen Abgeordneten und dem Wahlvolk mit Klauen und Zähnen verteidigt worden wären. Gesetze wider die Bürgerrechte finden bereits reiche Anwendung.

Der bereits im November 2004 eingebrachte und im April 2005 institutionalisierte *»Serious Organised Crime and Police Act« (SOCPA)* konnte nunmehr vollständig greifen. Dieses Gesetz bietet zahlreiche Möglichkeiten zur Kriminalisierung von politischem Protest. Mit ihm lassen sich – für Briten neu – auch Demonstrationen innerhalb eines Kilometers um das Parlament untersagen. So wurde die 25-jährige Maya Evans regelrecht als Staatsfeind behandelt, als sie innerhalb der Bannmeile um den Regierungssitz in London die Namen der im Irak gefallenen britischen Soldaten verlas und somit gegen den SOCPA verstieß. Brian Haw wurde verhaftet, weil er innerhalb der neuen Bannmeile ein Plakat trug, auf dem Blair und Bush lächerlich gemacht wurden.

Eine Neuauslegung des *»Terrorism Act of 2000«* ermöglicht der Polizei, Bürger an beliebigen Orten zu stoppen, zu durchsuchen und des Platzes zu verweisen. Die neuen »Gesetze gegen antisoziales Verhalten« *(»Antisocial Behaviour Laws«)*, dehnbar wie Gummi, erlauben der Polizei sogar, bestimmte Handlungen zu verbieten, wie etwa ein Transparent zu tragen bzw. aus dem Fenster zu hängen. Bei Zuwiderhandlung drohen bis zu fünf Jahren Haft.

Der Buchhalter Steven Jago wurde angeklagt, weil er aus George Orwells »1984« zitierte. Als Beweis für die Verbreitung von »subversivem Material« konfiszierte die Polizei zudem einige Kopien des US-amerikanischen Magazins *»Vanity Fair«* mit dem Titel: *»Blairs Big Brother Vermächtnis«*, die Jago bei sich getragen hatte. Der 82-jährige Walter Wolfgang rief auf der Labour-Konferenz im Brighton Centre »Lüge«, als Außenminister Jack Straw die Besetzung des Iraks rechtfertigte. Unter Anwendung von Paragraph 44 des *»Terrorismus-Gesetzes«* wurde er vorübergehend festgenommen.

Ein Gesetz zum Schutz vor Belästigungen *(»Protection from Harassment Act«)*, das eigentlich vor sogenannten Stalkern und Spannern schützen soll, kann (und wird, wie es heißt) dazu benutzt werden, um öffentlichen Protest zu verbieten; beispielsweise Beschwerdebriefe an Behörden.

Neu und einzigartig in der gesamten britischen und europäischen Rechtsgeschichte ist, dass vor Gericht keine Augenzeugen mehr benötigt werden, denn »Hörensagen« genügt für eine Verurteilung.

Der Wirksamkeit der neuen Gesetze und Maßnahmen tut es keinen Abbruch, dass sich bereits kurz nach den Anschlägen eine Unzahl von ungelösten Fragen und unerklärten Widersprüchen ergab, garniert mit unwahrscheinlichen Zufällen. Auch gibt es hinsichtlich der Art des Sprengstoffs keine definitive Erklärung. Zuerst war von »militärischer« Herkunft die Rede, danach von hausgebastelten Explosivmischungen. Letztere Variante allerdings wird von Experten wegen schlechter Transportfähigkeit wiederum angezweifelt. Auch der Hintergrund der Männer, die die Bomben gezündet haben sollen, bot keine Hinweise auf ein islamistisches Motiv oder gar auf die Mentalität von Selbstmordattentätern. Die »Täter« hatten die Bomben nicht um den Körper geschnallt, wie bei Selbstmördern üblich, sondern trugen sie in Rucksäcken, die sie auch hätten abstellen können, um sich dann in Sicherheit zu bringen. Weiterhin sahen zwei von ihnen Vaterfreuden entgegen, was eher dafür spräche, sich ein Weiterleben zu wünschen. Ungewöhnlich auch, dass die Männer nicht kurz vor der Zündung das sonst übliche »Allah Akhbar!« – Gott ist groß – ausriefen. Mehr als bizarr erscheint manchen der Umstand, dass die Verdächtigen nicht nur Rückfahrkarten gelöst, sondern auch ihre Parkscheine brav bezahlt hatten.

Nach der offiziellen Version trafen sich die vier Attentäter in der Eisenbahnstation von Luton. Drei von ihnen waren mit dem Zug aus Leeds dort eingetroffen, der vierte kam mit dem Auto. In diesem Auto, am Bahnhof geparkt, habe man angeblich große Mengen von Sprengstoff gefunden, was im Wesentlichen das Indiz war, dass diese vier Männer die Bomben in die U-Bahnen und in den Bus gebracht hätten.

Am Eingang des Bahnhofs Luton wurden sie von einer Überwachungskamera aufgenommen – falls es wirklich die Besagten sind. Die Bildqualität lässt keinerlei klares Erkennen zu. Dessen ungeachtet wird ein Standbild aus diesen Aufnahmen als Fahndungsfoto veröffentlicht. Dort ist die Zeitangabe 7:21:54 Uhr zu sehen, also sechs Sekunden vor 7:22:00 Uhr. Scotland Yard zufolge gehen diese vier Personen geradezu gemächlich in den Lutoner Bahnhof, wo sie einen fünften Mann treffen und mit ihm sprechen. Das Video oder ein Standbild von diesem Gespräch ist allerdings nie an die Öffentlichkeit gekommen. Laut Angaben der Polizei ist der fünfte Mann möglicherweise einer der Hintermänner des Anschlags und man fahnde nun nach ihm. Allerdings nicht mit einem Foto. Ziemlich ungewöhnlich, wenn doch Video-Aufnahmen vorhanden sind, auf denen er mit den vieren spricht.

Fakt ist: Wenn die vier Attentäter fast Punkt 7:22 Uhr den Bahnhof betreten und dann noch ein Gespräch dort geführt haben, konnten sie unmöglich den Zug um 7:25 Uhr erreichen. Das wird in der offiziellen Version auch gar nicht behauptet. Dort ist vom Zug um 7:40 Uhr die Rede, mit dem sie um 8:26 Uhr am Bahnhof King's Cross ankamen, wovon es ebenfalls ein Video gibt. Von dort aus, so weiter die offizielle Lesart, seien drei der Männer in unterschiedliche U-Bahnen gestiegen und hätten dort ihre Bomben gezündet, während der Vierte etwa eine Stunde später aus unbekannten Gründen in einem Doppeldeckerbus seine Bombe hochgejagt haben soll. Terrorismusfachleute rätseln heute noch, warum er sich nicht beim Aufstieg zur Wendeltreppe postiert hatte, wo die Explosion die maximale Verwüstung hervorgerufen hätte, sondern sich weit hinten auf dem Oberdeck aufhielt.

Lassen wir diese Merkwürdigkeiten beiseite und stellen wir uns einem klaren Faktum: Dieser Zeitablauf kann so nicht gewesen sein. Wie *Thameslink*, der Betreiber der Züge zwischen Luton und King's Cross, offiziell angegeben hat, ist an jenem Morgen auf der Strecke zwischen diesen beiden Bahnhöfen im Gebiet Mill Hill ein Problem mit den Oberleitungen aufgetreten, wodurch sich alle Züge verspäteten. Um rechtzeitig am Bahnhof in King's Cross von der Videoüberwachung registriert werden zu können, hätten die vier den Zug um 7:25 Uhr nehmen müssen, den sie aber offiziell nicht genommen haben (weil unmöglich).

Der fahrplanmäßige Zug um 7:40 Uhr fuhr an diesem Tag wegen der

Oberleitungsprobleme gar nicht ab. Stattdessen um 7: 42 Uhr der für 7:30 Uhr vorgesehene Zug. Dieser Zug kam aber erst um 8:39 Uhr in King's Cross an. Damit konnten die Männer auf dem Video in King's Cross unmöglich die Attentäter gewesen sein, denn um diese Zeit war zumindest eine der U-Bahnen bereits abgefahren, in denen später die Bomben explodierten. Spezialisten einiger Bürgerrechtsgruppen wollen bei der Untersuchung der von den unzähligen Videokameras aufgezeichneten Aufnahmen, auf denen die Terroristen angeblich zu erkennen sind, Manipulationen entdeckt haben, die sich im Internet verbreiteten (beispielsweise soll eine Person hinzugefügt worden sein).

Die brisanteste Aussage mehrerer Personen – darunter ein Polizist – lautet, dass eine Bombe nicht im, sondern **unter** einem U-Bahnwaggon hochgegangen sein **muss**, da der Waggonboden nach oben hochgebogen war. Eine Erklärung dafür, wie ein Selbstmordattentäter seine tödliche Ladung auf der Unterseite eines Waggons hätte anbringen können, wurde gar nicht erst versucht.

Da mit solchen Erkenntnissen die These der Selbstmord-Bomber steht und fällt, wurden sie so gut wie nicht publiziert. Und weil durch den unmöglichen Zeitablauf die offizielle Version sachlich widerlegt worden war, wäre es bei einer normalen Untersuchung üblich, den Fehlern auf den Grund zu gehen und eine richtige Darstellung auf einer Pressekonferenz zu veröffentlichen. Nichts dergleichen ist geschehen.

Schon bald nach dem 7. Juli, griffig als »7/7« bezeichnet, erblickten Kritiker auffallende Parallelen zu den beiden anderen Terrorakten, die bis dahin – angeblich von Al-Kaida – in westlichen Ländern durchgeführt worden waren: den Anschlägen des 11. September 2001 auf das World Trade Center und die Anschläge des März 2004 in Madrid. Auch dort wurden jeweils kurz danach offizielle Versionen veröffentlicht, an denen nicht gerüttelt werden durfte. Von den zahlreichen, von unterschiedlichsten Gruppierungen und Fachleuten durchgeführten Nachforschungen hörte man in der Öffentlichkeit so gut wie nichts, obwohl in allen Fällen, London eingeschlossen, die offiziellen Versionen Widersprüchlichkeiten oder sogar Unmöglichkeiten enthielten. Auch manches, das nach »7/7« in England über die Bühne ging, erscheint vielen als, gelinde gesagt, bedenklich.

So hatte Scotland Yard am 2. Juni 2006 mit großem Aufgebot ein Haus gestürmt und zwei Brüder, die dort mit ihren Familien wohnten, als islamistische Fanatiker und Terroristen festgenommen. Einem wurde in die Schulter geschossen. Die stürmenden Beamten berichteten, der Bruder des Angeschossenen habe mit einem von ihnen um die Waffe gerungen, wodurch sich der Schuss gelöst hätte. Die Augenzeugen, die keine Polizisten waren, berichteten anderes. Einer der Brüder wäre auf dem Treppenabsatz erschienen, völlig überrascht von dem Eindringen unbekannter Personen, worauf sofort gezielt auf ihn geschossen wurde. Keiner der Brüder habe mit Polizisten gerungen.

Interessant auch, was der Anwalt und die Familienangehörigen über die Polizeiaktion zu erzählen wissen: »Als die Polizisten eindrangen, wurde keinerlei Warnruf ausgestoßen, beispielsweise ›Freeze‹ oder ›Hands up!‹. Ebenso wenig identifizierten sich die Polizisten als solche, etwa durch den Ruf: ›Police!‹. Wir waren der Meinung, wir würden von Verbrechern überfallen, die Helme mit heruntergeklappten Visieren trugen. Erst als sie sich umdrehten, konnte man sehen, dass sie unter den furchterregenden schwarzen Kappen einen Anzug trugen, auf dem am Rücken stand: Police.«

Früher waren die »Bobbys« von Scotland Yard ohne Schusswaffe unterwegs. Nachdem aber der Thatcher-Brutal-Kapitalismus eingeführt wurde, hat man die Polizei be- und die Bürger entwaffnet. Seit Blair die hundertprozentige Totalentwaffnung der Nicht-Kriminellen durchgesetzt hat, steigen die Zahlen der Gewaltverbrechen ständig. Möglicherweise sitzt deshalb der Finger bei den amtlichen Waffenträgern etwas locker.

Wie es bei »verhinderten Terroranschlägen« fast schon zur Gewohnheit geworden ist, wurde verlautbart, die am 2. Juni 2006 festgenommenen Brüder hätten Ungeheuerliches geplant. Man habe »sichere Hinweise«. Im Endeffekt blieb von den Beschuldigungen **nichts** übrig. **Keiner** der Verdachtsmomente war zu verifizieren. Die Brüder wurden sang- und klanglos wieder freigelassen. Mittlerweile ist dieser Flop unter dem Namen *Forest Gate Raid* berühmt geworden. Dass der angeschossene Mann überlebt hat, war nur dem Zufall zu verdanken, der die Polizistenkugel nicht ins Herz, sondern in die Schulter gehen ließ. Nicht alle »Verdächtigen« haben ein solches Glück.

Vorbeugend erschossen

Am 23. Juli 2005 wurde der 27-jährige Brasilianer Jean Charles de Menezes in der U-Bahn sitzend von der Londoner Polizei erschossen, weil verdeckte Ermittler ihn für einen Selbstmordattentäter hielten. Er hätte eine dicke Jacke getragen, die eine Bombe zu verbergen schien, und sei außerdem davongerannt.

Nach Angaben der Ermittler wurden insgesamt acht Schüsse abgegeben. Wo genau der Unglückliche getroffen wurde, wollte eine Polizeisprecherin nicht sagen. Laut der britischen Nachrichtenagentur *Press Association* wurde er von sieben Kugeln im Kopf getroffen und von einer in der Schulter. Augenzeugen hatten zuvor von fünf Kopfschüssen gesprochen.

Fünf Tage später war im britischen »*Guardian*« zu lesen, dass die britische Polizei – oder wer auch immer die tödlichen Schüsse abgefeuert hat – nach objektiven Kriterien keinerlei Grund für diese »Hinrichtung« hatte.

Bei einer Pressekonferenz im Anschluss an ein Treffen mit der Polizei stellte eine 22-jährige Cousine des Getöteten die Rechtswidrigkeit der Erschießung klar. Sie betonte, er sei keineswegs über eine Absperrung gesprungen, wie in den ersten Polizeiberichten behauptet worden war, sondern er hätte ein Ticket benutzt. Auch davon, dass er gerannt sei, kann keine Rede sein. Weiters hatte er keineswegs eine dicke Jacke getragen, sondern eine Jeansjacke. Die junge Frau wörtlich: »Aber selbst wenn er eine dicke Jacke getragen hätte, wäre das keine Entschuldigung dafür, ihn zu töten.«

Nicht nur sie dürfte sich gefragt haben, was wohl der größere Skandal sei. Dass Londoner Polizisten einen komplett unauffällig agierenden und unschuldigen Mann mit mehreren Kopfschüssen ins Jenseits beförderten oder dass keiner der beteiligten Beamten deshalb angeklagt wurde. Der Todesschütze der CO19-Spezialeinheit von Scotland Yard wurde sogar befördert, und zwar zum Ausbilder von Sicherheitsbeamten in Flugzeugen, die sogenannten »Sky Marshalls«, weil er laut »Sicherheits-Insidern« der »beste Mann für den Job« sei. Seine Vorgesetzten hoben seine Fähigkeit zu schnellem und entschiedenem Handeln in Notsituationen hervor. Fürwahr beachtlich erscheinen manche laufenden Falsch- und Fehlmeldungen und deren dezente oder gar nicht erfolgende Richtigstellung.

Zuerst wurde behauptet, Menezes sei gerannt und habe die Ticket-Absperrung übersprungen. Schnell stellte sich anhand von Hunderten von Augenzeugen heraus, dass dies nicht der Fall war. Als nächstes hieß es, Jean sei illegal in Großbritannien und hätte wahrscheinlich deshalb versucht, vor der Polizei zu fliehen. Tatsächlich besaß er eine gültige Aufenthalts- und Arbeitserlaubnis und floh zu keinem Zeitpunkt vor Polizisten. Den Gipfel des Obszönen stellte für manche die Aussage vom Polizeichef Blair sowie des Premierministers gleichen Namens dar, sie würden sich nicht für die Ermordung entschuldigen, denn es sei richtig, Terrorismus-Verdächtige vorbeugend zu exekutieren. Sie scheuten sich nicht einmal, eine polizeiinterne Anweisung mit diesem Inhalt zu veröffentlichen. Die dritte große Lüge schließlich wurde erst im Frühjahr 2006 aufgedeckt, als herauskam, dass Scotland Yard bereits am Abend des Tages, als Jean Menezes »vorbeugend exekutiert wurde«, wusste, dass er absolut nichts mit Islamismus oder Terrorismus zu tun hatte und völlig unschuldig war. Dieser Tag war der Freitag. Dennoch wurden am nächsten Samstagmorgen Polizeimeldungen herausgegeben, es sei ein Terrorverdächtiger erschossen worden, der mit den Tätern des »Nachahmer-Anschlags« zwei Wochen nach »7/7« zu tun gehabt hätte, bei dem die Bomben nicht losgegangen waren (später stellte sich heraus, dass sie gar nicht losgehen **konnten**).

Das ganze Wochenende überschlugen sich alle Medien mit der Meldung, dass einer der Terroristen auf der Flucht erschossen worden sei. Besonders geschmackvoll gestaltete sich eine Titelseite, auf der die Exekution mit Riesenlettern folgendermaßen kommentiert wurde. »Einer liegt flach! Fehlen noch drei.« Erst **am Montag** kam langsam ans Tageslicht, dass ein völlig Unschuldiger exekutiert worden war.

Eine Ausnahme stellt mal wieder der britische *»Guardian«* dar, der nicht nur über die Fakten, sondern auch von den Lügen berichtete.

Aufgrund der Medienorgel und der kaum vorhandenen Gegendarstellungen hat sich die Version des auf der Flucht getöteten Terroristen in den meisten Köpfen festgesetzt. Bis heute trifft man auf Unverständnis, wenn man den Fall Menezes anspricht. Er habe sich doch verdächtig verhalten, sei doch illegal im Land gewesen. Auch in deutschsprachigen Landen ist wenig bis gar nichts über die Ermordung dieses unschuldigen jungen Mannes bekannt.

Was die tatsächlichen Hintergründe sind, wird man wohl nie erfahren. Vermutungen, der Erschossene wäre, vage gesprochen, »staatlichen Interessen« im Wege gestanden, haben wenig Substanz. Im Gegensatz zu einem anderen Todesfall in England. Hier stand tatsächlich ein Mann vitalen Interessen im Wege.

Tod eines Aufmüpfigen

»Mord ist jetzt die Losung.«
Friedrich Schiller, Don Carlos

Wie vielen noch erinnerlich ist, wurde der 59-jährige Biowaffenexperte und Berater des englischen Verteidigungsministeriums David Kelly am 17. Juli 2003 in einem Waldstück in der Grafschaft Oxford, einige Kilometer von seinem Wohnsitz entfernt, tot aufgefunden. Seine Pulsadern waren aufgeschnitten. Neben ihm lag eine leere Schachtel für Tabletten eines starken Schmerzmittels.

Kelly war kurz nach der US-geführten Irak-Invasion im März 2003 vom britischen Verteidigungsministerium als Hauptinformant für einen BBC-Bericht enttarnt worden, in dem die Behauptungen bezüglich Saddam Husseins Massenvernichtungswaffen, gelinde gesagt, als aufgebauscht bezeichnet wurden. Eine offizielle Untersuchungskommission kam zu dem Schluss, Kelly hätte die auf seine Enttarnung folgenden Anfeindungen nicht ertragen und sich selbst getötet.

Drei Jahre später äußerte ein britischer Abgeordneter Zweifel am Selbstmord des Wissenschaftlers. »Mit der Zeit haben sich diese Zweifel nur verfestigt«, schrieb der Abgeordnete, dessen Partei die britische Beteiligung am Irak-Krieg immer kritisiert hatte.

Laut der *»Mail on Sunday«* sei Kelly in den Tagen vor seinem Tod wie gewöhnlich in Kontakt mit Freunden und Verwandten gestanden. Trotz des öffentlichen Drucks hätte nichts auf Selbstmordgedanken hingewiesen. Ein Freitod widerspräche zudem dem Charakter Kellys. Es sei auffällig, schrieb der Autor des Artikels, dass bei dem Toten nicht die Speichenschlagader, sondern die auf der Seite des kleinen Fingers gelegene Schlagader aufgeschnitten gewesen sei. Damit war Kelly laut Statistik im Jahr 2003 der Einzige, der sich auf diese weit schmerzvollere Weise das Leben genommen haben soll. Die leere Schachtel deutete zwar darauf hin, der Waffenexperte hätte sich vorher mit einer Hand voll Tabletten gegen die Schmerzen gerüstet, doch dem war nicht so. In seinem Magen wurde ein Fünftel einer solchen Tablette festgestellt. Eine fast wirkungslose Dosis.

Weiters hätten die am Tatort eintreffenden Mediziner zu wenig Blut vorgefunden. Sie bezeichneten es als »extrem unwahrscheinlich«, dass Kelly aufgrund der Wunde am Handgelenk gestorben sei. Darüber hinaus beanstandete der Autor des Artikels, dass seinerzeit ein Pathologe mit wenig Erfahrung die Untersuchung geleitet hatte. Einer der beiden Sanitäter, die zuerst bei Kelleys Leiche waren, erklärte nach der offiziellen Selbstmordfeststellung: »Ich habe immer gesagt, dass, wenn es ein Mitglied meiner Familie gewesen wäre, ich nicht akzeptiert hätte, was sie behauptet haben.«

David Kelly selbst soll vor seinem Tod mehrmals von »dark actors games«, einem Spiel dunkler Mächte, gesprochen haben. Sein Tod ist für manche nicht mehr und nicht weniger als die Beseitigung eines Störfaktors beim »ewigen Krieg gegen den Terrorismus«, der ihrer Ansicht nach schon viel früher begonnen hat.

Hellseher oder Macher?

Als Indiz dafür, dass schon lange an der »Neuen Weltordnung« gezimmert wird, gilt für viele die strategische Analyse, die von der Neocon-Denkfabrik zum *Projekt für ein neues amerikanisches Jahrhundert (PNAC)* im September 2000 unter dem Titel *»Die Wiederherstellung der amerikanischen Verteidigung, Strategien, Streitkräfte und Ressourcen für ein Neues Amerikanisches Jahrhundert«* veröffentlicht wurde. Darin wurde auf die Gefahr hingewiesen, dass bei fortlaufendem Trend einer laschen Haltung zu Verteidigungsfragen die weltweite amerikanische Vorherrschaft nicht mehr lange aufrechterhalten werden könnte, es sei denn »ein katastrophales und katalysierendes Ereignis tritt ein, wie ein neues Pearl Harbor, das die Bereitschaft der amerikanischen Gesellschaft zu Opfern wieder erhöht.«

Wie bestellt, erfolgte ein solches »katastrophales und katalysierendes Ereignis« am 11. September 2001 mit dem Anschlag auf das World Trade Center. Auch ganz zufällig soll der Angriffsbefehl für Afghanistan schon zwei Tage vor dem Anschlag auf Präsident Bushs Schreibtisch gelegen haben. Hellseher, wohin man schaut bzw. hört, wenn man Belegen glauben will, die im Rahmen der riesenhaften Konferenz der »Bewegung für die 9/11-Wahrheit« präsentiert wurden, die am 24. und 25. Juni 2006 in Los Angeles stattgefunden hat. So soll – von den weltweiten Hörern größtenteils völlig unbemerkt – BBC-Radio an jenem schicksalsträchtigen 11. September den Ablauf des Einsturzes vom WTC-Turm *7 WTC Towers* 20 Minuten *vor* dem Eintritt des Geschehens im Detail geschildert haben. Während dieser Reportage war der Turm auf allen TV-Stationen die ganze Zeit völlig unbeschädigt im Bild zu sehen. Diese Ungereimtheit fiel allerdings niemandem auf. Jene, denen sie schon aufgefallen war, fragen sich mittlerweile, ob sie überhaupt noch irgendetwas glauben sollen. Andere sind bereits entschlossen, nichts mehr zu glauben, nicht zuletzt wegen geschichtlicher Parallelen zu dieser seltsamen Vorausberichterstattung.

Wir erinnern uns, dass die Ermordung von John F. Kennedy am 23. November 1963 um 7:30 Uhr neuseeländischer Zeit stattfand, die der US-amerikanischen Central Standard Time 19 Stunden voraus ist. Eine Zeitung in Neuseeland, die ihre Informationen scheinbar von Nachrichtenagenturen bekommen hatte, berichtete genaueste Details über Lee Harvey Oswald, eine Beschreibung seiner Verhaftung eingeschlossen, bevor er überhaupt in Texas verhaftet worden war.

Angesichts zahlreicher Fragwürdigkeiten scheint jedenfalls die Frage legitim, ob man noch **irgendetwas** glauben soll, das uns als Fakt serviert wird.

Gibt es eigentlich Al-Kaida?

> »Unsichtbar wird der Wahnsinn, wenn er genügend große Ausmaße angenommen hat.«
> *Berthold Brecht*

Wie die USA im März 2007 stolz verkündeten, hätte die Nummer drei von Al-Kaida, Scheich Khaled Mohammed, beim Verhör vor einem Sondertribunal im Gefangenenlager von Guantanamo Bay auf Kuba gestanden, er habe die Anschläge vom 11. September 2001 »von A bis Z« geplant. Dessen nicht genug, gab er auch gleich nicht durchgeführte Anschlagspläne zu, und zwar: gegen den US Präsidenten Jimmy Carter (in dessen Amtszeit von 1977 bis 1981) und Bill Clinton, Papst Paul II., das NATO-Hauptquartier in Brüssel, den Panama-Kanal, mehrere Atomkraftwerke in den USA und US-Tanker in der Straße von Gibraltar, die Zerstörung der US-Botschaften in Indonesien, Australien und Japan sowie mehrerer israelischer Botschaften, einen Luftangriff auf das israelische Eilat mit Verkehrsmaschinen sowie die Sprengung des *Big Ben* in London. Ferner erklärte er sich als direkt verantwortlich für die Biowaffenzelle zur Herstellung von Milzbrand (Anthrax) und anderem sowie für Operationen mit »schmutzigen Bomben« auf dem US-Territorium. Ein erstaunliches Pensum für einen einzelnen Mann, selbst für den größten Fanatiker.

Der von den US-Behörden geäußerten Befriedigung tat weder Abbruch, dass dieses Universalgeständnis laut Vernehmungsprotokoll zugegebenermaßen unter Foltereinwirkung entstand, noch der Umstand, dass besagter Scheich 41 oder 43 Jahre alt sein dürfte, so dass er zu Carters Amtszeit zwischen 13 und 17 Jahre alt war (reichlich frühreif für einen »Meisterplaner«). Nicht wenige meinen daher, er hätte auf Wunsch zweifellos auch die Versenkung der Titanic oder die Ermordung von John. F. Kennedy »gestanden«.

> »In der Vergangenheit haben uns unsere Politiker Träume über eine bessere Zukunft angeboten. Nun versprechen sie, uns vor Albträumen zu schützen. Der fürchterlichste dieser Albträume ist das internationale Terrornetzwerk. Aber ebenso wie die Träume nicht stimmten, sind auch die Albträume nicht wahr.«

So lautet der Einstieg des dreimal einstündigen BBC-Dokumentarfilms *The Power of Nightmares. The Rise of the Politics of Fear*, in dem der britische Filmemacher Adam Curtis im Oktober 2004 der Frage nachgeht, ob es das Terrornetzwerk Al-Kaida überhaupt gibt oder ob es eine Erfindung ist.

Da diese Dokumentation aus rechtlichen Gründen ursprünglich nicht auf DVD erschien, verließ sie die britische Insel auf Internetseiten, die Downloads anboten. Nachdem Bertrand Tavernier den Film aus Bewunderung für das Engagement seines Londoner Kollegen im Mai 2005 bei den Filmfestspielen in Cannes präsentiert hatte, schlossen sich kleinere amerikanische Festivals an.

Für Curtis sollen US-amerikanische Staatsanwälte im Jahre 2001 das Terrornetzwerk erfunden haben, als gegen vier Männer Anklage erhoben wurde, die Anschläge auf US-Botschaften in Ostafrika geplant haben sollten. Für eine Anklageerhebung war das Vorhandensein Mafia-ähnlicher Strukturen erforderlich, die ein abtrünniger Osama-bin-Laden-Anhänger als Kronzeuge bereitwillig zugab. Da die Kontroverse über die kühnen Thesen von Curtis nach wie vor hin und her wogt, werfen wir einen Blick auf das, was uns als Fakten präsentiert wird.

Sarkawi-Show

Ohne Osama bin Laden, Abu Mussab Al-Sarkawi und andere, deren Namen und Fotos bis zum Erbrechen in täglichen Nachrichtenmeldungen präsentiert werden, würde der »Krieg gegen den Terrorismus« zum Erliegen kommen, da die immer wieder ausposaunten »gerade noch verhinderten Anschläge« nicht den ultimativen Horroreffekt haben.

Wir erinnern uns, dass Sarkawi sowohl von der Bush-Administration als auch von den westlichen Medien als führender Kopf hinter dem »Aufstand« im Irak präsentiert wurde, angeblich verantwortlich für die Massaker an irakischen Zivilisten. Er galt als terroristischer Statthalter im Irak, Al-Kaida-Vize und Osama-Bin-Laden-Stellvertreter. Sarkawi steht unauslöschlich hinter Selbstmordbombenanschlägen im Irak. Er wurde von den US-Medien sowohl für die Hotel-Bombenanschläge in Amman verantwortlich gemacht als auch für die Terroranschläge in mehreren westlichen Hauptstädten. Und er soll hinter dem »Aufstand« in Tal Afar, Samara und Falludscha Ende 2004 gestanden haben. In Falludscha firmierte die Belagerung der 300.000-Einwohner-Stadt, die unter Einsatz völkerrechtswidriger Waffen, beispielsweise weißer Phosphor, Zigtausende von zivilen Opfern forderte, als Schlacht gegen das »Sarkawi-Netzwerk«.

»Dieser Bursche, Sarkawi, ein Al-Kaida-Verbündeter, ist noch auf freiem Fuß im Irak. Und wie Sie sich vielleicht erinnern, ist es Teil seines Operationsplans, durch kaltblütiges Töten Gewalt und Zwietracht unter den verschiedenen Gruppen im Irak zu säen. Und wir müssen dabei helfen,

Sarkawi zu finden, so dass das irakische Volk eine hellere, glänzende Zukunft haben kann.« **(Zitatauszug George W. Bush auf der Pressekonferenz vom 1. Juni 2004)**

Sarkawis »Wirken« begründete Washingtons Rechtfertigung für die fortgesetzte militärische Besetzung des Irak einschließlich der Belagerung dicht bevölkerter städtischer Areale, in denen von Sarkawi geführte Al-Kaida-Zellen hausen. Umso peinlicher dürften den »Terrorkriegern« daher wohl Pentagon-Dokumente über Sarkawi sein, die zur *»Washington Post«* durchsickerten, sollen sie doch nicht mehr und nicht weniger enthüllen, als dass Al-Kaida im Irak eine Fabrikation ist.

Rund zwei Wochen, nachdem die *»Washington Post«* am 10. April 2006 aus einem internen Pentagon-Papier zitierte, dass »das Sarkawi-PSYOP-Programm die bislang erfolgreichste Informationskampagne ist«, spazierte besagter »Al-Kaida-Vize«, der, wie wenigen bekannt ist und von den Medien verschwiegen wird, nur ein Bein und einen Lungenschuss haben soll, leibhaftig und putzmunter in einem Video herum und verkündete Düsteres. Zuvor hatte sich auch Osama bin Laden auf einem verrauschten Tonband gemeldet.

Für Insider riecht bei Sarkawi fast alles nach Show – zu seinen Lebzeiten und erst recht bei seiner groß gefeierten Liquidation am 8. Juni 2006 in der Stadt Bakuba mittels mehrer 250-Kilo-Bomben.

Diese Bomben haben in einer »heldenhaften Aktion« **(Zitat aus den Medien)** das verdiente Ende »des gefährlichsten Mannes der Welt« herbeigeführt, wobei sein Haus komplett gesprengt, die umliegenden Palmen zerstört und ein tiefer Krater hinterlassen wurde. Erstaunlicherweise soll Sarkawi nach diesem Höllenfeuer noch fast eine Stunde gelebt haben. Auch nach seinem Ableben erwies er sich nicht als ein bis zur Unkenntlichkeit zerfetztes Bombenopfer, sondern als einwandfrei identifizierbare Leiche. Andernfalls hätte man sein Konterfei nicht der Weltöffentlichkeit präsentieren können. Was überhaupt am Bild vom überzeugten islamistischen Gotteskämpfer zweifeln lässt, ist Sarkawis Begleitung. Die Frauen neben ihm, die bei dem Luftschlag der Amerikaner getötet wurden, trugen knappe westliche (Reiz-)Unterwäsche mit Leopardenmuster. Nicht eben die typische Begleitung für einen fanatischen Moslem.

Schlussendlich erscheint manchen auch die »Vorstellung« von Sarkawis Nachfolger als »Staatsfeind Nummer zwei« durch die amerikanische Armee höchst seltsam. Praktisch zeitgleich mit dem Tod des »Statthalters im Irak« wurde ein Ägypter namens Scheich Abu Ayyub al Masri präsentiert, von dem amerikanische Experten im Irak bisher noch nie etwas gehört haben sollen. Selbst dem ägyptischen Geheimdienst soll er unbekannt sein.

Dass umfassende Gehirnwäsche eine anhaltende Wirkung zeigt, belegt eine repräsentative Meinungsumfrage der im Irak stationierten US-Truppen vom Frühjahr 2006. Laut dieser geben 85 Prozent der Soldaten für ihr Hiersein die »Vergeltung für Saddams Rolle bei den Anschlägen des 11.9.« als Hauptgrund an. Für 77 Prozent bestand ein weiterer wichtiger Grund darin, »die Unterstützung Al-Kaidas durch Saddam zu stoppen«, die allerdings niemals stattgefunden hatte.

Für die gewünschte Meinungsbildung sorgen Totschlagbegriffe wie »Schurkenstaaten«, aber auch schmeichlerische Formulierungen wie »Koalition der Willigen« für jene, die 2003 beim Krieg gegen den »Schurkenstaat Irak« mitmachten; das positive Gegenstück zu dem nach langem Brüten gefundenen Slogan »Achse des Bösen«, der auf den Bush-Redenschreiber David Frum zurückgeht. Dieser hatte den Auftrag erhalten zur propagandistischen Vorbereitung des Irak-Kriegs von 2003 eine griffige Verunglimpfung zu finden. Frum schrieb daher von der »Axis of Hatred«, der »Achse des Hasses«. Das klang seinem Chef Gerson noch zu wenig nach Bush, nicht christlich genug. Aus »Hatred« wurde deshalb »Evil«, das »Böse«. Und das saß. Am 29. Januar 2002 hielt Bush seine Rede zur Lage der Nation. Die »Axis-of-Evil«-Passage sorgte weltweit für Schlagzeilen.

Nicht weniger Emotionen soll der 2006 präsentierte aggressiv-hegemoniale Kampfbegriff vom »Krieg der Demokratie gegen den Islamo-Faschismus« wecken, den die Think Tanks in Washington und Tel Aviv als Neuauflage von Huntingtons *»Kampf der Kulturen«* gefunden haben, um einen Krieg gegen den Iran vom Zaum zu brechen.

Lehrreich und interessant ist daher, was der Bundesvorsitzende des Deutschen Freidenker-Verbandes e.V. 2006 anlässlich des Besuchs von US-Präsident George W. Bush unter anderem erklärte:

»... Als Freidenker warnen wir insbesondere vor der Volksverdummung und Enteignung der Meinungsfreiheit, die das Volk ›kriegsverwendungsfähig‹ machen soll. Regelmäßig geht einem heißen Krieg die psychologische Kriegsführung voraus, die nach Hitlers Gebrauchsanweisung ›... dem Volk bestimmte außenpolitische Vorgänge so beleuchtete, dass die innere Stimme des Volkes selbst langsam nach Gewalt zu schreien begann‹. Nach der antirussischen und antiserbischen Hetze steht jetzt die antiarabische und antimuslimische Hetze auf dem Programm. Immer nach demselben Rezept werden die als Kriegsziele ausersehenen Völker dämonisiert, ihre Regierungs- und Staatschefs zu ›Diktatoren‹, ›Schlächtern‹ oder ›Antisemiten‹ ernannt ...«

Genug von Terror oder Pseudo-Terror. Damit kann man zwar Kriege und Einschränkungen der Bürgerrechte legitimieren, die Masse der Durchschnittsbürger aber nicht wirklich kirre machen. Osamas höllische Scharen haben für westliche Zeitgenossen einen leicht exotischen Touch. Sie werden nicht einmal von den meisten Amerikanern als direkte, unmittelbare Bedrohung angesehen und vom Gros der Europäer schon gar nicht. Da nützt es gar nichts, wenn fast schon wöchentlich Horroranschläge mit immer größeren Zahlen von virtuellen Opfern »gerade noch verhindert werden« (bei dem geplanten Anschlag auf den New Yorker JFK-Airport im Juni 2007 mit dem angeblichen Codenamen »Hühnerfarm« waren Zehntausende Tote an die Wand gemalt worden).

Unmittelbarer und bedrohlicher ist für »Otto Normalverbraucher«, dass sein Lebensstandard und seine Versorgung bei steigender Produktion und explodierenden Unternehmensgewinnen immer schlechter und unzuverlässiger werden. Um die Verunsicherten von dieser absurden Situation abzulenken, bedarf es mehr als nur des alltäglichen Chaos in fernen Ländern, nämlich einer »hautnahen Bedrohung«. Daher, so meinen viele Misstrauische, präsentieren »anerkannte Experten« in immer kürzeren Abständen eine Seuche nach der anderen: AIDS, Schweinepest, BSE, Vogelgrippe etc., mit dem für die Machthaber wunderbaren Nebeneffekt, die staatliche Kontrolle immer mehr auszudehnen und die Bürgerrechte immer weiter beschneiden zu können.

Wie kein anderes kollektives Phänomen der Menschheit erregen gerade Seuchen einen Schauder über die biologische Massensterblichkeit des Homo sapiens durch eine zornige Natur. Zur rasenden Panik wird die Seuchenangst, wenn eine Krankheit die Brücke zwischen Menschen und Tieren schlägt, denen sich der Homo sapiens fern und überlegen dünkt, auch wenn er in Wirklichkeit nichts anderes als ein besonders kluges – und grausames – Tier ist. Die philosophische Trennung von Mensch und Tier schafft eine beruhigende Distanz, die Vogelgrippe dagegen, die Huhn wie Mensch zu treffen scheint, reduziert sie hingegen auf Null. Daher, so wird geargwöhnt, bietet die Vogelgrippe die mannigfaltigsten Möglichkeiten, die Bevölkerung von Unliebsamem abzulenken und Maßnahmen aller Art zu initiieren bis hin zur Möglichkeit, nach Bedarf eine Art Kriegsrecht ausrufen zu können.

Weich geklopft durch Panikmache

»Er nennt's Vernunft und braucht's allein,
nur tierischer als jedes Tier zu sein.«
Der Teufel über den Menschen,
im Gespräch mit Gott im Vorspiel
zum ersten Teil von Goethes »Faust«

Schwingen des Todes

Wer redet heute noch von der Lungen-Infektionskrankheit, die der Welt als SARS oder schweres akutes Atemnot-Syndrom bekannt wurde und die im Jahre 2003 Asien und Kanada traf? Damals wurden Zehntausende unter Quarantäne gestellt. Auf dem Festland von China, in Hongkong und Singapur riegelte die Polizei virusverdächtige Stadtviertel hermetisch ab. Ganze Dörfer wurden abgesperrt und in den Häusern Videokameras installiert. Als mit dem »Larvenroller«, einer südostasiatischen Schleichkatze, der mutmaßliche SARS-Überträger identifiziert war, ordneten die Behörden der südchinesischen Provinz Guangdong im Januar 2004 Massenschlachtungen bei Schleichkatzen an. Tausende von ihnen fielen dem Gemetzel zum Opfer, weil ihre Artgenossen in den Kochtöpfen 778 Menschen infiziert haben sollen.

Seit wenigen Jahren sorgt nun die Vogelgrippe für Heulen und Zähneklappern. Obgleich ihr damals erst eine Handvoll Menschen zum Opfer gefallen waren, die zumeist direktesten Kontakt mit dem Federvieh gehabt hatten – vom Spielen mit Hühnerköpfen bis zur Schlafstelle über Hühnerbatterien (beispielsweise in China) – begann eine Hühnervernichtungsaktion von unvorstellbaren Ausmaßen. Nach Schätzungen nicht nur von entsetzten Tierschützern sollen aufgrund einiger Hundert menschlicher Opfer mittlerweile 100 bis 200 Millionen Hühner »entsorgt« worden sein. Wo immer die Seuche sich zeigt, werden Vögel gejagt, gefangen, in Säcke gesteckt, zu Stapeln aufgetürmt, bei lebendigem Leib verbrannt oder lebendig vergraben (auch in der »westlichen Wertegemeinschaft«, die bei der BSE-Panik bereits 11 Millionen Rinder »vernichtet« hatte).

Völlig unbeachtet blieb die ganze Zeit, dass schon länger in Frankreich dauernd Menschen an dem von einem französischen Überseedépartement, der Tropeninsel La Réunion, eingeschleppten Chikungunya-Fieber erkrankten und in der Regel auch starben. Innerhalb weniger Tage nach dem Auftreten im Mutterland waren es bereits Dutzende Tote. Ebenso von den Medien links liegen gelassen wurde der Import des Virus ins europäische Kernland im März 2006, als deutsche Touristen das Fieber von Réunion und Mauritius nach Hause brachten. Dabei handelt es sich um eine »Menschenkrankheit« mit dem Potential für eine Epidemie, respektive Pandemie. Fast beiläufig wird gelegentlich erwähnt, dass innerhalb kürzester Zeit 160.000 Menschen erkrankt und an die 100 gestorben sein sollen. Selbst die französische Hauptstadt hatte das Virus im Eilzugtempo erreicht: Es gab im März 2006 mindestens 30 Infizierte, Tendenz steigend. Dagegen nimmt sich die Vogelgrippe fast bescheiden aus (über 100 Tote bei 1,3 Milliarden Chinesen).

Wussten Sie aber, dass bereits in den 1950er-Jahren die Vogelgrippe das erste Mal in Europa auftauchte und seitdem immer wieder zurückkehrte? Auch die heutige Form des H5N1-Virus ist keinesfalls neu. Bereits 1959 gab es auf einer Hühnerfarm im schottischen Aberdeen Infizierungen. Zu flächendeckenden Epidemien kam es damals nicht, denn das Virus konnte weder auf andere Tierarten noch auf den Menschen überspringen.

Fakt ist trotzdem, dass die Angst vor einem mutierten H5N1-Erreger, der von Mensch zu Mensch springen kann, immer wieder durch die Medien geht. Beispielsweise soll der Göttinger Angstforscher Prof. Borwin Bandelow laut *dpa* geäußert haben, die Vogelgrippe würde Urängste auslösen, da sie wie eine biblische Plage wahrgenommen werde. »Sie kommt von oben, ist unkontrollierbar, unbeherrschbar und geht um die ganze Welt.« Dabei schätzen manche Fachleute die Gefahr, durch den gleichfalls »von oben kommenden« Blitz erschlagen zu werden, höher als die Wahrscheinlichkeit, durch ein Vogelgrippevirus zu sterben. Doch bei der *WHO* sieht man das offenkundig erheblich anders, denn sie gab bereits im November 2004 bekannt, selbst im günstigsten Falle sei mit zwei bis sieben Millionen Toten zu rechnen. Ein in Australien beheimateter Think Tank, in dessen *International Advisory Council* illustre Persönlichkeiten aus der Welt der Medien, der Politik und der Wirtschaft zu finden sind, setzte die Zahl in der Studie *Global Macroeconomic Consequences of Pandemic Influenza* weit höher an. Gleich in der Einleitung wurde Bezug auf H5N1 bzw. Vogelgrippe genommen. Im extremsten Szenario der Studie, mit »Ultra« bezeichnet, rechnen die Autoren mit 142 Millionen Toten weltweit. Bis zum 13. Februar 2006 war man jedenfalls bei weltweit immerhin 91 Verstorbenen angelangt, denen man H5N1 als Todesursache zuschrieb, wie begründet auch immer.

Am 14. Februar 2006 erreichte die medial gepuschte Vogelgrippe-»Pandemie« das schreckensbleiche Europa in Form von rund hundert im Nordwesten der Insel Rügen entdeckten toten Wild- und Wasservögeln. Nach einem Schnelltest konstatierten die Experten in düsterem Tonfall bei zwei Schwänen und einem Habicht: »H5N1 – die für den Menschen ansteckende Form ...«

Wie jedes andere Virus verliert H5N1 allerdings seine Virulenz. Es ist eine Frage der Anpassung: Wirt und Virus profitieren davon, miteinander länger zu leben. Der Vorgang, dass Krankheiten im Lauf der Zeit weniger aggressiv verlaufen, ist bekannt, wie beispielsweise bei der Tollwut. Beschäftigt man sich chronologisch mit dem Vogelgrippe-Phänomen, so stimmt die Geschichte gleich an allen Ecken und Enden nicht.

Was ich Ihnen jetzt darlegen werde, entspricht nicht der offiziellen Lesart. Natürlich konnte ich nicht alles und jedes auf Punkt und Komma nachrecherchieren, so dass ich nichts apodiktisch erklären will und kann und kein »Genauso ist es!« behaupte. Erfunden habe ich aber nichts. Alle Informationen und Vermutungen sind öffentlich, zugänglich publiziert und sollten jedem kritischen Geist erlauben, ihnen nachzugehen bzw. Schlussfolgerungen zu ziehen. Mehr ist von mir auch nicht beabsichtigt.

Ornithologen haben nicht den blassesten Schimmer, wo die Ursache bzw. der Ursprung des mysteriösen Virus eigentlich liegt. So sagte der Leiter des *Wilhelmshavener Instituts für Vogelforschung* laut *»Handelsblatt«*: »Unklar ist, wann und wie sich die auf der Insel Rügen gefundenen Schwäne angesteckt haben. Dieses aktuelle Phänomen ist nicht zu erklären, denn es hat offensichtlich nichts mit dem Vogelzug zu tun.« Das *»Handelsblatt«* beschreibt weiter:

»Bei den auf Rügen verendeten Vögeln handelt es sich nach Angaben des *Friedrich-Loeffler-Instituts für Tiergesundheit* um Höckerschwäne. Diese Art ist ein Standortvogel, genauer gesagt ein sesshafter Parkschwan, der immer hier ist, sagte die Sprecherin des Instituts. Uns beschäftigt jetzt die Frage, wo kommt das Virus her?«

Tatsächlich sind nur die Sing- und Zwergschwäne arktische Zugvögel, die hier überwintern. In der Arktis ist das Virus aber nicht existent.

Woher also? Die Schwäne könnten sich bei Wildenten angesteckt haben, vermutet man, welche sich ihrerseits bei Zugvögeln mit dem auch für Menschen gefährlichen Virus infiziert haben. So könnte das Virus bis jetzt unentdeckt in der Wildvogelpopulation vorgekommen sein. Die Schwäne könnten die Krankheit sozusagen aufgehoben haben, so dass sie erst jetzt durch Stress wegen Nahrungsmangels ausgebrochen ist.

Die Schwachstelle dabei ist, dass man das Virus dann schon längst hätte finden müssen. Für Vogelforscher ist es rätselhaft, wieso möglicherweise schon länger vorhandene Viren nicht schon im Herbst zuvor entdeckt wurden. Damals waren Tausende von Vögeln in Europa untersucht worden. H5N1 wurde nicht gefunden. Dafür, dass es wenige Monate später dann doch da war, haben Fachleute kein Erklärungsszenario. Auch nicht für den Umstand, dass die Schwäne das Virus nicht eingeschleppt haben können, da kein Schwan aus einem Vogelgrippe-Gebiet nach Rügen fliegt und dort verhungert.

Laut »*Spiegel Online*« sind Wissenschaftler einem neuartigen Impfstoff gegen die Vogelgrippe auf der Spur. Was aber braucht man zur Entwicklung eines solchen Impfstoffes? Genau: den Erreger. Bevor man also den Impfstoff herstellen kann, muss man erst einmal genau den Erreger erzeugen, vor dem sich alle Welt fürchtet – nämlich einen Vogelgrippe-Erreger, der von Mensch zu Mensch überspringt.

Der so entwickelte Impfstoff soll gesunde Vögel nicht nur immunisieren, sondern es zugleich ermöglichen, geimpfte Tiere von infizierten zu unterscheiden. Bis es so weit ist, bedeutet dies, dass geimpfte Tiere nicht von infizierten Tieren zu unterscheiden sind. Ergo gelten sie demnach als infiziert. Daher fragen sich manche: Ist etwa eine Impfung die Quelle für die infizierten Schwäne auf Rügen? Sprich: Wurden die Schwäne gar nicht infiziert, sondern »geimpft« und gelten seitdem als H5N1-Schwäne? Im Grunde gibt es zwischen geimpften und infizierten Tieren nur wenig Unterschiede. Geimpfte Tiere sind genau wie infizierte ansteckend. »Das Impfen gegen die Vogelgrippe ist in der Europäischen Union umstritten, weil geimpfte Vögel das Virus unbemerkt weitergeben können.« Dies konnte man am 23. Februar 2006 bei »*tagesschau.de*« erfahren.

Dennoch durften Frankreich und die Niederlande das Geflügel vorbeugend gegen die Vogelgrippe impfen, verbunden mit der Auflage »dass geimpfte Tiere von nicht geimpften klar räumlich getrennt werden ...«

»Vor den Impfungen müssen die Bestände genau auf mögliche Vogelgrippe-Erreger getestet werden. Einmal geimpft, unterliegen die Tiere strengen Transportbeschränkungen. Ihr Fleisch darf aber weiterhin in die anderen EU-Staaten exportiert werden«, so »*tagesschau.de*«.

Obgleich Fachleute darauf hinwiesen, dass das betreffende Medikament dafür ungeeignet ist, nicht zuletzt weil es keine Medikamente gegen Viren gibt, sondern nur gegen Bakterien, wurden unmittelbar nach dem »Vogelgrippealarm« Anfang 2006 in Deutschland Zwangsimpfungen gegen die Vogelgrippe ernsthaft diskutiert. Diese Kontroverse blieb der breiten Masse natürlich verborgen.

Misstrauische beanstanden an manchen Influenza-Pandemieplänen, dass die zuständigen Gesundheitsminister der Länder die vorgesehene Chemotherapie stark limitiert zu haben scheinen, so dass Verteilungskämpfe – manche nennen das einen Bürgerkrieg – zu erwarten sein dürften. In der Tat ist in den Detail-Plänen der Pandemie-Planung das Militär u.a. zur Bewachung von Apotheken vorgesehen.

Das alles ist, gelinde gesagt, verwirrend. Um das Knäuel an Seltsamkeiten und Vermutungen von Anfang an aufzurollen, nehmen wir den Faden am Fundort der ersten deutschen Vogelgrippefälle auf.

Die »Seucheninsel«

Wie man da und dort vernehmen kann, scheint es erwiesen, dass das Vogelgrippe-Virus schon vorher da war, und zwar auf der Insel *Riems*. Kennen Sie diese Insel und wissen Sie, wo sie liegt? Diese Frage ist gar nicht so leicht zu beantworten. Das liegt daran, dass die Insel nur etwa 1.250 mal 300 Meter groß ist. Sie gehört verwaltungstechnisch zum Stadtgebiet der Hansestadt Greifswald, ist aber eine Exklave im Südwesten des Greifswalder Boddens, der ein bedeutendes Rast- und Mausergebiet für Wasservögel ist, also auch für Schwäne. Bis zu fünfzehn Prozent der nordeuropäischen Populationen einzelner Wasservogelarten überwintern im Bereich Greifswalder Bodden und Strelasund, der deshalb zum *Europäischen Vogelschutzgebiet* erklärt wurde.

Die Insel Riems, auf der das bereits erwähnte, von dem Virologen Friedrich Loeffler aufgebaute und nach ihm benannte Institut seinen Hauptsitz hat, befindet sich nur wenige Kilometer entfernt von jener Wittower Fähre auf Rügen, wo zum ersten Mal tote Schwäne gefunden und diese als Träger des Vogelgrippevirus deklariert wurden.

Seither wird in diversen Internetforen diskutiert, ob es auf Riems bei Versuchen mit H5N1 vielleicht einen Unfall gegeben hat und entweder das Virus oder ein infizierter Vogel in die freie Natur gelangt ist. Wenn solche Überlegungen als Verschwörungs-Paranoia abgetan werden, verweisen Kritiker darauf, dass der Namensgeber des Instituts 1898 an seinem Arbeitsplatz an der Universität Greifswald zwar als erster den Erreger der Maul- und Klauenseuche entdeckte und beschrieb, das Virus aber mehrfach aus seinem Labor auf Bauernhöfe in der Umgebung gelangte und die Tierbestände dezimierte. Nachdem eine ganze Region bei Greifswald mit der Maul- und Klauenseuche infiziert worden war, wurde Loeffler aufgefordert, sich einen neuen Standort zu suchen. So kam es 1910 zur Gründung der ältesten virologischen Forschungsstätte der Welt: des *Friedrich-Loeffler-Instituts für Tierviren (FLI)* auf der Insel Riems. Im Dritten Reich wurden auf Riems potentielle Biowaffen untersucht, und in DDR-Zeiten fand dort Forschung und Impfstoffentwicklung statt. Damals wurde Riems nur »Die Seucheninsel« genannt.

Der *NDR* nannte Riems gar eine »Wahnsinnsinsel«, weil hier in zahlreichen Hochsicherheitslabors hochinfektiöse Tierkrankheiten erforscht werden, unter anderem die Vogelgrippe. »Erst vor kurzem hatten die Forscher für die Tests mit einem neuartigen Marker-Impfstoff in den institutseigenen Hochsicherheitsställen Hühner künstlich mit hoch pathogenen Vertretern des Erregers infiziert«, schrieb eine Internetzeitung im Oktober 2005.

Knapp hundert Jahre nach der Gründung des FLI befindet sich auf der Insel eines der modernsten Virenlaboratorien Europas. Seit seiner Neugründung 1992 wurde es kontinuierlich ausgebaut und gilt nun als kompetenteste Forschungseinrichtung in Sachen Vogelgrippe. Nach eigenen Angaben werden Arbeiten mit hoch pathogenen Viren wie H5N1 und dem Erreger der Maul- und Klauenseuche unter den Bedingungen der extrem strengen Sicherheitsstufe 4 durchgeführt. Die hoch gesicherte Virusbank soll rund 500 Virusstämme und -isolate von Rind, Schaf, Schwein und Geflügel enthalten. Und das erstaunlicherweise mitten in einem Naturschutzgebiet. An dieser Stelle scheint ein kurzer Abstecher über den britischen Kanal angebracht.

»Verdächtige« Labors

Als es Anfang August 2007 in Südengland in der Grafschaft Surrey zu einem Ausbruch der Maul- und Klauenseuche kam, wurde vermutet, das Virus sei aus einem Labor entwichen, das drei Kilometer von dem Bauernhof in Guildford entfernt ist, wo die infizierten Tiere entdeckt wurden. Das Labor wird von einem amerikanischen Unternehmen und einem staatlichen Institut für Tiermedizin zu Forschungszwecken und zur Impfstoffentwicklung benutzt.

Meldungen besagten, Ermittler hätten kurz nach dem Ausbruch ernsthaft geprüft, ob ein gemeinsamer Akt von Bioterrorismus des besagten Regierungslabors gemeinsam mit dem amerikanischen Pharmaunternehmen vorläge, indem man den Maul- und Klauenseuchenvirus freigesetzt hatte, um der Bauerngemeinschaft zu schaden und der Pharmaindustrie zusätzliche Einkünfte zuzuschanzen. Berichte wurden zitiert.

»Herald Sun«: »Eine Überprüfung des neuesten Ausbruchs der Maul- und Klauenseuche konzentrierte sich auf die Frage, ob das Personal einer Tierimpfstoff-Firma den Virus verbreitet hatte, möglicherweise absichtlich.« Die russische Nachrichtenagentur *Itar-Tass* soll berichtet haben, die Freisetzung des Virus wäre nach einem »internationalen Drill« erfolgt, der im Monat zuvor im Pirbright-Labor mit echten Viren abgehalten worden sei.

Verschwörungstheoretiker vertreten die Ansicht, Terrorattacken von Regierungen würden immer gleichzeitig mit Drills durchgeführt, um später die Tat abstreiten zu können. Ihrer Ansicht nach würde die Regierung die sogenannte »ländliche Allianz« als Feind betrachten und hätte daher die Absicht, die Stabilität der Bauerngemeinschaft zu sabotieren. Auch wenn man dem nicht unbedingt zustimmt, so ist es eine Tatsache, dass die Agrarallianz im Jahr 2002 eine halbe Million Menschen nach London gebracht hat, um gegen die miserable Behandlung der Mittelklasse im Land zu protestieren. Fakt ist ferner, dass der Ausbruch von 2007 die Bauerngemeinschaft bereits kurz danach Zigmillionen britische Pfund gekostet hat.

Misstrauische erinnern an den Ausbruch der Maul- und Klauenseuche im Jahr 2001. Damals hatten Berichte über die Anfragen der Regierung bei Holzhändlern und Herstellern von Holzschildern, die noch vor der Sperrung der öffentlichen Fußwege erfolgt sein sollen, Verdacht erregt. Auch anderes erschien manchen seltsam. So war nach offizieller Lesart 2001 eine Phiole des Virus aus dem regierungseigenen Biowaffenlabor Porton Down gestohlen worden, zu welchem nur Personen mit voller Sicherheitsgenehmigung Zutritt hatten. Durch dieses Faktum stieß der von der Regierung geäußerte Verdacht, Tierrechtsaktivisten hätten das Virus freigesetzt, bei vielen auf Unglauben. Für sie war es völlig unvorstellbar, dass Tierschützer in eine Biowaffeneinrichtung der Sicherheitsstufe 4 hätten eindringen können, in welcher sich unter anderem Milzbrand- und Ebola-Erreger befanden und die von bewaffneten Polizisten des Verteidigungsministeriums und des *Military Provost Guard Service* bewacht wurde. Und last but not least: Tierrechtsaktivisten würden doch wohl kaum ein Virus verbreiten, durch das vier Millionen Tiere den Tod finden sollten.

Unmittelbar nach dem Ausbruch von 2001, als die Regierung daran ging, den legalen Gebrauch von Schrotflinten für Sportzwecke einzuschränken, fragte ein Parlamentsabgeordneter, für wie viele Todesfälle oder Verwundungen legale Waffen verantwortlich wären. Die Antwort lautete, alle oder fast alle dieser Vorfälle seien Selbstmorde von Bauern, deren Existenz in Trümmern lag.

Nun wieder zurück aufs europäische Festland.

Viren auf geheimnisvollen Wegen

»Die tödliche Gefahr lauert ganz in der Nähe«, schrieb *»Spiegel Online«* bereits am 17. Januar 2006 über das Seucheninstitut auf Riems:

»Hinter Stacheldrahtzaun, massiven Mauern, Sicherheitsschleusen und dicken Glasfenstern. Die Wildgänse im Schilf ahnen nichts, schnattern unentwegt, und auch die kleine Entenfamilie am Ufer watschelt gemütlich den Strand entlang. Die Gefahr hat einen Namen: H5N1. Im unweit einiger Nistplätze gelegenen Friedrich-Loeffler-Institut experimentieren Forscher mit dem Vogelgrippe-Virus. Doch die vielen Wasservögel am Strand haben nichts zu befürchten. Europas führendes Forschungszentrum gilt als absolut sicher. Das Virus ist gut verwahrt, mit modernsten Filtern von der Außenwelt abgeschottet.«

Manche, die angesichts immer wieder auftretender »Sicherheitslecks« bei Hochrisikoforschungen ein gewisses Misstrauen gegenüber Hinweisen auf Sicherheitsvorkehrungen haben, fragen sich: Könnte das H5N1-Virus nicht doch durch einen Unfall in die Ostsee gelangt sein?

Solchen Vermutungen wird unter anderem vom *Bundesforschungsinstitut für Tiergesundheit* der Gencode jener H5N1-Viren entgegengehalten, mit denen die Wissenschaftler gearbeitet haben, bevor bei ihnen die toten Schwäne von der Wittower Fähre abgeliefert wurden. Das FLI arbeitet ja schon seit längerem an einem Impfstoff gegen H5N1, für dessen Entwicklung das Virusmaterial benötigt wird. Die Virenproben, die vor dem Februar 2006 verwendet wurden, stammen aus Vietnam und Indonesien. Sie unterscheiden sich genetisch deutlich von jenen H5N1-Typen, die in freier Wildbahn in den Schwänen und inzwischen auch in anderen Vogelarten sowie bei drei Katzen und einem Steinmarder gefunden wurden. Diese Wildtiere wären mit dem sogenannten Quinghai-Subtyp infiziert, der im Mai 2005 erstmals an einem See im Nordwesten Chinas isoliert worden sei und der vor dem Eintreffen der ersten toten Schwäne nicht zum Repertoire der Forscher am FLI gehört habe.

Bleibt die Frage, wie das Virus in kurzer Zeit vom Quinghai-See nach Deutschland gelangen konnte. Gängigste Erklärung ist, dass Wildvögel Anfang 2006 wegen der lang anhaltenden Kälte aus Osteuropa Richtung Westen gezogen seien und H5N1 von dort mitgebracht hätten. Als Hauptverdächtige gelten die beringten Singschwäne aus Lettland. Diese brüten in Nordrussland bis hin in den asiatischen Teil. Hier könnte ein Kontakt zu infizierten Tieren aus China stattgefunden haben und die weitere Verbreitung Richtung Westen anschließend in Etappen erfolgt sein.

Möglich sei aber auch, dass das H5N1-Virus schon im Herbst nach Westeuropa gelangt ist, und zwar in Langstrecken-Zugvögeln wie der Tafelente. Wildenten könnten offenbar mit dem Virus infiziert sein, ohne zu erkranken. Vielleicht hätten solche Enten das Virus mitgebracht und die ständig auf Rügen lebenden Schwäne angesteckt. Auf jeden Fall ist es unwahrscheinlich, dass sich das Quinghai-Virus bereits länger in der Ostseeregion befunden hat, da es bei dem intensiven Wildvogelmonitoring wohl aufgefallen wäre, das seit einigen Jahren in Deutschland durchgeführt wird. Soweit die offiziellen Stellungnahmen, deren vage Natur in dem in der *»F.A.Z.«* zu findendenden Abschlussstatement vom März 2006 zum Ausdruck kommt: »Möglicherweise lässt sich der genaue Eintragsweg des Virus nach Deutschland nie vollständig nachvollziehen.«

Fachleute, die diesen Statements nicht vertrauen, finden es erstaunlich, dass die mit dem Verdacht auf Vogelgrippe tot auf Rügen gefundenen Schwäne zur Untersuchung ausgerechnet in die Labors von Riems gebracht wurden, wo die Vogelgrippe sozusagen schon auf sie wartete. Theoretisch könnten sich die Rügener und Boddener Schwäne das Virus auf zwei Wegen geholt haben, von denen offiziell nie die Rede ist: bei ihrem Weg über die Virusküchen des *Friedrich-Loeffler-Instituts* oder durch ihre Nachbarschaft zu denselben.

Kein Mensch hätte sich träumen lassen, dass die Vogelgrippe so bald in Deutschland ausbrechen würde. Kein Mensch – bis auf die Forscher des *Friedrich-Loeffler-Instituts*. Diese warnten nämlich vor einem Ausbruch der Vogelgrippe in Deutschland und empfahlen die »Aufstallung« von Geflügel ab 1. März 2006. Wer hätte gedacht, dass die Seuche ausgerechnet in ihrer unmittelbaren Nachbarschaft ausbrechen sollte?

Misstrauische Naturen erinnern an eine Notfallübung, die das FLI nach eigenen Angaben zusammen mit dem *Bundesministerium für Ernährung, Landwirtschaft und Verbraucherschutz (BMELV)* und dem *Bundesamt für Bevölkerungsschutz und Katastrophenhilfe (BBK)* durchgeführt hat. Vom 31. Januar bis 2. Februar 2006 hätten dabei an der BBK-eigenen Akademie für Krisenmanagement, Notfallplanung und Zivilschutz (AKNZ) in Ahrweiler rund 30 Fachleute den Ernstfall geprobt. Anhand eines realitätsnahen Szenarios für einen Ausbruch der Vogelgrippe bzw. Geflügelpest in Deutschland hätten die Teilnehmer einen umfangreichen Handlungsplan erstellt, welcher nicht nur aus der direkten Seuchenbekämpfung bestanden habe, sondern unter anderem auch die Koordination der beteiligten Behörden sowie Tier- und Umweltschutzbelange beinhalte. Wenige Tage nach dieser FLI-Übung fanden sich die ersten Tierkadaver auf Rügen. Wie aber die Vogelgrippe dorthin gelangt sein soll, dafür fehlt von offizieller oder Expertenseite bislang jegliche nachvollziehbare und allgemein akzeptierte Erklärung.

»Derzeit impfen die Ärzte jedes Tier einzeln«, hieß es bei *»Spiegel-Online«* über das Riemser Seucheninstitut im Januar 2006: »In Zukunft könnten sie die erforderliche Dosis einfach dem Trinkwasser beimischen. Der Prototyp wurde bereits erfolgreich getestet ...« Diese Aussage verleitete Misstrauische zu fast schon ketzerischen Fragen: Wenn ein Prototyp des immunisierenden bzw. »infizierenden« Impfstoffes für Tiere also bereits getestet wurde, ist er dabei schon dem Wasser beigemischt worden, womöglich dem Wasser des Greifswalder Boddens oder auf Rügen?

Wenn Sie sich vielleicht persönlich an Ort und Stelle ein Bild machen wollen, so raten Ihnen Insider: Lassen Sie es sein. Fahren Sie nicht hin. Jedenfalls nicht unangemeldet, denn die Insel soll dem Vernehmen nach für die Öffentlichkeit gesperrt sein, genau wie zu DDR-Zeiten. Das Gebiet darf mit Ausnahme eines Außenstrandes und abseits angelegter Wege angeblich nicht betreten werden. Begnügen wir uns stattdessen mit einer im Internet kursierenden Vor-Ort-Schilderung aus einer anderen »Seuchenzone«.

Live-Bericht vom Vogel-Tod

»Freitag, der 24.2.2006 in Überlingen, Bodenseekreis. Ich stand auf der Uferpromenade, exakt an dieser Stelle (Seepromenade vor der Hausnummer 19), als Feuerwehr und Fernsehteams zusammen gekommen sind. Ich schwöre es: Die anwesenden Enten waren alle im Wasser und munter (deshalb wurden am Abend im Fernsehen keine Kadaver gezeigt: Es gab keine! Die angeblich infizierte Tafelente wurde auch schon vor 10 Tagen gefunden, heißt es zumindest heute auf ›*swr.de*‹).

Die Feuerwehr hat in aller Ruhe eine kleine Ecke (keine 30 m lang) der Promenade abgeriegelt. Davor hatten viele Spaziergänger und Touristen, so wie ich, die Zeit gehabt, auf dem vermeintlich verseuchten Boden rumzutrampeln, und die Phantomviren waren schon längst bis nach Holland verteilt. Ein Riesenzelt wurde errichtet (Wozu? Als Umkleidekabine?). Zwei Feuerwehrleute (nehme ich an) mit Schutzanzug und Schutzmaske spazierten dann, willkürlich hier und da sprühend (ich hoffe – und denke – es war nur Wasser und kein Gift) vor den Kameras, während ihre Kollegen und die Fernsehleute ungeschützt umherliefen. Nach knapp zwei Stunden wurde dann alles wieder abgebaut und eingepackt und weg waren sie. Leider habe ich nur wenige Fotos gemacht, denn mir war nicht klar, was die Medien aus diesem Theater machen würden! Am Abend habe ich dann mit großem Interesse das Desaster im Fernsehen verfolgt.

Heute, Samstag, sind die zwei Feuerwehrmänner auf der ersten Seite einiger Zeitungen abgebildet. Die ›*Süddeutsche Zeitung*‹ betitelt das Bild mit: ›Seuchenbekämpfung an der Uferpromenade‹. Der Artikel dazu heißt: ›Vogelgrippe erreicht Süddeutschland‹.

Weiter heißt es bei SWR: ›Die Behörden bereiten sich auf ein mögliches Massensterben von Wildvögeln am Bodensee vor. Seit dem Vormittag ist deshalb ein Hubschrauber im Bodenseeraum auf Kontrollflug unterwegs.‹«

Wenn man sich Berichte wie diese zu Gemüte führt und sie mit den immer dramatischeren Horrorszenarien vergleicht, fragt man sich wie viele andere schon, ob dem schlichten Bürger nicht vielleicht (wieder einmal) ein X für ein U vorgemacht wird.

Vogelgrippe im Klartext

Am Samstag, den 18. Februar 2006, gab es auf dem Radiosender DRS 1 ein interessantes Interview mit dem Kantonstierarzt von Luzern. Hier die wichtigsten Aussagen.

Es gibt vier Grippearten, die zu unterscheiden sind:

1. Die Vogel**pest**

Die Medien berichten fälschlicherweise von der Vogelgrippe, dabei handelt es sich um die Vogelpest, die seit 40 Jahren bekannt ist. Die Vogelpest ist nichts weiter als ein Krankheitserreger ähnlich unserer Grippe. Dasselbe bei den Schweinen nennt sich Schweinepest. Die immungeschwächten Tiere (Alte, Unterernährte ...) sterben aufgrund dieser Krankheit. Die anderen überleben beziehungsweise können medikamentös behandelt werden.

Er sagte auch, wenn die Schweine eines Bauern die Schweinepest hätten, würde meistens auch der Bauer selbst husten und er als Tierarzt ebenfalls. Was aber nicht sehr tragisch ist.

2. Vogel**grippe**

Von der Vogelgrippe spricht man, wenn sich der Erreger der Vogelpest auf den Menschen übertragen hat. In den meisten Fällen sind ja nur tote Tiere zu beklagen, die unter dem Erreger Vogelpest starben. Oder zum Teil ganz einfach wegen ihres Alters. Die Schilder auf Rügen sollen auf eine »Geflügel-PEST« hinweisen, nicht auf Vogelgrippe.

3. **Grippe**

Die ganz normale alljährlich wiederkehrende Grippewelle, die nur Menschen befällt. In der Schweiz sterben jährlich 2.000 Menschen (in Österreich kolportierte 5.000 [**Anmerkung des Autors**]) – das sind meist ältere Leute oder solche mit einem schwachen Immunsystem.

4. **Pandemie**

Um von einer Pandemie zu sprechen, müssen zwei Bedingungen erfüllt werden. Der Mensch muss das normale Grippevirus in sich tragen und zusätzlich das Virus der Vogelgrippe, damit sich die beiden Viren vereinen können und zu einer Pandemie mutieren. Die Wahrscheinlichkeit, dass solch eine Pandemie entsteht, ist sehr gering. Zudem sei das in den letzen 40 Jahren, seit die Vogelpest bekannt ist, nicht geschehen. Auf die Frage, wie er die in den Medien diskutierte Vogelgrippe einschätze, meinte der Arzt: es sei pure Panikmache!

Auf die Frage, warum so viele tote Schwäne in den letzten Tagen in der Schweiz gefunden wurden, meinte er: Alle toten Schwäne habe man sehr genau untersucht und den vermeintlichen H5N1 Virus nicht gefunden. In der Schweiz sterben jährlich 300 Schwäne. Diesen Winter seien sehr viele Seen zugefroren und hätten so den Schwänen ihren Nahrungsraum genommen. Viele seien dadurch unterernährt und da brauche es nicht viel, dass so ein Schwan sterbe.

Ein anderer Fachmann, ein Diplombiologe und Autor aus Stuttgart, zweifelt generell an der Existenz des Vogelgrippe-Virus. Hier – völlig wertfrei zur eigenen Beurteilung – auszugsweise einige seiner Antworten aus einem Interview vom Oktober 2005, in dem er das Schulwissen gehörig gegen den Strich bürstet:

Frage: »Sie sind ein vehementer Kritiker der Virus-Hypothese bei der Vogelgrippe. Wieso?«

Antwort: »Die Gretchenfrage lautet: Auf welche konkreten Publikationen berufen sich die verantwortlichen Wissenschaftler? Wurde das Virus isoliert und charakterisiert – und wo ist das dokumentiert? Es gibt keine einzige wissenschaftliche Publikation, in der behauptet wird, dass das Virus direkt nachgewiesen wäre. Alle Belege für H5N1 sind Versuche, das Virus indirekt im Reagenzglas nachzuweisen, weil das Virus selbst nie gesehen und isolierbar wurde. Die sogenannten Virus-Fotos von H5N1 stellen nichts anderes als Zellkultur-Artefakte dar. Das würde ich vor Gericht eidesstattlich versichern.«

Frage: »Glauben Sie also, dass es die Vogelgrippe gar nicht gibt?«

Antwort: »Die Krankheitsbilder der Vogelgrippe sind natürlich real. Aber es gibt keinen Grund anzunehmen, dass man zur Erklärung ein Virus benötigt. Die Krankheitssymptome der sogenannten Vogelgrippe sind zu 100 Prozent identisch mit Mangelerscheinungen und Vergiftungen bei der Massentierhaltung.«

Frage: »Sind wir in Deutschland durch die Vogelgrippe bedroht?«

Antwort: »Nur indirekt. Folgt man den Medien, werden alle Störche durch die Vogelgrippe dahingerafft werden. Daher wird es im nächsten Jahr in Deutschland viel weniger Babys geben. Darauf sollten wir uns jetzt einstellen.«

Frage: »Meinen Sie das ernst?«

Antwort: »Genauso ernst, wie irgendeine Gefahr für uns durch das behauptete Vogelgrippevirus H5N1 besteht. Die Gefahr oder die Katastrophe liegt ganz woanders.«

Frage: »Wo liegt nach Ihrer Auffassung die Gefahr oder die Katastrophe?«

Antwort: »Wir haben uns abgewöhnen lassen, unseren Verstand zu benutzen. Das ist die tatsächliche Gefahr oder die Katastrophe. Die Politik und die Medien nehmen sich heraus, uns alles vorzugaukeln, z. B. vorzugaukeln, dass sich Zugvögel in Asien mit einem ganz gefährlichen, tödlichen Virus infiziert haben. Diese todkranken Vögel fliegen dann wochenlang. Sie fliegen Tausende von Kilometern, infizieren dann in Rumänien, der Türkei, Griechenland und sonstwo Hühner, Gänse und sonstiges Federvieh, mit dem sie keinen Kontakt hatten, die innerhalb kürzester Zeit erkranken und verenden. Aber die Zugvögel erkranken nicht und verenden nicht, sondern fliegen weiter, wochenlang, Tausende von Kilometern.«

Frage: »Gibt es demnach überhaupt keine Vogelgrippe?«

Antwort: »Seit Ende des 19. Jahrhunderts wurden Erkrankungen bei Geflügel in der Massentierhaltung beobachtet: Blaufärbung des Kammes, Rückgang der Legeleistung, stumpfes Gefieder, und manchmal sterben diese Tiere auch. Diese Erkrankungen wurden als **Vogelpest** bezeichnet.

In der heutigen Massengeflügelhaltung, insbesondere bei der Haltung von Hühnern in Käfigen, verenden täglich viele Tiere als Folge artfremder Tierhaltung. Später wurden diese Folgen der Massentierhaltung nicht mehr Vogel**pest**, sondern Vogel**grippe** genannt. Seit Jahrzehnten erleben wir, dass als Ursache hierfür ein übertragbares Virus behauptet wird, um von den tatsächlichen Ursachen abzulenken.«

Frage: »Dann sind die 100 Millionen anscheinend an Vogelgrippe gestorbenen Hühner in Wirklichkeit an Stress und/oder Mangel und Vergiftung gestorben?«

Antwort: »Nein! Wenn ein Huhn weniger Eier legt oder einen blauen Kamm bekommt und das Huhn dann auch noch H5N1-positiv getestet wird, dann werden alle anderen Hühner vergast. So kamen die 100 Millionen durch H5N1 scheinbar getöteten Hühner zustande.

Wenn man genauer hinsieht, dann sieht man dahinter eine jahrzehntealte Strategie: Im Westen sanieren sich damit die großen Betriebe, denn die an der ›Seuche‹ gestorbenen Tiere werden auf Kosten der Allgemeinheit zum oberen Marktpreis erstattet, während in Asien und überall, wo Geflügel erfolgreich gehalten wird, der dortige Geflügelmarkt unter Anleitung der UNO-Organisation FAO mutwillig und absichtlich zerstört wird.

Alle großen westlichen Geflügelzüchter halten deswegen den Mund und sorgen über ihre Tierärzte dafür, dass, wenn der Marktpreis für Geflügel nach unten geht, sie eine Seuche diagnostiziert bekommen, um ihre Tiere mit größerem Gewinn, als es bei normaler Bewirtschaftung möglich ist, zum staatlich garantierten Höchstpreis, und zwar alle auf einmal, zu ›entsorgen‹. Auf den Nenner gebracht: Es ist moderner Subventionsbetrug mit lähmender Angsterzeugung, die nebenbei auch garantiert, dass niemand nach Beweisen fragt.«

Frage: »Woran sind die Menschen gestorben, bei denen man H5N1 nachgewiesen hat?«

Antwort: »Es liegen nur sehr wenig öffentlich zugängliche Berichte vor, in denen beschrieben wurde, welche Symptome vorlagen und wie daraufhin behandelt wurde. Diese Fälle sind eindeutig: Menschen mit Erkältungssymptomen, die das Pech hatten, H5N1-Jägern in die Hände zu fallen, wurden mit irrsinnigen Mengen an Chemotherapie, welche das Phantomvirus hemmen sollte, getötet. Isoliert im Plastikzelt, umgeben von Wahnsinnigen in Raumfahrtanzügen, gestorben in panischer Angst an mehrfachem Organversagen.«

Frage: »Gibt es dieses Vogelgrippevirus demnach überhaupt gar nicht?«

Antwort: »Im Menschen, im Blut oder anderen Körperflüssigkeiten, im Tier oder in einer Pflanze wurden niemals Strukturen gesehen oder nachgewiesen, die man als Vogelgrippeviren oder Influenzaviren oder irgendein als Krankheitserreger behauptetes Virus bezeichnen könnte.«

Frage: »Warum werden dann immer noch krankmachende Viren **behauptet**?«

Antwort: »Die Schulmedizin war und ist die wichtigste Stütze aller Diktaturen und Regierungen, die sich nicht dem geschriebenen Recht, den Verfassungen, den Menschenrechten, das heißt dem demokratisch legitimierten Gesellschaftsvertrag, unterwerfen wollen. Das erklärt auch, warum die Schulmedizin wirklich alles machen kann und darf und dabei keinerlei Kontrolle unterliegt. Wenn wir das nicht überwinden, werden wir alle an dieser Schulmedizin umkommen.«

Frage: »Übertreiben Sie da nicht ein bisschen?«

Antwort: »Leider nein! Jeder, der die Augen aufmacht, wird das so sehen. Ivan Illich warnte schon 1975 in seiner Analyse *›Die Enteignung der Gesundheit‹* davor. Auch heute noch gibt es dieses Buch unter dem Titel *›Die Nemesis der Medizin‹*.

Goethe beschrieb den Zustand der Schulmedizin sehr treffend in Faust I und lässt den Arzt Dr. Faustus eingestehen: ›Hier war die Arznei, die Patienten starben und niemand fragte, wer genas, so haben wir mit höllischen Latwergen (Latwergen bezeichnet eine bestimmte Darreichungsform von Medikamenten **[Anmerkung des Autors]**) ... in diesen Tälern, diesen Bergen weit schlimmer als die Pest getobt, ich selbst habe das Gift an Tausende gegeben, sie welkten hin, ich muss erleben, dass man die frechen Mörder lobt.‹ Goethe nennt Schulmediziner, die Latwerge, das heißt, die giftige Substanzen geben, freche Mörder, die auch heute noch gelobt werden.«

Frage: »Wie sind ausgerechnet Sie auf diesen denkbaren ›Jahrtausend-Betrug‹ gestoßen?«

Antwort: »Ich habe Molekularbiologie studiert. Während meines Studiums habe ich das erste Virus im Meer in einer Meeresalge nachgewiesen. Dieser Virusnachweis wurde dem naturwissenschaftlichen Standard entsprechend erstmals 1990 in einer wissenschaftlichen Publikation veröffentlicht. Das von mir nachgewiesene Virus vermehrt sich in der Alge, kann diese verlassen und sich in anderen Algen dieser Art wieder vermehren, ohne irgendeine negative Auswirkung zu haben, und dieses Virus steht in keinem Zusammenhang mit irgendeiner Krankheit. So befinden sich in einem Liter Meerwasser beispielsweise über 100 Millionen unterschiedlichste Viren. Zum Glück haben die Gesundheitsbehörden und die Ärzte dieses noch nicht wahrgenommen, sonst würde es schon lange ein Gesetz geben, welches das Baden im Meer nur noch im Ganzkörperkondom erlaubt.«

Frage: »Das ist doch absurd. Das würde ja bedeuten, dass der Staat uns hilf- und schutzlos einer unkontrollierten Wissenschaft ausliefert, die tun und lassen kann, was sie will. Sind Sie tatsächlich der Meinung, dass der Staat uns derartig ausliefert?«

Antwort: »Ich habe hier nicht eine Meinung. Ich kann hier nur die Tatsachen sehen und benennen. Wir erleben bei der jetzigen Vogelgrippepanik, wie der Staat wider besseres Wissen in Deutschland die Bevölkerung irgendwelchen Personen, die sich als Wissenschaftler tarnen, ausliefert. Eine zwangsweise Chemotherapie ist vorgesehen und im Frühjahr soll die gesamte deutsche Bevölkerung zweimal zwangsweise gegen das behauptete Vogelgrippe-Phantom geimpft werden.«

Frage: »Aber das für den Menschen gefährliche Vogelgrippevirus H5N1 wurde doch in den letzten Tagen ganz genau in einem englischen Labor nachgewiesen!«

Antwort: »Wenn jemals ein Virus aus einem konkreten Körper oder einer Flüssigkeit heraus nachgewiesen worden ist, beispielsweise aus Vögeln, dann kann jeder mittelmäßige Wissenschaftler in einem mittelmäßigen Labor innerhalb eines Tages überprüfen, ob dieses Virus beispielsweise in einem verendeten Tier vorhanden ist. Dies ist aber niemals geschehen und es kommen dagegen indirekte, vollkommen aussagelose Testverfahren zur Anwendung.

Zum Beispiel wird behauptet, dass es Anti-Körper gibt, die sich mit dem Körper des behaupteten Virus – und nur damit – verbinden würden und bei Nachweis einer erfolgten Verbindung zwischen Körper und Anti-Körper die Existenz des behaupteten Virus bewiesen sei. In Wirklichkeit handelt es sich bei den behaupteten Anti-Körpern um lösliche Bluteiweiße, die bei der Abdichtung von wachsenden und sich teilenden Zellen und bei der Wundheilung eine zentrale Rolle spielen.

Diese Bluteiweiße, auch *Globuline* genannt, binden sich im Reagenzglas unter entsprechender Konzentration von Säuren und Basen, Mineralien und Lösungsmitteln beliebig an andere Eiweiße. Somit kann man jede Probe aus einem Tier oder Menschen beliebig positiv oder negativ testen.

Im Fernsehen hörten wir immer wieder, dass die Untersuchungen in einem englischen Labor erfolgten. Den Namen dieses englischen Labors hat die Öffentlichkeit nicht erfahren. Es handelt sich dabei um das Referenzlabor der EU für Vogelgrippe in Weybridge. Ich habe die Wissenschaftler mehrfach nach den Beweisen für die Existenz des H5N1-Virus gefragt. Sie antworteten nur einmal und danach nie mehr wieder und schrieben, dass sie meine Frage nicht verstanden haben.

[**Anmerkung des Autors:** Manche Fachleute finden die Diagnosemeldungen bzw. -bestätigungsverfahren irritierend. Regelmäßig wird abgewartet, bis das EU-Referenzlabor nahe London die Diagnose »H5N1« als wissenschaftliche Wahrheit verkündet. Das wird von manchen als höchst erstaunlich angesehen, da im *Friedrich-Loeffler-Institut* das *Nationale Referenzlabor für aviäre Influenza* untergebracht ist.]

Die Weltgesundheitsorganisation und besonders den Koordinator der Vogelgrippepandemie habe ich auch mehrmals angeschrieben und um Beweise für die Existenz des Vogelgrippevirus gebeten. Reagiert hat weder die WHO noch der Koordinator.«

Frage: »Was aber bedeutet denn dieses H5N1, vor dem die ganze Welt nun zittert?«

Antwort: »Das ›H‹ in H5N1 steht für *Hämagglutinin*, das ›N‹ steht für *Neuramidase*. Die Pseudo-Virologen behaupten, dass sich in der Hülle von Grippeviren Eiweiße des Typs *Hämagglutinin* und Eiweiße des Typs des Enzyms *Neuramidase* befinden. Als Hämagglutinin werden in der Biochemie unterschiedlichste Substanzen bezeichnet, nicht nur Eiweiße, die rote Blutkörperchen miteinander verklumpen.

Die Pseudo-Virologen haben sich darauf geeinigt, dass es in der Hülle von Grippeviren fünfzehn unterschiedliche Eiweißarten mit der Eigenschaft eines Hämagglutinin geben soll. Die ›5‹ steht hier für Typ Fünf eines behaupteten Eiweißes, welches wiederum auch nur indirekt nachgewiesen wird.

Um nun ein Grippevirus nachzuweisen, werden im Labor rote Blutkörperchen mit Proben gemischt, in denen sich das behauptete Virus befinden soll. Wenn sich die roten Blutkörperchen verklumpen, wird behauptet, dass ein Hämagglutinin in einem Grippevirus die Ursache dafür sein muss, ohne dass jemals aus einer Probe oder aus einem solchen Gemisch ein Virus isoliert oder geschweige denn darin gesehen wurde. Aus der Art und Weise der Verklumpung wird dann geschlussfolgert, um welchen Typ an Hämagglutinin es sich dabei handeln soll.

Diesen Wissenschaftlern steht hierfür eine Vielzahl an Testverfahren zur Verfügung, die durch ihren Aufbau sicherstellen, dass auch genau der Typ an Hämagglutinin angezeigt wird, den der ›testende‹ Wissenschaftler zuvor schon vermutete.

Genauso ist es beim Enzym *Neuramidase*, welches als Bestandteil der Hülle von Grippeviren behauptet wird. Hier werden von den Pseudo-Virologen neun unterschiedliche Typen behauptet. In Wirklichkeit ist die Neuramidase ein Enzym, welches durch Abspaltung von Teilen eines Aminozuckers mit dem Namen Neuraminsäure die Oberflächenspannung regelt, die für das Funktionieren des jeweiligen Stoffwechsels entscheidend ist. Analog zum ›viralen‹ Hämagglutinin gibt es eine Vielzahl käuflicher Testverfahren, die genau das Resultat, das heißt den Typus an Neuramidase ›nachweisen‹, den der ›sehende‹ Virologe zuvor schon vermutete.

So ist es denn auch kein Wunder, dass der scheinbar an H5N1 verendete Truthahn des 73-jährigen Bauern Dimitris Kominaris von der ostägäischen Insel Inousses spurlos verschwunden ist, im besagten Referenzlabor nachweislich auch keine Probe aus Griechenland angekommen ist, die hellsichtigen Medien aber berichtet haben, dass eine erste Probe den Verdacht bestätigt hätte.«

Frage: »In den Medien werden dauernd Fotos von Vogelgrippe- und Grippeviren gezeigt. Einige dieser Fotos zeigen runde Gebilde. Sind das keine Viren?«

Antwort: »Nein! Erstens sind die runden Gebilde, die Grippe-Viren sein sollen, für jeden Molekularbiologen erkennbar künstlich hergestellte Teilchen aus Fetten und Eiweiß. Der Laie kann das überprüfen, indem er nach einer wissenschaftlichen Publikation fragt, in der diese Bilder abgebildet, beschrieben und ihre Zusammensetzung dokumentiert sind. Eine solche Publikation gibt es nicht. Zweitens sind die Bilder, die Vogelgrippeviren zeigen sollen, für jeden Biologen eindeutig erkennbar ganz normale Bestandteile von Zellen oder zeigen sogar ganze Zellen, die sich gerade im Export oder Import von Zell- und Stoffwechselbestandteilen befinden.

Der Laie kann das wiederum ganz einfach überprüfen, indem er nach den zugrunde liegenden Publikationen fragt, aus denen diese Fotos stammen: Er wird solche Publikationen nie erhalten. Fragt man bei den Bildagenturen und bei dpa nach, woher sie denn ihre Fotos beziehen, dann verweisen sie auf die amerikanische Seuchenbehörde CDC des Pentagons

[**Anmerkung des Autors** zum CDC: Wie man kritischen Publikationen entnehmen kann, sollen in den *Centres for Disease Control (CDC)* in Atlanta, Bundesstaat Georgia, die heute für die AIDS-Bekämpfung zuständig sind, früher Menschenversuche durchgeführt worden sein].

Von dieser CDC stammt auch das einzige Foto des behaupteten H5N1. Dieses Foto zeigt den Längs- und gleichzeitig den Querschnitt von Röhren in Zellen, die im Reagenzglas zum Sterben gebracht werden. Diese Röhrchen heißen in der Fachsprache *Mikrotubuli* und dienen dem Transport und der Kommunikation in der Zelle und bei der Zellteilung.«

Frage: »Man hat aber gezeigt, dass H5N1 Hühnerembryonen tötet und sich in Eiern anzüchten lässt. Wo liegt hier der Hund begraben?«

Antwort: »Diese Experimente werden schon seit über 100 Jahren benützt, um die Existenz von ganz unterschiedlichen ›Viren‹ zu ›beweisen‹. Es werden dabei durch die Eierschale Extrakte in den Embryo gespritzt. Je nachdem wieviel gespritzt wird und wohin in den Embryo das scheinbar ›virus-infizierte‹ Extrakt gespritzt wird, stirbt der Embryo mehr oder weniger schnell. Er würde dabei genauso sterben, wenn man die Extrakte zuvor sterilisieren würde.

Dieses Töten wird von diesen Virologen als direkter Beweis für, erstens die Existenz des jeweiligen Virus, zweitens als Beweis für die Vermehrbarkeit des Virus und drittens und gleichzeitig als Beweis für die Isolation des Virus ausgegeben. Aus solcherart getöteten Hühnerembryonen werden dann diverse Impfstoffe hergestellt.

Es werden neben Hühnerembryonen auch Zellen im Reagenzglas getötet, um das Sterben dieser Zellen als Beweis für die Existenz, die Vermehrung und die Isolation eines krankmachenden Virus auszugeben. Nirgendwo wird aber ein Virus daraus isoliert, im Elektronenmikroskop fotografiert und seine Bestandteile in Verfahren, die man *Elektrophorese* nennt, dargestellt.«

Frage: »Was tötet dann aber die Tiere im Tierversuch, wenn es nicht das H5N1 ist?«

Antwort: »Auch hier muss man sich nur die Publikationen ansehen, in denen diese Tierversuche beschrieben sind. Hühner werden innerhalb von drei Tagen durch Gabe von Flüssigkeit, durch den Tubus in die Luftröhre langsam erstickt. In kleine Javaneräffchen werden 30 Tage vor der behaupteten Infektion Temperatursender in den Unterleib implantiert, fünf Tage vor der behaupteten Infektion werden sie in einer Luftunterdruckkammer fixiert und bei der sogenannten Infektion werden diesen Jungtieren, auf den Menschen hochgerechnet, acht Schnapsgläschen Flüssigkeit durch den Tubus in die Luftröhre gedrückt. Anteile vom gleichen Extrakt aus sterbenden, also verfaulenden Zellen, werden den Tieren in beide Augen und in die Mandeln gespritzt. Mehrmals werden durch Spülung der Bronchien den Tieren Erstickungsanfälle angetan etc. Die resultierenden Schäden und Zerstörungen werden als das

Resultat von H5N1 ausgegeben.«

Frage: »Man hat aber das Virus der spanischen Grippe genetisch rekonstruiert und ebenso festgestellt, dass es ein Vogelgrippevirus ist!«

Antwort: »Was sozusagen genetisch rekonstruiert wurde, ist nichts anderes als ein Modell einer Erbsubstanz eines Grippevirus. Ein Grippevirus wurde niemals isoliert. Es wurde auch niemals eine genetische Substanz eines Grippevirus isoliert. Alles, was gemacht wurde, ist mittels der biochemischen Vermehrungsmethode *Polymerase-Kettenreaktion* Erbsubstanz zu vermehren. Mit dieser Methode ist es auch möglich, beliebig neue, niemals zuvor existierende, kurze Stückchen an Erbsubstanz zu vermehren.

So ist es mit dieser Technik auch möglich, den genetischen Fingerabdruck zu manipulieren, das heißt jemanden identisch oder unterschiedlich zu einer ›gefundenen‹ Probe zu testen. Nur wenn sehr viel zu vergleichende Erbsubstanz gefunden wird, gibt der genetische Fingerabdruck, vorausgesetzt er wird ordentlich durchgeführt, eine gewisse Wahrscheinlichkeit einer Übereinstimmung.

Der Arzt, auf den die Behauptung der Rekonstruktion des Pandemievirus von 1918 zurückgeht, arbeitete für die US-Amerikanische Armee und hat mehr als zehn Jahre daran gearbeitet, um auf der Grundlage von Proben aus unterschiedlichen menschlichen Leichen mittels der biochemischen Vermehrungstechnik PCR kurze Stückchen an Erbsubstanz herzustellen. Aus der Vielzahl der hergestellten Stückchen suchte er sich diejenigen aus, die dem Modell der genetischen Substanz der Idee eines Grippe-Virus am nächsten kamen und publizierte diese.

[**Anmerkung des Autors:** *Polymerase Chain Reaction (PCR)* ist eine Methode, um die Erbsubstanz DNS in vitro, also ohne einen lebenden Organismus, zu vervielfältigen.]

In keiner Leiche wurde aber ein Virus gesehen, nachgewiesen oder ein Stückchen Erbsubstanz daraus isoliert. Mittels der PCR-Technik wurden aus dem Nichts Stückchen an Erbsubstanz erzeugt, die zuvor darin nicht nachweisbar waren. Wären Viren vorhanden gewesen, hätte man diese und daraus ihre Erbsubstanz isolieren können und nicht mittels PCR-Technik mühsam – in klarer betrügerischer Absicht – einen Flickenteppich eines Modells der genetischen Substanz der Idee eines Grippe-Virus herstellen müssen.«

Frage: »Wie kann der Laie das überprüfen?«

Antwort: »Über diese kurzen Stückchen, die im Sinne der Genetik nicht vollständig sind und die nicht einmal der Definition eines Gens genügen, wird behauptet, dass sie zusammen die ganze Erbsubstanz eines Grippevirus ergeben würden. Um diesen Betrug zu durchschauen, muss man nur die publizierten Längen addieren können, um festzustellen, dass die Summe der Längen der einzelnen Stückchen, die zusammen die ganze virale Erbsubstanz des behaupteten Grippevirus ergeben sollen, nicht die Länge der Idee des Genoms des Grippevirus-Modells ergeben. Noch einfacher ist es zu fragen, in welcher Publikation ein elektronenmikroskopisches Foto dieses scheinbar rekonstruierten Virus zu finden ist. Eine solche Publikation gibt es nicht.«

Frage: »Es wird behauptet, dass Versuche ergeben hätten, dass dieses rekonstruierte Virus von 1918 sehr effektiv töten würde. Was soll daran nicht stimmen?«

Antwort: »Wenn ich einem Hühnerembryo ein Gemisch aus künstlich hergestellten Stückchen an Erbsubstanz und Eiweißen mitten ins Herz spritze, dann stirbt er schneller, als wenn ich den Embryo nur peripher spritze.

Wenn ich Zellen im Reagenzglas einer Menge an künstlich hergestellten Stückchen an Erbsubstanz und Eiweißen aussetze, dann sterben sie schneller als unter den Standardbedingungen des Sterbens von Zellen im Reagenzglas, welche ›normalerweise‹ als Beweis für die Existenz, als Beweis für die Isolation und als Beweis für die Vermehrung der behaupteten Viren herangezogen wird.

Aufgrund dieser künstlich erzeugten Erbsubstanz, die als viral ausgegeben wird, werden im Computer Modelle von Eiweißen erstellt. Aus diesen Eiweiß-Modellen wird im Computer das Aussehen des ganzen Virus rekonstruiert. Das ist alles, aber die ganze Welt glaubt, dass man im Labor Viren rekonstruieren könnte. So wundert es auch nicht, dass in Bezug auf Verlautbarungen der CIA und des britischen Geheimdienstes M16 behauptet wird, dass in Nordkorea das kommunistische Regime nun noch tödlichere Grippeviren als das H5N1 herstellen würde.«

Frage: »Welche Schlüsse ziehen Sie daraus?«

Antwort: »Da man den Chef der behaupteten Al-Kaida, Bin Laden, nicht gefunden hat, Al-Kaida auf arabisch nur ›der Weg‹ heißt und man vor der Warmsanierung der einsturzgefährdeten New Yorker Wolkenkratzer [**Anmerkung des Autors:** Gemeint ist das World Trade Center nach dessen Niedergang übrigens eine deutsche Versicherung etliche Milliarden Dollar geblecht haben soll.] von dieser Organisation nichts gehört hat, bei Saddam auch keine Massenvernichtungsmittel wie die behaupteten Pockenviren gefunden wurden, die Grund für den zweiten Irakkrieg waren, und nun schon wieder tödliche Viren behauptet werden, dürfte klar sein, wer in Wirklichkeit die Terroristen sind.«

Frage: »In den Pandemieplänen ist bei Ausrufung der Vogelgrippe-Pandemie durch die WHO der mögliche Zusammenbruch der Versorgung und der öffentlichen Ordnung vorgesehen. Die Schätzungen von bis zu 100 Millionen Toten sollte man ernst nehmen.«

Antwort: »Bedroht sehe ich alle Bewohner von Altenheimen, die bei einem Ausbruch von Chaos und dem Zusammenbrechen der Versorgungssysteme und damit der öffentlichen Ordnung die ersten und neben Kleinkindern die schutz- und wehrlosen Opfer sein werden. Kaum auszumalen ist es, wenn die Seuchenmacher den Notfall schon im Winter ausrufen würden.«

Frage: »Schützt denn das Mittel, das mittlerweile mit Steuergeldern eingekauft und bevorratet wird, den Menschen vor der Vogelgrippe?«

Antwort: »Dass dieses Mittel vor einer Grippe schützt, behauptet niemand. Es hemmt im Organismus die Funktion des Zuckers *Neuraminsäure*, welcher mit für die Oberflächenspannung der Zellen verantwortlich ist. Die auf dem Beipackzettel genannten Nebenwirkungen sind nahezu identisch mit den Symptomen einer schweren Grippe. Massenhaft werden jetzt also Medikamente bevorratet, die genau dieselben Symptome verursachen, die bei einer tatsächlichen schweren sogenannten Grippe auftreten und mit Arzt nach sieben Tagen und ohne Arzt nach einer Woche abklingen. Wird das Mittel an kranke Menschen gegeben, so ist mit weit gravierenderen Symptomen zu rechnen, als sie bei einer schweren Grippe auftreten.

Wenn die Pandemie beim Menschen ausgerufen wird, werden viele Menschen zum gleichen Zeitpunkt dieses Medikament einnehmen. Dann haben wir tatsächlich die eindeutigen Symptome einer Epidemie und das wird dann als Beweis für die Gefährlichkeit der Vogelgrippe herangezogen und für die große Sorgfalt des Staates für die Gesundheit der Menschen.

Hier läuft das erprobe AIDS-Muster ab. In Spanien steht auf den Beipackzetteln der AIDS-Medikamente, dass man nicht weiß, ob die Symptome durch die Medikamente oder durch das Virus verursacht werden. Ich kann nur sagen: Gib der Vogelgrippe keine Chance! Glaub nicht, was dir vorgelogen wird! Überprüfe es! Nutze deinen Verstand!«

So viel zu den auszugsweise genannten Argumenten eines unbequemen Wissenschaftlers und »Medizin-Rebellen«, der mit manchen seiner kontroversen Standpunkten aber durchaus nicht allein zu sein scheint. So sollen beispielsweise die syrische Regierungszeitung wie auch der Russische Geheimdienst sogar von einem Angriff des Westens auf Moslems gesprochen haben, deren Gene anfälliger für die Vogelgrippe wären. Diese Viren seien nach Aussagen russischer Forscher künstlich in Genlabors entstanden bzw. verändert worden. Um die Welt in die Irre zu führen, sei der Erreger zuerst in Ostasien in Umlauf gebracht worden.

Mit dieser kühnen Theorie, der ich ebenso wenig das Wort rede wie all jenen, die bei der Vogelgrippe-Panik Lug und Trug vermuten, will ich es gut bzw. nicht gut sein lassen und jene Pandemie unter die Lupe nehmen, die der Interviewte im Zusammenhang mit den von ihm georteten Ungereimtheiten bei der Vogelgrippe angesprochen hat und an die heute noch mit Schrecken gedacht wird.

Spanische Vogelgrippe?

Die Spanische Grippe, eine weltweite Epidemie, die 1918 bis zu 100 Millionen Todesopfer gefordert haben soll, ist eines der Hauptargumente dafür, dass jederzeit die Entstehung eines neuen Supervirus möglich ist, wenn das Vogelgrippevirus und ein menschliches Grippevirus zusammenkommen. Zur spekulativen Verbindung von Spanischer Grippe und Vogelgrippe meinte beispielsweise der Britische Rundfunk BBC am 5. Februar 2005, Wissenschaftler hätten nun aufgedeckt, dass damals Millionen von Menschen durch ein Virus getötet wurden, das »von Vögeln zu Menschen übersprang«. Forscher sagen, sie hätten das Virus analysiert, das 1918 die globale Pandemie der Grippe hervorgerufen hat, und würden es mit einem Vogelvirus in Verbindung bringen, das die gegenwärtige Krise der Vogelgrippe in Asien verursache. Eine beachtliche Erkenntnis 87 Jahre später.

Man erläutert: Dieses Vogel-Virus sei nicht beständig, es trete in verschiedenen, abgewandelten (mutierten) Formen auf. Wenn es wieder wie 1918 in die gleiche Richtung mutiere, könnten wir eine Wiederholung des Horrors von damals erleben. Unorthodoxe Fachleute bezweifeln aber in diversen Veröffentlichungen nicht nur diese These, sondern auch manches andere, was als »gesichertes Wissen« über die Spanische Grippe nach dem Ersten Weltkrieg gilt.

Schilderungen zufolge hatte die Krankheit die Eigenschaften der Pest der typhusartigen Diphtherie, der Lungenentzündung, der Pocken und der Kinderlähmung in einem. Starke Männer, gesund und munter, erkrankten und starben in der Regel am folgenden Tag. Die Symptome (innere Blutungen der Lunge) waren eher untypisch für eine Grippe und wurden schon von zeitgenössischen Kritikern als Folge von Massenimpfungen vor allem gegen Pocken und Typhus angesehen. Könnte es in der Tat möglich sein, dass die Spanische Grippe 1918 durch eine Grippeschutzimpfung ausgebrochen ist? Berichte von damals werden von manchen als ein Indiz dafür betrachtet.

So sollen so gut wie alle Betroffenen direkt nach dem Ersten Weltkrieg geimpft worden sein. Zeitzeugen berichten, dass jene, welche die »Schutzimpfung« ablehnten, der Grippe widerstanden haben sollen.

Zitat: »Meine Familie hatte alle Schutzimpfungen abgelehnt, also blieben wir wohlauf die ganze Zeit … Auch Ärzte und Pfleger waren geimpft worden und lagen danieder mit der Grippe. Niemand war auf den Straßen. Es war wie eine Geisterstadt. Wir schienen die einzige Familie zu sein, die nicht die Grippe bekam. So gingen meine Eltern von Haus zu Haus, um sich um die Kranken zu kümmern, da es unmöglich war, einen Arzt zu holen. Wenn es möglich wäre, dass Mikroben, Bakterien, Viren oder Bazillen diese Krankheit verursachten, hätten sie viel Gelegenheit gehabt, meine Eltern anzugreifen, da diese viele Stunden pro Tag in den Räumen Kranker verbrachten. Aber sie bekamen nicht die Grippe und sie brachten auch keine Mikroben nach Hause, die uns Kinder angegriffen hätten. Keiner unserer Familie hatte die Grippe – nicht ein Schnüffeln oder Keuchen – und es war Winter mit tiefem Schnee überall ... Es gab siebenmal mehr Krankheiten unter den geimpften Soldaten als unter den ungeimpften Zivilisten, und die Krankheiten waren genau die, gegen die sie geimpft worden waren. Ein Soldat, der von Übersee 1912 heimgekommen war, erklärte mir, dass die Armeekrankenhäuser mit Fällen von Kinderlähmung überfüllt waren, und er wunderte sich, warum ausgewachsene Männer eine Säuglingskrankheit haben sollten.«

Nach diesen unorthodoxen Thesen, Meinungen und Berichten wollen wir versuchen, tiefer hinter die Kulissen des »Vogelgrippe-Theaters« zu blicken.

Morbide Tests und erschreckende Vermutungen

Wie schon erwähnt, besteht die Befürchtung, das Vogelgrippe-Virus vom Typ H5N1 könnte mit einem humanen Influenzavirus Gensegmente austauschen und auf diese Weise einen neuen Erreger bilden, der Eigenschaften beider Viren besitzt: die hohe Pathogenität des Vogelerregers und die leichte Übertragbarkeit des Human-Erregers. Da die Grippepandemien von 1957 und 1968 durch ein solches Kreuzungs-Ereignis verursacht worden sein sollen, versuchte ein Team des amerikanischen *Centers for Disease Control and Prevention*, diesen Vorgang unter speziellen Sicherheitsvorkehrungen im Labor zu produzieren. Mit gentechnischen Methoden kreuzten die Wissenschafter H5N1-Viren mit den weit verbreiteten menschlichen H3N2-Grippeviren und testeten die künstlich geschaffene Form, die die Oberflächenproteine des Vogel-Virus trug, an mehreren Frettchen. Das Ergebnis war völlig anders als erwartet.

Die neuen Virustypen waren nicht nur deutlich weniger pathogen (krank machend) als das Original-H5N1-Virus, sondern auch nicht von

Tier zu Tier übertragbar, zumindest nicht per Tröpfcheninfektion. Von den drei gesunden Frettchen, die per Luftkontakt Tieren mit dem Kreuzungs-Virus ausgesetzt waren, zeigte lediglich eines schwache, indirekte Anzeichen eines Virus- Kontakts. Ein Versuch, die Zusammensetzung der Erreger von 1957 und 1968 mit Gensegmenten von H5N1 und H3N2 zu rekonstruieren, scheiterte überhaupt. Die entstehenden Viren waren offenbar nicht lebensfähig. Nun gut, auch wenn Mensch und Frettchen in fernster Frühzeit eine gemeinsame Abstammungslinie haben, kann man sie nicht wirklich als unsere nahen Verwandten und damit als repräsentativ für den Homo sapiens bezeichnen. Affen schon.

Also ging man daran, die Gefährlichkeit des Hühnergrippevirus durch Versuche mit jungen Javaneräffchen (Macaca fascicularis) zu beweisen, die von ihren Eltern getrennt wurden. Diese Tiere leben normalerweise in stabilen Gruppen von 20 bis 70 Mitgliedern in den dichten Wäldern der südostasiatischen Inseln. Ausgewachsen wiegen sie je nach Geschlecht zwischen drei und sechs Kilo.

Eine ausführliche kritische Beschreibung dieser Prozedur, die bereits in dem Interview angesprochen wurde, liegt vor: Dreißig Tage vor dem Infektionsexperiment wurden den Tieren Temperatursonden mitsamt Sendeeinrichtung in den Unterkörper implantiert. Fünf Tage vor der Infektion wurden die Tiere in einer Unterdruckkammer fixiert, die ihnen das Atmen erschwerte und Todesangst erzeugte. Durch einen Tubus wurden vier Milliliter des »Virus-Isolats« (ein Gemisch aus sterbenden künstlichen Zellen) in die Luftröhren der Lungen der Äffchen eingebracht. Auf einen erwachsenen Menschen umgerechnet sind dies etwa achtzig Milliliter Flüssigkeit, entsprechend dem Inhalt von acht Schnapsgläsern. Der Tubus ist so gesetzt, dass die Äffchen die Flüssigkeit nicht aushusten können.

Weiters wurden den Versuchsäffchen jeweils 0,5 Milliliter besagten Gemischs in die Mandeln gespritzt und jeweils 0,25 Milliliter in die Bindehaut der Augen. Kurz vor der sogenannten Infektion, dem Erzeugen konstanter Erstickungsanfälle durch die Gabe von vier Milliliter sterbender Zellkulturen via Tubus, wurden die Tiere betäubt und Blut entnommen, ebenso am dritten und am fünften »Infektions«-Tag. Mehrmalige Nasen- und Rachenabstriche führten zu massiven Erstickungsanfällen ebenso wie wiederholte Bronchialwaschungen.

Wenn die Äffchen durch diese Prozeduren Todesangst verspüren und fiebern, sich ihre Atemfrequenz von dreißig auf hundert Atmungsvorgänge pro Minute erhöht, sie lethargisch werden, den Appetit verlieren, blau anlaufen und dauernd husten, gilt dies als Beweis für die Gefährlichkeit der Hühnergrippeviren. Am siebten Tag nach der sogenannten Infektion werden die Äffchen durch Ausbluten getötet, so dass sich nicht rekonstruieren lässt, was de facto in ihren Organismen abgelaufen ist.

Nach Versuchen wie diesen, deren Ergebnisse die öffentliche Lesart nicht eben stützen, fragen sich immer mehr Zeitgenossen, was beim »Vogelgrippetheater« denn nun wirklich hinter der Weltbühne vor sich gehen mag.

Nach Ansicht vom Umwelt- und Tierschutzorganisationen sind die Hauptfaktoren bei der Verbreitung von H5N1der weltweit kaum kontrollierte Handel mit Geflügel und Geflügelprodukten sowie der sorglose Umgang mit Tonnen an Abfall und Kot aus Geflügelfarmen. Legal und illegal werden pro Jahr Abermillionen von Küken und Bruteiern exportiert. Allein die größte Fabrik in der Türkei soll eine Kapazität von mehr als 100 Millionen Bruteiern pro Jahr haben, die unter anderem nach Osteuropa und in den Mittleren Osten verkauft werden. Illegal gehen dorthin vermutlich noch viel mehr. Immer wieder wird auch Geflügelfleisch aus China illegal gehandelt. In Großbritannien etwa mussten die Behörden Ende 2005 feststellen, dass vermutlich mehrere Hundert Tonnen Geflügelfleisch aus China eingeschmuggelt und mit gefälschten Etiketten versehen im ganzen Land verkauft worden waren.

Ein Münchner Ornithologe äußerte gegenüber dem Magazin *»Focus«*: »Das Geflügel kann sich über verseuchtes Fischmehl, das häufig Bestandteil von Futtermitteln ist, angesteckt haben.« Eine kanadische Organisation, die sich um die genetische Vielfalt von Nutzpflanzen und Nutztieren kümmert, schrieb in einem Report zur Vogelgrippe, dass Regierungen und internationale Behörden Maßnahmen ergreifen, die der weiteren Industrialisierung der Geflügelhaltung auf der ganzen Welt Vorschub leisten. Statt einer Lösung drohe damit eine Verschärfung des Problems.

Aufgrund der offenbar gewordenen Ungereimtheiten in Sachen Vogelgrippe kann ich es mir nicht verkneifen, provokante Fragen aus einer österreichischen »nicht korrekten« Publikation zu zitieren, die mir – wie so manche andere – unverlangt zugesandt wurde:

»Was wäre wenn ...
... die Vogelgrippe aus kommerziellen Zwecken einfach erfunden wurde? (dazu dienend, die Geflügelwirtschaft zu zerstören, die natürliche und artgerechte Tierhaltung zu eliminieren. So versuchte Anfang März 2006 eine Mehrheit im deutschen Bundesrat erneut, das ab dem 1. Januar 2007 geltende Verbot der Käfighaltung von Legehennen zu kippen.)
... ein normales Vorkommnis (Grippe gibt es immer und überall) hochgepuscht und zum Anlass genommen wird, Millionen bedauernswerter Vögel ›vorsorglich‹ zu ›keulen‹; Stallpflicht für wer weiß wie lange ...?
... Mensch gegen Tier aufgehetzt werden soll (wie Frau gegen Mann,

Junge gegen Alte, Arbeitende gegen Arbeitslose, Radfahrer gegen Autofahrer bzw. umgekehrt und Fußgänger gegen beide, Spaziergänger gegen Hundebesitzer etc. – die Liste ist lang und wächst täglich)?
... es schlussendlich ein biologischer Krieg gegen den Menschen ist? (weil erst eine umfassende ›vorsorgliche‹ Zwangsimpfung wirklich alle krank macht)?
... die Panik-Info: ›Es ist nicht genügend Impfstoff für alle da‹ einen Bürgerkrieg auslösen soll?
... der Aufbau und die Gewöhnung an einen Militär- und Polizeistaat betrieben werden soll (schon heute würde es genügen, eine verseuchte Ente oder noch besser Katze irgendwo zu deponieren, um das gesamte Gebiet unter eine Art Kriegsrecht zu stellen.)?«

Starker Tobak, in der Tat. Wie stark ist allerdings die Frage. Immerhin hat im Februar 2006 Indien erstmals eine Stadt mit 30.000 Einwohnern, Navapur, zur verbotenen Zone erklärt. Die Einwohner durften die Stadt nicht mehr verlassen, niemand durfte auch mehr hinein. Fast eine Million gesunde Hühner wurden »gekeult« – sehr zur Freude der Geflügelindustrie und zum tödlichen Schaden der örtlichen Bauern.

Von den düsteren, wenn auch auf Fakten basierenden Überlegungen zurück zur simplen Wahrheit: Vogelgrippe kann vieles sein, eines ist sie aber sicher: eine Wohltat für Konzerne.

Tote Vögel, die goldene Eier legen

Fakt ist, und das soll sogar der *»Spiegel«* berichtet haben: »Seit sich die Welt durch die Vogelgrippe bedroht sieht, klingeln bei der Erfinderfirma des ›Gegenmittels‹ die Kassen.«

Wie man im Weiteren erfahren konnte, soll die Bush-Regierung daran gegangen sein, die (von ihr geschürte) Angst vor der Vogelgrippe dazu auszunutzen, die Pharmaindustrie zu »immunisieren« – und zwar durch »Wegfall der Produkthaftung für Hersteller von lebensrettenden Impfstoffen«. Damit wären die Pharmakonzerne zukünftig selbst dann vor Schadensersatzansprüchen geschützt, wenn ein Medikament zu gesundheitlichen Schäden oder gar Todesfällen führen würde. Kritiker sehen darin einen Plan der Bush-Regierung, die gesetzlichen Barrieren zum Schutz von Menschen vor gesundheitsschädigenden Pharma-Entwicklungen wegzuräumen, die seit dem Ende des Zweiten Weltkriegs errichtet worden sind – speziell nach dem Contergan-Skandal in den 1960ern, als der Wirkstoff Thalidomid weltweit zahllose Neugeborene schwerstverkrüppelt zur Welt kommen ließ. Schätzungen gehen bis zu 10.000 Contergan-Opfer.

Die aktuelle Pandemie-Panik ließ die Aktien der Firma in lichte Höhen steigen, die ein Medikament in ihrem Sortiment hat, das von vielen als »Wunderwaffe« gegen die Vogelgrippe propagiert wird. Dass ein hohes, Ende 2006 zurückgetretenes Mitglied der US-Regierung das dickste Aktienpaket besagten kalifornischen Pharma-Unternehmens gehalten haben soll, war sicher ein Zufall. Auch ohne solche Zynismen schadet es nicht, sich daran zu erinnern, wie heftig die US-Regierung nach dem 11. September 2001 vor Anschlägen mit Pocken und Milzbrand-Viren (englisch Anthrax) gewarnt hat. Berichten zufolge konnten daraufhin Millionen Packungen eines Anti-Pocken-Impfstoffs produziert und an die US-Regierung verkauft werden. Da dieser starke und äußerst unangenehme Nebenwirkungen hatte, wurde gleichzeitig ein Medikament geordert, das sie minimieren sollte – ein Produkt, das ebenfalls die ehemalige Firma besagten amerikanischen (Ex-)Regierungsmitglieds produzierte. Am Ende wurde zwar der Ankauf des Pockenimpfstoffs sowie des Anti-Nebenwirkungs-Mittels als nicht gerechtfertigt bezeichnet, was aber einem Anziehen des Aktienkurses des in Rede stehenden Unternehmens keinen Abbruch tat. Er soll bis über 700 Prozent angestiegen sein.

Der 11. September 2001 ist in vielerlei Hinsicht ein so gravierendes Datum, dass es sich lohnt, das mysteriöse Massensterben von Mikrobiologen aus dem Reich des Vergessens zu holen, das knapp nach dem WTC-Anschlag eingesetzt hat.

Eine Reihe führender Mikrobiologen aus den USA, Australien, England, Israel und Russland wurde damals innerhalb von fünf Monaten ermordet oder starb unter mysteriösen Umständen. Die meisten von ihnen sollen Experten für Biowaffen oder Seuchen gewesen sein und mit hochgefährlichen Erregern experimentiert haben. Die ersten drei von ihnen starben im November 2001 in einem Zeitraum von etwas mehr als einer Woche.

Der Sensenmann nimmt Biologen aufs Korn

Tod von Dr. Benito Que, 52 Jahre, am 12. November 2001: Er war ein Experte für ansteckende Krankheiten und Zellularbiologie an der medizinischen Hochschule Miami. Die Polizei vermutet, dass er am 12. November 2001 in einem Parkhaus der Hochschule erschlagen wurde. Es wurden bisher keine Spuren für den Tathergang gefunden.

Tod von Prof. Dr. C. Wiley, 57 Jahre, am 16. November 2001: Vier Tage, nachdem Dr. Que tot aufgefunden wurde, kam es zum geheimnisvollen Verschwinden von Dr. Wiley, einem der prominentesten Biologen in den Vereinigten Staaten. Er war Experte für das Immunsystem und Virenangriffe, tätig beim medizinischen Institut Howard Hughes an der Harvard-Universität. Die Polizei fand sein Mietauto auf einer Brücke außerhalb von Memphis, Tennessee. Er selbst wurde später im Mississippi tot aufgefunden. Das gerichtsmedizinische Institut kam zu der Auffassung, er müsse von der Brücke gefallen sein. Das FBI verdächtigte Wiley, den Milzbranderreger in Umlauf gebracht zu haben. Dazu die Aussage eines britischen Regierungsmitglieds: »Wir glauben, Wiley wurde von den US-Behörden ermordet.«

Tod von Dr. Vladimir Pasechnik, 64 Jahre, am 21. November 2001: Fünf Tage später starb der russische Biologe Dr. Pasechnik an den Folgen eines Anschlags. Er forschte im Bereich der biologischen Massenvernichtung. Nach der Lossagung von der UdSSR wechselte er 1989 nach Großbritannien. Durch ihn wurde dem Westen zum ersten Mal das Spektrum des heimlichen biologischen Kriegsführungsprogramms der UdSSR nähergebracht. Seine Enthüllung über den Umfang der sowjetischen Produktion biologischer Mittel wie Anthrax, Pest, Tularämie und Pocken lieferten Einsicht in eines der am strengsten gehüteten Geheimnisse des Kalten Krieges. In England arbeitete er später zehn Jahre in der Mikrobiologieforschung, danach gründete er seine eigene Firma und arbeitete in den Bereichen Krebstherapie, neurologische Krankheiten, Tuberkulose und andere ansteckende Krankheiten.

Mord an Dr. Robert M. Schwartz am 14. Dezember 2001: Im US-Bundesstaat Virginia wurde der Mikrobiologe in der Nähe seines Bauernhauses in Leesberg mit durchgeschnittener Kehle gefunden. Auf seinem Körper war mit einer Klinge an mehreren Stellen ein X eingeritzt worden. Das Mordopfer war als führender Forscher für Genforschung bekannt.

Tod von Nguyen Van Set, 44 Jahre, am 18. Dezember 2001: Vier Tage später starb Nguyen Van Set in Geelong, Australien, in einem Labor während der Arbeit an der Freisetzung von Stickstoff. Sein Team war gerade zu Ruhm gekommen wegen einer Erfindung, um Pocken zu bekämpfen.

Tod von Victor Korshunov, 56 Jahre, am 9. Februar 2002: An diesem Tag wurde der russische Biologe Victor Korshunov in der Nähe seines Hauses in Moskau zusammengeschlagen. Er erlag seinen Verletzungen.

Tod von Ian Langford, 40 Jahre, am 14.2.2002: Der britische Biologe Ian Langford wurde tot in seiner Wohnung gefunden. Er war Experte in der Klimaforschung.

Tod von Tanya Holzmayer und Guyang Huang am 27./28. Februar 2002: In der Nacht fand man in San Francisco den chinesischen Mikrobiologen Guyang Huang tot auf der Straße sowie die Mikrobiologin Tanya Holzmayer im Hause erschossen vor. Über den Tathergang berichteten die Behörden, dass in der Nacht des 27. Februar 2002 ein Pizzaservice bei Tanya Holzmayer klingelte. Sie wies den Lieferanten ab, da sie nichts bestellt hätte. Bei dieser Gelegenheit wäre der Tatverdächtige Guyang Huang in das Haus eingedrungen und hätte Frau Holzmayer erschossen, anschließend habe sich Guyang Huang selbst gerichtet. Beide studierten an der Universität in Chicago und wurden als hochgradig begabt geschildert. Sie arbeiteten beide im selben pharmazeutischen Unternehmen. Frau Holzmayer nahm dort eine führende Stellung ein. Zum Zeitpunkt der Morde war der Tatverdächtige nicht mehr in dem Unternehmen beschäftigt.

Tod von David Wynn-Williams am 24. März 2002: David Wynn-Williams, ein angesehener Astrobiologe und Antarktisforscher. Sein Forschungsgebiet waren Mikroben, die im Weltraum überleben können. Er arbeitete mit einer amerikanischen Raumagentur der NASA, um die Ausrüstung für einen Marslander zu entwickeln, und beriet Forscher in Großbritannien. Auch in ein Biologieexperiment war er miteinbezogen. 1980 erhielt er eine Medaille für seinen hervorragenden Beitrag zur polaren Wissenschaft. Er starb durch einen ungewöhnlichen Verkehrsunfall nahe seinem Haus in Cambridge, England.

Tod von Dr. Steven Mostov, 63 Jahre, am 25. März 2002: Einen Tag nach David Wynn-Williams kam der Biologe Steven Mostow durch einen Flugzeugabsturz in der Nähe von Denver ums Leben.

Darüber hinaus meinen Rechercheure auf eine weitere, durch eine größere Opferzahl verdeckte Massenfahrt von Biologen ins Jenseits nach dem 11. September gestoßen zu sein:

Am 4. Oktober 2001 wurde das sibirische Linienflugzeug *Air Sibir 1812* auf dem Weg von Tel Aviv nach Novosibirsk über dem Schwarzen Meer angeblich durch einen ukrainischen Boden-Luftflugkörper abgeschossen, wobei alle Insassen ums Leben kamen. Aus Israel gab es die Information, dass sich unter den Passagieren vier oder fünf Biologen befanden, die auf dem Weg waren, um in einem der wissenschaftlichen Labors in Novosibirsk zu arbeiten. Israelische Journalisten behaupteten, gleichzeitig wären zwei israelische Biologen von Terroristen ermordet worden.

Am 24. November 2001 stürzte eine *Crossair*, die von Berlin nach Zürich unterwegs war, während des Landevorgangs bei Klothen ab. Von den 33 Passagieren überlebten nur neun das Unglück. An Bord befand sich auch ein Team israelischer Biologen einschließlich des »Kopfes« der Hämatologieabteilung am Krankenhaus Ichilov sowie Direktoren der Tel Aviv-Öffentlichkeits-Gesundheitsabteilung und der hebräischen Hochschule für Medizin. Es waren die Biologen **Dr. Avishai Berkman, Dr. Amiramp Eldor** und **Prof. Yaacov Matzner.**

Was man von dieser seltsamen Serie halten soll, bleibt fraglich. Bemerkenswert ist sie jedenfalls. Manche meinen, sie wäre ein Teil der Mittel und Wege, mit denen die sogenannten »Dunkelmächte« an die Umsetzung ihrer, keinen Stein auf dem anderen lassenden Langzeitpläne gehen. Und das schon seit langem ...

Teil IV

Der Zugriff der Mächtigen

Totale Beherrschung

»Wenn uns die Freiheit, frei zu sprechen,
genommen ist, können wir, stumpf und schweigend,
wie Schafe zur Schlachtbank geführt werden.«
George Washington

Peitsche ohne Zuckerbrot

»Selbst wenn man weiß, dass man
Paranoiker ist, können sie
trotzdem hinter einem her sein.«
Unbekannter Zyniker

Woher glauben Sie, stammt folgendes Zitat:

»Es unterliegt keinem Zweifel, dass die Entwicklung in der Richtung auf einen einzigen, ausnahmslos alle Unternehmungen und ausnahmslos alle Staaten verschlingenden Welttrust verläuft. Doch diese Entwicklung erfolgt unter solchen Umständen, in einem solchen Tempo, unter solchen Widersprüchen, Konflikten und Erschütterungen – keineswegs nur ökonomischen, sondern auch politischen, nationalen usw. usf. –, dass notwendigerweise, bevor es zu einem einzigen Welttrust, zu einer ›ultraimperialistischen‹ Weltvereinigung der nationalen Finanzkapitale kommt, der Imperialismus unweigerlich bersten muss, dass der Kapitalismus in sein Gegenteil umschlagen wird.«

Es wäre nahe liegend, diese Aussage einem zu theatralischen Formulierungen neigenden Globalismusgegner unserer Tage zuzuschreiben. Sie ist jedoch über hundert Jahre alt und stammt von einem Mann, der heute ziemlich in Verruf geraten ist und zu dessen Fans auch ich keineswegs zähle. Da ich aber, im Gegensatz zu manchen »Korrekten«, mein Urteil über eine Ansicht nicht davon abhängig mache, wer etwas sagt, sondern nur davon, was er sagt, halte ich den ersten Teil obiger Analyse für nicht ganz falsch. Der langen Rede kurzer Sinn: Der Urheber ist Lenin (Ulanow), konkret aus dem Vorwort zu Bucharins Broschüre »*Weltwirtschaft und Imperialismus*«.

Lenins Prognose vom Niedergang des Kapitalismus scheint jedoch nicht zuzutreffen. Noch macht der Kapitalismus global gesehen nämlich keine Anstalten, in sein Gegenteil umzuschlagen. Nach wie vor scheinen sich die westlichen Regierungen in einem wundersamen Konsens darauf geeinigt zu haben, den Staat abzuschaffen. Es wird ein Schein der Freiwilligkeit erzeugt, indem die Volksvertreter Verträge zur Unterwerfung, Entrechtung und Aufgabe des Eigentums ihrer Völker unterschreiben. Sukzessive wandert Tag für Tag alles und jedes in die Hände von Investoren. So lange, bis der globalen Finanzindustrie und den transnationalen Konzernen ein von allen staatlichen, kulturellen und moralischen Schranken freies Operationsgebiet zur Verfügung steht.

Darunter ist nicht, wie manche beschwichtigend meinen, ein globaler Markt mit austauschenden Warenanbietern im geläufigen Sinne zu verstehen, sondern eine wirtschaftliche Machtstruktur zur profitorientierten Regelung des Lebens aller Menschen auf der Erde, wie sie heute viele angstvoll heraufdämmern sehen. Am Ende steht ihrer Ansicht nach die dauernd beschworene »One World« mit einem durchmischten, unstrukturierten und konturlosen Menschenbrei (die Formulierung ist nicht von mir. Ich wiederhole sie nur wegen ihrer Deutlichkeit). Damit wären alle Weltbürger absolut gleich, wenn auch nicht im Sinne des »globalen Wohlstands«, von dem immer gefaselt wird. De facto wird Wohlstand nach Ansicht ernsthafter Fachleute für etwa 95 Prozent der späteren »Weltbürger« ein Fremdwort sein. Diesbezügliche Versprechungen wären reine Beschwichtigung, um die verarmenden Massen ruhigzustellen – ein fiktives »Zuckerbrot«, das es nicht geben wird. Was es nach illusionslosen Zukunftsforschern sehr wohl jetzt schon gibt, ist die zum Zuckerbrot gehörende Peitsche aus dem bekannten Sprichwort.

Um diese Entwicklung trotz immer ergrimmterer Bürger weiter durchziehen zu können, braucht man die totale Kontrolle über alle Lebensbereiche und eine bewaffnete Macht zur Niederhaltung der breiten Masse. Die Lösung heißt auch hier Privatisierung. Nach Bahn, Post, Infrastruktur etc. als Vollendung das private Militär. Die bereits unglaubliche Dimension erreicht habende Privatisierung der Streitkräfte freut den nichts ahnenden Bürger sogar, entbindet sie ihn doch seiner als überholt angesehenen Wehrdienstpflicht. Wie der Vietnamkrieg gezeigt hat, reagiert besonders die US-Bevölkerung empfindlich auf veröffentlichte Zahlen der im Einsatz gefallenen Mitbürger. Die Verluste der *Kriegs-AG* unterliegen der unveröffentlichten, firmeneigenen Kostenrechnung. Übergriffe im Feindesland – von sexueller Belästigung bis zu Mord – landen in der Regel nicht mehr vor einem Militärgericht, sondern führen zu Gehaltsabzügen, zumindest sehen das manche Kritiker so.

Der wehrunwillige Zeitgenosse übersieht dabei, dass in der Geschichte schon so manches wohlhabende Gemeinwesen Wohlstand und Freiheit an gut bezahlte Söldnerführer verloren hat, und zwar in dem Augenblick, in dem die Streitmacht der angeheuerten Söldnergruppe die der Bürger überstieg.

Fazit: Wenn der Sozialstaat aufgegeben wird, braucht man einen funktionierenden Polizeistaat mit modernen Landsknechten, die für Geld auf alles und jedes schießen, daheim auf aufmüpfige Bürger und in fernen Ländern auf »Demokratisierungsunwillige«, sprich Privatisierungsgegner.

»Freiheit, die ich meine ...«

»Die Lehre von der Gleichheit
ist das Ende der Gerechtigkeit«
Friedrich Nietzsche

Die Freiheit, von der in Max von Schenkendorfs Gedicht von 1813 die Rede ist, hat sich nach Ansicht vieler Zeitgenossen spätestens seit dem Ausbruch des »Kampfes gegen den Terrorismus« in Schall und Rauch aufgelöst. Eines Kampfes, der in Wirklichkeit ein unverhüllter Krieg zur Aufrechterhaltung der ökonomischen Interessen eines kleinen Teiles der Menschheit ist. Selbst nüchterne Naturen, die mit Verschwörungstheorien nichts am Hut haben, fürchten, dass mit dem Schlachtruf »War on Terror« fast schon jede denkbare Einschränkung der Bürgerrechte genutzt werden kann – und auch genutzt wird. Was für die Mehrheit heute fast schon normal ist, erinnert weniger Abgestumpfte fatal an den »ewigen Krieg« in George Orwells Klassiker *»1984«*.

Menschen verlieren im Kampf um die Menschenrechte eben diese. Verdächtige werden von der »besten Demokratie« in Kumpanei mit anderen westlichen Demokratien ohne stichhaltige Begründung auf offener Straße entführt, in Foltergefängnissen rund um die Welt jahrelang festgehalten und traktiert.

In dem Zusammenhang ist es erwähnenswert, dass sich herausgestellt zu haben scheint, dass es sich dort, aber auch in Abu-Ghraib und in andern irakischen Gefängnissen, keineswegs, wie die amerikanische Regierung behauptet, um perverse Entgleisungen Einzelner handelt, sondern um seit Jahrzehnten »bewährte« Foltermethoden. In der Sendung des SWR vom 9. Juli 2007 *»Folterexperten. Die geheimen Methoden des CIA«* wurde ein geheimes Handbuch des CIA präsentiert, das 1963, nach systematischen wissenschaftlichen Forschungen, erstellt und dann u.a. südamerikanischen Militärdiktaturen zur Verfügung gestellt wurde. Im Rahmen des Krieges gegen den Terror hat der CIA das Handbuch offenbar wieder ausgegraben, um es den Verhörtrupps in Guantanamo und Abu Ghraib zur Verfügung zu stellen. Die Suche nach den Wurzeln der geheimen Foltermethoden des US-Geheimdienstes führt noch weiter zurück in die Vergangenheit. Wie es scheint, hat der CIA diese speziellen Foltertechniken von SS-Schergen und KZ-Ärzten übernommen, aber das kennen wir ja bereits von der Einheit 731 und von anderen »Experten« des Horrors, die von den USA pardoniert und weiterverwendet wurden. Natürlich werden nicht alle Verdächtigen gefoltert. Manche sozusagen »vorbeugend erschossen«, wie der erwähnte unglückliche U-Bahn-Passagier in London.

Führer demokratischer Länder tagen in Sicherheitszonen, die zu Festungen ausgebaut sind, und werden bei Staatsbesuchen besser geschützt als manche Diktatoren. Wie man vernehmen konnte, hätte der Wien-Besuch von US-Präsident George Walker Bush und seiner Gemahlin im Juni 2006 die österreichischen Behörden auf erstaunliche Ideen gebracht. Polizeibeamte sollen im Vorfeld Kontakt mit Ärzten aufgenommen haben, deren Ordinationen entlang der von dem Staatsgast befahrenen Route liegen. Die Ärzte sollten Namen, Geburtsdatum und Adresse jener Patienten offenbaren, die an den Besuchstagen (20. und 21. Juni 2006) vorgemerkt waren. Ärztekammer, Datenschützer und Opposition reagierten mit Kritik. Das Innenministerium bestätigte die Anfragen und begründete sie damit, dass den Patienten der Zutritt zu den Sperrzonen erleichtert werde.

Laut *Arge Daten* sollen auch Geschäftsleute, deren Lokale in der großräumig errichteten Sperrzone lagen, dazu gedrängt worden sein, neben den Daten ihrer Mitarbeiter auch die Kundenkarteien offenzulegen – obwohl Kunden in der Sperrzonenzeit sowieso keinen Zutritt zu den Geschäften haben würden. Manche Unternehmer hätten sich einschüchtern lassen und durch die Herausgabe der Daten eine Datenschutzverletzung begangen.

»Die Polizei im Übrigen auch, da sie nur rechtmäßig beschaffte Daten verwenden darf und sich daher – wie im vorliegenden Fall – bei einer Datenerhebung zur Gefahrenvorbeugung vergewissern muss, dass zu den Daten die erforderlichen Zustimmungen vorliegen«, so die Arge Daten.

Das Ministerium bestreitet diese Datenerhebungen. Sei es wie es sei. Unbestreitbar ist jedenfalls, dass beim Besuch des der Demokratieverletzungen beschuldigten russischen Präsidenten Putin ein Jahr später in Österreich weit geringere und weit weniger Rechte beeinträchtigende Sicherheitsvorkehrungen getroffen wurden als 2006 beim Besuch des Anführers der demokratischen Welt.

Neben solchen dramatischen Vorgängen empfinden manche überhaupt einen schleichenden Demokratieverlust auf der österreichischen »Insel der Seligen«. Beispielsweise zahlreiche Leserbriefschreiber, die es, gelinde gesagt, als eine Unverfrorenheit empfinden, dass von der nach der Wahl vom Oktober 2006 gebildeten großen Koalition aus Volkspartei (ÖVP) und den knapp siegreichen Sozialdemokraten (SPÖ) eine Verlängerung der Legislaturperiode von vier auf fünf Jahren beschlossen wurde, um »länger für das österreichische Volk arbeiten zu können«. Ob besagtes Volk das auch wünschte und nicht vielleicht lieber wie bisher – und wie in 20 EU-Staaten üblich – nach vier Jahren eine eventuell nicht geliebte Regierung wieder abwählen würde, davon war keine Rede. Laute Rufe, auch in den Medien, nach einer Volksabstimmung über diese gravierende Änderung wurden »nicht einmal ignoriert« wie Karl Valentin zu sagen pflegte. Warum sollten sie auch beachtet werden, hatte es sich schon Jahre zuvor eine vergangene VP/SP-Koalition zur Regel gemacht, die Verfassung mit Zweidrittelmehrheit zu ändern, um Gesetze doch durchzubringen, deren Nicht-Verfassungsmäßigkeit vom Verfassungsgerichtshof festgestellt wurde.

Um meinem Heimatland nicht Unrecht zu tun, sei festgehalten, dass Derartiges sich nicht auf Österreich beschränkt. Manche Rechtswissenschaftler sind deshalb der Meinung, die frühen Verfassungsgeber hätten solche Manöver dezidiert verboten, wenn sie sie damals für möglich gehalten hätten. Den Verkauf von Volkseigentum übrigens auch, aber auf die Idee, Volksvertreter könnten hoheitliche Versorgungseinrichtungen wie Post oder Bahn einfach verkaufen, ist vor Jahrzehnten offenbar ebenfalls niemand gekommen. Ebenso wenig wie auf den Gedanken, in dem nach dem Horror des Faschismus demokratisch aufblühenden Europa könnten im 21. Jahrhundert Nachrichten- und Medienmanipulation, aller Orten versteckte Kameras, Gesinnungsterror, Meinungsverbot, EU-Haftbefehl usw. zum Alltag gehören.

Angesichts dessen stellt sich für Besorgte die Frage: Wenn all dies heute schon normal ist, mit welchen Methoden mögen die Mächtigen ihre Herrschaft fürderhin ausüben und zementieren? Manche finden die Antwort in der Vergangenheit, und zwar im 1835 erschienenen

Werk von Alexis de Tocqueville (1805–1859) *»Über die Demokratie in Amerika«*. Darin äußert der französische Adelige, der 1831 die USA bereiste, unter anderem:

»Der Herrscher sagt nicht mehr: entweder du denkst wie ich oder du bist des Todes; er sagt: du bist frei, nicht so zu denken wie ich; du behältst dein Leben, deinen Besitz, alles; aber von dem Tag an bist du unter uns ein Fremdling.«

Die hochgejubelte Gleichheit stellte für Tocqueville in Wirklichkeit das Mittel dar, mit dem eine neue Aristokratie in Gestalt der Unternehmer und Finanztycoone daran ging, eine nie zuvor dagewesene Unfreiheit für eine wachsende Masse neuer Heloten, wie die Staatssklaven im alten Sparta hießen, in Gestalt der Arbeiter, Bauern und anderer unzähliger Abhängiger zu etablieren. Für den französischen Amerikakenner des 19. Jahrhunderts gab es »kein Land, in dem im Allgemeinen weniger geistige Unabhängigkeit und weniger wahre Freiheit herrscht als in Amerika«. Genau das soll auch in Europa etabliert werden, wie jenseits des Großen Teichs ebenfalls durch gezielte Herrschaft über die Köpfe.

Von der Sprachkontrolle zur kalten Enteignung

»Im zwanzigsten Jahrhundert werden in der Gesellschaft jene eigentliche Macht ausüben, die fähig sind, ihre Sprachregelung in der Gesellschaft durchzusetzen.«
Friedrich Nietzsche (1844–1900)

Wie schon festgestellt, schafft Kommunikation Wirklichkeit (wenn auch nicht objektive Realität). Entscheidend für die so erzielte »Meinungsbildung« ist der richtige Mix aus Des-Information und Nicht-Information (Ausblendung von Unerwünschtem). Dazu kommt noch ein Faktor, an den in diesem Zusammenhang selten gedacht wird: *kulturelle Hegemonie.*

Dieser Begriff stammt vom sozialistisch-kommunistischen Theoretiker, Schriftsteller, Philosophen und Politiker Antonio Gramsci (1891–1937) und wird von manchen so gedeutet: Wenn man positive Begriffe, beispielsweise Kunst, Schönheit oder Modernität mit Begriffen verknüpft, die gemeinhin wenig positive Regungen auslösen, beispielsweise Abfall oder Fäkalien, kommt es sukzessive zu einer Umkehr der Werte: Hässliches wird modern, schön und künstlerisch. Ohne mich hier in eine Kunstdebatte zu verstricken, habe ich dieses Beispiel ausgewählt, weil es erstens von vielen angeführt wird und zweitens den Mechanismus plakativ beschreibt, von dem die Rede ist.

Schon der Arzt und Soziologe Gustave Le Bon hat in seinem 1895 erschienenen Klassiker *»Die Psychologie der Massen«* dargelegt, dass Botschaften umso rascher von der Masse angenommen werden, je unbelasteter sie von logisch-rationellen Inhalten sind und je geschickter sie ins Unterbewusstsein befördert werden. Das vermutete wohl auch der Berliner Privatgelehrte und Philosoph Walther Borgius, als er 1904 in seinem Buch *»Die Ideenwelt des Anarchismus«* feststellte, die Schablonisierung der Untertanen sei das probateste Mittel, um den Beherrschern derselben ihre Herrschaft zu sichern.

Soviel zur Theorie. Wie aber setzt man das in die Praxis um? Auch hierzu gibt es Meinungen. Eine davon lautet: indem man die Sprache durch »Sittlichkeitsgebote« – sprich politisch korrekte Formulierungen – so deformiert, dass am Ende niemand mehr weiß, wo vorne und hinten ist. Zudem ist der schlichte Zeitgenosse auch gehörig damit beschäftigt zu lernen, wie er sich korrekt ausdrücken soll, um nicht anzuecken oder gar als Diskriminierer vor den Richter gezerrt zu werden. Um dem geforderten »Sozialbewusstsein« (»social awareness«) gerecht zu werden, muss im Grunde eine neue Sprache gelernt werden. Deren Regeln sind zwar nicht klar, aber nicht weniger kompliziert als die einer Fremdsprache. Zu beachten wären beispielsweise:

- Vermeidung der üblichen und verständlichen Bezeichnungen von Minderheiten
- Einfügen des Binnen-I wo es nur geht oder auch nicht geht (Zyniker fragen: Wann kommen endlich die MännerInnen?)
- Strenges Aussprechen der weiblichen und männlichen Formen: Bürgerinnen und Bürger, Zuhörerinnen und Zuhörer, Einwohnerinnen und Einwohner, Berlinerinnen und Berliner usw. (Liebhaberinnen sind derzeit noch ein Grenzfall und bei Worten wie Mensch oder Verwandter wird es endgültig zum unlösbaren Krampf.)
- Euphemismen für Behinderungen (»visuell Herausgeforderte« für Sehschwache oder »Andersbefähigte« für Menschen mit den unterschiedlichsten Behinderungen)
- Vermeidung einer »Sprache der Gewalt« (»ungestümer Selbstverwirklicher« statt Mörder, verhaltensauffällige oder verhaltensoriginelle Schüler für kleine Gewalttäter)

Statt diese Beispiele seitenweise fortzusetzen, bitte ich, mich nicht falsch zu verstehen. Niemand soll verunglimpft oder lächerlich gemacht werden. Was aufgezeigt werden soll, ist der Umstand, dass mit solchen

Sprachverrenkungen den durch sie »Geschonten« schon mal ein Bärendienst geleistet werden kann. Beispielsweise Menschen mit Behinderungen, wenn die Empfänger von Aussendungen von Hilfsorganisationen zu ihrer Irritation in den um Spenden ersuchenden Briefen von »Menschen mit besonderen Bedürfnissen« lesen müssen. Darunter assoziiert nicht jeder sofort das Richtige.

Wie manche Kritiker meinen, soll im Grunde auch gar niemand geschont, sondern auf allen Ebenen allgemeine Verwirrung verbreitet werden. Das Endziel wäre dann totale Konfusion: Niemand weiß mehr, was er eigentlich sagen darf und was nicht. Vormals »normale« und auch von der Sprachwurzel her unbelastete Begriffe sind plötzlich verpönt. Verwendet man sie gedankenlos, steht man entweder am Pranger oder, wenn man Pech hat, vor Gericht. Am besten man sagt gar nichts, was **irgendwie** belastet sein **könnte**, oder man konsultiert die tatsächlich existierenden und immer umfangreicher werdenden Listen von »Pfui-Wörtern«. Orwell wäre begeistert. Seine Gedankenpolizei ist gar nicht mehr notwendig, der Bürger kontrolliert sich selbst.

Für manche sind die Exzesse der »political correctness« nicht mehr und nicht weniger als ein Angriff auf die Grundlagen der Demokratie. »Wo kommen wir denn hin«, habe ich nicht nur einmal vernommen, »wenn Personen, die man nicht kennt – und die **nicht** der Gesetzgeber sind –, die **Macht** haben, einem zu diktieren, was man zu sagen oder nicht zu sagen hat?« Ich gebe zu, diese Betrachtungsweise hat mich verblüfft, als ich sie das erste Mal gehört habe. Dann begann ich allerdings darüber nachzudenken und kann das nur jedermann ebenfalls empfehlen. Auch hier mangelt es nämlich noch gehörig an Durchblick.

Wie sehr sich eine anti-diskriminatorische Verwirrung bereits in unserem Vorbildland USA ausgebreitet hat, demonstriert eine Meldung, deren Skurrilität fast schon beeindruckt: Die Organisation *Public Employees for Environmental Responsibility (PEER)* hat in einer offiziellen Pressemitteilung vom 28. Dezember 2006 bekannt gegeben, den Mitarbeitern des *Grand Canyon National Park* sei es nicht länger erlaubt, offizielle Angaben zum geologischen Alter der etwa 450 km langen Schlucht im US-Bundesstaat Arizona zu machen. Dazu wurden die Parkangestellten von der Bush-Administration angehalten, um auf die religiösen Gefühle bibelgläubiger Kreationisten Rücksicht zu nehmen. Für diese ist der Grand Canyon nämlich das Ergebnis der alttestamentarischen Sintflut und nicht das Resultat jahrmillionenlanger Erosion. Etwaige eigene geologische Überzeugungen der Angestellten zählen allerdings nicht.

Erkennen Sie, wohin der Hase zu laufen scheint? Aufdecker wollen es erkannt haben: Was harmlose Naturen naiv für Einzelerscheinungen halten und Globalisierungsfans als Preis des Fortschritts(!) deklarieren, sind de facto die ersten Symptome einer tiefgreifenden Systemveränderung durch Sprachzerstörung, Hand in Hand mit gesetzlichen Anti-Diskriminierungsorgien, die manche als kalte Enteignung und Verhöhnung des im Westens hochgehaltenen freien Unternehmertums ansehen. Sie argumentieren: Warum darf ich als Unternehmer mein Geld nicht jemandem verweigern, der mir unsympathisch ist, oder als Vermieter dem die Wohnung geben, der mir mehr zu Gesicht steht als ein anderer, warum auch immer?

Das Erziehungssystem verwandelt sich ebenfalls. Schulen wagen nicht mehr, Schüler nach ihrer Begabung aufzunehmen, sondern unterwerfen sich statt dessen »ethnischen Quotierungen«. Auch in anderer Hinsicht scheint für viele in den Schulen so mancher Grundstein für die neue Weltordnung gelegt zu werden ...

Für das Leben lernen

Die meisten werden den Ausspruch irgendwann einmal gehört haben. »Nicht für die Schule, für das Leben lernt man!« Einem Bericht der *»Rome News Tribune«* zufolge sollen Kinder an den Schulen der Stadt Rome im US-Bundesstaat Georgia Spezielles für das Leben lernen, und zwar, dass es völlig alltäglich ist, für alles und jedes biometrische Daten von sich preiszugeben. Ein neues System sieht vor, dass Schüler an allen Schulen in der Stadt – von der Grundschule bis zur Oberschule – ihre Schulmahlzeiten mittels eines eingescannten Fingerabdrucks bezahlen können. Die Kinder werden auf diese Weise identifiziert und der Preis des Essens auf ihrem bei der Schule geführten Konto belastet. Zuvor musste jedes Kind seinen Zahlencode an der Kasse eingeben. Davor wiederum hatte das Vorzeigen von Ausweiskarten genügt, die von der Schule herausgegeben wurden. Damit gelangt die Stadtverwaltung in den Besitz eindeutiger Fingerabdruckdaten aller Kinder der Stadt. Es sind rund 9.000, deren Fingerabdrücke nun registriert und elektronisch gespeichert werden. Einen vergleichbaren Fall, nämlich die Ausgabe der mittäglichen Schulmahlzeit gegen den Fingerabdruck des Schülers, kennt man seit 2000 in einer Schule in Wien.

Wie auch in anderen Fällen von »Bürgererfassung« werden solche Maßnahmen mit Vorteilen begründet. Vorteile, die manchen im Vergleich mit der einschneidenden Natur der Maßnahme als läppisch erscheinen. Urteilen Sie selbst über die offizielle Begründung: Durch die Identifizierung via Fingerabdruck solle die Wartezeit bei der Essenausgabe verkürzt und dem Ärger mit vergessenen Zahlencodes und Ausweiskarten ein Ende gemacht werden.

Nach Ansicht einiger weniger Kritiker dieser Neuerung wird vielmehr auf lange Sicht dem Schutz des Privaten ein Ende gemacht, wenn auch Schritt für Schritt. Für die Mehrheit der Eltern und der Schüler waren die »Vorteile« allerdings überzeugend. Nun kann es sicherlich kaum verwundern, wenn Kinder sich keine Sorgen über Persönlichkeitsrechte, Privatsphäre oder einen zunehmend allwissenden Staat machen, Erwachsene hingegen sollten sich solche Sorgen vielleicht schon machen ...

Für jene, die sich sehr wohl Sorgen machen, ist der Zug allerdings bereits abgefahren. Immer noch ein klein wenig mehr die Sicherheitsschraube anziehen, gegen dieses Erfolgsrezept scheint kein Kraut gewachsen. Der Bürger nimmt's nämlich gelassen. In seliger Ignoranz denkt er: Wer nichts auf dem Kerbholz hat, braucht auch keine Angst vor dem bisschen Überwachung zu haben. Ergo: Schicken wir ruhig freiwillig Kopien unserer E-Mails an die zuständigen Behörden, legen wir unsere Telefongespräche offen, geben wir Fingerabdrücke und lassen wir uns biometrisch vermessen. Daher ist für viele in unerbittlicher Konsequenz klar, dass in absehbarer Zukunft allen Babys gleich nach der Geburt Mikrochips eingepflanzt und diese via Internet mit den Computern der diversesten Sicherheits- und Überwachungsbehörden vernetzt werden.

Bis es so weit ist, bedient man sich menschlicher Unterstützung, an der es noch nie gemangelt hat.

Blockwarte im 21. Jahrhundert

Ältere Jahrgänge erinnern sich noch der »Blockwarte« unseligen Angedenkens. Am unteren Ende der NS-Parteifunktionäre angesiedelt, war ihre Macht dennoch recht groß. Weil diese Schnüffler und Überwacher im Dritten Reich von Anfang an kein hohes Ansehen genossen und im Volksmund als »Treppenterrier« bezeichnet wurden, erfolgte schon früh ihre Umbenennung in »Blockleiter«. Das steigerte ihre Beliebtheit zwar nicht, änderte aber auch nichts an ihrer Funktion als allgegenwärtiges Überwachungs- und Unterdrückungsinstrument. Ein Blockwart/Blockleiter war für 40 bis 60 Haushalte zuständig und konnte seinerseits Helfer rekrutieren. Diese wurden als Hauswarte bezeichnet. Obgleich sie weit weniger Macht hatten als ihre Rekrutierer, wurden sie von der Bevölkerung gleich verachtet und gefürchtet.

Ungeachtet der üblen Erfahrungen mit Spitzelsystemen in totalitären Regimes, denken heute viele Zeitgenossen in Demokratien: »Wenn es heißt, wir sollten aufpassen, was der Nachbar, der Kollege, die eigene Frau und unsere Freunde tun und lassen, denken und reden, was ist schon dabei?« Manchen schmeichelt es sogar, zu den informellen Mitarbeitern der Behörden zu zählen. Nicht zu vergessen, die Freude an der damit verbundenen heimlichen Machtausübung, die menschliche Natur ist nun mal so. Daher bewährt sich gegenseitiges Ausspionieren stets großartig. Selbstverständlich auch in als solchen deklarierten Demokratien.

Unter dem griffigen Slogan *»Verbrechensbekämpfung vom Sofa aus«* präsentierte im Januar 2006 die Londoner *»Metropolitan Police«* eine neue Werbekampagne, die alle Bürger dazu aufruft, jegliches »verdächtige Verhalten« an die Behörden zu melden. Eine Woche später wurde bekannt, dass »aufmerksame Bürger« im Londoner Stadtteil Shoreditch, Verwaltungsbezirk Hackney, im Rahmen eines Pilotprojektes die technischen Möglichkeiten für diese »verantwortungsvolle Aufgabe« erhalten würden. Über ihre TV-Geräte könnten nämlich die Bewohner zweier Wohnblöcke des sozialen Wohnungsbaus auf den »Gemeinde-Sicherheits-Kanal« schalten, um die Bilder von elf Überwachungskameras in der Nähe der Häuser zu erhalten. Ohne auch nur zum Telefon greifen zu müssen, könnte jegliches »verdächtige Verhalten« durch einen Rückkanal an die Behörden gemeldet werden. Die Polizei hingegen kann über diesen Kanal Informationen über Anwohner ausstrahlen, die verdächtigt werden, gegen die im Jahr 2003 erlassenen *»Gesetze gegen gesellschaftsfeindliches Verhalten«* zu verstoßen. Was darunter zu verstehen ist, erscheint manchen als reichlich weit gefasst. Zu »gesellschaftsfeindlichem Verhalten« gehören nämlich nicht nur Vandalismus, Angriffe und Bedrohungen, sondern auch Betteln, Ruhestörung, Beleidigungen, Prostitution sowie bei Minderjährigen das Trinken von Alkohol und Rauchen. Nach erfolgreichem Abschluss des Pilotprojekts erhalten 20.000 Haushalte die Möglichkeit, auf Hunderte *Closed-Circuit-Television (CCTV)*-Überwachungskameras zuzugreifen. Manche Häuserblöcke sollen mit jeweils bis zu 400 Aufnahmegeräten bestückt werden. Weitere Londoner Stadtteile sind an dem Projekt interessiert.

Zyniker prägten für ein System, durch das jeder jeden überwachen kann, sozusagen als Volksausgabe von Orwells *»Big Brother«* umgehend den Begriff *»Little Brother«*. Der britische Datenschutzbeauftragte hingegen äußerte lediglich, man wäre beunruhigt, wenn es zu einer weitverbreiteten Ausstrahlung von Bildern käme, die Menschen bei ihren täglichen Erledigungen identifizierbar machen würden. Genau das ist aber laut Ansicht weniger Optimistischer das Ziel des Projekts. Ihrer Ansicht nach ist es nämlich höchst unwahrscheinlich, dass durch diese Überwachung die Sicherheit in dem Stadtteil verbessert werden könnte. Lediglich Verbrechern würde das Leben erleichtert. Gemütlich vor dem heimischen Fernseher sitzend, könnten Einbrecher beobachten, wie wohlhabende Bürger die Wohnungen verlassen oder Pädophile die Schulwege ihrer Opfer ausspionieren.

Auch wenn es nach Ansicht von Besorgten durch »Meinungsbildung« mittlerweile gelungen ist, zahlreichen Zeitgenossen die Bereitschaft einzuimpfen, den Nachbarn, den Bürokollegen, ja, sogar Familienmitglieder für potentielle Terroristen zu halten, vermuten manche, dass eine zusätzliche Tiefenbeeinflussung stattfindet, um den gewünschten Effekt zu verstärken.

Gehirnwäsche zweiter Waschgang

Eine Standard-Gehirnwaschtechnik ist der Einsatz von unterbewusstem Grauen. Dazu zählen erschreckende Bilder, von denen man sich nicht abwenden kann, oder Schilderungen, die einem Schauer über den Rücken laufen lassen, denen man aber trotzdem gebannt lauscht. Diese Technik schwächt die Fähigkeit des Verstandes für Schlussfolgerungen und macht ihn empfänglich für Suggestionen und Manipulationen.

Das wussten bereits die Meistermanipulatoren, die das amerikanische Volk durch PR zur Teilnahme am Ersten Weltkrieg bewegt haben, der den US-Bürgern ohne Gehirnwäsche völlig egal gewesen wäre. Erst Bilder der bekannten, von Kaiser Wilhelm angeblich persönlich in Belgien abgehackten Kinderhände und die Beschreibung bei deutschen Militärärzten angeblich gefundener Reagenzgläser mit Augäpfeln und Ähnliches, das man heute aus Horrorfilmen kennt, erweckten beim gutwilligen Durchschnittsamerikaner einen »gesunden Hass« auf die »Hunnen« und die Bereitschaft, es diesen zu zeigen. Damit nutzten die damaligen Propagandisten in genialer Weise jene Dualität im Menschen aus, die Massen in abscheuliche Splatterstreifen treibt, bei denen das Blut buchstäblich von der Kinoleinwand rinnt: Man gruselt sich wohlig, kann mit Fug und Recht seiner Aggression und seinem Hass gegen schreckliche Täter freien Lauf lassen – und sich gleichzeitig tief drinnen mit diesen identifizieren. Freud at his best, wie ich in meinem Buch *»Lügen in Krieg und Frieden. Die geheime Macht der Meinungsmacher«* ausführlich darlege (siehe meine Website www.farkas.at).

Für Insider ist die Psychodampfwalze, die 2001 in nie zuvor dagewesener Weise zum Einsatz kam und nach wie vor rollt, ein exzellentes Beispiel für diese Art von Tiefen-Gehirnwäsche. Erinnern wir uns: Unmittelbar nach dem Angriff auf das World Trade Center vom 11. September 2001 präsentierte jeder TV-Kanal in den Vereinigten Staaten aus allen denkbaren Winkeln wieder und wieder die Bilder der Flugzeuge, wie sie in die Twin Towers krachten, gefolgt von Aufnahmen des Einstürzens der beiden Türme. Es war wohl die erschreckendste Realaufnahme, welche die meisten Amerikaner sowie der Rest der Welt, der ebenfalls damit überschwemmt wurde – und noch wird – überhaupt je gesehen hatten.

Auch die damit einhergehende Sprache der Kommentatoren lässt sich wohl nur als apokalyptisch-metaphorisch beschreiben. Man sprach von »Dantes Inferno«, »Pforten der Hölle«, »teuflischer Bösartigkeit«, »Faustschlag ins Herz der amerikanischen Demokratie«, »Abgesandten der Unterwelt« usw. Auffällig dabei ist, dass vom ursprünglich zum Vergleich herangezogenen Angriff auf Pearl Harbor bald nicht mehr die Rede war. Wahrscheinlich, so meinen manche, weil vermutet wird, besagter Angriff sei vorher gewusst und zugelassen worden, um in den Zweiten Weltkrieg eintreten zu können (ich erwähnte es bereits).

Hatten Sie am 11. September 2001 vielleicht auch ein seltsames »Déjàvu«-Gefühl? Möglicherweise erscheinen Ihnen Aussagen wie »Dies ist eine Zeit des Krieges. Die Tatsache, dass er innerhalb unserer Grenzen ist, bedeutet, dass es eine neue Art Krieg ist« wie aus einem Drehbuch entnommen. Genauso ist es auch.

Die zitierte Aussage stammt aus dem Politthriller von 1998 *»Ausnahmezustand« (The Siege).* Darin geht es um Attentate, die ein Netzwerk arabischer Terroristenzellen in New York City verübt, die Taten von zunehmender Intensität gegen Zivilziele in New York City begehen. Im Film eingeschnittene Aufnahmen von Präsident Clinton steigern das Gefühl von Authentizität. Als die Terroristen immer monströser wüten, wird New York City unter Kriegsrecht gesetzt. Wie in der Realität Jahre später nach dem Hurrikan Katrina, rückt im Film das US-Militär in die Stadt ein, geführt von Bruce Willis. Alle, die »arabisch« aussehen, werden zusammengetrieben und in Internierungslager gesteckt. Solches gab es ja bereits bei der schon erwähnten Sammelinternierung aller »verdächtigen Gelben« im Zweiten Weltkrieg, sprich aller US-Bürger mit einem Sechzehntelanteil japanischen Blutes.

Auch wenn die Araber in *»Ausnahmezustand«* von Kräften in den USA missbraucht wurden und daher vergleichsweise gut wegkommen, ist das meist nicht der Fall. Tatsächlich war in den Jahren vor dem Anschlag geschätzt mindestens ein halbes Dutzend US-Filmproduktionen über einen Terrorangriff auf die Vereinigten Staaten zu sehen, natürlich auch in unseren Kinos. Nicht wenige davon präsentierten »Araber« oder »islamische Fundamentalisten« als die Übeltäter. Ich selbst erinnere mich beispielsweise an *»True Lies«* oder *»Einsame Entscheidung«*, um zwei weitere zu nennen. Alles sehr gut gemachte Streifen übrigens. »Gott, dies ist wie ein Kinofilm«, rief ein CBS-Moderator aus, als der erste WTC-Turm einstürzte. Und die »Wow«- und »Whooh«- und »Heilige-Scheiße«-Ausrufe der Menschen am Boden, die das Flugzeug in die Turmseite rasen sahen, haben Sie die nicht schon mal bei einem Actionfilm vernommen?

Natürlich ist es abwegig zu behaupten, solche Filme wären von den Produktionsfirmen absichtlich so gestaltet worden, um die arabische Welt in ein schiefes Licht zu rücken. Dass Kinobesucher aber dazu tendieren könnten, »arabischen Terroristen« den 11. September zuzutrauen, wird man wohl nicht verneinen können. Erwähnenswert erscheint mir, dass es auch Produktionen gibt, die ein anderes Bild zeichnen. Beispielsweise Brian De Palmas *»Spiel auf Zeit« (Snake Eyes)*, wie *»Ausnahmezustand«* ebenfalls von 1998, in dem ein arabischer Terrorist vorgeschoben und vom Drahtzieher – einem amerikanischen Offizier – sofort nach dem Attentat erschossen und als Sündenbock präsentiert wird.

Sei es, wie es sei.

Nach dem 11. September wurde neben der gesamten westlichen Welt speziell die US-Bevölkerung, die sich in einem Zustand des Terrors und des Schocks befand, auf eine Weise dauerberieselt, für die manche den Ausdruck »mit Suggestionen bombardiert« fanden. Flüchtige Fotos der erstaunlich schnell identifizierten »Attentäter« erschienen und immer wieder das Bild des »dämonischen Anführers« hinter der Tat, Osama bin Laden, der seither zu einem Phantom geworden ist, das, wie Misstrauische vermuten, immer dann aus dem Hut gezaubert wird, wenn man es braucht. Für Psychologen ist es unbestreitbar, dass die »Bilder des 11. September«, und zwar sowohl die Untat als auch die »Täter«, mittlerweile zum festen Bestandteil des Unterbewusstseins fast jeden Erdenbürgers geworden sind, der sie wahrnehmen konnte.

An den Tagen nach dem Angriff erreichte die Zustimmung für Präsident Bush über unglaubliche neunzig Prozent. Nach seiner landesweit übertragenen Fernsehansprache vom 13. September 2001 soll sie sogar noch einmal angestiegen sein. Analysten begründeten es damit, dass der Präsident sich so verhalten hätte, »wie es die Amerikaner von ihm erwarteten«. Manche Befragte verglichen Bush mit dem kühnen Präsidenten aus dem Blockbuster *»Independence Day«*, der sich außerirdischen Invasoren in einem Jagdflugzeug persönlich entgegenstellt. Vielleicht war dies auch Bush bewusst, worauf er 2003, wenige Monate nach der Irak-Invasion, in einer Fliegerkombination auf einem Flugzeugträger voreilig verkündete: »Mission accomplished!« (»Mission erfüllt!«).

Als böses Alter Ego des guten US-Kriegerpräsidenten und damit sein Gegenspieler in der virtuellen Arena bot sich ein ehemaliger Verbündeter an. Dieser ist heute fast schon zum alten Bekannten geworden: der »gefürchtetste Terrorist aller Zeiten«, der viel gesuchte, schemenhafte Osama bin Laden. Düster, wenn auch leicht messianisch, blickt er aus dem Fernsehschirm. Der dunkle Teint, der Bart, der Kaftan, Waffen in der Hand oder im Hintergrund – alles wie erwartet. Ein ideales Subjekt, um Volkes Zorn zu fokussieren und am Kochen zu halten. Klar ersichtlich »Staatsfeind Nr. 1«.

Kritische Kommunikationsfachleute halten die »Figur bin Laden« für einen über viele Jahre hindurch systematisch aufgebauten »Terror-Archetypus«, vergleichbar mit dem »typischen albanischen Flüchtlingsmädchen« aus dem zynisch-satirischen Film *»Wag the Dog«*, bei dessen filmischer Erschaffung sogar das bei der Flucht an die Brust gepresste Kätzchen durch »Morphing« durchgespielt wurde, bis es »passte«.

Natürlich kann solches nicht behauptet werden. Ein Gedankenexperiment scheint manchen jedoch legitim: Wie würde der ideale, von »Spin Doctoren« am Computer entworfene Anti-Bush wohl aussehen, den eine Casting Crew für einen patriotischen Film besetzen sollte? Filmexperten meinen: Ein mystisch kirchlicher Typ, der wie eine Mischung aus Dracula und Khomeini aussieht, bekäme die Rolle. Dracula nicht nur wegen seiner dämonischen Faszination, sondern weil die wohl bekannteste Verkörperung des Vampirs der fast zwei Meter große, aristokratische Christopher Lee ist (Osama bin Laden soll auch um die zwei Meter messen).

Wie man im August 2007 Internetveröffentlichungen entnehmen konnte, soll ein Computer-Sicherheitsexperte diverse der »Terroristenvideos« aufgrund von ihm darauf festgestellter Manipulationen als Fälschung entlarvt haben.

Die Bevölkerung ist durch jahrelange Berichte über die Umtriebe arabischer Fundamentalisten, Radikalisten etc. darauf vorbereitet, die »Osama-Story« zu akzeptieren. Umfrageergebnisse zeigen, dass Amerikaner ohne stützende Beweise der Meinung sind, dass jeder Terrorakt »arabischen« Ursprungs sei. Noch signifikanter ist wohl der Umstand, dass zwei Drittel der US-Bürger immer noch Saddam Hussein als Drahtzieher des 11. September vermuten, ungeachtet der Tatsache, dass Fundamentalisten konsequent verfolgt wurden, solange Hussein geherrscht hat. Wie Untersuchungen ergaben, haben die Amerikaner innerhalb der ersten Minuten nach dem Angriff auf das World Trade Center entschieden, dies sei das Werk arabischer Terroristen im Auftrag bin Ladens. »Man musste ihnen das nicht sagen«, so eine der Erkenntnisse, »sie waren bereits darauf konditioniert, es zu glauben«.

Eine der in den USA aktiven, wenn auch eher zahnlosen Medienwächterorganisationen spricht von mehr als einem Dutzend Auftritten des ehemaligen CIA-Direktors James Woolsey in den ersten Tagen nach dem Angriff, der jedesmal die Botschaft wiederholte, man müsse gegen den Iran, den Irak und jedermann sonst Krieg führen, der bin Laden und seinesgleichen förderte. Bei einem Senator, der in einer anderen Sendung Ähnliches verkündete, kamen besagte Medienbeobachter bezüglich der zu Bekämpfenden »mit dem Zählen nicht mehr nach«. Urteilen Sie selbst, ob und wie in diesen Tagen nicht nur Meinung gemacht, sondern Gehirnwäsche betrieben wurde:

Die *»New York Post«* am 12. September 2001: »Die Antwort auf dieses unvorstellbare Pearl Harbor des 21. Jahrhunderts sollte so einfach wie schnell sein. Erledigt die Bastarde! Ein Schuss zwischen die Augen, sprengt sie in Fetzen, vergiftet sie, wenn nötig! Und die Städte oder Länder dieser Heerscharen von Gewürm, bombt sie platt wie Basketballplätze!«

Am 14. September 2001 ein »Opinion Editorial« in der *»Washington Times«*, verfasst von einem Beamten der *Defense Intelligence Agency*: »Als bloßes Minimum sollten taktische Kernwaffen gegen die Camps von bin Laden in der Wüste Afghanistans verwendet werden. Weniger würde von vergifteten Geistern, welche diese Angriffe orchestrierten, mit Recht als Feigheit seitens der Vereinigten Staaten und der gegenwärtigen Regierung angesehen werden.«

Am 17. September 2001 verlangte ein Sprecher von *»Fox News«*, wenn die Taliban nicht bin Laden aushändigten, sollten die Vereinigten Staaten die afghanische Infrastruktur in Trümmer legen – Flughafen, Kraftwerke, Wasserwerke und die Straßen ... »Das ist ein sehr primitives Land. Und ihnen die Existenzfähigkeit zu nehmen sollte nicht schwer sein. Denken Sie daran, die Leute eines jeden Landes sind verantwortlich für die Regierung, die sie haben. Die Deutschen waren für Hitler verantwortlich. Die Afghanen sind für die Taliban verantwortlich. Wir sollten nicht auf Zivilisten zielen. Aber wenn sie sich nicht gegen ihre Regierung stellen, verhungern sie, Punktum.« Der gute Mann schlug in dieser und in anderen Sendungen vor, die irakische Bevölkerung ein weiteres Mal »intensiven Schmerz spüren zu lassen« und Libyen alle Nahrungsmittel-Versorgungen zu sperren. »Lassen wir sie Sand fressen.«

Bis heute hat niemand in den großen Mediensendungen der Vereinigten Staaten auch nur angedeutet, es könne eine Verwicklung von US-Elementen mit dem Anschlag geben. Stattdessen gab und gibt es einen stetigen Strom von Berichten, Dokumentationen oder Zeugenaussagen über das Leid der betroffenen Opfer, über den Mut der Rettungsarbeiter und derer, die umkamen, zusammen mit Schnappschüssen der besorgten Bürger. Aussagen von Feuerwehrleuten, die in den Türmen Explosionen gehört haben wollen, oder Informationen über haarsträubende Ungereimtheiten, wie sie der US-Millionär Jimmy Walter seit Jahren rings um die Welt in Riesenkonferenzen aufzeigt, fehlen jedoch völlig. Eine solche Konferenz fand 2005 drei Tage lang in Wien in einem großen Zentrum statt. Ich selbst war einer von Tausenden von Besuchern. Die dort präsentierten Fakten waren gelinde gesagt **sensationell**, die Medienberichterstattung hingegen **Null**.

Manche finden es auch interessant, wenn nicht sogar bemerkenswert, dass kein Aufhebens darüber gemacht wurde, als die Finanzmärkte zu krachen begannen, nachdem die Wall Street am 17. September 2001 wieder öffnete. Ein Sturz mit dieser Geschwindigkeit wird normalerweise »Crash« genannt. Aber in den zwei Wochen dieses »Crashs« hat nicht ein Kommentator in einer der großen Medien dieses Wort verwendet. Vielmehr wurde dem hysterischen US-Bürger erklärt, es wäre seine patriotische Pflicht, Glauben in den Wiederanstieg der Märkte und der heimischen Wirtschaft zu haben. »Wir können nicht erlauben, dass die Terroristen uns besiegen und unsere Wirtschaft herunterbringen«, sagte ein Finanzfachmann in seinem im Fernsehen übertragenen *»Wall-Street-Week«*-Kommentar.

Ein Börsenhändler meinte in einem weniger systemkonformen Kommentar:

»Mein Gott! Der Boden ist gebrochen und niemand nennt es einen Crash. Es ist so was wie unsere patriotische Aufgabe, das Wort nicht zu erwähnen. Hölle, der Dow verlor mehr als 1.500 Punkte – das ist ein **Crash**. Aber wenn ich zufällig belauscht werde, wenn ich das sage, schauen die Leute auf mich ›Wo ist Ihre amerikanische Flagge? Erinnern Sie sich, wer Sie sind und daran, was geschehen ist. Möchten Sie Osama bin Laden in seinem Plot helfen, unsere Wirtschaft zu zerstören?‹. Das ist unglaublich!«

De facto blieb diesem Händler also gar nichts anderes übrig, als in dasselbe Horn zu stoßen wie viele andere »mediengehirngewaschene« Amerikaner: »Es ist kein Crash, es ist ein Terroristenereignis.«

Angesichts dieser Verhältnisse weisen Informierte auf manche Studien von Think Tanks hin, die schon vor Jahrzehnten genau diese Entwicklung vorhergesehen haben. Besondere Beachtung verdient die Prognose zweier Wissenschaftler des Tavistock-Instituts in London Mitte der 1970er-Jahre, dass die USA Ende des Jahrhunderts wahrscheinlich ein faschistischer Polizeistaat geworden seien. Besagtes Institut wurde 1946 als Ableger der *Tavistock Clinic* gegründet und hieß ursprünglich *Tavistock-Institute of Human Relations*. Es betreibt Forschung im Bereich Sozialwissenschaften und angewandte Psychologie, verfügt über einen eigenen Verlag und ist Eigentümer und Herausgeber von *»Human Relations«*, einem internationalen Journal für Sozialwissenschaften. Das Institut wird sowohl von der EU gerne konsultiert als auch von einzelnen Regierungen. Die Klinik ist heute ein britisches Unternehmen des *National Health Service (NHS)*.

Die beiden »Tavistocker« entwickelten die Theorie der »Sozialturbulenz«. Diese besagt: Wenn eine Gesellschaft einer Reihe von »Schocks« (Energieknappheit, wirtschaftliche und finanzielle Zusammenbrüche sowie **Terroristenangriffe**) ausgesetzt wird, wobei diese »Schocks« schnell aufeinander folgen und mit zunehmender Intensität ausgeteilt würden, dann sei es möglich, die gesamte Gesellschaft, in einen Zustand von Massenpsychose zu versetzen. Die Leute würden in populäre Unterhaltungen flüchten, erfüllt von hilfloser Raserei. Diese Raserei könnte dann leicht durch jene gesteuert werden, die Zugang und Kontrolle über die Mittel der Massenkommunikation haben, vornehmlich dem Fernsehen.

»Clockwork Orange Now«

In zwei Analysen, die in »höheren Kreisen« in England und den USA viel beachtet wurden, legten die beiden Wissenschaftler dar, dass der Prozess des Fernsehens selbst ein Gehirnwaschmechanismus sei. Sie zitierten darin ihre eigenen Studien darüber, wie Gewöhnungsfernsehen, welchen Inhalts auch immer, die kognitiven Kräfte des Verstandes schwäche und eine narkoseartige Wirkung auf das Zentralnervensystem ausübe. Ein Effekt, der Gewöhnungszuschauer leichter Suggestionen und Manipulationen zugänglich machen würde. Zusätzlich stellen sie fest, solchermaßen gehirngewaschene Personen würden hysterisch leugnen, dass etwas mit ihnen nicht in Ordnung wäre, ja, sogar, dass eine solche Beeinflussung ihres Denkens überhaupt möglich sei. Ein Autor und ein Regisseur wussten es schon vor Jahrzehnten besser.

In einem frostigen Resümee warf die Tavistock-Studie die Frage auf, ob nicht die gewalttätige, von einem Polizeistaat beherrschte Gesellschaft des Buches von 1962 *»Clockwork Orange«* von Anthony Burgess, das Stanley Kubrick 1971 verfilmt hat, die logische gesellschaftliche Realität der USA zum Ende des Jahrhunderts sein würde als Resultat von mehr als einem halben Jahrhundert Massengehirnwäsche durch die Medien, primär durch das Fernsehen. Der merkwürdig anmutende Titel bezieht sich entweder auf eine Cockney-Redewendung für etwas Seltsames oder wird von dem malaiischen Wort »orang« abgeleitet, das Mensch bedeutet. Welche Deutung auch stimmen mag, in einem sind sich alle Burgess/Kubrik-Interpreten einig: Fasst man den Titel so auf, dass der Mensch ein Uhrwerk sei, das aufgezogen werden kann, liegt man richtig, denn eine teuflische Gehirnwäschemethode macht in Buch und Film aus Missliebigen brave Bürger. Die Asozialen werden sozusagen aufgezogen und ihre Zeit (ihre Orientierung) neu eingestellt.

Darüber hinaus ist die Welt von *»Clockwork Orange«* von unaufhörlicher Gewalttätigkeit als täglichem Bestandteil des Lebens geprägt. Die Reichen werden geschützt. Allen anderen wird erklärt, sie müssten eben mit dem

Risiko leben, dass sie auf offener Straße von einer Jugendgang ermordet werden und sollten sich darauf einstellen. Fügt man zu den verfeindeten Gangs, die Straßen durchstreifen, aber auch Banden, die »normale Bürger« umlegen, noch eine Dauerbedrohung durch Terroristen hinzu, ist man im amerikanischen Heute.

Auch wenn nicht alle bereit sind, eine Brücke von einem mehrere Jahrzehnte alten Buch und Film zur »Neuen Weltordnung« zu schlagen, so sind manche dennoch der Meinung, die Zimmerleute der »One World« würden eine globale Entwicklung befördern, deren Resultat man durchaus als »Clockwork-Orange-Gesellschaft« bezeichnen könnte: eine Masse hoffnungs- und willenloser Weltbürger und keine Abweichler, denn Letztere würden durch mentale Konditionierung zu Ersteren.

Noch ist der »One World-Slum« nicht etabliert. Noch ist es nicht legitim, die Gehirne von Unerwünschten jeglicher Couleur durch »chemisches Putzen nach Burgess und Kubrick« gesellschaftskonform zu machen.

Aber auch solange es noch nicht völlig legitim ist, nicht nur Mörder wie Alex aus *»Clockwork Orange«*, sondern auch Bürgerrechtler unter Drogen zu setzen oder sie einer Lobotomie zu unterwerfen, kann man effektiv dafür sorgen, dass keiner aus der Reihe tanzt. Und das Beste daran: Die Leute **wollen** es so!

RFID – »Reduzierte Freiheit industriell durchgezogen«

»Die Freiheit ist dein Recht, Leute zu, wählen, die Kontrolle über dich ausüben.«
Aus dem Internet

»Trojanische Pferde« im Mikroformat

Wie ich in meinem Buch *»Schatten der Macht«* dargelegt habe, ist die fast schon hundertprozentige Marktsättigung mit Handys die ideale Voraussetzung für eine lückenlose Bürgerüberwachung. Schließlich trägt Hinz und Kunz seinen persönlichen Beichtstuhl und Bewegungsmelder stets mit sich. Manche schaffen es mittlerweile nicht einmal mehr, das neben dem Bett liegende Handy auszuschalten, weil sie sich sonst isoliert fühlen würden.

Warnungen von Datenschützern, nicht aktivierte Handys könnten aus der Ferne eingeschaltet werden, ohne dass der Besitzer das merkt, und würden so zu Abhöranlagen, wurden meist in den Wind geschlagen oder nicht an die große Glocke gehängt. Doch im Sommer 2007 berichteten Kleinmeldungen in den Medien Interessantes, ich zitiere:

»Das Handy wird verstärkt zum Fahndungsinstrument. Ermittler sind nicht nur in der Lage, den Aufenthaltsort eines Verdächtigen per Handy-Peilung zu ermitteln. Jetzt kann auch die Telefon-Software per Fernsteuerung so manipuliert werden, dass sich die Freisprecheinrichtung einschaltet und den Täter heimlich abhört!«

Wer glaubt, solche Möglichkeiten der Überwachung und Kontrolle ließen sich nicht mehr steigern, der irrt.

Haben Sie am 14. Mai 2007 die ZDF-Spieldokumentation *»Auf Nummer sicher?«* in der Reihe *»Agenda 2020«* gesehen? Wenn ja, dann wissen Sie, dass das Kürzel RFID nicht mit dem Wortspiel in meiner Überschrift identisch ist, das mir einmal zu Ohren gekommen ist. Wahrscheinlich haben nicht viele die Sendung mitbekommen, da sie um Mitternacht ausgestrahlt wurde. Jene, die sie gesehen haben, wissen aber nicht nur, dass RFID »Radio Frequency Identification« heißt, sondern auch, weshalb diese vier Buchstaben für viele die totale Kontrolle über jeden Staatsbürger vom Kind bis zum Greis bedeuten. Auf RFID-Chips lässt sich nämlich ohne Probleme so gut wie die gesamte Identität speichern und drahtlos abrufen: Krankengeschichte, Steuerakte, Strafregister usw. usf.

Einen ersten Vorgeschmack auf die »Wohltaten« der RFID-Technik und deren Verwendung in Chips habe ich schon in *»Mythos Informationsgesellschaft. Was wir aus den Medien nicht erfahren«* gegeben, der nun erweitert werden soll, beginnend bei den Wurzeln.

Ein US-Unternehmen, das seit den 1950er-Jahren auf dem Gebiet der Tieridentifikation arbeitet, vermarktete 1987 implantierbare Chips für Tiere. 1991 wurde deren RFID-Technologie von einer auf Kampfflugzeug- und Weltraumtechnik spezialisierten Firma in Amerika gekauft. Deren Spezialisten modifizierten den Chip für eine Implantation im Menschen. Der für Menschen taugliche Chip wurde schließlich 1997 von einem Unternehmensgiganten aufgekauft, der hinter dem ominösen *HAARP-Projekt* stehen soll. Nach verschlungenen Fusionen und Firmenumbenennungen konnte der RFID-Chip seinen Siegeszug in jeden Winkel der menschlichen Gesellschaft antreten.

Nachdem die meisten Vierbeiner im Westen Chipträger geworden sind, ist der »Body-Funkchip« für Zweibeiner, ein RFID-Transponder namens *Verichip*, groß im Kommen. Heute schon gibt es Diskotheken, wo man nur eintreten kann, wenn man einen RFID-Chip im Körper trägt, was sich groteskerweise großer Beliebtheit erfreut. »Die glücklichen Sklaven sind die erbittertsten Feinde der Freiheit«, das wusste doch schon Maria von Ebner-Eschenbach (1830–1916).

Trotz der gar nicht hoch genug einzuschätzenden menschlichen Ignoranz, bedarf es langer Vorarbeit, damit der »Bürger mit Chip« zum allgemein akzeptierten Normalbürger wird. Womit konnte und kann man nun die meisten Zeitgenossen zu »Chip-Fans« machen? Mit der Sorge um ihre Gesundheit.

In Kanada wollten die Verbraucher nach diversen Skandalen wissen, woher ihr Essen kommt und wer was damit angestellt hat. Was wäre naheliegender und akzeptabler, als die Route, auf der Lebensmittel zum Verbraucher gelangen, durch RFID-Etiketten nachvollziehbar zu machen? Die zuständige Behörde hat deshalb ein Rahmenwerk für eine Gesetzgebung erstellt, durch die der Weg von 80 Prozent aller Nahrungsprodukte kontrollierbar wird. Wie bei Initiativen dieser Art nicht selten, waren die Amerikaner den Kanadiern um Jahre voraus. Nach dem 11. September 2001 und der Milzbrand(Anthrax)-Hysterie führte die Angst vor Bio-Terrorismus in den USA 2002 zu einem Gesetz, nach dem die Wege für die Nahrungsmittelversorgung dokumentiert werden müssen, um eine Überwachung durch die Behörden zu gewährleisten.

Nun ist es so, dass Nahrungsmittel vom Erzeuger zum Verbraucher oft sehr viele Stationen durchlaufen. Um diese Kette Glied für Glied verfolgen zu können, ist die eindeutige Kennzeichnung jedes einzelnen Produkts erforderlich. Das ließe sich mit Barcode-Aufklebern bewerkstelligen, die immer wieder eingescannt werden müssen. Das ist nicht hundertprozentig sicher, zudem personalintensiv und daher teuer. »Das ist zu teuer« sind die Zauberworte, mit denen man fast alles und jedes einführen kann – also auch RFID-Chips in jedem Hühnerflügel und jedem Apfel. Die Europäer fürchten sich zwar weniger vor Bioterrorismus via Schweineschnitzel, wohl aber treibt sie die Angst vor Rinderwahnsinn oder Vogelgrippe. Dazu gesellt sich der Wunsch, regionale Marken zu schützen. Schließlich soll Parma-Schinken ja auch wirklich aus der richtigen Gegend stammen.

Da der Zivilisationsmensch zwar nicht Hunger leidet, aber dennoch nicht immer der Gesündeste ist (oftmals gerade deswegen, **weil** er nicht hungert), rennen Befürworter der RFID-Implantate offene Türen ein, wenn sie mit Vorteilen im Gesundheitswesen argumentieren.

Dass die RFID-Technik auch bei Arzneimitteln zum Einsatz kommen kann, ist zwar noch nicht allgemein bekannt, stößt aber auf wenig Widerspruch, wenn davon die Rede ist. Schließlich sollen mit RFID-Chips ausgerüstete Medikamente die Echtheit der Medikamente garantieren und Fälschern ihr Handwerk erschweren. Ein solches System arbeitet mit Chip-Etiketten, die auf der Verpackung oder direkt an den Produkten angebracht sind, wie beispielsweise an versiegelten Ampullen.

Neben der eindeutigen Erkennung von Originalware könnte diese Technologie auch dabei helfen, Abläufe schneller durchzuführen und Falschlieferungen zu reduzieren. Die Lagerhaltungskosten würden auch sinken, da die Bestände jederzeit per Funk aus der Ferne kontrolliert und mit der Nachfrage abgestimmt werden könnten.

Die Daten der Arzneimittel können sowohl am Produktionsstandort als auch in Apotheken und Krankenhäusern erfasst werden. So kann eine Krankenschwester vor der Verabreichung eines Medikaments überprüfen, ob der Patient das Richtige in der korrekten Dosierung bekommt. Wen wundert es da, dass die meisten Bürger nichts gegen Chips auf dem Pillenröhrchen haben? Also können Spitalspatienten Chips injiziert werden und Lesegeräte Einzug in die Kliniken halten. Fakt ist, dass in den USA jetzt schon zahlreiche Krankenhäuser RFID-Technologie in ihrer Notaufnahme einsetzen, um Bewusstlose zu identifizieren. Und dass man Häftlingen Chips verpassen soll, dagegen hat ohnedies kaum jemand etwas.

Last but not least ist da noch der persönliche Komfort. Man muss sich immer weniger »abmühen«: Haus- und Auto-Türen öffnen sich automatisch, Computer schalten sich ein, zum Bezahlen wird nur mehr der Arm an einem Scanner vorbeigeschwenkt. Und wenn einmal der »Personalzahn« gang und gäbe ist, braucht man künftig keinen persönlichen Ausweis mehr. Diese wundervolle Vision findet sich in einer flämischen Zeitung, die über eine solche Erfindung zweier belgischer Zahnärzte berichtete. Die beiden propagieren die Einpflanzung von RFID-Mikrochips mit einer Größe von ein mal sechs Millimetern samt Antenne sowie schützendem Gel in unsere Beißerchen. Auch der österreichische Rundfunk ORF widmete dieser dentalen Initiative, die »höheren Ortes« auf großes Interesse gestoßen sein soll, Anfang 2006 einen Beitrag.

Selbst wenn hierzulande Chips nicht so bald Eingang in unsere Gebisse finden, so dürften »Big Brother« durch solche winzigen »Trojanischen Pferde« auch andere Wege zur Bürgerüberwachung offenstehen. Dabei denken manche an die in Japan bereits vorhandenen 0,3 Millimeter großen Minichips, die nicht injiziert werden müssen, sondern jedermann unauffällig ins Essen gemischt werden können. Andere meinen, es würde einer so subtilen Vorgangsweise gar nicht bedürfen, da Chiptragen eines nicht allzu fernen Tages ohnehin Bürgerpflicht sein wird.

Die USA machen uns das, wie so manch anderes, bereits vor. So sollen im Bundesstaat Tennessee Behinderte zwangsimplantiert werden, damit die Polizei weiß, wohin sie gehören. Wenn die Entwicklung so weitergeht, wofür alles zu sprechen scheint, so werden auch jene dem Chip nicht entgehen, die sich im Vollbesitz ihrer geistigen und körperlichen Fähigkeiten wähnen.

Bürger müssen Implantate akzeptieren

Anfang 2007 äußerte der preisgekrönte Regisseur Aaron Russo in der Alex-Jones-Show, dass die wahre Absicht der globalen Elite eine durchgehend mit Mikrochips implantierte Bevölkerung sei. Null Privatsphäre, egal ob man unschuldig, schuldig oder uninteressiert ist. Leser, die mir davon berichtet haben, sind überzeugt, dass genau dies Schritt für Schritt durchgezogen werden soll.

Seit 2004, als die Chiperzeugerfirma von der US-Arzneimittelbehörde *Food and Drug Administration (FDA)* die Zulassung für den Einsatz des Chips für medizinische Zwecke erhalten hat, vermarktet sie den *Verichip*, der auch zur Identifikation von Vieh und Haustieren angewandt wird, als elektronischen Notfallausweis.

Auf der Jagd nach einem Autodieb war ein »Cop« im Mai 2006 mit seinem Streifenwagen gegen einen Telefonmast gerast. Als er schwer verletzt in die Notaufnahme des Universitätsklinikums im US-Bundesstaat New Jersey eingeliefert wurde, war er nicht ansprechbar. Das setzte eine seit

2005 übliche Routineprozedur in Gang. Der Arzt fuhr kurz mit einem Lesegerät über den Oberarm des Verunglückten: Der unter der Haut versteckte Chip funkte daraufhin seine Identifikationsnummer, mit der Ärzte medizinische Informationen über ihren Patienten aus einer Datenbank abrufen können. Der zum Unfallzeitpunkt 44-jährige Polizist ist seit langem Diabetiker. Fälle wie dieser gehören zur Hauptzielgruppe für den Ve*rimed*-Chip: Diabetiker, Alzheimerpatienten, Epileptiker, Menschen mit Herzleiden und andere chronisch Kranke. Gesundheit muss allerdings kein Schutz vor Implantierung sein.

Im Februar 2007 wurden Mitarbeiter einer Videoüberwachungs-Firma in Cincinnati dazu verdonnert, sich den RFID-Verichip injizieren zu lassen, damit sensible Datenbereiche besser geschützt werden können. »Alles passiert auf freiwilliger Basis«, sagte der Arzt, der den Angestellten die mit Glas umhüllten Chips eingesetzt hat. Sie sind etwas länger als ein Reiskorn, haben in etwa denselben Durchmesser und erlauben es (theoretisch), jeden Schritt ihrer Träger zu verfolgen. Das Argument, solche Implantate könnten ebenso leicht wieder entfernt werden wie implantierte Verhütungsmittel, ist für Datenschützer reine Theorie. Mitarbeitern, die ihren Job behalten wollen, werden die Mini-Spione kaum entfernen lassen, wenn diese Teil eines Identifikationssystems zur Zugangskontrolle für Sicherheitsbereiche sind.

Regierungsangestellte in Mexiko wurden vor die Wahl gestellt, entweder der Implantierung zuzustimmen oder ihren Arbeitsplatz zu verlieren. Mitarbeiter der mexikanischen Bundesanwaltschaft mussten sich den Chip einpflanzen lassen, um Sicherheitsbereiche betreten zu können.

Da Sicherheit generell in den USA ganz groß geschrieben wird, setzt die Werbung für den Einsatz von RFID-Technologie stark auf den Sicherheitsaspekt, unter anderem als Möglichkeit, Kindesentführungen zu verhindern. Darüber, wie leicht es Kidnappern fallen würde, die Chips in ihren Opfern lahmzulegen, finden sich keine Werbeaussagen. Auch nicht im Artikel der *»London Times«* vom Sommer 2007, in dem anlässlich des Verschwindens des britischen Kindes Madeleine McCann die Frage gestellt wurde, ob allen Kindern nicht ein Mikrochip implantiert werden sollte. England wird wohl speziell nach dem Irak-Krieg nicht grundlos als »Klein USA« bezeichnet.

Jeder, vom Restaurantbediensteten bis hin zum Flugzeugmechaniker, könnte bald zu einem biometrischen Fingerabdruck- und Iris-Scan gezwungen werden und letztlich einen Mikrochip implantiert bekommen.

Bürgerrechtsorganisationen warnen, dass ein Fernablesen der RFID-Chips an den Grenzen, wie es in Amerika im Aufbau ist und in Europa diskutiert wird, wahrscheinlich nur ein erster Schritt ist. Man fürchtet, Regierungen würden RFID-Chips generell in Führerscheine und schließlich in alle Ausweise integrieren. Jedermann wäre auf diese Art mit einem aus der Entfernung lesbaren Personalausweis ausgestattet, wo immer er auch geht und steht. Das wäre die ideale Ergänzung zu den bereits allerorten vorhandenen Überwachungskameras und den vom Gros der Bürger freiwillig mit sich geführten Peilgeräten und Beichtstühlen, »Handy« genannt. Kurzum: der Traum jedes Überwachungsstaates. In der Tat scheint sich das Überwachungsnetz allmählich zu schließen.

Wie man Kleinmeldungen entnehmen konnte, arbeiten Forscher am Lehrstuhl für Künstliche Intelligenz der Universität Saarland an einem Navigationssystem, das Personen innerhalb von Gebäuden den Weg weisen soll, die mit RFID-Chips bestückt sind. Um beispielsweise Geschäftspartner in einem großen Bürogebäude zu einem Konferenzraum zu lotsen, wird eine Software auf einem *Personal Digital Assistant (PDA)* installiert. Der PDA ist ein kleiner tragbarer Computer, der sich großer Beliebtheit erfreut, da er neben anderen Funktionen hauptsächlich für die persönliche Kalender-, Adress- und Aufgabenverwaltung benutzt wird.

»Für die Programmierung der Geräte reichen keine normalen Lagepläne, da bei diesen die räumliche Dimension und damit beispielsweise der Weg über das Treppenhaus in das nächste Stockwerk fehlt«, erklärte ein Informatiker in einem Interview. »Daher muss für die Navigation in geschlossenen Räumen das Gebäude zuerst als dreidimensionales Modell erfasst werden. Von Gebäuden meistens vorhandene CAD-Zeichnungen helfen hier auch nicht weiter, denn sie sind für die Konstruktion und nicht für die Navigation entworfen.« Die Antwort ist eine Software, mit der per Mausklick Wände, Türen und Treppenhäuser eines Gebäudes nachgebildet werden können. Wenn die RFID-Chips an Decken und Wänden angebracht sind, kann der vom Benutzer getragene PDA mit ihnen kommunizieren. Der Besucher weiß dann genau, an welcher Stelle im Gebäude er sich gerade befindet. Chip-Euphoriker halten solche Entwicklungen nicht für die Endstufe, sondern nur für einen Zwischenschritt. Sie schwärmen vom gechippten Zeitgenossen, der keine Gerätschaften mit sich herumtragen muss, sondern diese im Körper eingebaut hat, auf dass sie elektronisch Türen öffnen, die Bezahlung an der Supermarktkasse übernehmen, Ausweisleistungen unnötig machen oder zu seiner Rettung beitragen, wenn er von einer Lawine verschüttet wird. Der neueste Schrei sind RFID-Leser in USB-Stick-Form.

Trotz dieser verheißungsvollen Möglichkeiten, mutet eine vollständig implantierte Bevölkerung für Besorgte wie eine Szene aus einem düsteren Science-Fiction-Film an. Solche Dystopien werden manchmal von der Realität eingeholt, oft sogar überholt, will man der Zeitschrift *»The Age«* aus Australien glauben, der zufolge der Chip in den nächsten zehn Jahren genauso gewöhnlich sein wird wie Mobiltelefone heutzutage. Es wird geschätzt, dass rund 75 Prozent der Weltbevölkerung mit dem Chip ausgestattet sein werden.

Wie eingangs festgestellt, sind wir bereits in die »Body-Chip-Phase« eingetreten, wenngleich erst am Anfang. Noch ist der Bürger mit Chip eher ein Unikum und nicht die gesetzlich verordnete Norm. Aber nur abwarten ...

Im Fadenkreuz – wo ich geh' und steh, was ich auch tu'

Zuerst einmal müssen wir uns klar werden: Der Überwachungsstaat ist bereits Wirklichkeit, weit effektiver als Orwell sich in *»1984«* erträumt hat, wobei man allerdings eher von Albtraum als von Traum sprechen sollte. Oder wie sollte man es sonst nennen, wenn man im September 2006 in den SAT 1-Nachrichten von einem 415-Einwohnernest in den Weiten des US-Bundesstaates Minnesota vernehmen konnte, dass es dort keine Schule, keine Polizei, ja, nicht einmal eine Verkehrsampel gibt, wohl aber sage und schreibe 15 öffentliche Videoüberwachungskameras? Sich über »die Amis« zu mokieren wäre dennoch verfehlt, denn das am dichtesten mit Überwachungskameras bestückte Land ist ein europäisches: Großbritannien. Aber auch die anderen EU-Länder bemühen sich, Orwell weiter und weiter hinter sich zu lassen.

Fußgänger werden in Bruchteilen von Sekunden von Computern mit angeschlossenen Videokameras identifiziert. Jeder Auto fahrende Handybenutzer hinterlässt in den Datenbanken des Mautkonsortiums und der Telekommunikationsanbieter eine leicht zu verfolgende Bewegungsspur. Wer mit Plastikgeld zahlt, sowieso. Überweisungen vom Girokonto und Zahlungen mit EC- und Kreditkarte legen eine weitere Spur. Jede Bewegung im Internet wird registriert und gespeichert, wie auch Zeitpunkt und Teilnehmernummer jeder Telefonverbindung.

Meldungen vom Mai 2007 zufolge sollen die rechtlichen Voraussetzungen dafür geschaffen werden, auch Einzelpersonen als terroristische Vereinigung behandeln zu können. In Verbindung mit Online-Überwachungen könnte damit jeder, der im Netz surft und sich etwa auf radikalen Seiten **informiert** (was sein gutes Recht sein sollte), präventiv als Terrorist verhaftet und unter Umständen auch verurteilt werden. Einen Anschlag, eine Demo oder eine Revolution bräuchte man also gar nicht zu planen, um in Teufels Küche zu geraten. Ja selbst, wenn man **versehentlich** eine radikale Homepage oder eine solche mit Kinderpornographie anklickt und sie gleich wieder verlässt, könnte Übles drohen. Die Unschuldsvermutung wäre damit endgültig gestorben zusammen mit der verfassungsrechtlich geschützten Kern-Privatsphäre und dem Menschenrecht auf freie Meinungsäußerung. Kritiker malen angesichts einer projektierten EU-Richtlinie sogar das Ende der Gedankenfreiheit an die Wand. Ob eine solche Sorge übertrieben ist angesichts besagter Regelung, die vorsieht, sämtliche Internetverkehrsdaten und damit alle im Netz bewusst oder irrtümlich besuchten Seiten der Polizei zur Verfügung zu stellen, muss jeder für sich selbst entscheiden.

Wie Rundfunk-Berlin-Brandenburg-Sendung *»Kontraste«* am 10. Mai 2007 berichtete, hat der Verfassungsschutz zwei Jahre lang mit Erlaubnis des Bundesinnenministeriums per Dienstanweisung »verdeckte Online-Durchsuchungen« durchgeführt. Dabei konnten auch Tagebücher oder andere sehr persönliche Aufzeichnungen auf der Festplatte durchstöbert werden. Bei einer polizeilichen Haus- oder Wohnungsdurchsuchung braucht man einen richterlichen Beschluss und kann einen Anwalt hinzuziehen. Nicht so bei Online-Durchsuchungen. Hier zieht die Behörde die Daten heimlich, still und leise durch das Kabel, ohne dass der Ausgespähte das bemerken kann.

Die Online-Durchsuchung war kein Alleingang der Geheimdienste. Ein Minister und ein Staatssekretär haben sie 2005 eingefädelt. Die geheime Dienstanweisung wurde ordnungsgemäß an das Parlamentarische Kontrollgremium geschickt. Die Abgeordneten, deren Aufgabe die Kontrolle der Geheimdienste ist, sind mehrheitlich ältere Juristen, denen die Brisanz anscheinend nicht aufgefallen ist. Sicher nicht aus Nachlässigkeit, sondern möglicherweise einfach aufgrund mangelnder Fachkompetenz, wie manche vermuten. In den Turbulenzen der Bundestagswahl ging die Dienstanweisung unter. Sie ist unterschrieben und ein Jahr gültig. Das Kontrollgremium hat sie nicht gestoppt.

Im Herbst 2006 ist das Thema wieder da. Der Innenminister beantragt ganz offiziell Geld für die Online-Durchsuchungen. Dies muss der Bundestag genehmigen. Nun fällt einigen Abgeordneten auf, dass da irgendetwas nicht zu stimmen scheint.

Am 31. Januar 2007 erklärt der Bundesgerichtshof höchstrichterlich, Zitat: »Die verdeckte Online-Durchsuchung ist mangels einer Ermächtigungsgrundlage unzulässig.« Trotzdem stoppt der Innenminister seine Datensucher noch immer nicht. Jetzt wird auch das Kontrollgremium wach. Den Abgeordneten dämmert, was sie damals ahnungslos ignoriert haben. Zu spät. Schlimmer noch: Aufklären dürfen sie nicht. Sie sind ja zum Schweigen verpflichtet.

Im April 2007 stoppt der Innenminister die Online-Durchsuchungen. Vorläufig. Er will sogar die Verfassung ändern, um das Recht auf heimliches Ausspähen zu bekommen. Und der Verfassungsschutz hat die technischen Fähigkeiten dazu.

Ein Rechtsexperte in der »*Kontraste*«-Sendung:
»Wir haben einen Zustand erreicht, dass die Exekutive eine Allmacht in diesem Staat darstellt, die keinerlei verfassungsrechtliches Gewissen mehr hat. In ihrem scheinbaren Sicherheitsstreben vernichten sie sämtliche Grundrechte, die in dieser Republik bisher heilig waren ... Und das ist die verfassungsrechtliche Schweinerei, dass ein Verfassungsgericht sagt, hier ist die Grundrechtsgrenze erreicht, und die aktive Exekutive hat nichts anderes im Sinn, als die Gesetzeslage auf ihre Absurdität hin anzupassen. Das ist strafbarer Verfassungsmissbrauch. Das ist organisierte Kriminalität gegen die Verfassung.«

Auch in Österreich warnen kritische Stimmen vor »elektronischen Begehrlichkeiten von oben«. Ihnen zufolge soll nach einer Novelle des Telekommunikationsgesetztes frisch-fröhlich jede Kommunikation (Handy- und Festnetz-Telefonate, SMS, E-Mails und das Surfen) überwacht und sechs Monate lang gespeichert werden können, die Inhalte natürlich nicht, wie es offiziell heißt. Für diese »Datenspeicherung auf Vorrat« ist nicht mehr wie früher eine richterliche Anordnung erforderlich. Alles natürlich ausschließlich im Kampf gegen die Kriminalität und im Zeichen des »Kriegs gegen den Terror« sowie – man ahnte es vielleicht – als Umsetzung einer EU-Richtlinie.

Interessant ist in diesem Zusammenhang ein Leserbrief in der größten österreichischen Tageszeitung, in dem sich ein Bürger darüber beklagt, das Bundesministerium für Inneres hätte ihm unter Hinweis auf Datenschutz und Amtsverschwiegenheit die Auskunft darüber verweigert, wie viele vorbestrafte Asylanten sich in Österreich aufhielten. Das ergrimmte ihn, weil er, wie er ausführte, mit seinen Steuern für diese Personen aufkommen muss, aber nicht erfahren durfte, wie viele es seien. Auch ohne Grimm erscheint mir hier wieder eine von den Ungereimtheiten vorzuliegen, auf die ich im Vorwort verwiesen habe: Ausforschung auf der einen, Stillschweigen auf der anderen Seite.

Nicht nur Datenschützer betrachten die ganze Entwicklung mit Sorge. Manche äußern sich drastisch. Eine solche Wortmeldung bei einer Diskussion habe ich in Erinnerung. Der Betreffende sagte klipp und klar, in einer Demokratie, die diese Bezeichnung verdient, ginge es den Staat auch nichts an, wenn ein unbescholtener Bürger ein Bordell besuchen würde. Das hätte nur seine Frau zu interessieren. Irrtum, kann man da nur sagen. Denken wir nämlich weiter, und zwar bis unter die Gürtellinie, wo sich ja bekanntlich ein wesentlicher Teil des menschlichen Lebens abspielt.

Hormone im Dienste der Staatsgewalt

Die deutsche Bundesregierung soll mit einem Gesetzesentwurf schwanger gehen, der »bei wissentlichem Sex mit Zwangsprostituierten« eine Freiheitsstrafe von bis zu fünf Jahren vorsehen würde. Da dieser klarerweise schwer zu beweisen ist, hat der Gesetzgeber weiter gedacht und gleich noch einen zweiten (Gummi-)Straftatbestand erfunden, der da lautet: »Wer als Freier **leichtfertig** nicht erkennt, dass eine Prostituierte Opfer von Menschenhandel ist, muss mit zwei Jahren Gefängnis oder einer Geldstrafe rechnen.«

Natürlich ist jeder anständige Zeitgenosse gegen Menschenhandel sowie Sklaverei und damit selbstverständlich auch gegen den Zwang zur Prostitution, was den vorliegenden Gesetzesentwurf trotzdem nicht sinnvoll macht.

Wenn also Parlamentarier ein derart unsinniges Gesetz vorstellen, obwohl sie wissen, dass es nicht praktikabel ist, vermuten nicht nur misstrauische Naturen hinter dem Vorwand, Frauen schützen und Menschenhandel unterbinden zu wollen, andere Zielsetzungen. Worin aber kann der eigentliche Zweck dieses Gesetzesvorhabens liegen?

Die ersten Hinweise ergeben sich für diese Misstrauischen aus der Betrachtung des vorgesehenen Tatbildes: Ein Freier, der künftig auf dem Straßenstrich, im Eros-Center bzw. Laufhaus oder in der Privatwohnung mit einer »Dame der Körpervermietungsbranche« in Honorarverhandlungen tritt, muss sich vergewissern, dass seine vorgesehene Entspannungsgehilfin dem ältesten Gewerbe in absoluter Freiwilligkeit nachgeht. Andernfalls droht Gefängnis.

Versucht man, sich das praktisch vorzustellen, wird sofort klar, dass bei diesem Gesetz Unsinn und Verlogenheit das Zepter führen. Wie kann der Staat einen Freier überhaupt beschuldigen, die Dienste einer Zwangsprostituierten in Anspruch genommen zu haben? Um Anklage zu erheben, müsste die Behörde erst einmal wissen, welche Prostituierte dem Gewerbe unter Zwang nachgeht. In dem Fall dürfte der Staat nicht darauf lauern, dass ihm leichtfertige Freier in die Falle gehen, sondern hätte vielmehr die **Pflicht**, die Sexsklavinnen unverzüglich zu befreien. Anders ausgedrückt: Gesetzesignorante Freier könnten nur dann mit Zwangsprostituierten im wahrsten Sinne des Wortes verkehren, wenn der Staat es unterlässt, Zwangsprostitution zu entdecken und ohne Verzug zu beenden.

Halten wir fest: Da der Staat ebenso wenig wie der jeweilige Freier wissen kann, dass zum »Tatzeitpunkt« Zwangsprostitution vorlag, kann der Beweis der Leichtfertigkeit nicht geführt werden. Es ist naiv anzunehmen, die Propagierer dieses Gesetzes wären sich über dessen Nicht-Exekutierbarkeit nicht völlig im Klaren. Wozu also das Ganze?

Die Misstrauischen glauben es zu wissen. Ihrer Meinung nach wird das Gesetz zur Bekämpfung der Zwangsprostitution und des Menschenhandels ein weiteres Gesetz sein, bei dem ein Grundprinzip des Rechtsstaats ausgehebelt werden soll – nämlich die **Unschuldsvermutung**, mit welcher bereits Besucher »verdächtiger« Seiten im Netz ihre liebe Not haben könnten. In fataler Beweislastumkehrung, die zwar allen Rechtsnormen widerspricht, aber heimlich, still und leise eingeführt wird (beispielsweise bei der sexuellen und sonstigen Diskriminierung), muss der beschuldigte Freier nachweisen, dass er nicht etwa leichtfertig seinen Trieben nachgegeben hat, sondern vielmehr nach eingehender Abwägung aller ihm zugänglichen Informationen davon ausgehen konnte, die »verwendete« Liebesdienerin hätte ihre Dienstleistungen freiwillig erbracht.

Sie werden jetzt wohl mit Fug und Recht überzeugt sein, dass ein solcher Nachweis unter den heutigen Gegebenheiten nicht geführt werden kann. Genau. Es ist die Änderung der Gegebenheiten, die, so vermuten die Misstrauischen, Hand in Hand mit dem Zu-Grabe-Tragen der Unschuldsvermutung geändert werden sollen. Diese neuen Gegebenheiten sind dann geschaffen, wenn vom Staat für unbedenklich eingestufte Prostituierte dem Freier in einem eigens geschaffenen offiziellen Nachweis mit ihrem »Dienststempel« ihre Unbedenklichkeit bestätigen. Damit könnten wir, so die Vermutungen weiter, am Mehrfach-Ziel der Übung angelangt sein.

Zuerst einmal das Naheliegende: Der Staat will sich nicht länger die Steuer des »Schandlohns« durch die Lappen gehen lassen. Dass es sich dabei um eine gewaltige Summe handeln dürfte, ist ein offenes Geheimnis, schließlich ist die Zahl der Freier und die Häufigkeit ihres Konsums eine konstante, statistisch erfasste Größe. Mit einem solchen Gesetz sorgt der Staat dafür, dass die überwiegende Mehrzahl der Hormongeplagten, die nicht das Ausleben ihrer Triebe hinter Gittern bereuen wollen, dorthin pilgern werden, wo das Unbedenklichkeitszertifikat an der Bordelltüre hängt. Vor der staatlichen Segnung eines Etablissements mit besagter Bescheinung steht natürlich die Gewerbeanmeldung sowie die Erteilung einer Steuer- und Umsatzsteueridentifikationsnummer, was in der Folge zur pünktlichen Abführung der Sozialversicherungsbeiträge und der einigermaßen korrekt deklarierten Einkommensteuer führt. Wer glaubt, damit hätte es sich, der könnte irren. Für viele ist das nur der erste – allerdings für den Staat äußerst lukrative – Schritt. Wie könnte es nun weitergehen?

Wie wäre es, wenn man eine generelle Messung sexueller Aktivitäten anpeilt? Natürlich nur zum Schutze des Bürgers, der gesetzestreu für legale sexuelle Handlungen bezahlen will, und der Bürgerin, die diese legal gegen Bares ausführen will. Utopie? Wie soll das gehen?

Nun, sexuelle Betätigung führt bekanntlich zu messbaren Veränderungen von Blutdruck, Herz- und Atemfrequenz. Was man braucht, um diese Werte kontrollieren zu können, ist lediglich ein winzigkleiner Chip, der unter die Haut transplantiert wird, diese Messungen durchführt und die Daten übermittelt. Wir kennen ihn. Es ist der viel gepriesene »RFID-Chip«, den sich immer mehr Zeitgenossen diesseits und jenseits des Atlantiks »freiwillig« einsetzen lassen.

Einen solchen Chip dürfte man in deutschen Landen für die Kontrolle der Patienten der gesetzlichen Krankenversicherung bei den diversen Gesundheitsreformen vermutlich sowieso brauchen, warum also nicht auch zum Schutz gegen Zwangsprostitution? RFID-Chips haben bereits Einzug in die Warenhäuser, in Bekleidungsstücke, Pillendosen und sogar Zähne gehalten. Sex ohne Chip, das ist nicht einzusehen.

Da RFID-Chips auch untereinander kommunizieren können, sind sie in der Lage festzustellen, wer mit wem sexuelle Handlungen vornimmt und dieser Erkenntnis einer Meldezentrale mitzuteilen, mit der sie natürlich dauerhaft und lückenlos vernetzt sind. Dort wird der »Erotik-Pattern« registriert und für hundert Jahre gespeichert.

Wer nun glaubt, außerehelicher Geschlechtsverkehr, der nach derzeitiger Gesetzeslage (noch) nicht strafbar ist, könne selbst auf diese Weise nicht von Zwangs- oder auch legaler Prostitution unterschieden werden, hat nicht mit der Statistik gerechnet. Ein einfaches Zählsystem, das beispielsweise bei einer Frequenz von mehr als 20 sexuellen Aktivitäten einer Frau pro Monat mit unterschiedlichen Männern Alarm gibt, reicht bereits. Einen Schnitt von 20 Männern bewältigt eine eifrige »Gunstgewerblerin« in Stoßzeiten leicht an einem einzigen Tag. Prostituiert sich die betreffende Dame mit staatlichem Sanktus, ist alles O.K. Wenn nicht, dann beginnen die Mühlen des Gesetzes zu mahlen, allerdings im Gegensatz zu dem bekannten Sprichwort keineswegs langsam, wohl aber sicher. Und schon ist das Gewerbe angemeldet.

Weniger Besorgte finden, der Teufel würde an die Wand gemalt. Schließlich war bei der Vorlage des Gesetzesentwurfs weder von der Beweislastumkehr noch von der elektronischen Überwachung etwas darin zu lesen. Wer sagt aber, dass all das nicht kommt, wenn sich (erwartungsgemäß?) herausstellt, dass das Gesetz ohne solche zusätzlichen Regelungen und Ermächtigungen nicht vollziehbar ist?

Und wenn die Argumente der Befürworter nicht dafür reichen, so gibt es noch den ultimaten Trumpf: den Kampf gegen den Terror und die Terroristen. Damit kann man nicht nur in unserem Vorbildland USA, sondern auch hierzulande buchstäblich alles durchsetzen. Denn: Wer etwas befürchtet, der hat wohl auch etwas zu verbergen, oder? Und verbergen wird man in Bälde ohnedies nichts mehr können, nicht einmal die eigenen Gedanken …

Die NASA kann Gedanken lesen

Die amerikanische Weltraumbehörde *»National Aeronautic and Space Administration«* *(NASA)* hat ein Computerprogramm entwickelt, das Worte durch Analyse von Nervensignalen hörbar machen soll, noch bevor sie ausgesprochen werden. Knopfgroße Sensoren am Kinn und an beiden Seiten des Adamsapfels registrieren dabei die Nervensignale von Zunge, Hals und Stimmbändern. Diese biologischen Anzeichen entstehen, wenn man liest oder mit sich selbst spricht – egal ob mit oder ohne Lippen- oder Gesichtsbewegungen. Eine spezielle Software verwandelt die unausgesprochenen Informationen in Worte. Das würde unter anderem die herkömmliche Spracherkennungssoftware erheblich verbessern.

Eine solche Entwicklung ist nicht neu, seit der englische Mediziner Dr. Walter Grey Mitte des 20. Jahrhunderts eine Maschine konstruiert hatte, die auf Gedankenwellen reagierte (er nannte sie *machina speculatrix*). Dr. Grey ließ Testpersonen immer und immer wieder denselben Handgriff (Einschalten eines Fernsehers) ausführen, wahrend ihre Hirnströme von Elektroden aufgezeichnet wurden. Dabei zeigte sich, dass vor der Handlung jedes Mal ein unverwechselbarer Stromstoß, eine **Bereitschaftswelle**, durch das Gehirn lief. Verband man die Elektroden direkt mit dem Fernseher, waren die Testpersonen in der Lage, den Fernseher einfach dadurch einzuschalten, dass sie daran **dachten**, dieses zu tun. Diese Versuchsanordnung führte schließlich zu dem berühmten *Delpasse-Experiment* zum Nachweis des Überlebens menschlichen Bewusstseins nach dem Tode, das ich in meinem Buch *»Jenseits des Vorstellbaren«* ausführlich darlege.

Das NASA-»Gedankenlesesystem« könnte zur Kommunikation in Raumanzüge integriert werden oder in geräuschreichen Umgebungen wie Flughäfen oder Bahnhöfen zum Einsatz kommen. Die Anwendungsmöglichkeiten im Alltag sind zahlreich: ob in überfüllten Bussen oder zur heimlichen Kommunikation in Schulklassen. Profitieren könnten auch Personen mit Sprachstörungen. Da ein Verschweigen von Tatsachen nur noch sehr schwer bzw. unter höchster Selbstdisziplin möglich wäre, eignet sich das System natürlich hervorragend für jede Art von Sicherheitskontrollen und Überwachungsapparaturen.

Wer meint, der Bürger bräuchte sich über eine solche Technologie keine Gedanken zu machen, da man dazu derzeit noch völlig verdrahtet werden muss, der irrt, denn kontaktlose Sensoren sind bereits im Kommen.

Damit sind wir an einem Punkt angelangt, an dem wir einen weiteren Schritt machen können. Wir haben die Handschrift der »Dunkelmächte« in zahlreichen Entwicklungen – vom Wirtschaftskrieg bis zum Einsacken von Volksvermögen – erkannt. Sie zeigt sich ebenso bei der Verwandlung der USA in eine Art »Viertes Reich« wie bei der Flut von medialen Lügen, die wir täglich über uns ergehen lassen. Das erkennend, haben sich die meisten »Terror*fakten*« als Popanz und »tödliche Bedrohungen« als Panikmache entpuppt. Statt dessen haben wir erfahren müssen, dass Länder und Einzelpersonen der »Neuen Weltordnung« blutig geopfert werden, und uns mit dem Gedanken vertraut gemacht, dass die totale Kontrolle über **alle** Lebensbereiche des schlichten Bürgers nicht nur angestrebt wird, sondern fast schon verwirklicht ist.

Die Weichen dorthin sind längst gestellt ebenso wie die zur Beschaffung und Sicherung von »Hilfsvölkern« bei der Umsetzung der »Neuen Weltordnung«. Anders gesagt: US-Vorposten – willfährig gemacht durch jahrzehntelange Aufweichung. Damit sind wir in Europa, wo sich die vom russischen Präsidenten Putin mit Grimm beanstandete und von westlichen Medien wie Politikern einhellig geleugnete »Einkreisung Russlands« mit dem Sanktus eben dieser Politiker sukzessive und unaufhaltsam zu vollziehen scheint. Oder wie soll man die konsequente Ausbreitung von NATO/US-Basen in Südosteuropa sonst bezeichnen?

Nicht erst seit den krampfhaften Bemühungen der EU-Granden, die Türkei im Interesse des (noch) Welthegemons USA auf Biegen und Brechen in die EU hineinzubefördern, egal, was die Mehrheit der Bürger dazu meint, halten immer mehr dieser ignorierten Bürger Brüssel für eine Kolonie (oder Filiale) besagten Welthegemons. Ihrer Ansicht nach ist die EU-Bürokratie nichts anderes als ein Vasall und Ausführungsorgan bestimmter Mächte in den USA und als solches beauftragt, Europa nach deren Wünschen umzugestalten. Als simples, aber ihrer Meinung nach überzeugendes Indiz führen Kritiker an, dass sowohl die alte, von den Franzosen und Niederländern abgelehnte EU-Verfassung als auch ihre sogenannte überarbeitete Fassung namens *»Grundlagenvertrag«*, die 2007 aus dem Hut gezaubert wurde, die EU der von den USA dominierten NATO unterstellen. Da nach diesem neuen Werk ein Austritt aus der EU nur mit Zustimmung aller anderen Mitglieder möglich ist, wäre zudem ein konstantes, bei Bedarf zu erhöhendes Berappen der Netto-Zahler Deutschland, Österreich usw. in alle Ewigkeit sichergestellt.

Verständlicherweise forderten und fordern viele Mitbürger eine Volksabstimmung über dieses ihnen bedrohlich erscheinende Vertragswerk. Dazu dürfte es wohl nicht kommen, da am 11. Juli 2007 lediglich 111 der 785 EU-Volksvertreter **für** eine solche Volksabstimmung votierten. Alle anderen stimmten **dagegen**. Wer nun hier vertreten wird und wer wirklich das Sagen hat, diese von den Kritikern aufgeworfenen Fragen gebe ich an die Leser weiter.

Um uns folglich der Frage widmen zu können, wie es wohl mit uns weitergehen mag bzw. im Sinne der »Weltenbauer« wohl weitergehen **soll**, muss man den Nerv haben, ohne Tabus zur Kenntnis zu nehmen, was diese in der »Alten Welt« bereits **geschafft** haben ...

Teil V

Zwangsgemeinschaft

Außenposten EU

»Weil er uns sonst niederhaut,
preisen wir ihn alle laut.«
Johannes Nestroy, aus
»Judith und Holofernes«

Was steckt hinter der »Wertegemeinschaft«?

»Was ich von der westlichen
Zivilisation halte? Eine gute Idee.«
Mahatma Gandhi

Aus welcher Quelle, meinen Sie stammt dieses sarkastische Gedicht?

»Geld nur regiert die ganze Welt, dazu verhilft Betrügen;
Wer sich sonst noch so redlich hält, muss doch bald unterliegen.
Rechtschaffen hin, rechtschaffen her, das sind nur alte Geigen:
Betrug, Gewalt und List vielmehr, klag du, man wird dir's zeigen.«

Klingt wie aus einer – vielleicht sogar EU-kritischen – Protestpublikation unserer Tage. Irrtum. Es wurde um 1700 niedergeschrieben und ist im Schulbuch von 1969 *»Unser Lied«*, herausgegeben vom Verband Bayrischer Schulmusikerzieher, wiedergegeben, wobei sich für manche die Frage stellt, ob man Derartiges immer noch in Schulbüchern finden kann. Was heute hingegen mit Nachdruck gelehrt wird, sind die »Vorzüge« des US-amerikanischen Kapitalsystems vor allen anderen Systemen, auch wenn mich persönlich manches, was uns nun als erfolgreiches Management angepriesen wird, fatal an das erinnert, was noch in meiner Studienzeit in den 1960er-Jahren als Wirtschaftsverbrechen bezeichnet wurde.

Dass US-Konzerne, Hedge Fonds, Equitys und wie sie alle heißen in den meisten europäischen Ländern fast schon die absolute Finanzhoheit erreicht haben, ist ein offenes Geheimnis. Hilfreich bei der Erreichung dieser Stellung war und ist den amerikanischen Einkäufern (auch von Volksvermögen), Übernehmern, Fusionierern, Investoren usw. nach Ansicht von Kritikern die Tatsache, dass US-Behörden nach Lust und Laune die meisten europäischen Banken ausspähen und Geldflüsse überwachen dürfen. Wer sich wundert, wieso die europäischen Politiker diesem Begehren aus den USA keinen nennenswerten Widerstand entgegengesetzt und ihm schließlich ihren Sanktus gegeben haben, der wundert sich nicht mehr, wenn er erfährt, dass diese Finanzschnüffelei ja nur dazu dient, Geldwäsche zu verhindern – und damit in letzter Konsequenz dem Terror den Geldhahn abzudrehen. Da **muss** man natürlich zustimmen, egal wie nachteilig das auch für die heimischen Unternehmungen sein mag. Alles klar?

Dazu gesellt sich die weltweit aufgezwungene Freihandelspolitik, die angeblich Wohlstand, Entwicklung und Arbeitsplätze schafft, nach zahlreichen Studien und offenkundigen Fakten jedoch für steigende Armut verantwortlich ist, verbunden mit einer laufenden »Produktion« von Flüchtlingsströmen, die ins keuchende »Paradies Europa« wollen.

In diesem »Paradies« sind unter dem Ruf »Freie Marktwirtschaft!« Zustände eingekehrt, die von der Mehrzahl der Bürger zwar abgelehnt, aber nicht abgeschafft werden können, seien es Transithöllen, Hühnerbatterien, Tierfabriken und Qualtransporte, drangsalierende Sinnlosbestimmungen, steuerliche Begünstigung von Auslagerung, Verschleuderung von Volksvermögen, Importöffnungen zum Schaden der heimischen Produktion, Niederreißen der Grenzen, worauf nicht nur Erwünschte einströmen, von denen viele nicht einmal mehr abgeschoben werden können, usw. Von der überbordendenden Bürokratie und der erschreckenden Korruption in der EU-»Wertegemeinschaft« ganz zu schweigen.

Da Aufdeckern zufolge die wahren Baumeister der EU jenseits des Atlantiks beheimatet sein sollen, scheint ihnen klar, dass das viel zitierte »Haus Europa« von Beginn an nicht als ein wohliges Heim für seine Bewohner angelegt war. Vielmehr soll das Ziel der geheimen Architekten eine windschiefe Bude ohne Türen vor den Wohnungen gewesen sein. Genauso präsentiert sich das unnatürliche Gebäude nach Ansicht der Kritiker auch: Einige der darin Hausenden zahlen Miete für sich und für die Mehrzahl der anderen, die nichts zahlen und kassieren. Das Prinzip »wer zahlt, schafft an« gibt es nicht, vielmehr bestimmen jene, die kassieren über jene, die zahlen, und zwar einfach dadurch, dass sie die Mehrheit sind.

Über das, was in den einzelnen Wohnungen geschieht, darüber entscheidet nicht der Mieter, sondern immer die Mietergemeinschaft; schlimmer noch: eine mieterferne Gruppierung nicht gewählter Kommissare. So kann es schon einmal vorkommen, dass die Bewohner mancher Wohnungen giftige Substanzen in andere Wohnungen einbringen – nicht selten die Nichtzahler in die Wohnungen der Zahler –, was die solcherart Beglückten im wahrsten Sinne des Wortes schlucken müssen (wem dieses Beispiel zu kryptisch erscheint: Was ich hier in leicht absurder Form skizziere ist nichts anderes als die perverse Regelung, dass jene, die am Transit größtes Interesse haben, darüber abstimmen, wo gefahren wird, unbeschadet der damit verbundenen Gesundheitsschäden und anderer Nachteile für jene, durch deren Täler die LKW-Kavalkaden donnern. Das Nettozahlerland Österreich ist ein gutes Beispiel dafür).

Brüsseler Bürokraten bestimmen, wie die Wohnungseinrichtung beschaffen ist, welche Luft geatmet, wie das Essen zubereitet und verwertet wird (altes Brot darf nicht länger an Tiere verfüttert werden, sondern muss – vermutlich zum Nutzen der Agrarindustrie – weggeworfen werden, allein in Wien 40 Tonnen täglich!) oder welche Kleidung Frau bzw. Mann zu tragen hat (kein Witz: eine EU-Richtlinie vom Sommer 2005 sollte Kellnerinnen in Gastgärten Dekolletés verbieten und Bademeistern lange Gewänder zum Schutz vor »optischer Strahlung« vorschreiben). Die geäußerte Vermutung, zu solchen Absurditäten käme es nicht aus überschießender Machtherrlichkeit der EU-Bürokraten oder aus dem Wunsch, ihre Daseinsberechtigung samt astronomischer Bezahlung zu legitimieren, sondern weil sie den Regulierungsfanatikern von »Mächten im Hintergrund« befohlen würden, will ich nicht kommentieren. Jeder ist herzlich eingeladen, sich dazu seine eigene Meinung zu bilden.

Fakt für die EU-Kritischen ist, dass eine solche »Hausgemeinschaft« auf immer wackligeren Beinen steht, wenn sie noch dazu laufend um kassierende Nicht-Zahler mit Stimmenmehrheit erweitert wird.

Manche dem Mainstream fern stehende Analysten sind der Ansicht, der Grundstein für diese Entwicklung in Westeuropa wäre nicht zuletzt mit dem berühmten »rettenden Marshallplan für Europa« namens *European Recovery Program (ERP)* gelegt worden, in dessen Rahmen dem zerstörten und zerbombten Kontinent von 1949 bis 1952 ein Kredit von 1,4 Milliarden Dollar (heutiger Gegenwert 3,2 Milliarden Euro) gewährt wurde. Nach nüchternen Schätzungen in Deutschland damals rund zwei Prozent des Bruttoinlandsproduktes. Damit, so die Kritiker, haben die USA für immer den Fuß in die damals aus ihren Angeln gerissene Tür von Europa bekommen und dafür gesorgt, dass sie fürderhin in der »Alten Welt« nach Belieben ein- und ausgehen bzw. fuhrwerken können. Was sie anscheinend auch tun, wovon manche angesichts der Gefügigkeit europäischer

Mächte gegenüber ihrem »Kolonialherren« USA überzeugt sind (vom »friedlichen« Tornadoeinsatz in Afghanistan zur Lokalisierung von Aufständischen, die in der Folge von der US-Luftwaffe nicht ganz so friedlich behandelt werden, bis zur jahrelangen Duldung bzw. sogar Unterstützung der skandalösen Folterflüge).

Zum ewiglich gepriesenen Marshallplan selbst gäbe es auch einiges zu sagen: Deutschland musste diesen hochverzinsten Kredit als einziges europäisches Land zurückzahlen; bis 1962 in der Höhe von 6,5 Milliarden Euro. Heute zahlt Deutschland jährlich ein Mehrfaches dessen an die EU, was die USA damals insgesamt als angebliche »Hilfe« an Westdeutschland gegeben haben. Und als Vergleich: Insgesamt hat Deutschland seit 1957 mindestens das Hundertfache des US-Marshallplan-Kredits für die »armen Länder der EU« nach Brüssel abgeführt, man könnte auch sagen »geschenkt«.

Dem Bundeshaushalt für das Jahr 2007 soll zu entnehmen gewesen sein, Deutschland würde an insgesamt 162 internationale Einrichtungen fast 28 Milliarden Euro im Jahr zahlen. Mit 23,9 Milliarden bekommt die EU den größten Zuschuss. Die UN-Zentrale erhält 611 Millionen Euro. 557 Millionen Euro gehen an die Europäische Weltraumorganisation ESA, 464 Millionen an den Militärhaushalt der NATO. Wie Publikationen zu entnehmen ist, soll sich Deutschland seit seiner Wiedervereinigung im Zeitraum von 1990 bis 2004 die EU sage und schreibe fast 315 Milliarden DM kosten gelassen haben.

All das verbittert so manchen Bundesbürger (natürlich nur, wenn er davon weiß, welche schmerzliche Erkenntnis ihm die Medien in ihrer Mehrzahl durch taktvolles Nicht-Erwähnen ersparen). Von jenen, die Bescheid wissen, resümieren einige ergrimmt: »Deutschland muss Geld für die ganze Welt aufbringen. Für seine eigenen in Not und Armut lebenden Bürger aber fehlt es ihm, für seine Arbeitslosen, für seine Kranken, für seine Alten und – was ganz besonders schlimm ist – in zunehmendem Maße auch für seine Kinder und Jugendlichen und damit für seine eigene Zukunft«.

Letzterer Punkt ist Wasser auf die Mühlen derer, für die auch die permanente Diskussion über die Probleme bei der Kinderbetreuung Teil eines perfiden Langzeitplans ist. Sie argumentieren: Für die Kleinsten wird schon gesorgt, allerdings nicht so, wie viele Eltern es sich wünschen, sondern nach den Vorstellungen der Baumeister von »One World« …

Bei der Jugend ansetzen

Ich würde mit Ihnen wetten, dass Sie meinen werden, das folgende Zitat stamme von einem Politiker oder aus einem aktuellen Medienkommentar:

»Wir müssen etwas unternehmen, denn es geht nicht an, dass immer mehr und mehr Kinder allein sind und vernachlässigt werden. Den Eltern ist kein Vorwurf zu machen, denn das moderne Leben lässt ihnen eben keine Zeit, sich genügend mit ihren Kindern zu beschäftigen. Aber die Stadtverwaltung muss sich darum kümmern.«

Daraufhin wurden in allen Stadtvierteln sogenannte »Kinder-Depots« gegründet. Das waren große Häuser, wo alle Kinder, um die sich niemand kümmern konnte, abgeliefert werden mussten und je nach Möglichkeit wieder abgeholt werden konnten. Diese Zeilen sind aus: *»Momo«* von Michael Ende, erschienen 1973.

Jene, die nichts von »Kinder-Depots« halten und daher umgehend als »ewig Gestrige« (wenn nicht Schlimmeres) apostrophiert werden, vertreten eine Ansicht, die heute nicht »in« ist: »Die wertvollste Kraft einer Nation sind gesunde und glückliche Menschen, die aus starken und zufriedenen Familien kommen. Wird die Familie zerstört oder geschwächt, so wird es nicht lange dauern, bis auch das Land zerstört ist.« Genau daraufhin zielt für Misstrauische die gesamte Politik im »freien Westen«: auf die **Vernichtung** der Familie, wie sie von Anbeginn der Zeit für die Existenz des Homo sapiens bestimmend war.

Seltsamerweise sieht kein besorgter Fachmann, Medienstar oder Politiker einen Zusammenhang zwischen dem ausufernden Komasaufen von immer Jüngeren und der Auflösung der Familie oder vermutet gar, die Gesellschaft könne schlichtweg kaputt gemacht worden sein. Niemand fallen die Parallelen in den Exzessen von Jugendlichen diesseits und jenseits des Atlantiks auf. In Europa, wo Alkohol leicht zugänglich ist, betrinken sich die »Kids« bis zur Bewusstlosigkeit (schon gesehen: Jugendlicher liegt am Boden, Schlauch im Mund, Alkohol wird eingefüllt), während sie in den USA durch Schulmassaker ausrasten; dort sind nämlich Waffen leicht zu erhalten, Saufereien aber nicht.

Sie werden es vielleicht nicht glauben, aber Kindertagesstätten müssen kein sozialer Segen sein, sondern sollen der Gesellschaft sogar schaden können. Genau das konnte man 2006 aus Schweden vernehmen. Nackte Informationen aus dem sozialen und sonstigen Vorbildland, das außerhalb des Ostblocks die längste Tradition von Tagesstätten für Kleinkinder aufweist, die durch die Regierung eingerichtet wurden. Nach diesen Vor-

Ort-Informationen könnte sich besagte Tradition als das größte soziale und wirtschaftliche Desaster des Jahrhunderts entpuppen. Etwas, auf das laut eines Kritikers seit langem hingearbeitet wurde – wenn nicht mit Absicht, so doch mit Beharrlichkeit.

Urteilen Sie selbst: Beispielsweise hat die schwedische Regierungspartei ein gesellschaftspolitisches Buch mit dem Titel *»Die Familie der Zukunft: eine sozialistische Politik für die Familie«* herausgegeben. In einem Kapitel findet sich die Forderung, die emotionale, intellektuelle und materielle Entwicklung der Kinder in die Verantwortung des Staates zu stellen, wie man das eigentlich nur aus totalitären Regimes zu kennen vermeint. In besagtem Buch werden Kinder als »Hindernisse für die Emanzipation der modernen Frau« bezeichnet, sozusagen in Fortführung der Aussage eines früheren schwedischen Premierministers, der den Tod der Hausfrau verkündet hatte. Einer seiner Minister hatte damals bekräftigend ergänzt, die Hausfrau gehöre ins Museum. Eine große Tageszeitung formulierte diese Ansicht noch deutlicher: Hausfrauen seinen »Verräter«.

Konform mit dieser Ideologie fließen enorme Beträge in das System der schwedischen staatlichen Kindertagesstätten. Familien oder Alleinstehende, die ihre eigenen Kinder selbst aufziehen wollen, erhalten hingegen nichts. Sie haben vielmehr eine größere Steuerlast zu tragen als diejenigen, die sich dem System anpassen.

Die Wirklichkeit des »schwedischen Paradieses« deckt sich mittlerweile immer weniger mit den damit verbundenen Visionen, die nach wie vor mit großem Aufwand betrieben werden. Jedes Jahr begehen über hundert Kinder Selbstmord, viele davon nicht älter als vier, fünf oder sechs Jahre. Diese Kinderselbstmordrate in einem Land mit neun Millionen ist ebenso hoch wie in Deutschland mit achtzig Millionen Einwohnern. In den Schulen herrscht Gewalt. Eltern und Lehrer werden bedroht und zusammengeschlagen. Die Lehrer beklagen, dass sie viel Zeit aufwenden müssen, den Kleineren Benehmen und alltägliche Verrichtungen beizubringen, beispielsweise wie man das Besteck handhabt, ohne sich zu verletzen, wie man Schnürriemen zubindet oder ein Hemd zuknöpft. Eine steigende Zahl der Kinder verlässt die Schule nach neun Jahren als funktionelle Analphabeten.

Werfen wir dazu einen Blick auf etablierte Erkenntnisse aus der Entwicklungs- und Verhaltenspsychologie:

> Ein Säugling oder Kleinstkind bedarf für einen gesunden Start ins Leben, ja, für das Überleben, einer verlässlichen Hauptbezugsperson (nicht zwangsweise der Mutter), zu der eine exklusive, primäre Bindung besteht bzw. aufgebaut wird.
>
> Diese zentrale Rolle wird erfüllt durch eine Person, die in dieser Phase der raschesten neurophysiologischen Entwicklung des Menschen ein

sicheres, von Empathie und Kontinuität gezeichnetes Reaktionsmuster zeigt.

Dies wiederum ist Voraussetzung für das gesunde Erforschungsverhalten des Kindes und somit Basis für seine psychosoziale sowie seinen Anlagen entsprechende kognitive Entwicklung. Intelligenzminderung, Antriebsarmut aufgrund von Depression, Rohheit, antisoziales Verhalten, psychische Labilität bis zum Selbstmord, Drogensucht usw., die als Folge von mangelnder Bindung entstehen, können so vermieden werden (Erscheinungen, die in der DDR signifikant auftraten und in Skandinavien immer noch präsent sind).

Historiker wissen, dass das Kinderbetreuungs-Großexperiment in den kommunistischen Ländern ein Desaster war. Gehirnforschung, Bindungsforschung, psychologische Forschung wissen auch warum: weil ein Kind am besten gedeiht, wenn es in den ersten drei Jahren in der Obhut der Mutter ist. Wird es vorzeitig von dieser getrennt, sind nicht selten langfristige Bindungsschäden die Folge, die dauerhafte negative Auswirkungen auf die seelische Gesundheit, das Sozialverhalten und die Leistungskraft des Individuums haben. Gewiss gibt es Eltern, die ihrer Verantwortung nicht gewachsen sind. Ihr Anteil wird jedoch auf etwa fünf Prozent geschätzt.

Massenbetreuung bedeutet zudem eine zusätzliche gesundheitliche Gefährdung des jungen Kindes. Atemwegserkrankungen, Gastroenteritiden usw. häufen sich. Je jünger ein Kind desto bedrohlicher sind solche Erkrankungen.

Da ein Krippenplatz mit mindestens 2.000 Euro pro Monat veranschlagt wird, ist der von Fachleuten geforderte Personalschlüssel von einer Betreuerin auf höchstens vier Kleinstkinder zwar wünschenswert, aber praktisch unbezahlbar.

Fazit: Ungeachtet dieser Fakten werden Mütter, die bei **ihrem** Kind bleiben möchten, durch frauenfeindliches Scheidungsrecht, kein adäquates Arbeitsentgeld für die Erziehungsleistung wie auch für die Bereitstellung eines kleinkindgerechten Lebensraums und seinem Entwicklungsstand gemäßer Zeitressourcen politisch genötigt, ihre Nachkommenschaft in einem Alter, in dem die Mutter-Kind-Bindung extrem wichtig ist, Fremden zu überantworten. Dazu gesellt sich Propaganda in allen Medien, Kinder in eine Massenfremdbetreuung zu geben, die niemals die Qualität einer auf Lebensdauer angelegten persönlichen Beziehung erreichen kann. »Nur-Mütter« sind faul, unmodern, unprofessionell, oder einfach »Verräter«. Da die Ächtung und der Druck zunehmen, spricht Frau nicht darüber, denn sie unterliegt der lächerlichen und kontraproduktiven, aber unentwegt lauthals verkündeten Forderung, sich vom Kind zu »emanzipieren«.

Das Robert-Koch-Institut hat in einer Untersuchung im Jahr 2006 ermittelt, dass die große Mehrzahl der Mütter junger Kinder nicht einer bezahlten Arbeit nachgeht. Bei Kindern bis ins Schulalter hinein wird Erwerbstätigkeit höchstens in Teilzeit ausgeübt. Die allerwenigsten Frauen arbeiten Vollzeit außer Haus – und sie wollen es auch nicht. Es sollte zu denken geben, dass die meisten Frauen ungeachtet sämtlicher gesellschaftlicher und finanzieller Repressalien bei ihren Kindern bleiben!

Interessant in dem Zusammenhang erscheint auch eine bescheidene ARD-Teletext-Meldung vom 27. Mai 2007, in der von Medizinern dringend geraten wird, Kleinkinder gegen Darmdurchfall zu impfen, der bei sehr kleinen Kindern zur Austrocknung bis zum Tode(!) führen kann, wobei – wohlgemerkt! – in Kindertagesstätten und Kinderkrippen das Ansteckungsrisiko besonders hoch sei(!). Betont werden muss, dass es sich dabei um Rota-Viren handelt, die für extreme Durchfallerkrankungen bis hin zu tödlicher Dehydrierung verantwortlich sind und deren schwerste Krankheitsverläufe in der Altersgruppe zwischen 6 Monaten und 2 Jahren stattfinden.

All diesen Erfahrungen zum Trotz soll das Kinderkrippensystem europaweit etabliert werden, zu welchem Ziele die EU apodiktisch die Schaffung eines Betreuungsplatzes für jedes Kind verlangt. Manche fragen sich: »Soll die ganze EU nach DDR-Muster umgebaut werden?«

Ein Leserbriefschreiber äußerte sich in der größten österreichischen Tageszeitung zur Krippendiskussion folgendermaßen, wobei er seine Zuschrift *»Mutter ist unersetzlich!«* übertitelte: »Die Tierwelt zeigt uns aber ein ganz anderes Verhalten! Diese hat in der Aufzucht ihrer Kleinen immer genügend Zeit. Deshalb stellt sich die Frage in diesem Zusammenhang, sind die Tiere gescheiter als unsere EU-Politiker?«

Ich erinnere mich an einen negativ besetzten Begriff aus den 1970er-Jahren. Er lautete »Schlüsselkinder« und bezeichnete jene Kinder und Jugendlichen, deren Eltern arbeiten und die Kinder sich selbst überlassen mussten. Heute der Normalfall, fast schon das Ideal. Obwohl ich über den Niedergang der klassischen Familie bereits in meinem Buch *»Mythos Informationsgesellschaft. Was wir aus den Medien* nicht *erfahren«* geschrieben habe, halte ich die Kritik an dieser für viele unheilvollen Entwicklung in der Zivilisation für so diskussionswürdig, dass ich sie hier kurz wiedergebe.

Freiwild Familie

Sprayer sind kreative Zeitgenossen mit meist gesellschaftlich nonkonformistischen Attitüden. Manchmal scheinen sie aber völlig im Zeitgeist zu liegen. Dafür könnte ein Graffiti sprechen, das auf einigen Hauswänden prangte. Es lautete *»Kill your Gender« (»Töte Dein Geschlecht«)*. Genau das, so fürchten nicht wenige, ist nämlich »von oben« angesagt: die Schaffung des »geschlechtsneutralen Menschen«.

Besorgte Zeitgenossen sind der Ansicht, die »natürlichen« Familienstrukturen würden durch Gesetze, die der Familie nicht länger eine geschützte Sonderstellung als »Keimzelle des Staates« zumessen, sondern sie mit anderen Gemeinschaftsformen, welcher sexuellen Ausrichtung auch immer, gleichsetzen, gezielt aufgelöst. Weitere Indizien dafür sehen sie allenthalten, beispielsweise in der Unterhaltungsindustrie. Diese präsentiert die klassische Familie nicht selten als Relikt aus der (verdächtigen) Vergangenheit oder simpel als Lachnummer. Voll im Trend des »Zeitgeistes« erscheinen Ehe und Familie als unerträgliches Gefängnis mit dem Ehemann als tyrannischem Kerkermeister. Lediglich eine Befreiung gibt es aus diesem Joch: Berufstätigkeit.

Egal ob in Krimiserien, Fernsehfilmen oder auch Politbeiträgen tummeln sich Frauen und Familien oftmals in ziemlich realitätsfremden Settings: Berufstätige Mütter haben kaum Erziehungsprobleme. Sie müssen sich auch selten damit herumschlagen, wo sie ihre Sprösslinge während der Arbeitszeit deponieren sollen. Dunkle Augenränder nach schlaflosen Nächten am Bett eines kranken Kindes bekommt man ebenso wenig zu sehen wie die schwierige Balance zwischen Job und Familie und vieles andere, von dem Alleinerzieherinnen ein Lied singen könnten – allerdings nicht in »Soaps«.

Dafür werden alleinerziehende Väter groß herausgestellt, obgleich auch sie im wahren Leben (noch) eine Ausnahmeerscheinung sind. Misstrauische meinen, man würde diese Ausnahme in absehbarer Zeit gesetzlich zur Fast-schon-Norm machen. Auch gleichgeschlechtlichen Partnerschaften wird, wie manche meinen, überproportional zur Realität Raum gegeben.

Eine Studie des Adolf-Grimme-Instituts im Auftrag des Bundesfamilienministeriums, die das Bild der Familie in fiktionalen und non-fiktionalen Fernsehbeiträgen untersucht hat, dokumentiert den Unterschied zwischen »Dichtung und Wahrheit«. Dabei wurden über das Jahr 2004 verteilt vierhundert Stunden Fernsehprogramm von öffentlich-rechtlichen und privaten Sendeanstalten begutachtet. Dabei wurden nicht nur „Soaps“ unter die Lupe genommen, sondern auch Gerichts-, Talkshows und Nachrichten, Magazin-, Boulevard- und Ratgebersendungen. Während im wahren Leben 85 Prozent aller Kinder mit beiden leiblichen Eltern aufwachsen und nur 15 Prozent bei Alleinerziehenden, hat die Fernsehfilmstichprobe ein genau umgekehrtes Verhältnis ergeben. Die Autorin der Studie zog das Resümee: »Singles dominieren auf dem Bildschirm, und zwar in ständig zunehmendem Maße.« Laut der Studie leben nur vier Prozent der in Fernsehfilmen auftretenden Hauptdarstellerinnen in einer sogenannten Normalfamilie. Die klassische Hausfrau kommt so gut wie gar nicht mehr vor. Schon 1975, als Medienwissenschaftler erstmals das Bild der Frau und damit auch das der Familie im Fernsehen untersuchten, waren ein Drittel aller dargestellten Frauen ledig und alleinstehend.

Inzwischen gibt es im Fernsehen doppelt so viele Singles wie in der deutschen Realität, in der sie nicht einmal ein Viertel der Bevölkerung ausmachen. Dem Fernsehzuschauer hingegen wird die Kleinfamilie als Auslaufmodell vermittelt.

Das Familienbild im Fernsehen präsentiert also im Familienfilm multitasking-begabte, alleinerziehende Frauen und im Krimi melancholische einsame Kommissarinnen bzw. deren Gegenstück, den nicht minder einsamen, meist in Bars oder vor dem Fernseher hockenden männlichen »Bullen«, der nicht selten Alleinerzieher ist. In den Familienserien hingegen dominieren weitverzweigte Großfamilien ohne Kleinkinder.

Die vor allem im Abendprogramm auftretende attraktive Powerfrau ist meist Single oder/und alleinerziehend und berufstätig, wobei sie Beruf und Kind spielend unter einen Hut bringt. Geldsorgen hat sie keine, nur der Sexpartner (nicht der Ehemann) fehlt, aber diesem Mangel wird meist noch vor Ende der Sendung abgeholfen.

Diese Entwicklung ist natürlich Wasser auf die Mühlen der Verschwörungstheoretiker. Sie erblicken darin ein von den »One Worldlern« inszeniertes Medienkomplott gegen die klassische Familie. Solchen Vermutungen will ich nicht das Wort reden. Vielleicht oder wahrscheinlich geht es einfach um die Quote, das heißt, um Spannung. Die in TV-Produktionen und Filmen der Fünfziger- und Sechzigerjahre vorherrschende Familie war sicher unterhaltsam. Besonders spannend war sie aber nicht, und daher wohl immer weniger geeignet, Zuschauer zu fesseln, die aus allen Rohren ballernde und Verbrecher mit Kung-Fu zusammenschlagende Polizistinnen oder Konzerne dirigierende Supermanagerinnen erwarten. Die Phantasie ist nun mal attraktiver als die schnöde Wirklichkeit.

In dieser, so merken Nicht-Zeitgeistige an, kann weibliche Selbständigkeit nämlich oft schnurstracks in eine neue Abhängigkeit führen. Da – aus welchen Gründen auch immer – nicht alle auf sich gestellten Frauen Karriere als Managerin, Model oder in anderen Spitzenjobs machen, kommt es für viele alleinerziehende Mütter mit knappem Budget zu einer neuen Abhängigkeit, und zwar vom »Vater Staat«. Dieser ist es nun, der eine Sozialwohnung und Kinderbetreuungsplätze(!) zur Verfügung stellt, kurzum, der in vielen Fällen die Rolle des abgehalfterten Familienerhalters übernimmt.

Da »frau« sich nach der Arbeitszeit, der Zahl und den Öffnungszeiten von Kindergärten und Hortplätzen wie auch nach ganz trivialen Dingen wie Fahrplänen oder dem Vorhandensein eines Nacht-Autobusses richten muss, ist ein Familienleben oft nur rudimentär möglich. Ausreichende Zeit für eine Erziehung, die auf die Person, die Neigungen und die Fähigkeiten des Kindes eingeht, scheint kaum mehr möglich.

Schon heute orten Psychologen eine Persönlichkeitsunterdrückung von Kindern, die sich vom Kindergarten an über die Vorschule bis zum Tageshort dem jeweiligen Massentrend unterordnen müssen, um nicht aufzufallen. Manche denken dabei an die sklavisch zu befolgende Kindermode, die jeden Nachwuchs, der sich individualistisch kleidet, durch erbarmungslosen Gruppendruck (modern »Mobbing«) im wahrsten Wortsinn »uniformiert«. Selbst »Outsider« sehen oft völlig gleich aus.

Dazu kommen ständig wechselnde Bezugspersonen, wenn die Mutter oftmals umziehen muss, je nachdem wo sie gerade Arbeit findet. All das kann sensible Kinder zur Bindungslosigkeit konditionieren. Jene, die das nicht aushalten, werden oft apathisch oder aggressiv. Hier noch eine bescheidene Kleinmeldung aus dem Sommer 2007, auf die sich jeder seinen persönlichen Reim machen soll: Statistiken sollen belegen, dass rund 70 Prozent der jugendlichen Straftäter in Europa aus Single-Haushalten stammen.

Als Fazit, so wird resümiert, scheinen Frauen mit dem geringsten »Brutpflegeinstinkt«, die sich von ihren Kindern am leichtesten trennen, ohne dadurch in ihrer Arbeitsleistung beeinträchtigt zu sein, wie auch Kinder, denen lockere soziale Bindungen nichts ausmachen, am besten für die im Entstehen vermutete »One World« adaptiert zu sein, in der die Menschheit einer orientierungslosen Hammelherde gleicht.

Besonders düstere Visionäre entdecken allenthalben Indizien für dieses Unterfangen, nicht zuletzt im schlecht übersetzbaren »Gender Mainstreaming«, welcher schwammige, den meisten Deutschsprachigen unverständliche Begriff sich mit etwas Sarkasmus als »Geschlechtergleichschaltung« übersetzen ließe. Belesene unter ihnen zitieren aus Aldous Huxleys *»Schöne Neue Welt«*, deren Bewohner mit Grausen auf die Zeit zurückblicken, als es noch die »lebendgebärende Mutter« gab, die ihre eigenen Kinder säugte »wie eine Katze ihre Jungen« ...

Einen Vorgeschmack auf den kommenden »One Slum« sehen jene, die Übles vermuten, in der unaufhaltsam wachsenden Chaos- und Drogengesellschaft, die ihrer Meinung nach keine unabwendbare Entwicklung ist, sondern bewusst in die Wege geleitet wurde.

Bücher darüber, dass und wie speziell die USA die »Drogenlawine« ins Rollen gebracht haben sollen, gibt es zahlreiche. Auch ich habe darüber geschrieben, am ausführlichsten in *»Jenseits des Vorstellbaren«*.

Freie Bahn dem Chaos

»Revolution in Deutschland? Das wird nie etwas.
Wenn diese Deutschen einen Bahnhof stürmen wollen,
kaufen die sich noch eine Bahnsteigkarte.«
Wladimir Iljitsch Uljanow, genannt Lenin

Welche Art von Staat glauben Sie, ist auf lange Sicht die gefährlichste? Eine Diktatur oder ein Gottesstaat werden Sie wohl meinen. Unorthodoxe Soziologen meinen anderes. Für sie ist der **abwesende** Staat am gefährlichsten.

Ein solcher Staat, der ihrer Ansicht nach im Westen vorherrscht, zieht sich überall zurück. Er nimmt seine hoheitlichen Aufgaben nicht mehr wahr, sondern überträgt sie Privaten und setzt auch sonst vollkommen auf das »freie Spiel der Kräfte«. Mehr noch, er legitimiert Regelverstöße durch Nicht-Ahndung. Das beginnt bei Kleinigkeiten wie dem Tolerieren, dass Personen in Grünanlagen lagern oder grillen, nicht selten neben »Nicht-in-den-Rasen-treten«-Schildern, dass Radfahrer die Gehsteige unsicher machen und rote Ampeln ignorieren bis hin zum Drogenhändler, der immer wieder auf freien Fuß gesetzt und auch nicht abgeschoben wird. Und weil er in diesen Bereichen nicht präsent ist, setzt der »abwesende Staat« laut seiner Kritiker mehr und mehr auf »indirekte Anwesenheit«, sprich Totalüberwachung, was, so die weitere Schlussfolgerung, schlussendlich in einer Art Diktatur mündet. Noch sind wir laut der Kritiker aber in der allerdings bereits sehr heftigen Übergangsphase.

Wie flächendeckend und widerstandslos der Zerfall jener Strukturen fortschreitet, die man früher »geordnete Gesellschaft« genannt hat und die heute glücklicherweise »überwunden« sind, kann man den Medien entnehmen. Diese veröffentlichen laufend Horrorzahlen, beispielsweise, dass in Europa das Einstiegsalter für Alkoholiker auf 8 bis 10 Jahre, und das für Beginner einer »Drogenkarriere« auf 12 Jahre abgesunken ist und weiter heruntergeht. So meldete etwa das Nachrichtenmagazin *»Focus«* schon vor einigen Jahren, Deutschlands Drogenpolizei würde immer wieder Alarm schlagen, weil die Mode- und Partydroge *Ecstasy* – deren Folgen tödlich sein können – rasant im Vormarsch ist. Jugendliche werfen Ecstasy- und oft noch gefährlichere Tabletten ein, um beim Discobesuch

»das Abtanzen bis zum nächsten Morgen durchhalten zu können«, oder um bei der Fete »gut drauf zu sein«. In einem einzigen Jahr ist die Zahl der Erstkonsumenten offiziell um 65 Prozent gestiegen. Die Dunkelziffer dürfte weit höher liegen, wofür nach Ansicht der Polizei die Unmengen an regelmäßig beschlagnahmten Tabletten und anderer Suchtmittel ein Indiz sind.

Eine Lehrerin in Metz im deutschen Lothringen war vor Jahren ein Aha-Erlebnis der besonderen Art beschieden als sie erfuhr, warum eine ganze Berufsschulklasse vor ihren Augen in Schlaf versunken war. Die Teenager hatten Beruhigungsmittel genommen, weil ihr Haschischdealer an dem Tag nicht lieferte.

Von welchem Land, glauben Sie, handelt dieser Bericht aus einer großen Monatszeitschrift?:

> »Das acht Monate alte Baby schwebt in einem schlafähnlichen Dämmerzustand in der Fruchtblase, wie die Eltern und ein Arzt auf dem Ultraschallmonitor sehen. Der Herztonmesser schreibt eine schwache Zitterlinie auf den Papierstreifen. Der Mediziner weiß, was die Kurve klar und deutlich aussagt: Der Embryo ist vollgepumpt mit Heroin und einer Palette weiterer harter Drogen.
>
> Während die Eltern des Rauschgiftbabys mit gläsernem Blick auf den Monitor starren, bekommt ihr Nachwuchs via Nabelschnur nahezu ungefiltert einen Cocktail aus Heroin, Kokain und Rohypnol-Tabletten zugeführt, den sie sich vor der Schwangerschaftsuntersuchung noch reingezogen haben. ›Schadet der Ultraschall dem Kind nicht?‹, lallt der Vater bizarrerweise und fällt dabei fast vom Sessel. Der Mediziner ist frustriert. Er weiß, dass der Herztonmesser in einigen Stunden wilde Zick-Zack-Kurven auf das Papier malen wird, die ersten Anzeichen von Entzugserscheinungen. ›Bunte Herztonkurve‹ nennt sich das Entzugsmartyrium des Ungeborenen schönfärberisch.
>
> Der Entzug selbst kann auf dem Monitor deutlich verfolgt werden. Der winzige Körper beginnt unter schweren Krämpfen zu zittern, zu strampeln, sich zu drehen und winden. ›Beruhigung‹ tritt erst ein, wenn er von der Plazenta mit neuem ›Stoff‹ versorgt wird. Das klassische Erscheinungsbild schwerer Rauschgiftsucht. Im Mutterleib!«

Ich glaube ich weiß, was Sie bei dieser Beschreibung denken: Das kann sich nur in einer der Hochburgen des Drogenkonsums in den USA abgespielt haben. Weit gefehlt. Szenen wie diese gehören sogar in Wien zum Alltag an manchen medizinischen Einrichtungen. Seit mehr als einem Jahrzehnt haben sich einige Wiener Kinderkliniken und Geburtsstationen auf den Entzug bei Neugeborenen spezialisiert. Wer hätte etwa in den 1980er-Jahren gedacht, dass es auf der »Insel der Seligen«, dem schönen Österreich, einmal so zugehen würde? Österreichische und deutsche Mediziner fragen sich, ob sie in absehbarer Zeit damit rechnen müssen, bei über einem Drittel aller Neugeborenen illegale Substanzen im Harn zu finden, wie das in den größeren amerikanischen Krankenhäusern gang und gäbe sein soll.

Um sich auch nur die geringste Vorstellung zu machen, **welche** Lawine auf die Zivilisation zurollt, muss man sich klar machen, **was** es heißt, süchtig geboren zu werden.

Die dadurch verursachten Schäden sind meist irreparabel und entstehen schon bei der Zeugung. Amerikanische Studien zeigen, dass Kokain schon bei der Befruchtung über den Samen in das Ei gelangt. Ein wegen der gewaltigen Dunkelziffer nicht genau bestimmbarer Prozentsatz von Drogenbabys stirbt vor der Geburt, weil die Leibesfrucht durch die rauschgiftbedingte starke Chromosomenschädigung von selbst abgeht oder weil die Mütter abtreiben. Drogen-Kinder, die das Licht der Welt erblicken, werden meist mit einem verkleinerten Kopf- und Hirnbereich (Mikrozephalus) geboren, was verminderte Intelligenz oder geistige Behinderung mit sich bringt. Grauenhafte äußerliche Entstellungen wie »verschobene (dismorphe) Gesichtszüge« treten auf. Dazu kommen Leber- und Nierenschäden sowie solche im Genitalbereich, Skelett-Anomalien und andere Defekte. Die Entzugskrämpfe im Mutterleib verursachen beim Fötus geplatzte Blutgefäße und innere Blutungen.

Fast alle Drogenbabys kommen ungewollt und vor allem unerwartet, da Frauen bei jahrelangem Heroinkonsum keinen Eisprung mehr bekommen. Manchmal passiert »es« dann zur größten Überraschung dennoch.

Untergewichtigkeit ist die Regel. Es wurden schon Drogen-Säuglinge mit 900 Gramm ans Licht der Welt geholt. Da die kleinen Körper nach »Stoff« verlangen, beginnt etwa vierundzwanzig Stunden nach der Geburt für diese Neugeborenen ihre unverschuldete Drogenhölle. Entzugserscheinungen mit Krämpfen und unerträglichen Schmerzen setzen ein. Die rauschgiftsüchtigen Babys winden sich mit schrillen Schmerzensschreien im Inkubator. In den ersten Stunden müssen sie künstlich beatmet und ernährt werden.

Erst Tage später sind erste Schlückchen aus der Flasche möglich. »In diesem Zustand müssen Barbiturate zur Beruhigung verabreicht werden, sonst würden die kleinen Opfer die ersten Wochen kaum überleben«, erklärte ein Arzt auf einer Neugeborenenstation. Nach einem unbeschreiblichen Entzugsmartyrium von sechs bis acht Wochen sind viele Drogensäuglinge zwar »clean«, doch können sie natürlich nicht von ihren Defekten und Entstellungen befreit werden. Meist landen sie in staatlicher Obhut.

Die von Idealisten oder auch Wirrköpfen vertretene Ansicht, Schwangerschaft würde Frauen zum Abbruch ihres Drogenkonsums bringen, ist Wunschdenken. Studien belegen, dass die Rückfallquote der Frauen um die 95 Prozent beträgt. Fast alle der untersuchten Mütter nahmen trotz guter Vorsätze in der Schwangerschaft weiter harte Drogen. Schon wenige Tage nach der Geburt steigern fast alle Mütter den Drogenbedarf, weil sie von ihren Mutterpflichten überfordert werden. Hand in Hand damit geht die bekannte Wochenbettdepression, die bei Rauschgiftsüchtigen besonders stark ausgeprägt ist. Süchtigen Müttern kann der Mutterinstinkt durch die regelmäßige Einnahme von Drogen abhanden kommen. Sozialarbeiter kennen Fälle, in denen Säuglinge oft mehrere Tage allein in ihren vollen Windel liegen und sich die Seele herausschreien, weil ihre Mutter »Stoff« besorgen muss.

Alles in allem eine erschreckende, wenn auch nicht notwendigerweise zufällige Entwicklung, vor der die Gesellschaft anscheinend kapituliert hat. Mittlerweile sind wir schon so weit gekommen, mit preisgekrönten(!) Plakataktionen Süchtige als »Vorbilder« zu präsentieren, wenn sie saubere Nadeln benutzen.

Zynismus auf der »Titanic«

»Was vormals Unrecht, Sünd und Schand,
das tut man jetzt gut preisen ...
Die Wahrheit wird jetzt unterdrückt,
will niemand Weisheit hören.
Die Lüge wird gar fein geschmückt,
man hilft ihr oft mit Schwören ...«
Johann Walter (1496–1570), »Tricina«

Im Grund ist es nichts Neues, was wir heute erleben. Schon das römische Imperium war in seiner Endphase von ähnlichen Erscheinungen geprägt, als man im Senat darüber stritt, welche Laster zum Gesetz erhoben werden sollen, und nicht darüber, was sich im Inneren oder vor den Toren entfaltete. Den Unterschied zu antiken Untergängen sehen manche darin, dass in unseren Tagen Dekadenz, Degeneration und alle üblen Charaktereigenschaften des damit reichlich ausgestatteten Homo sapiens von »Dunkelmächten« **gezielt** gefördert werden.

Mit einer Energie, die eines edleren Ziels wert wäre, wird alles daran gesetzt, noch bessere und bequemere Methoden zur Befriedigung der belanglosen Begierden der Allgemeinheit zu entwickeln. Damit diese nämlich nicht merkt, wie sehr unsere Gesellschaft derart vom Geschäftemachen besessen ist, dass sie sich weigert bedrohlichen Entwicklungen entgegenzuwirken.

Der »Erfolg« ist für viele bereits erkennbar. Er zeigt sich ihrer Ansicht nach überdeutlich in der Versickerung und Verschwendung von Steuergeld, einem anwachsenden Arbeitslosenheer, Privilegienrittertum, korrupten Politikern, Liquidierung der klassischen Familie, Liquidierung des Bauernstandes, so dass schon heute eine Selbstversorgung aus dem eigenen Land unmöglich ist, Liquidierung der klassischen Schule, Liquidierung des Nationalstaates, einer wesentlichen Einschränkung des Versorgungsauftrags (Bahn, Post und teilweise der Polizei), Liquidierung der Solidarität, einem kranken Gesundheitswesen, unwirksamer Verbrechensbekämpfung, Brutalität in Wort, Sprache und Schrift, der Förderung zu Aggression, Gewalt und Krieg, Erziehung zur Gewaltbereitschaft durch Medien (inklusive subliminale Botschaften) und Unterhaltungsindustrie, Benachteiligung von Inländern und Nicht-Kriminellen, Staatsverschuldung. Kurzum in einer undemokratischen, unfriedlichen, unmenschlichen, sinn- und gottlosen Gesellschaft, repräsentiert von Prominenten, Eliten und Volksvertretern, die alles andere vertreten als die Interessen ihres Wahlvolkes. Genauso formulieren es »ganz normale« Zeitgenossen.

Ich gebe zu, solches klingt radikal, doch das sind die von ihnen ins Treffen geführten Fakten und Entwicklungen wohl auch. Einige davon zur persönlichen Meinungsbildung:

> Statt die Globalisierung effizient zu regulieren und ihren verheerendsten Formen einen Riegel vorzuschieben, werden genau diese gefördert und durchgezogen.

> Konsequent werden Bahnstrecken ausgedünnt oder gar stillgelegt während das Individualverkehrssystem zu kollabieren droht und der Bürger Stunden im Verkehrsstau festgenagelt wird.
>
> Konsequent werden die Gesetzestreuen entwaffnet, während sich die Bürger bei Einbruch der Dunkelheit in ihre Häuser flüchten um der wachsenden Gewalt zu entgehen.
>
> Konsequent werden der Polizei die Hände gebunden, während Kinder die Beute von Drogenhändlern werden.
>
> Konsequent werden Leistungsfähige und Leistungswillige in eine Ausbildung gezwungen, die sich am Unbegabten orientiert.

Diese Beispiele sollten genügen, um klar zu machen, was vielen stinkt. Besonderen Grimm lösen bei manchen die »Rezepte« aus, die politische Leitfiguren dafür parat haben, wie wir alle die Herausforderungen der Zukunft meistern können, beziehungsweise **müssen**:

Sie sagen uns, wir Bürger sollten Verantwortung übernehmen. Da der Staat überfordert ist, weil er in steigendem Maße Leistungen erbringt, für die ihm viele Steuerzahler das Geld verweigern würden, wenn sie könnten, müssen wir für unsere späten Jahre verblassender Leistungskraft Eigenvorsorge treffen und unser Geld so anlegen, dass es im Alter Zinsen bringt. Dieser Rat scheint vielen rätselhaft, weil selbst Fachleute kaum sagen können, wie man Geld langfristig sicher anlegen kann.

Nichtsdestotrotz: Seien wir zuversichtlich, dass unser zur Seite gelegtes Geld für uns »arbeitet«. Das heißt, es wird irgendwo investiert. Irgendetwas wird für möglichst wenig Lohn hergestellt und in größtmöglicher Menge so teuer es nur geht verkauft. Da diese Produktion meist im Billigausland stattfindet, werden bei uns Leute entlassen und gleichzeitig sinken die Löhne jener, die noch in Arbeit und Brot stehen. Das ist fatal, sollen wir doch möglichst viel von dem in der Fremde Erzeugten kaufen und gleichzeitig möglichst viel anlegen. Wenn wir nämlich nicht kaufen, bekommen wir keine Zinsen für unsere Rücklagen. Wenn wir viel kaufen, haben wir kein Geld, um Vorsorge zu treffen. Wenn wir wenig verdienen, können zwar gute Zinsen erwirtschaftet werden, wir haben aber weder Geld zum Kaufen noch zum Investieren.

Eine Lösung wäre: Wir müssen alle sehr reich werden, damit wir gleichzeitig einkaufen, investieren und auf Lohn verzichten können. Weil diese Lösung erstens unmöglich und zweitens zu profan ist, ersparen die Regierenden diese der Mehrheit ihres Wahlvolkes. Stattdessen erlauben sie ihnen, auf materiellen Wohlstand zu verzichten, der dann einigen wenigen vorbehalten ist.

Man kann es wohl niemandem verübeln, wenn er sich durch solche zynischen »Empfehlungen« verhöhnt vorkommt und meint, es wäre so, als hätten jene, die nach dem Sinken der »Titanic« einen Platz in einem Rettungsboot ergattert hatten, den in den eisigen Fluten Zurückbleibenden geraten, eifrig Wasser zu treten. Wem das übertrieben vorkommt, der möge seinen Blick in Gefilde richten, wo man Globalisierung und Lohndrückerei am wenigsten vermuten würde …

Turbokapitalismus hinter Gittern

Da die Lohnkosten für einen Häftling nur halb so hoch sind wie in der freien Wirtschaft, galten Gefängnisbetriebe jahrelang als Geheimtip für billige Arbeitskraft. Das ist vorbei, denn nun gibt es auch hinter Gittern einen Wettbewerb gegen Billiglohnländer wie Polen oder Tschechien. Infolgedessen könnte Gefängnisinsassen in den alten EU-Ländern die Arbeitslosigkeit drohen. Das einstige Billiglohnparadies Gefängnis hat an Sogkraft verloren – die Globalisierung ist im Knast angekommen.

Als Beispiel dafür wird die Justizvollzugsanstalt (JVA) für Frauen im deutschen Aichach angeführt, wo die inhaftierten »Knastschwestern« seit jeher Maschinen bedienen, Kataloge sortieren, Kabel einritzen usw. Noch vor wenigen Jahren gehörten örtliche Firmen selbstverständlich zu den Auftraggebern der JVA Aichach. Ebenso große, bekannte Unternehmen wie MTU oder MAN. Selbst McDonald's ließ dort Hunderte von Kitteln und Anzügen für seine Beschäftigten im Gefängnis produzieren. Noch vor wenigen Jahren fanden in der Werkshalle der Anstalt bis zu 50 Gefangene einen Arbeitsplatz. Diese »goldenen Zeiten« sind vorbei.

Dem Gefängnisbetrieb von Aichach brechen seit einiger Zeit die Aufträge weg. Obwohl die Arbeitskraft der Inhaftierten zu Preisen zu haben ist, die weit unter dem marktüblichen Niveau liegen, geht Auftrag um Auftrag verloren. Wer billig produzieren will, reist ein paar Kilometer weiter gen Osten, nach Polen, Tschechien, in die Slowakei. Ein ehemaliger Auftraggeber soll angegeben haben, er könne dort für 2,50 Euro nähen lassen. Fachkräfte gebe es ohne Ende. Noch dazu würden die Gebäude kostenlos zur Verfügung gestellt.

Woche für Woche durchpflügt der Leiter des Arbeitswesens der JVA Aichach die Zeitungen nach Unternehmen, die Beschäftigte suchen. Er bietet abwandernden Unternehmen die Vorzüge seiner Knastdienstleistungen an, schreibt Briefe, verschickt E-Mails. Erfolgsquote so gut wie Null. Die Anstaltsleitung muss seit Jahren zusehen, wie die Globalisierung den knapp 500 inhaftierten Frauen in Aichach das letzte bisschen Normalität vernichtet, das der öde Gefängnisalltag gerade noch zulässt.

Wie Aichach geht es den meisten deutschen Gefängnissen. Genaue Angaben über das Ausmaß der Arbeitslosigkeit gibt es nicht. Lediglich die Bundesarbeitsgemeinschaft für Straffälligenhilfe klagt: »Den Arbeitsbetrieben in den Anstalten geht die Arbeit aus.«

Wenn eine Haftanstalt um Aufträge kämpft, geht es nicht allein um die Resozialisierung der Häftlinge, sondern auch darum, den kostenaufwendigen Gefängnisbetrieb am Laufen zu halten. Obwohl die knastinternen Arbeitsbetriebe per Gesetz nicht gewinnorientiert sind, helfen die Einnahmen, die Kosten zu decken.

De facto gilt für Unternehmen im Knast dasselbe wie für solche draußen. Nur wer flexibel und innovativ ist, hat eine Chance im erbarmungslosen Wettbewerb. Also investieren Anstaltsleitungen in die Qualifizierung der Häftlinge und in neue Maschinen, um dem Abwärtstrend entgegenzuwirken. Die Anschaffung von mehr Maschinen spart jedoch Arbeitskräfte ein und belastet den angespannten Knastarbeitsmarkt noch zusätzlich. Ein Teufelskreis.

So gut wie alles, was die USA zum unangefochtenen Paradies und weltweiten Exporteur des Raubtierkapitalismus werden ließ, hat mittlerweile auch in der EU Fuß gefasst: rücksichtsloses Renditestreben, astronomische Managergehälter, gezielte Arbeitsplatzvernichtung, nicht existente Unternehmensethik, kurzum, die »Marker« einer sich verunmenschlichenden Gesellschaft auf dem Weg in Ruin und Bürgerkrieg.

Gesellschaft im Absturz

»Die Probleme, die es in der Welt gibt,
können nicht durch dieselbe Denkweise
gelöst werden, durch die sie erzeugt wurden.«
Albert Einstein

Beim Truthahnessen für Obdachlose am Thanksgiving Day 2006 in der US-Botschaft von Berlin scheiterte die Ansprache einer Sozialarbeiterin an mangelnden Englischkenntnissen. Spontan ergriffen einige Obdachlose das Wort. Sie hielten in perfektem Englisch Ansprachen und bedankten sich beim Botschafter mit ausgesuchten Umgangsformen. Dazu die Leiterin der Berliner Bahnhofsmission: »Ich beobachte das nun seit etwa drei Jahren. Da stehen bei der Essensausgabe Leute in der Schlange, die passen nicht in das Klischee«. Diese »neue Klientel« fällt durch gemeinsame Eigenschaften auf: hochgebildet, meist Akademiker, arbeits- und obdachlos.

In den letzten Jahren sind die Arbeitslosenzahlen in der EU deutlich angestiegen und bei sozialen Sicherungssystemen wie Pensionen, Bildung und Gesundheit wurde gekürzt. Die heute in Frage gestellten sozialen Systeme gibt es seit Bismarcks Zeiten. Eine geniale Konstruktion organisierter Solidarität zugunsten der Alten, Schwachen und Jungen. Bei weit geringerer Produktivität als heute hat sie mehr als ein Jahrhundert die Leistungsträger der Gesellschaft – Arbeitnehmer, Arbeitgeber und Steuerzahler – zu einer wirksamen Dreifaltigkeit zusammengebunden.

Was zwei Weltkriege nicht geschafft haben, scheint der Globalisierung gelungen zu sein: Millionenfache Arbeitslosigkeit und verbreitete Armut haben nun in Deutschland Ratlosigkeit und eine anhaltende Krise ausgelöst. Die jahrzehntelang erprobten Methoden zur verträglichen Verteilung des Wohlstands funktionieren nicht mehr. Paradoxerweise fällt in dieser Situation der Verdacht primär auf die sozial Schwachen. Ihnen wird vorgeworfen, die Sicherungssysteme im Sozialstaat auszunutzen. Außerdem taucht in der so genannten Standort-Debatte der Vorwurf auf, gerade die unteren Einkommen seien in Deutschland immer noch zu hoch.

Analysen zufolge ist dem Entsolidarisierungsprozess vor allem durch die Finanz- und Steuerpolitik der 1980er-Jahre Vorschub geleistet worden. Dieses Jahrzehnt war in Deutschland von einer beispiellosen Umverteilung zugunsten der Unternehmen und der Selbständigen geprägt. Während die Einkünfte der Arbeitnehmerhaushalte stagnierten, stieg das Einkommen der Selbständigen um 45, das der Unternehmer sogar um 75 Prozent. Die versprochene Steigerung der Investitionen und die Schaffung neuer Arbeitsplätze stellten sich allerdings nicht ein.

Dass in der aktuellen Situation Wirtschaftswachstum und nichts als Wirtschaftswachstum als Ausweg aus der Krise beschworen wird, ist für manche ein Zeichen von Hilflosigkeit, nicht zuletzt weil beispielsweise in Berlin nur noch fünf (!) Prozent der Maschinenbaukapazitäten von 1989 vorhanden sind, weil seit Jahren jährlich rund 40.000 mittelständische Betriebe verloren gehen und weil ein Großteil der noch verbliebenen Industrie in den Osten verlagert zu werden droht.

Für andere ist das Wirtschaftswachstums-Dogma reine Verlogenheit, da in den Industrieländern ein immer größeres Bruttosozialprodukt mit immer weniger Menschen erzielt werden kann. »Das Steigerungsspiel ist unwiderruflich an seine Grenzen gekommen. Sein Zusammenbruch ist nur noch eine Frage der Zeit«, prognostizierte ein namhafter Soziologe. Die Grundbedingung für den früheren Massenwohlstand, und zwar ein ökonomisch abgrenzbarer Nationalstaat, sei nämlich aufgelöst worden. Daher nimmt der private Reichtum weiter zu. Die Mittelschicht, das Rückgrat der Gesellschaft, bricht weg. Die großen Unternehmen verlassen das Land.

Egal, wer auch immer an der Regierung ist, täglich kann man vernehmen, die Politik des Kaputtsparens, der Steuergeschenke an die Wohlhabenden sowie der Kürzungen bei den Sozialhilfeempfängern, Arbeitslosen, Rentnern und Kranken müsse noch verschärft werden. »Wieso eigentlich?«, fragen manche, die sich an dürren Fakten orientieren. Deutschland ist international so wettbewerbsfähig wie keine andere Nationalökonomie. Dieses Credo wird von ihnen durch statistische Fakten, Analysen und Berichte unterfüttert, die keineswegs geheim sind, aber auch nicht an die große Glocke gehängt werden. In Deutschland **können** die Löhne und Sozialleistungen also nicht zu hoch sein. Das Arbeitsrecht (Kündigungsschutz etc.) oder die Umweltgesetze können nicht zu rigide sein. Deutschland wäre sonst nicht Exportweltmeister!

Das Land exportiert pro Kopf fast doppelt so viel wie das Exportland Japan. Im Jahr 2002 stieg der Außenhandelsüberschuss auf den nie dagewesenen Spitzenwert von 127 Milliarden Euro! Zum Vergleich: Das neoliberale Musterland USA fabrizierte im gleichen Jahr ein Außenhandelsdefizit von 476 Milliarden Dollar. 2006 erreichte es laut Meldungen bereits 800 Milliarden. Tendenz weiter steigend.

Präsident Ronald Reagan, mit dem der neoliberale Amoklauf begonnen hat, hinterließ am Ende seiner Amtszeit ein astronomisches Haushaltsdefizit, fast doppelt so viele Arbeitslose wie bei seinem Amtsantritt und ein riesiges Heer von sogenannten »Working Poor«. Darunter versteht man Menschen, die für Hungerlöhne arbeiten müssen – in der Regel als Handlanger der Millionäre und Milliardäre, deren Zahl unter Reagan rapide anzusteigen begann und die sich mittlerweile noch schneller vermehren. Ein europäisches Gegenstück dazu lieferte die Britin Margaret Thatcher. Beim Amtsantritt der fanatischen Vertreterin des konservativen Marktradikalismus und Neoliberalismus (Monetarismus) in Europa 1979 betrug die Arbeitslosenquote sechs Prozent. Nach sechs Jahren »Thatcherismus« war man bei zwölf Prozent. Ganze Regionen Großbritanniens wurden regelrecht zur de-industrialisierten Wüste. Manche erinnern sich noch an Medienberichte über Heerscharen von Arbeitslosen, die einander blutige Straßenschlachten mit der Polizei lieferten.

Auch innerhalb der Amtszeit des Konservativen Helmut Kohl von 1982 bis 1998 verdreifachte sich die Arbeitslosigkeit. Die Zahl der Sozialhilfeempfänger und der Obdachlosen stieg stark an – die Gewinne, die Aktienkurse sowie die Zahl der Reichen und Superreichen ebenso. Als dann die rot-grüne Koalition 1998 an die Macht kam, hofften viele auf Besserung. Anfänglich betrieb die Regierung unter Gerhard Schröder eine etwas sozialere Politik und korrigierte sogar einige sozialpolitische Grausamkeiten (und volkswirtschaftliche Unsinnigkeiten) der früheren liberalkonservativen Koalition. Das stärkte die Massenkaufkraft, worauf die Arbeitslosigkeit zunächst um eine halbe Million zurückging. Dann jedoch schwenkte Rot/Grün auf die neoliberale, marktradikale Wirtschaftspolitik der Vorgängerregierung ein. Eine Wende, die manche mit dem Rücktritt von Oscar Lafontaine in Verbindung bringen, dessen neue Linkspartei nicht grundlos in der Bevölkerung großen Zuspruch findet.

Ab 2006 wurden dem »Patienten Deutschland« die Rezepturen einer großen Koalition verabreicht, doch dem Kranken geht es aufgrund der jahrzehntelangen Verabreichung der neoliberal-marktradikalen Medizin immer schlechter, alles wird immer schlimmer. Was sich hingegen dauernd verbessert sind die geradezu explodierenden Unternehmensgewinne. Deren Verkündung freut zwar die Aktionäre, trägt aber wenig zur Gesundung des »Volkskörpers« bei, wenn Sie mir um der medizinischen Analogie willen diesen zu Recht verpönten Ausdruck gestatten. Setzten die »Ärzte« nun die falsche Medizin ab? Nicht doch, sie verdoppelten die Dosis: Kampf gegen die Arbeitslosen statt Kampf gegen die Arbeitslosigkeit steht auf dem Dauerrezept.

Ist man wirklich paranoid oder ein Verschwörungstheoretiker, wenn man fragt, ob Menschen, die eine derartig desaströse wirtschaftspolitische Strategie fahren, noch bei klarem Verstand sind?

Die zu erwartenden und teilweise auch bereits eingetretenen Folgen sind für Kritische klar: Arbeitslosenheere werden in absehbarer Zeit die europäischen Straßen bevölkern. Arbeit wird es dann keine mehr geben, es sei denn, man ist des Chinesischen oder Indischen mächtig, um als Reiseleiter Touristengruppen aus diesen nunmehr dominierenden Industrienationen den Niedergang des ehemaligen weltbeherrschenden Kontinents vorführen zu können, auf dem Deutschland noch Anfang des 21. Jahrhunderts Exportweltmeister war.

Weil die Verheerungen der Globalisierung mittlerweile auch in der »Alten Welt« gewaltige Verwerfungen hervorrufen, halte ich es für legitim, brisante Befunde und Befürchtungen nicht außen vor zu lassen, nur weil sie absolut nicht »politisch korrekt« sind. Krass sind manche durchaus, das gebe ich gerne zu – am besten aber urteilen Sie selbst ...

»Tribalismus« ist Trumpf

Angesichts der schwer zu leugnenden Entwicklung in Richtung Sozialdemontage und allgemeine Verblödung (von der PISA-Studie bis zur Leseschwäche, die mittlerweile 25 Prozent der Jugendlichen in der EU erfasst hat) kann man von immer mehr Zeitgenossen in etwa diesen Befund hören: Die westliche Zivilisation ist innerlich verfault, auf dem absteigenden Ast und wird immer verrückter, wobei die meisten besagter Zeitgenossen – und zwar beileibe nicht Paranoiker, sondern oftmals nüchterne Naturen – der Überzeugung sind, dass diese Abwärtsbewegung gewollt ist und beinhart durchgezogen wird. Durchgezogen von Machtstrukturen, die unerschütterlich einzementiert sind und die daher machen können, was sie wollen, was sie auch völlig offen und konsequent gegen de Willen der (noch) Mehrheitsbevölkerung tun.

Apropos PISA-Studie: Hier wollen Kritische auf schamhaft Verschwiegenes gestoßen sein, das ihrer Meinung nach das präsentierte Bild verändern würde – natürlich nur, wenn die breite Öffentlichkeit davon wüsste. In Finnland, dem unangefochtenen PISA-Sieger, beträgt der Ausländeranteil, bzw. der Anteil der Schüler, die die Landessprache nicht oder fast nicht beherrschen, etwas mehr als ein Prozent. In deutschen oder österreichischen Landen hingegen in manchen (primär städtischen) Gebieten kolportierte fast 40 Prozent.

Weil wir schon die Pfade der Korrektheit verlassen haben, zur eigenen Meinungsbildung ein Potpourri von Tabus, die offenbar vielen Bürgern gegen den Strich gehen, worüber sie sich regelmäßig in Leserbriefen Luft machen. Ich zitiere in Schlagworten: Migrationsförderung, Propagierung der Homo-Ehe, Benachteiligung der Mehrheit zugunsten welcher Minderheit auch immer, Kultur des Hässlichen, Milde gegen Verbrecher, Abschiebeverbot von Mördern und Terroristen trotz Aufenthaltsverbots, ungestörtes Agieren strafunmündiger jugendlicher Straftäter, aus dem Boden wachsende Moscheen, Untätigkeit gegen die Ausbreitung der Drogengesellschaft, Anti-Diskriminierungsgesetze, die in Wirklichkeit kalte Enteignung darstellen, das Zulassen von Parallelgesellschaften und rechtsfreien Bereichen, um die extremsten Beispiele zu nennen. Es gibt sogar Menschen, die politisch unkorrekte und radikale Verwunderung darüber äußern, wieso es legitim ist, in fernen Landen Zivilisten zuhauf umzubringen, während man einströmende »Invasoren«, als welche sie Wirtschaftsflüchtlinge ansehen, nicht abwehren darf. Okay, okay, das ist wirklich alles ziemlich krass, darum will ich es auch nicht unterschreiben, sondern nur so wiedergeben, wie man es vernehmen kann. Wie sieht es nun aber mit der Realität solcher Befürchtungen aus, soweit sie sich feststellen lässt?

Nun, in Frankreich gibt es kolportierte 2.000 rechtsfreie Zonen, in die sich keine Behörde hineintraut, auch nicht die Polizei. Schon Anfang der 1990er-Jahre prophezeite der israelische Militärhistoriker und -theoretiker Professor Martin van Creveld, Autor des Buches *»The Transformation of War« (Die Zukunft des Krieges)*, der Krieg würde zur Form der Stammeskriege zurückkehren, die den Konflikten zwischen Staaten vorausgegangen sind. Nur dass sie diesmal innerhalb von Staatsgefügen ausgetragen werden. Wenige Jahre vor dem Erscheinen seines Buches über den Krieg hat er in einer BBC-Dokumentation von Stephen Bradshaw, die vom österreichischen Fernsehen unter dem Titel *»Welt am Abgrund?«* ausgestrahlt wurde, unverblümt gemeint, der Tag würde kommen, an dem man Flüchtlingsschiffe würde versenken müssen. Zitat Professor Creveld: »Jagen wir einige von den Booten in die Luft, die anderen werden es sich dann überlegen.« Darauf die Frage des Interviewers: »Auf sie schießen? Glauben Sie, das wird kommen?« Antwort: »Oh ja, das wird kommen ...«

In der Tat werden seit den 1980er-Jahren Teile vieler Großstädte – auch im Westen – laufend zu einer Art von exterritorialen Zonen, in denen Drogenbarone und Banden die einzige Autorität verkörpern. Nationalität wird durch Clan- und Stammesstrukturen ersetzt, für die es sogar einen Fachausdruck gibt. Er lautet *Tribalismus*.

Selbst nüchterne Naturen meinen, es drohe nicht mehr und nicht weniger als der Zerfall des Staates durch sogenannte »Verinselung«, wie sie seit Jahren in Brasilien heimisch und daher auch als »Brasilianisierung« bekannt ist. Beide Bezeichnungen fallen unter den Oberbegriff *Tribalismus*. Darunter ist nicht Ghettobildung zu verstehen, wie man im ersten Moment glauben möchte. Nein, eine *Weiterentwicklung* der Ghettoisierung. Nun wird nicht länger eine bestimmte Gruppe in ein soziales Ghetto eingeschlossen und von anderen Gruppen abgesondert, sondern vorhandene oder einströmende Gruppen bilden von sich aus Ghetto-Inseln. Diese neuen Einheiten verkehren miteinander wie Staaten mit anderen, zumeist feindlichen Ländern.

Jede Ghetto-Insel hat eine eigene Binnenmoral, die nach innen von einer eigenen Binnenpolizei verteidigt und aufrechterhalten wird. Nach außen – gegenüber den anderen Ghetto-Inseln, aber auch gegenüber dem Staat, in dem sich das alles abspielt – fungiert die Binnenpolizei wie eine Armee. Gesetze gibt es nur noch auf dem Papier. Was wirklich gilt, ist die Gruppenabsprache, das Machtwort des Gruppenältesten oder Anführers und des um ihn gescharten Clans bzw. Stammes. Die Justiz urteilt immer ungenierter nach dem Willen mächtiger Clans oder Paten. Freie Berufswahl ist abgeschafft, stattdessen besetzen bestimmte ethnische Gruppen ganze Berufszweige, so dass man beispielsweise nur Taxifahrer werden kann, wenn man Schwarzafrikaner oder Russe ist.

Diese Entwicklung klingt für manche Ohren nicht ganz unvertraut. De facto ist heute schon sichtbar, dass der Staat zunehmend seine Fähigkeit verliert, Politik, Militär, Wirtschaft und Kultur zu kontrollieren sowie Leben und Sicherheit seiner Bürger zu gewährleisten. So war zum Ende des 20. Jahrhunderts in den USA die Zahl der in privaten Sicherheitsdiensten Beschäftigten (1,6 Millionen Privatkrieger) bereits größer als die Zahl der aktiven Soldaten. Tendenz weiter steigend.

Als der niederländische Justizminister laut Zeitungsmeldungen offen verkündet haben soll, die *Scharia*, das rigide islamische Recht, könne zum neuen Grundgesetz Hollands werden, sobald zwei Drittel aller Holländer Muslime geworden seien, waren viele entsetzt. Für besonders Misstrauische hingegen war nunmehr klar, was ihrer Meinung nach geplant sein dürfte. Wann, so fragten manche von ihnen, wird es Europäern in gewissen Zonen ihrer (vormals) eigenen Städte untersagt sein, Hunde zu halten bzw. auch nur hindurch zu führen (unreine Tiere) oder Alkohol zu trinken bzw. auch nur durch besagte Zonen zu tragen, sofern das Fläschchen Wein nicht sorgsam am Körper verborgen ist? Zyniker und Resignierende, aber auch solche, die beides in einem sind, meinten in Leserbriefen: »Wenn es soweit ist, wird es jedenfalls kein Koma-Saufen mehr geben.«

Migration in noch nie da gewesenem Maße führt selbst in entlegensten Winkeln der Welt zum engen Kontakt zwischen den verschiedenen Kulturen und damit zu Spannungen aller Art, nicht zuletzt durch kulturelle Verschiedenheit, auch wenn das nicht gerne zugegeben wird. Damit sind Konflikte wahrscheinlicher geworden als in der Vergangenheit. Es gibt Prognosen, die Bedingungen des 15. Jahrhunderts mit seinen Raubrittern und konkurrierenden Bünden würden in die Zivilisation Einkehr halten.

Weil Tribalismus auch in der Europäischen Union zu beobachten ist, betrachten radikale Kritiker die EU als Instrument zur ethnisch-kulturellen Auflösung Europas, in dem die Völker zwar nicht einheitlich, aber normiert sind. Ein tribalisierter, aber innerlich formloser Menschentyp, definiert durch eine einzige Eigenschaft, nämlich Egoismus, und daher so leicht zu berechnen wie Gasmoleküle, soll die Endstufe sein. Die Gesellschaft hört auf, die Gemeinschaft zu sein, die sie Jahrhunderte lang war. Für jene, die solches erwarten, ist Brüssel bei diesem Prozess Exekutive und Erfüllungsgehilfe der USA. Ausgestattet mit außerordentlichen Machtmitteln wie Medien, Werbung, Bildungs- und Kulturpolitik, Arbeitsmarktpolitik und Ernährungsplanung hält sie die Bürger mit einer Flut unsinniger, schikanöser bis fast schon tyrannischer Gesetze und Verordnungen sowohl auf Trab als auch davon ab, den Durchblick zu erlangen, den dieses Buch vermitteln soll.

Für nicht »EU-phorische« steht fest, dass bereits die Gründungsprämisse, die EU wäre ein »Friedensprojekt«, eine blanke Lüge ist, die lediglich konsequent wiedergekäut wird. Nicht einmal mehr verheimlichtes Faktum ist nämlich, dass zwischen 1945 bis zum Niedergang der Sowjetunion niemand in Europa Krieg geführt hätte, da die zwei Supermächte solches nicht gestattet hätten. Europäischen Staaten hätten die beiden Kolonialherren das Kriegführen nämlich nicht erlaubt – und als der Ostblock sich auflöste, gab es ja auch sofort einen echten Krieg in Europa.

Die **einzigen**, die bis dahin in der Lage gewesen wären, unseren Kontinent in ein Schlachtfeld zu verwandeln und zeitweilig auch dazu bereit schienen, wären die USA und die UdSSR gewesen, woran sie kein Europäer hätte hindern können (entsprechende Pläne sind mittlerweile öffentlich bekannt).

Besatzungszone EU

Die EU als eine von mehreren amerikanischen Besatzungszonen auf der Erde, diese Sicht vertreten viele Aufdecker. Argument dafür sind ihnen unter anderem der kolportierte Umstand, dass beispielsweise auf deutschem Boden Jahrzehnte nach Ende des Zweiten Weltkriegs rund 70.000 US-Soldaten stationiert wären. Was diese eigentlich im »freien Deutschland« verloren haben, wird oft nur nebulos begründet, worauf manche vom einem »besetzten Deutschland« sprechen. Das mag polemisch und übertrieben sein.

Bleiben wir sachlich und wenden wir uns einem anderen, wenn auch indirekten Argument dafür zu, dass die EU Handlanger außereuropäischer

Mächte wäre. Damit gemeint sind die ab 2005 einsetzenden, krankhaften Bemühungen aller »politischen Eliten« zur Wiedererweckung des Kadavers der, durch das klare **Nein** der Bürger Frankreichs und der Niederlande in einen solchen verwandelten, ungeliebten EU-Verfassung. Wie man aber aus zahlreichen Horrorfilmen weiß, sind Untote besonders zäh und auch gefährlich.

Das vermuten nicht nur jene, die in ihren Ländern gar nicht erst abstimmen durften, weil ihre jeweiligen Regierungen jede »Panne« (unerwünschter Volksentscheid) anscheinend durch Ratifizierung der Verfassung vorausschauend vermeiden wollten. Viele Zeitgenossen sind heute noch ergrimmt darüber, dass die offiziellen Medien nach dem »Non« der Franzosen und dem »Nee« der Holländer einhellig getönt hatten, wie sehr man in ganz Europa über die Ablehnung bestürzt gewesen sei – allerdings ohne zu erwähnen, dass diese Bestürzung bei der Mehrheit der Bevölkerungen keineswegs geortet werden konnte. Bei einer danach abgehaltenen TED-Umfrage von *»Bild«* und RTL riefen fast 400.000 Leser an – so viele wie noch nie. Davon stimmten 96,9 Prozent **gegen** die EU-Verfassung. Österreichs größte Tageszeitung bezeichnete die Verfassung als »größten Anschlag auf die Demokratie seit Faschismus und Kommunismus«. Leserbriefschreiber kreierten den Begriff »Harakiri-Vertrag«.

In Österreich gab es vor der am 11. Mai 2005 am Volk vorbei vorgenommenen parlamentarischen Ratifizierung der EU-Verfassung vehemente Proteste dagegen, beispielsweise eine riesige Menschenkette vor dem Parlament am 7. Mai 2005, bei der immerhin der berühmte Autor der »Globalisierungsfalle« und EU-Abgeordnete Hans-Peter Martin mitmachte. Trotzdem: Medienberichterstattung darüber so gut wie null!

Daher sprechen manche von Heuchelei. Andere meinen, es sollte zu denken geben, dass das deutsche Bundesverfassungsgericht dem deutschen Bundespräsidenten untersagt habe, die Zustimmung des deutschen Parlaments zur EU-Verfassung zu unterschreiben und damit rechtskräftig zu machen.

Warum sich die Bestürzung beim »schlichten Volke« in Grenzen hielt scheint angesichts dessen, was durch die ungeliebte EU-Verfassung Realität hätte werden können, nachvollziehbar. Um wenigstens peripher einen Durchblick zu erlangen, hier also nun einige der angeprangerten Knackpunkte.

Die folgenden Beispiele sind provokant, zugegeben, aber sie sind nicht unmöglich, wenn man Fachleuten glauben will. Beginnen wir mit dem von vielen als besonders dramatisch empfundenen Aspekt der Wiedereinführung der Todesstrafe durch die Hintertüre. Diese Hintertüre ist für sie der Verfassungsartikel II-62 (des Rechts auf Leben), in dem bei den Erläuterungen zu lesen sein soll, die Grundrechte-Charta würde für den Kriegsfall und den Fall unmittelbarer Kriegsgefahr die Todesstrafe ermöglichen. Diese könne nach den verteidigungspolitischen Ermächtigungen der Union eingeführt werden. Um einen »Aufruhr« oder »Aufstand« rechtmäßig niederzuschlagen, dürfe trotz des Rechts auf Leben getötet werden. Starker Tobak.

Auf jeden Fall wäre das Vetorecht gefallen und durch die sogenannte »qualifizierte Mehrheit« ersetzt worden, wodurch die staatliche Eigenständigkeit (in Österreich auch die Neutralität) wohl endgültig den Bach hinunter gegangen wäre. Es wurde die Befürchtung laut, mittels Brüsseler Mehrheitsbeschluss könnte beispielsweise über die Wälder in Deutschland (abholzen und an Holzkonzerne verhökern) oder das Wasser in Österreich (ab damit ins wasserhungrige Spanien) verfügt werden. Das Einzige, was Deutschen oder Österreichern in einem solchen Falle noch zu tun übrig bliebe, wäre Zähneknirschen. Herr im eigenen Haus wären sie damit überhaupt nicht mehr. All das wären Eingriffsrechte, wie sie etwa die amerikanische Regierung in den einzelnen US-Bundesstaaten **nicht** hat.

Besagte Verfassung sieht neben der Übergabe von Teilen der nationalen Souveränität an Brüssel unter anderem auch die Abtretung der Kontrolle der Mitgliedsstaaten über die Steuerung der Geldmenge (Geldumlauf) in ihrem Land vor, was dem Verlust einer eigenständigen monetären Politik gleichkäme. Wenig Trara wurde um einen von Protestierern aufgezeigten kleinen, aber feinen Passus gemacht, und zwar um eine spezielle finanzpolitische Generalklausel, die es den Zentralbehörden der EU ermöglichen würde, zusätzlich zu den nationalen Steuern noch Direktsteuern von allen EU-Bürgern zu erheben, oder weitere Kategorien der Mittelbeschaffung für die EU einzuführen, ohne dass die nationalen Parlamente oder gar die Bevölkerungen dem zustimmen müssten.

Es ist bereits verschiedentlich darauf hingewiesen worden, dass bei der Annahme der EU-Verfassung einer der bedenklichsten Aspekte darin gelegen wäre, dass über internationale Handelsverträge wie beispielsweise das fatale *»Allgemeine Abkommen über den Handel mit Dienstleistungen« (»General Agreement on Trade in Services«, GATS)* zur Privatisierung ehemals hoheitlicher Aufgaben künftig nicht mehr in den Parlamenten der Mitgliedsstaaten entschieden würde, sondern direkt auf EU-Ebene.

Die Antwort auf die Frage, was denn eigentlich so »erschütternd«, »bedauerlich« etc. sei, wenn eine Bevölkerung weiterhin verhindern kann, dass ihr Volksvermögen und Naturschätze abgenommen werden, blieben Medien wie auch Eliten schuldig. Ebenso die Würdigung eines seltsamen Umstandes, der nicht erst bei der EU-Verfassung offenbar wurde, nämlich dass die Bevölkerung **fast immer** das Gegenteil von dem wünscht, was ihre Führung will und meist auch durchzieht – möglicherweise wird das Volk deswegen auch so selten befragt.

Nachdem der Ratifizierungsmotor ins Stottern gekommen war, wurde verkündet, man würde sich eben mit dem Vertrag von Nizza behelfen müssen, der Kritikern zufolge die Souveränitätsrechte der Bürger in dreißig Bereichen abschaffen soll, so beispielsweise bei der Zusammensetzung der Kommission, beim Asylrecht und der Einwanderung. Demonstrationen dagegen oder wogegen auch immer könnten vielleicht sogar legal zusammengeschossen werden, da sie nach dem (noch) nicht in Kraft seienden Inhalt des Verfassungsentwurfes als »Aufruhr« eingestuft werden könnten (Art. II-62).

Wie schon erwähnt, soll auch der neue, 2007 unter anderem Namen als »Grundlagenvertrag« auf die Schiene gestellte Entwurf die unter dem Oberbefehl der USA befindliche NATO **über** die Souveränität Europas stellen und bilaterale Vereinbarungen mit den USA ermöglichen, welche der Idee eines vereinten Europas als Friedens- und Verteidigungsgemeinschaft krass widersprechen. Ein Beispiel dafür ist die beabsichtigte Stationierung eines US-Raketen- bzw. Radarsystems in Tschechien und Polen, das manche mit umgekehrten Vorzeichen an die russischen Raketen auf Kuba erinnert, die 1961 zur Kubakrise und beinahe zum Atomkrieg geführt haben.

Das neue vereinfachte Änderungsverfahren ermöglicht eine völlige Änderung des Vertrages in den wesentlichen Bereichen der Union, nämlich der Binnenmarkt-, der Wirtschafts- und der Währungsunion, der Politik in anderen Bereichen und sogar in dem Bereich des Raumes der Freiheit, der Sicherheit und des Rechts, also in der Justiz- und Polizeipolitik. Den Änderungen des Grundlagenvertrages müssen die Völker nicht zustimmen. Kein Konvent muss sie vorbereiten. Nicht einmal die nationalen Parlamente werden in die Willensbildung einbezogen. Laut Fachleuten ist dieses »Ermächtigungsgesetz« mit der existentiellen Staatlichkeit, zu der vor allem die Verfassungshoheit der Mitgliedstaaten gehört, unvereinbar. Allein schon deswegen, weil es, wie manche Experten zu bedenken geben, dem demokratischen Grundprinzip der Gewaltenteilung den Garaus machen würde.

Und warum das Ganze? Die Besorgten geben Antwort: Weil sowohl die »alte« Verfassung als auch die angeblich abgeschlankte neue Variante ihrer Ansicht nach im Endeffekt eine reibungslosere Durchführung der Befehle aus Washington im US-Außenposten EU ermöglichen sollen.

Wenig strittig scheint vielen jedenfalls, dass alle bisher präsentierten und vielleicht noch ausgebrüteten Versionen Sargnägel zur nationalen Souveränität sind, deren Großteil ohnedies bereits an Brüssel übertragen und damit liquidiert wurde; eine Machtübertragung, die üblicherweise nur durch Krieg zu erreichen ist, wobei der Sieger die Souveränität vom Besiegten in Empfang nimmt, während die EU-Nettozahler ihre Souveränität nicht nur freiwillig abgegeben haben, sondern auch noch dafür bezahlen. Vom verbliebenen **Rechtsmittel** des Vetos wird in deutschsprachigen Landen kein Gebrauch gemacht, während andere Nationen dieses ungehemmt bei jeder Gelegenheit einsetzen – zurückliegende und aktuelle Beispiele sind bekannt. Fast schon im Gegenzug, wie Zyniker meinen, werden Länder mit Klagen von der EU eingedeckt. Netto-Zahler wie Deutschland können davon ein Lied singen, Österreich ganz besonders.

Die EU-Skepsis in den Kernländern ist daher so hoch wie nie zuvor. Dessen dürften sich die Eliten durchaus im Klaren sein und Maßnahmen in petto haben, des wachsenden Unmuts Herr zu werden. Welche Maßnahmen das sein könnten, darüber haben sich Unangepasste so ihre Gedanken gemacht und die Antwort gefunden: am naheliegendsten gesetzliche Maßnahmen ...

Der »Bürger neu« – verstrickt in den Maschen des Gesetzes

»Seit den Tagen eines Weishaupt
ist diese weltweite Verschwörung
mit dem Ziel einer Überwältigung
unserer Zivilisation und der Konstruktion
einer Gesellschaft auf der Grundlage
verhinderter Weiterentwicklung und
unmöglicher Gleichheit ständig im
Wachsen begriffen ...«
Winston Churchill

Die Zeit wird kommen, so unken Misstrauische, in der es immer schwieriger, fast schon unmöglich sein wird, sich in einer überwachten und vor Gummigesetzen strotzenden Vereinigung aus Großbank, Mafia und Neuauflage der UdSSR, wie besonders Enttäuschte die EU heute nennen, nicht verdächtig zu machen. Neben einer immer unüberschaubareren Gesetzesflut, vor der niemand gefeit zu sein scheint, verblüffen Behörden die von ihnen Verwalteten mit Maßnahmen, die manche als schikanös bezeichnen. Andere meinen, der Bürger solle auf die unterschiedlichsten Weisen schlicht und einfach in stetem Bewusstsein vor der Allmacht der Obrigkeit gehalten werden.

Ein deutsches Landratsamt beorderte 2006 einen Traktorbesitzer zur Kraftfahrzeugzulassungsstelle, um ihm mitzuteilen, das seit 30 Jahren anstandslos geführte Nummernschild »HEF-KZ 44« müsse ausgetauscht werden, denn die Kürzel HJ, KZ, NS, SA, SD und SS hätten »aus der Geschichte heraus eine belastete Bedeutung«. Ein ironisch gehaltener Protest des Traktoristen verpuffte. Hingegen erweitere die Stadtverwaltung das Verbot der erwähnten Kürzel um die Buchstabenkombinationen AH, BH und HH. Bei AH und HH kann sich der Geübte vorstellen, was man hier hintanhalten wollte, aber bei BH? Gab es seit neuestem rechtsradikale Büstenhalter? Mitnichten. BH stünde für »Blood and Honour«. Alles klar? Es reicht der Platz nicht, um zu erklären, welche geheime rechte Bedeutung die Autonummern 14, 18 und 88 haben, die mittlerweile auch nicht mehr vergeben werden. Stattdessen gebe ich einen zynischen Kommentar wieder, den ich dazu gelesen habe: Brecht meinte 1955 in seiner *»Kriegsfibel«*: »Der Schoß ist fruchtbar noch, aus dem das kroch«, hat ihn aber nicht näher lokalisiert. Jetzt könnte er offenbar geworden sein: Es ist die Kfz-Zulassungsstelle.

Gut, das war vielleicht polemisch von meiner Seite her. Offenbar haben wir es hier mit einer besonders konsequent geführten Form des »Kampfes gegen rechts« zu tun, aber ich konnte mir das Beispiel aufgrund meines Hanges zu Skurrilem nicht verkneifen. Zurück zum Bitterernsten.

Damit meine ich die Prognose, der Sozialstaat würde nicht nur aufgegeben, sondern parallel dazu in einen funktionierenden Polizeistaat umgewandelt. Dass man in Deutschland erwägt, Terrorverdächtige zu foltern oder vielleicht gar vorbeugend gezielt zu töten, wurde bereits erwähnt.

Aber auch der »Normalbürger« scheint nicht a priori unverdächtig zu sein. Die Schulhöfe sind voll von Schlägern. Johlend sitzen und stehen die Gewalttäter in den Stadien und bald auch vor den Suppenküchen und den »Arbeits- und Armutsverwaltungen«. Letztere werden zunehmend als Bedrohungspotential der besonderen Art gewertet: Fünf Millionen »Hartz-IV-Betrüger«, wenn die einmal von der Rund-um-Kontrolle und den Razzien in ihren Wohnungen die Schnauze voll haben und durchdrehen ...!

Vielleicht **sollen** sie sogar durchdrehen, so wird vermutet. Kann es vielleicht sein, dass die Verelendung der Arbeiter und das Abrutschen vieler Menschen in Hartz IV eine Vorstufe zur wieder einzuführenden Sklavenarbeit darstellt? Auch ohne diese düstere Vision gibt es in Deutschland neue Gesetze, Verordnungen und Regelungen zuhauf, die den Bürger an der Kandare halten. Beispiele gefällig? Kritische liefern sie:

- Terrorismus-Bekämpfungs-Ergänzungs-Gesetz (TBEG seit 11. Januar 2007 in Kraft)
- Verschärfungen zu Hartz IV-Zuverdienstmöglichkeiten
- Neudefinition des Begriffes Kinderpornographie
- Fahrverbote für ältere Fahrzeuge
- Verkehrskennzeichenüberwachung

- Verbot, Hasspredigten zu lesen
- Wahlcomputer
- Gesundheitsreform

Vorratsdatenspeicherung im Allgemeinen. Besonders bei diesem Punkt fragen sich viele: Was wollen die Behörden eigentlich mit allen unseren Verbindungsdaten? Mit dem Inhalt aller E-Mails? Mit dem Wissen, was auf unseren Festplatten liegt? Was rechtfertigt den materiellen Aufwand und was rechtfertigt es, die Verfassung zu stürzen? Welchen Strick wollen sie einem Bürger drehen, der weder (auch nach neuem Gesetzestext) Kinderpornographie, Bombenbauanleitungen, radikale Aufrufe, Hasspredigten oder sonst etwas auf dem PC hat?

Provokant gefragt: Soll das neue Profil eines Bundesbürgers in etwa so aussehen?:

Bevor er Sex hat, fragt er seinen Anwalt, ob die Stellung, die er gerne mit seiner angetrauten Ehegattin durchführen möchte, legal ist oder ob diese Variante der Erotik per Gesetzesvorlage rückwirkend zum 31. Dezember 1974 als strafbare Handlung gilt. Gleichzeitig fürchtet er, dass sein eigener Rechtsbeistand entweder abgehört wird, die Behörden informiert oder gar selbst ein geheimer Mitarbeiter der Polizei sein könnte.

Aus Angst, eine falsche Seite anzuklicken oder eine suspekte Nachricht zu erhalten (die dann die Ermittlungsbehörden als Hasspredigt definieren), hält sich der brave Deutsche vom Internet fern und sieht nur noch fern.

Wer ein besonders guter Bürger sein will, meldet in Eigeninitiative verdächtige Äußerungen anderer und suspekte Beobachtungen beim zuständigen Amt.

Der deutsche Einheitssparer aus der Mittelschicht überlegt sich, wie er dem Finanzamt erklären soll, dass er die letzten beiden Monate nicht beim Friseur war, weil seine Freundin Friseuse ist und ihm kostenlos die Birne geschoren hat, was man als Steuerhinterziehung auslegen könnte.

Das und noch so manch anderes bringt Kritische zu einem wenig erbaulichen Befund: Der neue Deutsche hat Schiss an allen Ecken und Enden. Er kommt gar nicht dazu, ans Aufmucken auch nur zu denken, da er viel zu beschäftigt ist, ein gesetzestreuer Bürger zu sein. Ihr Befund führt sie zu Fragen, die noch weniger erbaulich sind: Kann es sein, dass vor Angst schlotternde Bürger dem Staat in den Kram passen würden? Kann es sein, dass wir uns in der EU auf dem Weg zum staatlichen Terror befinden?

Übertrieben? Panikmache? Vielleicht, aber manches gibt doch zu denken. Beispielsweise müssen alle EU-Länder, in denen es zu Blockaden des

Handels durch Demonstrationen kommt, innerhalb von fünf Tagen erklären, welche Maßnahmen sie gegen den Protest unternommen haben. Bleiben die gewünschten Aktionen aus, kann die EU-Kommission gegen das betreffende Land vorgehen. Es kommt noch dicker.

Universalkeule EU-Haftbefehl?

»Sie werden es nicht glauben, aber es gibt soziale Staaten, die von dem Klügsten regiert werden: Das ist bei den Pavianen der Fall.«
Prof. Konrad Lorenz

Als Deutscher haben Sie in einem Lokal einen Witz erzählt, der sich über eine Volksgruppe lustig macht, oder bloß darüber gelacht? Da solche Scherze nicht fein sind, wird den Erzähler vielleicht einer der Anwesenden darauf aufmerksam machen, dass sich solches nicht gehört. Mehr als eine peinliche Ermahnung kann aber nicht drohen, oder? Weit gefehlt.

Wenn in dem Land, wo die Volksgruppe heimisch ist, deren Diskriminierung ein strafwürdiges Verbrechen darstellt und das Land der EU angehört, kann die Auslieferung des »Spaßvogels« begehrt werden. Und schwups geht es in den Knast des besagten Landes, wobei man beispielsweise im Falle von Frankreich in einem überseeischen Département oder auf der völlig abgelegenen Karibikinsel Martinique landen kann. EU-assoziierte Länder gibt es nämlich auch in Afrika und im Pazifik, aber auch in Litauen einzusitzen ist kein Honiglecken, wie ein Deutscher wahrscheinlich bestätigen kann, der wegen unterlassener Unterhaltszahlung im dortigen Knast gelandet ist.

Im Gegensatz dazu, so kann man vernehmen, weigert sich das von den Medien als bürgerfeindlich dargestellte Russland grundsätzlich, eigene Bürger an andere Länder auszuliefern, wie es früher eine Grundlage internationalen Rechtes gewesen ist. Da dem nicht mehr so ist, empfiehlt es sich also dringend, diskriminierende Witze auch dann zu unterlassen, wenn derartige Scherze im eigenen Land nicht unter Strafe stehen. Obwohl manche der Ansicht sind, selbst Geschmacklosigkeiten müssten eigentlich unter die Meinungsfreiheit fallen, so weiß man doch in etwa, wessen man sich zu enthalten hat. Schwieriger wird die Sache, wenn eine Tätigkeit zur Fallgrube werden kann, die man als harmlos erachten würde: das Lesen.

In Deutschland dürfen Sie von jedem beliebigen Druckwerk, auch von solchen, deren Verbreitung verboten ist, bis zu drei Exemplare besitzen (eins für Ihre persönliche Bibliothek und bis zu zwei zur Weitergabe an

Ihre unmittelbaren Angehörigen). Nicht so in Frankreich. Dort steht schon der bloße Besitz eines einzigen Exemplars bestimmter Bücher unter Strafe. Das gilt auch für Übersetzungen beispielsweise deutscher Originale einschließlich jener, die jahrelang nicht verboten waren. Die Aufgabe, als Deutscher, der vielleicht des Französischen nicht mächtig ist, immer zu wissen, was in Frankreich auf dem Index steht, wird dem Einzelnen überlassen. Der tut sich damit allerdings schwer, nicht zuletzt, weil immer wieder neue verbotene Werke hinzukommen.

Was dem schlichten Mitteleuropäer drohen könnte, sollte die Türkei einmal zur EU gehören, lässt sich nicht wirklich abschätzen. Manche Rechtskundige weisen in dem Zusammenhang auf die Problematik hin, dass – im Gegensatz zu Deutschland und Österreich, wo die Leugnung eines bestimmten, in seiner Art einmaligen Völkermordes ins Gefängnis führt – es in der Türkei strafbar ist, den Massenmord der Türken an den Armeniern publik zu machen. In der Türkei kann öffentliche Kritik an der Regierung oder »Schmähung des Türkentums« in der Nähe eines »terroristischen Umsturzversuchs« rangieren. Auf die Idee, die Frage zu stellen, was los wäre, gäbe es in deutschen Landen ein Gesetz, das »Schmähung des Deutschtums« unter Strafe stellte, sind bislang nur einige extreme Zyniker gekommen.

All das und noch manch anderes führen Kritiker des Europäischen Haftbefehls an und versuchen, die Problematik einer öffentlichen Diskussion zuzuführen. Allerdings mit bescheidenem Erfolg.

In meinem Buch *»Mythos Informationsgesellschaft«* habe ich mich aufgrund des Falles (aber nicht nur) eines österreichischen Karikaturisten, der wegen einer in Österreich völlig legalen Buchveröffentlichung unverhofft im griechischen »Knastos« hätte landen können, mit den Feinheiten des europäischen Haftbefehls befasst. In diesem Abschnitt möchte ich dem nichts ahnenden Bürger ergänzende Informationen nicht vorenthalten, die mir Leser meines obigen Buches zugeschickt haben.

Laut dieser Informationen ist der **Europäische Haftbefehl** seit dem 23. August 2004 geltendes Recht, kann jedoch auch auf Straftaten angewandt werden, die vor der Ratifizierung begangen wurden. Für viele Juristen sind Gesetze mit rückwirkender Geltung der Abschied von jeglicher Rechtssicherheit, ja, von den Grundlagen des Rechtsstaates überhaupt, von denen der Spruch *»Nullum crimen sine lege«* (etwa: Kein Verbrechen ohne Gesetz) eine der Grundsäulen darstellt.

Es ist noch nicht einmal notwendig, die Tat im Land begangen zu haben, das die Auslieferung begehrt. Wenn die vorgeworfene Tat, sei sie nun real oder auch nur unterstellt, auf einer Liste von insgesamt 32 Straftaten steht, auf die sich alle EU-Länder ungeachtet der jeweiligen nationalen Gesetzgebung geeinigt haben, dann findet im eigenen Heimatland keinerlei Überprüfung statt, ob wirklich eine Schuld vorliegt.

Laut einer Anfang 2005 in Brüssel gezogenen »positiven Bilanz« seien bis dahin 2.603 solcher Haftbefehle ausgestellt worden. Es habe 653 Festnahmen gegeben. Bis September 2004 – also rund ein Monat nach dem Inkrafttreten – wären 104 Personen ausgeliefert worden. Wer meint, steigende Verbrechenszahlen würden ein härteres und EU-weites Vorgehen legitimieren, dem empfehlen die Kritiker, einige dieser 32 Straftaten auf ihren kriminellen Inhalt unter die Lupe zu nehmen.

Über die Strafwürdigkeit von Delikten wie Mord, Totschlag, Menschen-, Drogen-, Waffenhandel usw. braucht man nicht zu diskutieren. Auch die Beteiligung an einer kriminellen Vereinigung wird sicher jeder gesetzestreue Bürger als verfolgenswert erachten, wobei man natürlich darauf achten muss, **was** alles unter diesen Begriff fallen kann. Terrorismus ist ein noch dehnbarer Begriff. Eine Auslieferung wegen Betrugs erscheint gerechtfertigt, wenn auch manche bei der Formulierung »Betrug zum Nachteil der finanziellen Interessen der Europäischen Gemeinschaften« ein seltsames Gefühl haben. Mit der »Cyberkriminalität« verbinden auch Juristen ein schwammiges Tatbild. Besorgte User fragen sich, ob auch jeder private Webseitenbetreiber ein »Cyberkrimineller« ist, wenn er gegen irgendwelche ihm unbekannte Regeln verstößt. Dass Rassismus und Fremdenfeindlichkeit als Tatbestand nicht fehlen dürfen, ist klar. Was hingegen nach Ansicht jener fehlt, die den EU-Haftbefehl als Damoklesschwert über den Köpfen aller Bürger betrachten, ist eine abgrenzende Definition, was **genau** unter »Rassismus und Fremdenfeindlichkeit« zu verstehen ist. Der in verschiedenen Zusammenhängen erhobene Vorwurf von »Gesinnungsgesetzgebung« ist auch hierzulande zu vernehmen.

Der Europäische Anwaltsverein (DAV) kritisiert, im Europäischen Haftbefehl seien »erstaunlich konturenlose Vorwürfe« enthalten. Spitzfindige meinen sogar, manche der Punkte würden keine kriminellen Tatbestände beschreiben, sondern unerwünschtes politisches Verhalten und hätten daher in einem Gesetzeswerk nichts verloren. Und dann noch – Achtung: »Der Rat der Europäischen Union hat nach einem speziellen Artikel die Möglichkeit, die Liste der Straftatbestände im Zuge fortschreitender Harmonisierungsarbeiten jederzeit zu erweitern oder zu ändern.«

In seiner Broschüre *»Der europäische Haftbefehl – kürzester Weg in die Tyrannei«* warnte ein italienischer Jurist und ehemaliger Richter auf 62 Seiten vor dem Inkrafttreten des **Europäischen Haftbefehls**:

»Der Haftbefehl erlaubt es, Regierungen umzustürzen und Wirtschaftsmächte zu vernichten, ganze Oppositionsbewegungen zu unterdrücken, jedermann zum Verbrecher zu machen. Es ist klar, dass derjenige, der ihn will, sich einbildet, Europa beherrschen zu können …

Eine so ungeheuerlich unkontrollierbare und instrumentalisierbare Macht darf in die Hände keines Lagers, keiner Farbe, keiner Religion, überhaupt keines Menschen gelegt werden. Weder heute noch morgen. Die gegenwärtige Stunde ist so bedeutungsschwer, dass es völlig unangemessen und darum letztendlich lächerlich wäre, akademische Töne anzuschlagen ...«

Kritiker gehen ins Detail: Sie können sogar in Abwesenheit von dem ersuchenden Staat verurteilt worden sein – niemand ist befugt, den Schuldspruch und das damit einhergehende Auslieferungsbegehren von Deutschland aus rechtlich zu überprüfen. Außerdem ermöglicht ein Rahmenbescheid den Einzug Ihres Vermögens – falls vorhanden –, welches Sie bei einer Verteidigung fern der Heimat, mit Dolmetscher oder angereistem deutschen Anwalt, dringend brauchen würden. Also, so die Kritiker weiter, überlegen Sie gut: haben Sie Feinde? Neider? Konkurrenten? Betätigen Sie sich politisch? Das Blockieren von Atomtransporten könnte von Griechenland als terroristischer Akt (Liste der 32 Straftaten) verstanden werden, das Schreiben eines Leserbriefes zum Thema Muslime von Malta als Fremdenfeindlichkeit geahndet werden (Gefängnis nicht unter 2 Jahren). Äußerungen sollten Sie besser auf die Goldwaage legen, da Bulgarien ein Antidiskriminierungsgesetz hat, mit dem Sie schnell in Konflikt geraten können (5 Jahre Haft) ...

Während die Gegner sich solcherart vehement äußern, sind viele über dieses Gesetzeswerk, das praktisch ganz Europa umspannt, lediglich verwirrt und beunruhigt. Für Verschwörungstheoretiker hingegen ist es ein unverhohlener weiterer Schritt zur globalen »Neuen Ordnung«.

Zum Missfallen der damaligen wie auch der auf sie folgenden Regierung hat das deutsche Bundesverfassungsgericht am 18. Juli 2005 den Europäischen Haftbefehl in Deutschland gestoppt. Die Karlsruher Richter gaben einer Verfassungsbeschwerde statt. Deutsche durften nach ihrem Urteil vorerst nicht ins EU-Ausland ausgeliefert werden. Jedoch: Zu früh aufgeatmet.

Wie Veröffentlichungen zu entnehmen ist, haben Bundestag und Bundesrat seither das Gesetzgebungsverfahren für eine erneute Auflage des **Europäischen Haftbefehls** abgeschlossen. Dabei wurden die Regelungen weitgehend aus dem ursprünglichen Entwurf übernommen. Die vom Bundesverfassungsgericht als verfassungswidrig monierten Punkte wurden überarbeitet. Das Gesetz wurde am 20. Juli 2006 vom Bundespräsidenten Horst Köhler unterschrieben und im Bundesgesetzblatt am 25. Juli 2006 veröffentlicht. In Kraft trat es am 2. August 2006. Die Gültigkeit wurde mit dem Urteil des *Europäischen Gerichtshofs (EuGH)* vom 3. Mai 2007 bestätigt.

Geschichte Angeklagt in Polen

Kritiker des Haftbefehls haben im Internet einen Vorgang veröffentlicht, der manchen besonders signifikant erscheint, weil er sich noch im Monat der Urteilsbestätigung ereignete.

Am 18. Mai 2007 wurde ein Mann in Berlin verhaftet, weil Polen einen EU-Haftbefehl gegen ihn erwirkt hatte. Er wurde beschuldigt, im Jahr 1995 in Berlin ein Auto gestohlen zu haben, das er nach Weißrussland bringen wollte. 1995 war er deswegen in Polen verhaftet und postwendend wieder nach Deutschland zurückgeschickt worden. 2002 war er in Polen abermals verhaftet worden. Diesmal wurde er sechs Tage inhaftiert und angeblich im Gefängnis misshandelt, worüber eine schriftliche Bestätigung des deutschen Honorarkonsuls vorliegen soll. Zitat:

»Nach seiner Erzählung soll er geprügelt und auf andere Weise misshandelt worden sein. Basierend auf unseren Erfahrung als Rechtsanwälte können wir die Glaubwürdigkeit einer solchen Geschichte im Voraus leider nicht ausschließen, insbesondere in dem Fall, wenn der Ansässige ein Deutscher ist.«

Nach seiner Freilassung gegen Kaution ließ sich der Betreffende aufgrund ärztlicher Gutachten und verständlicher Traumatisierung nicht mehr in Polen blicken. Zwölf Jahre nach dem ursprünglichen Vorwurf und drei Jahre nach dem Beitritt Polens in die EU betrieb Polen via EU-Haftbefehl die Auslieferung des Mannes nach Polen.

Angesichts dieses so kolportierten Sachverhalts fragen sich manche, wieso Volksvertreter derartige, gegen die eigenen Staatsbürger gerichtete Gesetze machen oder ihnen zustimmen. Desillusionierte haben zu dieser Frage einen Kommentar in petto, den ich bei Diskussionen schon einige Male gehört habe: »Die Gesetze machen in Wirklichkeit ganz andere.« Eine kühne Behauptung, aber urteilen Sie selbst.

Lobbyisten machen Gesetze

»Spitzbuben bedienen sich gewisser Wege, die der Anständige scheut. So kommt es zu einer ständigen Anreicherung der höheren Gesellschaft mit Schurken.«
Prof. Dr. Hermann Oberth

Bereits 1976 erklärt in dem Meisterwerk von Sidney Lumet *»Network«*, dessen Drehbuch kein Geringerer als der berühmte Medienautor und Fachmann Paddy Chayefsky verfasst hat (der dafür den Oscar bekam), ein Wirtschafts-Tycoon dem von Peter Finch gespielten Fernsehjournalisten Howard Beal die Welt mit etwa diesen Worten: »Es gibt keine Nationen mehr. Die neuen Nationen sind ...« Er zählt eine Reihe der größten multinationalen Konzerne auf. Dass der Großteil dieser »neuen Nationen« just auf dem Kontinent angesiedelt sein wird, bzw. schon ist, auf dem sich die Indianer Jahrhunderte lang »im Aufstand« befanden, ehe man sie entfernt hat, verwundert kritische Geister nicht. Für solche steht ohnehin fest, dass »Finanzoligarchen«, wie man sie heute nennen würde, in den USA seit langem eine geheime Regierungsgewalt ausüben – von der Gesetzgebung über das Finanzgebaren bis zum Führen von Kriegen ...

Um innerhalb eines Staates solche »neuen Nationen«, sprich eine »Schattenregierung«, entstehen zu lassen, bedarf es nach Ansicht von Analysten einer ausgeklügelten Vorgehensweise, mit der auch wir immer mehr Bekanntschaft machen. Wir kennen sie als »Lobbyismus«, ein System, das im Welthegemon USA entstanden ist und nunmehr auch die EU in den Griff zu nehmen scheint.

In mehreren Monitor-Sendungen wurde über Lobbyismus berichtet wie ihn der schlichte Staatsbürger wohl nicht erwartet, Tenor: »Es ist nichts Neues, dass Lobbyisten versuchen, die Politik zu beeinflussen, um ihrem Arbeitgeber Vorteile zu verschaffen. Dazu sprechen sie auch in Ministerien vor. Manche Lobbyisten haben das gar nicht mehr nötig – sie sind nämlich schon da.« Ihr wichtigstes Zielobjekt ist die EU-Kommission, denn nur die Kommission kann neue Gesetze entwickeln und sie dem Europaparlament vorschlagen. Ein weiterer wichtiger Ansprechpartner ist der Ministerrat, der – hinter geschlossenen Türen – das letzte Wort zu allen Vorschlägen der Kommission hat, wobei neunzig Prozent der Entscheidungen vom Komitee der ständigen Vertreter, bestehend aus den EU-Botschaftern der Mitgliedstaaten, getroffen werden, noch bevor sich die Minister versammeln.

Mindestens hundert Mitarbeiter von Ministerien und Abgeordnetenbüros sollen von Konzernen kommen. Als eines von vielen Beispielen wird die Auseinandersetzung über den Lärmschutz für den Frankfurter

Flughafen angeführt. Ein Manager der AG, die Eigentümerin und Betreiberin des Flughafens ist, soll seit Jahren im Verkehrsministerium sitzen, entsandt und bezahlt von besagter AG. Zuständig auch für luftrechtliche Fragen. Sein Engagement im Ministerium gegen die Interessen der betroffenen Bevölkerung und für die AG hatte Erfolg. Der Gesetzesentwurf zum Lärmschutz wurde stark verwässert und auf die Zukunft verschoben. Nachtflüge wurden bewilligt.

Mehr und mehr setzten Unternehmen aus dem Gesundheitsbereich gezielt Personal ein, um die Gesetzgebung zu beeinflussen. Immer häufiger sollen sich die Ministerien die Gesetzesentwürfe direkt von der Industrie schreiben lassen. Wie es die Kritiker ausdrücken, ist die Einflussnahme auf die Abgeordneten durch klassischen Lobbyismus durch ein System von »Leihbeamten« ersetzt worden, die von der Industrie und ihren Interessenverbänden bezahlt werden.

Auch der Hauptverband der Deutschen Bauindustrie soll eine »Agentin« im Bundesverkehrsministerium haben, um möglichst viele lukrative öffentliche Aufträge zu ergattern. Ein Vertreter des Hauptverbands: »Wir haben einen Arbeitsvertrag mit dem Ministerium. Die Mitarbeiterin arbeitet im Interesse der Bundesrepublik Deutschland.« *»Monitor«* zitierte den Vertreter des Hauptverbandes:

»Früher waren wir über Anhörungen in die Entscheidungsvorbereitung eingebunden. Das war oft zu spät. Heute sind wir sehr viel früher beteiligt an der Entwicklung von Maßnahmen im Bereich von *PPP* (*Public Private Partnership*, laut Wikipedia Öffentlich-Private-Partnerschaft, kooperatives Zusammenwirken von Hoheitsträgern mit privaten Wirtschaftssubjekten). Das ist für uns ein wesentlich effizienterer Ansatz. Wir haben einen Arbeitsvertrag mit dem Ministerium ...«

Als weiteres Beispiel werden die überhöhten Strompreise genannt: 2004 wurden die Gesetze zur Durchleitung von Strom neu geregelt. Der Durchleitungspreis macht rund 30 Prozent des Gesamtpreises von Strom aus. Damit erzielen die Konzerne, denen die Strommasten gehören, satte Gewinne. Bei den Vorbereitungsarbeiten zu diesem Gesetzesentwurf sollen im Ministerium von der Strombranche bezahlte Mitarbeiter gesessen sein. Wie interne Dokumente des Wirtschaftsministeriums verraten sollen, hätten die Unternehmen Formulierungen vorgeschlagen, die eins zu eins ins Gesetz gelangt sein sollen. Erhellendes, aber wenig Erfreuliches zum Mysterium des astronomischen Strompreises in Deutschland konnte man am 14. August 2007 der *»Frontal-21«*-Dokumentation *»Das Kartell – Im Würgegriff der Energiekonzerne«* erfahren. Beispielsweise den verblüffenden Umstand, dass es »Energie-Lobbyisten« anscheinend gelungen ist, die damalige Regierung dazu zu bewegen, Energieerzeugern »Verschmutzungsrechte« in Milliardenhöhe zu **schenken**. Ein starkes Stück, meinen Umweltschützer, die bereits den üblichen Emissionshandel als Skandal empfinden, der es Industriestaaten erlaubt, von derzeit noch nicht »verschmutzungsfähigen« Entwicklungs- und Schwellenländern Zertifikate zu erwerben, durch die man den eigenen Ausstoß weiter hochfahren kann. Wem das zu abstrakt klingt: Die Millionen Tonnen Ausstoß an CO2- oder sonstigen Klimagasen, die ein Entwicklungsland produzieren dürfte, aber nicht kann, erwirbt ein Industriestaat und darf dann um diesen Wert mehr in die Atmosphäre blasen. Ein echter »Deal« fürwahr.

Im Bundesfinanzministerium sollen zwei hochrangige Mitarbeiter beschäftigt sein, die gleichzeitig noch einen zweiten, nicht staatlichen Dienstherrn aus dem Finanzsektor haben. Tätigkeitsbereich der auf mehrere Jahre befristet beschäftigten Finanzexperten soll das Bankenreferat sein einschließlich der Mitarbeit an Gesetzestexten. Beide erhalten weiter von ihren Arbeitgebern ihr Gehalt. Zusätzlich sollen sie laut Bundesregierung »als Ausgleich für die besondere Arbeitsbelastung« eine Ministerialzulage kassieren. Der stellvertretende Regierungssprecher möchte in diesem Zusammenhang nicht von »Leiharbeitern« sprechen, sondern von einem »Austauschprogramm mit der Wirtschaft«. Dies geschieht dezentral und häufig unter verborgener Zuhilfenahme von Agenturen und Unternehmensberatern.

Es würde zu weit führen, die komplexen Zusammenhänge, Vernetzungen und Verflechtungen auch nur einigermaßen darzulegen. Allen, die sich dieser Sisyphusarbeit unterziehen wollen, steht ein Berg von Fachliteratur zur Verfügung. Der Einfachheit und Klarheit halber soll eine der einflussreichsten Interessenvertretungen herausgegriffen werden, die es seriösen Analysten wie auch Verschwörungsfans besonders angetan hat.

Am runden Tisch der Weltmacht

Damit sind nicht die in Verschwörungskreisen überaus beliebten *Round Table Groups* gemeint, die 1909 vom südafrikanischen Rohstoffmagnaten Cecil Rhodes und vom britischen Lord Milner gegründet wurden. Über diese Gruppen, aus denen das *Royal Institute of International Affairs (RIIA)*, das New Yorker *Council on Foreign Relations (CFR)* und andere Institutionen des sogenannten anglo-amerikanischen Establishments hervorgegangen sein sollen, gibt es ohnedies zahlreiche Publikationen. Nicht zuletzt deswegen, weil die genannten Gruppierungen ihrerseits jenes »Neue informelle Imperium« bilden sollen, das US-Präsident Bush sen. nach dem Kollaps der UdSSR im Zusammenhang mit der von ihm sogenannten »Neuen Weltordnung« am 11. September 1990 (nicht 2001) vor großem Publikum erwähnte.

Hier soll von einem anderen runden Tisch die Rede sein, und zwar vom 1983 gegründeten *European Round Table of Industrialists (ERT)*, an dem auch ehemalige EU-Kommissare als Mitglieder sitzen sollen. Demzufolge gehen Insider von einem optimalen Zugang des ERT zur Europäischen Kommission aus. Die Einflussnahme auf EU-Kommissare soll auf unterschiedliche Weise praktiziert werden. Es finden regelmäßige Treffen mit dem Kommissionspräsidenten der EU statt. Ferner halbjährliche Treffen mit der Regierung, die gerade den Vorsitz im Rat innehat. Bei diesen bringen die ERT-Mitglieder ihre Ideen, Konzepte und Vorschläge zur Sprache, die zumeist von den Experten ausgearbeitet werden, die in den Think Tanks des ERT tätig sind. Gefordert werden unter anderem schwächere Umweltgesetze, Privatisierungen in den Bereichen Bildung, Gesundheitssystem, Energie, Telekommunikation und Transportwesen sowie weiterer Steuerabbau für die Wirtschaft. Die ERT-Mitglieder sollen regelmäßige Beratungen in Arbeitsgruppen abhalten, in denen es um die Wettbewerbsfähigkeit, industrielle Beziehungen, Bildungs- und Beschäftigungspolitik, die Erweiterung der EU, Umweltstandards, Steuersysteme oder außenwirtschaftliche Beziehungen geht.

Die im ERT vertretenen Unternehmen sollen auch auf nationaler Ebene gleichlautenden Einfluss auf ihre jeweiligen Regierungen ausüben. Der Vorsitzende eines führenden Benzinkonzerns machte aus diesen Zusammenhängen gar kein Geheimnis: „Man kann behaupten, dass nicht die Regierungen die Durchführung des Binnenmarktkonzeptes anregten, sondern der *Round Table* und seine Mitglieder …"

Es werden vom ERT herausgegebene, öffentlich zugängliche Schriften erwähnt, in denen eine Gliederung in »Hardware« und »Software« zu finden wäre, wobei letztere auch »Humanware« genannt wird. Unter »Hardware« sei die Infrastruktur der EU zu verstehen, unter »Software« der arbeitende und konsumierende Mensch. Bezeichnungen, die manche fatal an die Fachausdrücke der Militärsprache erinnern. In dieser sind Menschen »Wetware«. Eine Million Tote nennt man schonend »Megatote«. »Bonustote« bekommt man durch Folgeschäden hinterher als Draufgabe noch »geschenkt«. Ebenso zynisch ist der sogenannte »Versaftungsbereich«. Damit ist der Strahlungsradius der Neutronenbombe gemeint, in dem die Menschen sofort sterben, also »versaften«. Manche, die der Ansicht sind, Globalisierung und Neue Weltordnung seien ein geheimer Krieg um die Weltherrschaft, halten diese Parallelen sogar für durchaus passend, vielleicht sogar gewollt. Sei es, wie es sei. Folgt man den Aufdeckern, so trägt das Eintreten von Politik und Medien für Zweckbindung der Forschung durch Investitionen, Privatisierung, Deregulierung, »Reform« der Steuer- und Sozialleistungssysteme sowie der Arbeitsmärkte usw. die Handschrift des ERT. Desgleichen die Dauerforderung nach »Lifelong Learning«, damit der Mensch möglichst lange als »Humanressource« zur Verfügung steht, im Idealfall bis er in die Grube sinkt. Die Forderung nach lebenslangem Lernen soll vom ERT im Rahmen von Empfehlungen zur Schaffung eines »neues Europas« erhoben werden, welche die Entstehung eines »neuen Europäers« einschließen.

Das Bild, das die Kritiker vom besagten »neuen Europäer« zeichnen, ist kein wohlgefälliges, dürfte aber manchen nicht fremd erscheinen: Beschäftigte, die bei erhöhter Arbeitszeit ohne Lohnausgleich und gleichzeitig ausgedünnter Personaldecke flexibel (anpassungsfreudig), disponibel (verfügbar), dereguliert (mit geringeren Rechten ausgestattet), selbstständig (eigenverantwortlich) und kompetent (für alles einsetzbar) sind. Der Mensch soll durch ständiges Weiter- und Umlernen auf den neuesten Stand von Technik, Produktion, Vertrieb, Verbrauch, Management und Kommunikationsstrukturen gebracht werden. Für die Kritiker bedeutet diese Art der Bildung elitäre Wissensvermittlung für wenige und »Sozialpädagogik für die breite Masse«.

Der ERT soll eine Partnerschaft zwischen Bildungsanstalten und Industrie verlangen, um Einfluss auf Lehrpläne und Bewertungssysteme zu nehmen. Schulen müssten sich nach den Anforderungen der Wirtschaft ausrichten und Universitäten die Zusammenarbeit mit dieser als einen Teil ihrer Hauptaufgaben annehmen. Bildung wird explizit als eine bloße Funktion des Binnenmarktes, genauer gesagt des Arbeitsmarktes, definiert.

Besorgte sind überzeugt, dass sich die Vorstellungen des ERT inzwischen in allen EU-Ländern weitgehend durchgesetzt zu haben, da die gesamten Bildungs,- Steuer,- Arbeitsmarkt- und Sozialsysteme mittlerweile ihren einzigen Daseinszweck nur noch in der Förderung der Marktfähigkeit zu sehen scheinen. Man beschränkt sich aber offenbar nicht nur auf Wirtschaftspolitik im engeren Sinne, sondern scheint eine fundamentale Umstrukturierung der Gesellschaft nach neoliberalen Prinzipien anzustreben mit dem globalen Wettbewerb als höchsten Wert an sich.

Die Tatsache, dass in Frankreich 1997 eine Schule für Wirtschaftsspionage – unverblümt *Ecole de Guerre Economique* genannt – eröffnet wurde, ist für Kritiker ein Zeichen dafür, welche Bedeutung man auch in Europa der aggressiven Form des wirtschaftlichen Wettbewerbs einräumt, die in den USA heimisch ist und seit dem Fall des Kommunismus den ganzen Globus zu umfassen trachtet. Mit anderen Worten, wie sie ein Kritiker kurz und bündig formuliert hat: »Amerikanisierung total«. Diese scheint aber da und dort an ihre Grenzen zu stoßen und vielmehr als Reaktion darauf eine globale Umgruppierung mit sich zu bringen, die mit der vielzitierten und gefürchteten »Neuen Weltordnung« nichts gemein hat – eine sozusagen »natürlich entstehende« Weltbewegung, wenn auch nicht ohne Kalamitäten. Damit schließt sich der Kreis.

Wir sind nun beim positiven, Hoffnung machenden Teil dieses für viele sicher schockierenden Buches. Ja, es gibt Hoffnung. Um das ohne viel Drumherumreden zu belegen, konzentriere ich mich auf konkrete Regungen im öffentlichen und privaten Leben, dem verheerenden Globalismus die Stirne zu bieten – und das mit oft erstaunlichem Erfolg. Dass man darüber in den Mainstreammedien wenig bis gar nichts erfährt, soll nicht verwundern, denn Meinungsmache ist die letzte Bastion der Weltenbilder. Auch diese Bastion wankt allerdings schon da und dort …

Teil VI

Das Pendel schwingt zurück

Nicht länger Hammelherde!

»Pressefreiheit ist die Freiheit von zweihundert reichen Leuten, ihre Meinung zu verbreiten.«
P. Sethe

Bröckelnde Heuchelei

»Die Wahrheit ist selten rein und niemals einfach.«
Oscar Wilde

Ich verhehle nicht, dass mir (und anderen, wie ich gehört habe) eine Passage aus der Rede, nicht eines Friedensaktivisten, sondern von Wladimir Putin am 10. Februar 2007 in München, aus der Seele spricht. Mit seinen Worten legte er den Finger auf die in der »Wertegemeinschaft« manifeste Heuchelei und widerliche Verlogenheit:

»Wir beobachten aber heute, im Gegenteil, dass Länder, in denen die Anwendung der Todesstrafe sogar gegenüber Mördern und anderen gefährlichen Verbrechern verboten ist, ungeachtet dessen an militärischen Aktionen teilnehmen, die schwerlich als legitim zu bezeichnen sind. Doch bei diesen Konflikten sterben Menschen – Hunderte, Tausende friedlicher Menschen!«

Diese Aussage erinnert manche an die bitteren Worte, die der bosnische Erziehungsministers, Enes Karic vor Jahren gesprochen haben soll:

»Wenn jemand einen Menschen ermordet, steckt man ihn ins Gefängnis. Wenn jemand zwanzig Menschen umbringt, wird er für geisteskrank erklärt und psychiatriert. Wenn jemand zweihunderttausend Menschen umbringt, dann wird er nach Genf zu Friedensgesprächen eingeladen.«

Zu dieser Aussage gibt es ein Gegenstück aus amerikanischem Munde. Beim ersten Golfkrieg von 1991 findet sich in der *»Detroit Free Press«* folgender Gastkommentar:

»Wenn Saddam Hussein nur die geringste Chance hätte, den Himmel über Washington so aufleuchten zu lassen, wie wir ihn zur Zeit über Bagdad erhellen, Bush würde ihn nicht verhöhnen; er würde verhandeln und vor Fotografen mit ihm posieren und ihn unseren ›Partner im Friedensprozess‹ nennen.«

Ähnlich Kritisches über die allgegenwärtige Heuchelei habe ich aus meinem Bekanntenkreis vernommen, als 2005 das Arnold-Schwarzenegger-Stadion in Graz unbenannt werden sollte, weil Besagter als Gouverneur von Kalifornien einen zum Tode verurteilen Mörder nicht begnadigte. Wie nicht anders zu erwarten, empörten sich besonders jene über die Nicht-Begnadigung, die den US-Massenmord im Irak stets dezent als »Irak-Politik« zu bezeichnen pflegen. Dieser Verlogenheit kam »Arnie« damals zuvor, indem er das Recht an seinem Namen zurückzog.

Es ist wirklich eine ärgerliche Mediengleichschaltung, auf welche Art Putin dauernd abgemahnt wird von wegen Demokratie. Im Juli 2007 hat der Europäische Gerichtshof Russland wegen Opfern in Tschetschenien verurteilt. Auf eine Verurteilung der USA wegen belegter Kriegsverbrechen in Afghanistan oder im Irak 1991 und ab 2003 warten Gerechtigkeitsfanatiker hingegen nach wie vor.

Wie schon im Vorwort erwähnt, war der heftig demonstrierende Garri Kasparow ein paar Stunden im Knast und wurde umgerechnet gegen 29 Euro Kaution freigelassen. Die Amis hingegen wüten in fremden Ländern und betreiben Foltergefängnisse, da gibt es natürlich keine Ermahnungen. Interessant vielleicht, dass Kasparow, über dessen behauptete Verbindung zu neokonservativen Kreisen in den USA an den unterschiedlichsten Stellen publiziert wird, im Januar 2004 Mitbegründer des *»Komitee 2008: Freie Wahlen«* war, dem er später vorsitzen sollte und dessen Hauptziel die Verhinderung Putins gewesen sein soll. Ein anderer Mitbegründer besagten Komitees ist Boris Nemzow, der zur Jahreswende 2004/2005 in der Ukraine aktiv die *Orange Revolution* unterstützte, bei der Stiftungen und NGOs aus den USA eine entscheidende Rolle gespielt haben sollen. Ausführliches über seltsame Umtriebe im Zusammenhang mit der heute dahinsiechenden *Orange Revolution* in der Ukraine findet sich in meinem Buch *»Mythos Informationsgesellschaft. Was wir aus den Medien* nicht *erfahren«*.

Wer unabhängige Informationen sucht, scheint zu einem großen Teil auf kritische und sachliche Berichterstattungen in Internet-Magazinen jenseits der »Lizenzpresse« angewiesen zu sein (dieser Ausdruck ist kein Zynismus, sondern hat seine Wurzel darin, dass es nach dem Zweiten Weltkrieg einer Lizenz der Alliierten bedurfte, um eine Zeitung ins Leben rufen zu können, was sich nach mancherlei Ansicht in der Berichterstattung niedergeschlagen hat, und sich – will man Kritischen glauben – immer noch niederschlägt). Doch es gibt auch lobenswerte Ausnahmen. So hat beispielsweise die deutsche Wochenzeitung *»Die Zeit«* eine Artikelserie zum Thema Globalisierung und neuer Kapitalismus in ihrem Feuilleton veröffentlicht. Angesichts des rasanten Privatisierungswahns, der aus seiner Natur heraus mit einem zügellosen militärischen Aufrüsten und Engagement verbunden ist, sind solche Beiträge dringend notwendig – einerseits um den Opfern wie auch den Kritikern dieser Entwicklung eine Stimme zu geben und sie zu stärken, andererseits um all jene wachzurütteln, die meinen, sie könnten der nahenden Katastrophe durch Verleugnung oder Resignation entrinnen. Wie in den USA, deren Bürgern man jeden Unsinn unterjubeln kann, ist die Mehrzahl der Bürger in der westlichen Zivilisation apathisch. Aber – und das ist die Hoffnung – langsam bewegt sich doch etwas, hüben wie drüben …

Boston legal

Was sagen Sie zu folgendem Zitat?

»Als sich die Sache mit den Massenvernichtungswaffen als Unwahrheit herausstellte, erwartete ich, dass die amerikanische Bevölkerung aufstehen würde. Das tat sie nicht.

Dann, als die Abu Ghraib Foltergeschichten bekannt wurden und man veröffentlichte, dass unsere Regierung Menschen verschleppt, eine Praxis bei der wir Leute entführen und sie Regimes übergeben, die auf Folter spezialisiert sind, war ich sicher, dass ein Aufschrei durch die amerikanische Bevölkerung gehen würde. Wir blieben stumm. Dann kam die Nachricht, dass wir Tausende sogenannter Terrorverdächtiger in Gefängnisse warfen, sie ohne das Recht auf einen Prozess, ja, ohne irgendeine Anklage einkerkern. Sicher, das würden wir nicht zulassen. Wir taten es.

Und jetzt ist aufgedeckt worden, dass unsere Staatsbehörden massiv und illegal ihre eigenen Bürger bespitzeln, Sie und mich. Jetzt endlich, beruhigte ich mich, wird die amerikanische Bevölkerung endlich genug haben. Aber offensichtlich haben wir das nicht.

Tatsächlich, wenn die Bevölkerung dieses Landes sprechen würde, wäre die Botschaft: ›Für uns ist das alles O.K.! Folter, gesetzlose Durchsuchungen und Festnahmen, illegale Lauschangriffe, Gefängnisse ohne einen fairen Prozess, ja, ohne einen Prozess überhaupt, Krieg unter Vortäuschung falscher Tatsachen. Uns, als Bürgerschaft, stört das scheinbar alles nicht. Und wenn der Präsident irgendwo entlangfährt oder auftritt, kannst du dableiben, wenn du ein unterstützendes T-Shirt trägst, aber wenn du etwas anhast oder trägst, das protestiert, kannst du entfernt werden. Das sind die Vereinigten Staaten von Amerika ...«

Jener Leser, der mich auf dieses Zitat aufmerksam gemacht hat, hat dies mit dem Hinweis getan, man würde in sogenannten »Soap Operas« mehr ungeschminkte Wahrheit vernehmen können als in den hochoffiziellen Medien. Im vorliegenden Fall soll es sich um einen Ausschnitt aus der Gerichts-Serie *»Boston Legal«* handeln, konkret um das Plädoyer von Anwalt Alan Shore aus der Folge, in welcher er eine pazifistische Steuerverweigerin vertritt.

Solches ist zwar erstaunlich, aber noch kein Grund an die Wiedereinführung der ungeschminkten Wahrheit in den US-Medien zu glauben, denn, so die Ansicht von Misstrauischen, würden kritische Aussagen in Soap Operas etwas bewirken, so wären diese nicht länger auf Sendung. Trotzdem meinen viele: Ein Anfang ist gemacht.

Die Revolution der Nachrichten hat begonnen

»Wer die Wahrheit sagt,
braucht ein schnelles Pferd.«
William Cody, genannt »Buffalo Bill«

Der von mir in meinem Buch *»Lügen in Krieg und Frieden. Die geheime Macht der Meinungsmacher«* mehrmals zitierte, 1939 geborene australische Journalist und Dokumentarfilmer John Pilger, der überwiegend in London lebt, schrieb am 25. November 2005 im Internet über *»Medien, Demokratie und Medien im Krieg«*. Es lohnt sich, auszugsweise kennenzulernen, was einer der Großen des angelsächsischen Journalismus, der so ziemlich alle Preise gewonnen hat, die man als Journalist und Dokumentarfilmer gewinnen kann, zu sagen hat:

»Die indische Schriftstellerin Vandana Shiva hat zu einem Aufstand gegen ›versklavtes Wissen‹ aufgerufen. Der Aufstand hat schon begonnen. Millionen von Menschen haben sich in ihrem Bemühen, die gefährliche Welt, in der wir leben, zu verstehen, von den herkömmlichen Nachrichten- und Informationsquellen ab- und dem Internet zugewandt in der Überzeugung, dass der vorherrschende ›Papageien-Journalismus‹ die Stimme der zügellosen Macht ist. Der große Irak-Skandal hat dies beschleunigt. In den USA haben mehrere etablierte Radiojournalisten zugegeben, dass die Invasion vielleicht nicht stattgefunden hätte, wenn sie die Lügen, die über die Massenvernichtungswaffen im Irak verbreitet wurden, beim Namen genannt und enttarnt hätten, anstatt sie zu verstärken und zu rechtfertigen.

Eine solche Ehrlichkeit ist diesseits des Atlantiks noch nicht zu finden. Seit seiner Gründung 1922 hat die BBC jedes britische Establishment während des Krieges und der zivilen Unruhen in Schutz genommen. ›Wir‹ verleumden nie und begehen nie große Verbrechen. Also werden die schockierenden Ereignisse im Irak – die Zerstörung der Städte, das Abschlachten unschuldiger Menschen und die Farce einer Marionettenregierung – routinemäßig übergangen. Eine Studie der Journalistenschule in Cardiff ergab, dass 90 Prozent der Kommentare der BBC zu Saddam Husseins Massenvernichtungswaffen von der Annahme ausgingen, er besäße sie, und dass das ›Schönreden der britischen und US Regierungen die Berichte erfolgreich in das entsprechende Licht rückten‹. Das gleiche ›Schöngerede‹ hat bis jetzt dafür gesorgt, dass der Gebrauch verbotener Waffen durch die Amerikaner und die Briten im Irak in den Nachrichten unterdrückt wurde.

Ein Eingeständnis des amerikanischen Auswärtigen Amts, dass seine Truppen in Fallujah weißen Phosphor verwendet hätten, erfolgte laut BBC-Programm ›*Newsnight*‹ aufgrund von ›Gerüchten im Internet‹. Es waren keine Gerüchte. Es war erstklassig recherchierte Arbeit, die gut bezahlte Journalisten beschämen sollte …

Der BBC-Korrespondent war bei den Amerikanern ›eingebettet‹. Er interviewte weder die Opfer amerikanischer Gräueltaten noch ›uneingebettete‹ Journalisten. Er verpasste nicht nur den Gebrauch weißen Phosphors durch die Amerikaner, den sie jetzt zugeben, sondern er erwähnte auch mit keinem Wort den Gebrauch einer weiteren verbotenen Waffe, Napalm. So waren BBC-Zuschauer in Unkenntnis über die schönen Worte vom Kommandant der US-Marine Luftwaffe Gruppe II: ›Wir haben beide Brückenzugänge mit Napalm beworfen‹, sagte er. ›Leider waren da Leute … man konnte sie im Cockpit-Video sehen … es ist keine schöne Art zu sterben. Die Generäle lieben Napalm. Es hat eine große psychologische Wirkung …‹

Die BBC und die Mehrheit des politischen Establishments und Medienestablishments in Britannien weisen solchem Horror unweigerlich die Rolle eines die Öffentlichkeitsarbeit angehenden Problems zu, wobei sie die Zerstörung einer Stadt von der Größe der Stadt Leeds, das Töten und Verletzen zahlloser Männer, Frauen und Kinder, die Vertreibung Tausender und die Verweigerung von medizinischen Lieferungen, Nahrungsmitteln und Wasser – ein größeres Kriegsverbrechen – minimieren.
Die Beweise sind umfangreich und werden von Flüchtlingen, Ärzten, Menschenrechtsgruppen und ein paar mutigen Ausländern geliefert, deren Arbeit nur im Internet erscheint. Im April letzten Jahres sammelte eine junge britische Jurastudentin eine Reihe von außergewöhnlichen Augenzeugenberichten aus der Stadt. Sie sind so gut, dass ich einen ihrer Texte in einer Anthologie des besten investigativen Journalismus aufgenommen habe. Ihr Film ›Ein Brief an den Premierminister‹, der in Fallujah gedreht wurde, ist im britischen Fernsehen nicht gezeigt worden. Außerdem beschrieb ein unabhängiger libanesisch-amerikanischer Journalist, der einige der besten Reportagen von der Front produziert hat, die ich je gelesen habe, all die ›Dinge‹, die von der BBC nicht ›gesehen‹ wurden. Seine Interviews mit Ärzten, Beamten aus der Region und Familien sind im Internet, zusammen mit der Arbeit derjenigen, die den weit verbreiteten Gebrauch von Sprengköpfen mit Uraniumspitzen aufgedeckt haben, eine weitere Waffe, die verboten ist, und so genannte Clusterbomben, von denen Campbell sagen würde, sie seien ›technisch legal‹ [**Anmerkung des Autors:** Clusterbomben ist die Bezeichnung für eine Vielzahl von kleinen Bomben, die nach Abwurf eines einzigen Bombenkopfs oder Behälters ausgestreut werden und eine extrem verheerende Wirkung haben] … ›Jedes Wort‹, schrieb Jean-Paul Sartre, ›hat ein Echo. Jedes Schweigen auch‹." *(Ende Pilger-Artikel-Auszüge)*

Ein »11. September« schon 1962?

Für Medienkritische steht fest, dass Berichterstattung so zurechtgebogen werden kann, dass sie beinahe jedem Zweck dient. Alles was nötig ist, sind passende Schlüsselereignisse, die dann in der (unter Umständen bereits vorbereiteten) gewünschten gleichgeschalteten Darstellung permanent durch die Medienkanäle gespült werden. Der 11. September 2001 ist für viele **das** Musterbeispiel schlechthin.

Wie einige Quellen berichten, sollen innerhalb weniger Stunden nach dem Einstürzen der Türme des World Trade Centers mehrere »Executive Orders« herausgegeben worden sein, welche die US-Medien unter wirkungsvolle Kriegszensur setzten. Das soll nicht heißen, dass Berichte zensiert werden sollten. Vielmehr wären jegliche Berichte zu blockieren, die ein Verlassen der offiziellen Linie bedeuten würden.

Darüber hinaus sollen auch bezüglich des Umfangs der Berichterstattung Vorgaben erfolgt sein. Allen Rundfunkmedien wäre dringend empfohlen worden, das normale Programm zugunsten einer 24-stündigen Berichterstattung über den »Terroristenangriff auf die Vereinigten Staaten« und über »Amerika im Krieg« abzusetzen, stets begleitet von den diesbezüglichen »Identifikations-Logos«. Wie es heißt, sollen Beauftragte des Weißen Hauses und Angestellte der National Security an der Entscheidung teilgenommen haben, alle größeren Sportereignisse zu annullieren.

Nach Ansicht eines Verteidigungsexperten in *»The New Yorker«* soll der Schlag vom 11. September eindeutig ein Beispiel dessen sein, was militärische Strategen *PsyOps* nennen und wofür es im US-Militär ein eigenes Korps gibt. Darunter ist psychologische Kriegsführung zu verstehen, deren Ziel und Zweck es ist, Verwirrung in den Köpfen der Gegner zu verbreiten. In der eigenen Bevölkerung geht das natürlich auch.

In dem Zusammenhang kann gar nicht oft genug auf eine geplante Geheimoperation hingewiesen werden, mit welcher der amerikanische Journalist, Autor und Geheimdienstexperte James Bamford 2001 die Weltöffentlichkeit schockierte. In seinem Buch »Body of Secrets« (Titel der deutschen Ausgabe: *»NSA. Die Anatomie des mächtigsten Geheimdienstes der Welt«*) ist neben peinlichen Enthüllungen aller Art von der sogenannten *Operation Northwoods* aus dem Jahr 1962 die Rede. Dabei handelt es sich um einen von den US-Geheimdiensten ausgearbeiteten Plan für eine Serie von »Fake-Terroranschlägen« (so der Terminus für selbst inszenierten Terror), die Kuba in die Schuhe geschoben hätten werden sollen, um einen Invasionsgrund zu provozieren. Ein Zitat aus Bamfords Buch lässt an Deutlichkeit nichts zu wünschen übrig:

> »Geheimen und lange unter Verschluss gehaltenen Dokumenten zufolge, die für dieses Buch eingesehen wurden, machte und verabschiedete der Vereinigte Generalstab Pläne, die vielleicht die schlimmsten waren, die je von einer US-amerikanischen Regierungsinstanz produziert worden sind. Im Namen des Antikommunismus schlugen die Militärs einen geheimen und blutigen terroristischen Krieg gegen ihr eigenes Land vor, um die amerikanische Öffentlichkeit für den irrwitzigen Krieg zu gewinnen, den sie gegen Kuba führen wollten. Nach dem *Operation Northwoods* genannten Plan, der die schriftliche Zustimmung des Vorsitzenden und aller Mitglieder des Vereinigten Generalstabs hatte, sollten auf Amerikas Straßen unschuldige Menschen erschossen, auf hoher See Boote mit kubanischen Flüchtlingen versenkt und in Washington

D.C., Miami und anderswo eine Serie von Bombenanschlägen verübt werden. Menschen sollten für Bombenattentate verurteilt werden, die sie nicht begangen hatten, Flugzeuge sollten gekidnappt werden. Falsche Beweise sollten dazu dienen, Castro für dies verantwortlich zu machen, um Admiral Lyman L. Lemnitzer (Vorsitzender des Vereinigten Generalstabes) und seiner Clique einen geeigneten Vorwand für ihren Krieg gegen Kuba zu liefern und dafür nationale und internationale Unterstützung zu mobilisieren.«

Einige der geplanten Aktionen hätten von Spezialeinheiten durchgeführt werden sollen, die als Kubaner verkleidet waren, fast so wie in der Satire von Regisseur Michael Moore *»Unsere feindlichen Nachbarn«* (Canadian Bacon) mit John Candy in der Hauptrolle aus dem Jahr 1995, in der die Kanadier als Gegner aufgebaut werden sollen, damit die daniederliegende amerikanische Rüstungsindustrie wieder Aufträge bekommt. In der realen Planung sollte der Einsatz von »kubanischen« MIG-Kampfjets mit US-Piloten für eine zusätzliche Provokation sorgen. Man zog es sogar in Erwägung, ein unbemanntes ferngelenktes Flugzeug, das als Passagiermaschine verkleidet war, mittels Fernzündung über Kuba zur Explosion zu bringen, um den Eindruck zu erwecken, eine harmlose Linienmaschine sei von den Kubanern abgeschossen worden.

Wie aus mittlerweile veröffentlichten Dokumenten hervorgeht, soll es sich bei diesem *Cuba Project*, das zivile Opfer ganz bewusst in Kauf genommen hätte, in der Tat nicht um ein abwegiges Planspiel irgendeines Think Tanks gehandelt haben, sondern um ein konkretes, operatives Vorhaben der militärischen Planungsstäbe. Die schon in Vorbereitung befindlichen Aktionen wurden von dem neu gewählten Präsidenten Kennedy gestoppt – sehr zum Unwillen diverser mächtiger Gruppierungen. Kennedy überlebte sein damaliges Eingreifen nur um einige Monate.

Verschwörungstheoretiker machen kein Hehl daraus, dass ihrer Meinung nach der 11. September eine realisierte Neuauflage der gestoppten *Operation Northwoods* mit lediglich neuen »Schuldigen« ist. Soweit wollen wir nicht gehen.

Faktum ist aber wohl, dass *9/11* sofort eine mythologische Dimension erreicht hat. Wie Psychologen wissen, überlagert die Prägungskraft einer wuchtigen Initialinformation (der Anschlag) alle späteren Zweifel, wie schlüssig sie auch sein mögen. Der Gedanke, dass eine Regierung ihr eigenes Volk angreifen könnte, ist einfach zu viel für den Verstand der meisten Zeitgenossen. Das Klare und Offenkundige wird nicht geglaubt, weil es zu monströs ist, weil es unsere Weltsicht zu sehr ins Wanken brächte. Und das, obgleich bereits kurz nach dem 11. September und seither immer wieder ernsthafte wissenschaftliche Analysen und Arbeiten, zahllose Zeugenaussagen sowie Enthüllungen mehr als den juristisch geforderten »begründeten Zweifel« rechtfertigen würden. Wenn, ja, wenn diese öffentlich diskutiert würden.

Beispielsweise die Behauptung, am Morgen des 11. September 2001 hätten die *Joint Chiefs of Staff* (der US-Generalstab) und das *North American Aerospace Defense Command (NORAD)* ein gemeinsames Echtflug-Entführungs-Manöver (Live Fly Hijacking Field Training Exercise) durchgeführt, bei dem mindestens ein Flugzeug, wahrscheinlich aber mehrere, beteiligt waren, die entführte Linienmaschinen darstellten.

Ohne im Sumpf von Verschwörungstheorien zu versinken, würde eine solche Übung eine der haarsträubendsten Anomalien des Anschlagsszenarios klären: das Ausbleiben von Abfangjägern und jeglicher Luftabwehr des Pentagons. Allein im Jahr vor dem 11. September 2001 waren in 56 Fällen Abfangjäger gestartet, um vom Kurs abweichende oder nicht antwortende Maschinen zu kontrollieren.

Wenn diese ehernen Standardprozeduren an diesem Tag wegen einer Notfallübung außer Kraft gesetzt waren, wäre das Rätsel gelöst, wieso der *AA 77* nach dem Inferno in den WTC-Twin Towers noch fast 45 Minuten Zeit blieb, in aller Gemütsruhe das Pentagon in Washington anzusteuern. Offensichtlich hatten auch die Luftabwehrgeschütze des US-Verteidigungsministeriums Anweisung, wegen der »Hijacking«-Übung nicht einzugreifen. Wer aber nun glaubt, damit wären die nicht nur von Verschwörungstheoretikern immer wieder aufgezeigten Ungereimtheiten aus der Welt geschafft, der irrt.

Zyniker stellten nämlich im Internet die peinliche Frage: Wenn es so gelaufen ist, wie konnte Osama bin Laden in seiner Höhle und wie konnten die tollkühnen Islamisten in ihren fliegenden Kisten davon wissen, dass dank der Wargames mit Hijacking-Simulationen am 11. September das ideale Trittbrett ausgelegt war, um echte Anschläge auszuführen. Manche erinnert das an die plötzliche Änderung der Präsidentenkavalkade, die 1963 John F. Kennedy vor das verbogene Zielfernrohr des »Einzeltäters« Oswald geführt hat, der sonst bis zum St. Nimmerleinstag im Schulbuchlager am Daley Plaza von Dallas gehockt wäre. Oder, wie es im Rahmen der medial ignorierten Jimmy-Walter-Großveranstaltungen zum 11. September prägnant formuliert wird: »They either made it happen or they let it happen. And when they **let** it happen than they **made** it happen!« [Sie (die USA) haben es (den Anschlag) entweder selbst gemacht oder es zugelassen. Und wenn sie es **zugelassen** haben, dann haben sie es **gemacht**]. Dieser Gedankengang ist mittlerweile in dem Kürzel »Mihop« (»Make-It-Happen-On-Purpose«) zusammengefasst worden und wird von nicht wenigen Intellektuellen als ernsthafte Theorie vertreten oder zumindest diskutiert.

Da die Gewaltmaßnahmen der USA im Namen des nach dem 11. September ausgerufenen »Kampfes gegen den Terror« ein bislang noch nie dagewesenes Ausmaß an Dreistigkeit angenommen haben, erheben immer mehr Rufer in der Wüste ihre Stimme.

Kämpfer für die »9/11-Wahrheit«

»Was ist ein Verschwörungstheoretiker?
Ein Mensch, der die Maßnahmen
der USA in Zweifel zieht.«
Aus dem Internet

Eine Gruppe glaubwürdiger Experten und akademischer Autoritäten von diesseits und jenseits des Atlantiks hat die offizielle Darstellung der Ereignisse des 11. September als »hoax« bezeichnet, was man als »plumpe« oder »freche Fälschung« übersetzen kann. Unter ihnen befinden sich ehemalige Geheimdienstler, Professoren aus Princeton und Stanford, Mitarbeiter der US-Air Force, ein Computerfachmann, der den Zapruder-Film der Kennedy-Ermordung rekonstruiert und Manipulationen aufgedeckt hat, ein Ex-Kriminaldirektor aus Dallas und ein ehemaliger deutscher Bundesminister. Die Betreffenden sind der Meinung, dass besagte Ereignisse von Elementen innerhalb der US-Administration orchestriert wurden, um die amerikanische Bevölkerung auf die Barrikaden zu bringen, genau wie 1941 nach dem Angriff auf *Pearl Harbor*, der, wie mittlerweile aufgedeckt wurde, von der damaligen US-Regierung vorher gewusst und zugelassen worden sein soll.

Diese Experten haben sich mit anderen zu einer Gruppe zusammengeschlossen, die sich *Akademiker für die 9/11-Wahrheit (Sholars for 9/11-Truth)* nennt und in mehreren Ländern große Konferenzen abhält. Dass sowohl über die Gruppe als auch über ihre Tagungen nur sehr spärlich, und da meist mit ironischem Unterton, berichtet wird, versteht sich von selbst.

Das hindert die Akademiker für die 9/11-Wahrheit aber nicht daran, die Meinung zu vertreten, dass weder das Weiße Haus und die ihm unterstehenden Institutionen noch der US-Kongress in dieser Causa unabhängige Untersuchungen führen könnten. Nach einem Vergleich der offiziellen Version mit den bekannt gewordenen Indizien, Aussagen und Analysen steht für sie fest, dass sich die offizielle Version im klaren Gegensatz zu bekannten Tatsachen befindet. Für manche von ihnen, ebenso wie für zahlreiche andere Analysten, ist die offizielle Version daher die wahre »Verschwörungstheorie«.

Die Experten werfen eine Reihe brisanter Fragen auf, von denen ich einige zur Diskussion stellen möchte:

- Vom 24. bis 26. Oktober 2000, fast ein Jahr vor den Anschlägen, führte das Pentagon im Konferenzraum eine Übung namens *Mass Casualty Project (MASCAL)* durch, in der anhand eines Flugzeugmodells sowie eines Modells des Pentagon das gelenkte Hineinstürzen einer Boeing 757 in das Pentagon simuliert wurde. Dessen ungeachtet haben alle Verantwortlichen in der US-Administration nach dem 11. September darauf bestanden, sie hätten sich vor dem Anschlag niemals auch nur vorstellen können, dass ein Linienflugzeug als Waffe eingesetzt werden könnte. Was stimmt hier nicht?
- Der Flug 77, der das Pentagons getroffen haben soll, ist weit entfernt vom Pentagon im Bereich der Grenze zwischen Kentucky und Ohio von den Radarschirmen verschwunden und dann plötzlich in unmittelbarer Nähe Washingtons angeblich wieder aufgetaucht. Was stimmt hier nicht?
- Um das Pentagon von Westen her zu treffen, machte die Maschine einen großen Bogen um das Gebäude herum. Die Westseite war jedoch die einzige Seite des Pentagons, die durch spezielle Außenmauern gegen solche Einschläge geschützt war. Was stimmt hier nicht?
- Die Video-Aufnahme eines Interviews mit Luftverkehrskontrolleuren, die an jenem Tag Dienst hatten, ist später nur in kleinsten Teilen an unterschiedlichen Orten aufgetaucht. Was stimmt hier nicht?

Diese Experten und akademischen Lehrer haben natürlich noch viel mehr vorzubringen und tun das auch. Daher finden sie und zahlreiche andere Kämpfer für eine »9/11-Wahrheit« langsam aber sicher immer mehr Gehör. Die mediale Schweigemauer scheint erste Risse zu bekommen, steht aber im Großen und Ganzen immer noch eisern. Das Credo der Akademiker für die 9/11-Wahrheit lautet daher: Wenn die Medien ernsthaft beginnen würden, die offizielle Lesart, sprich offizielle Verschwörungstheorie, mit Hilfe unabhängiger Experten zu überprüfen, so würde die nackte Wahrheit ans Tageslicht kommen, und die wirklichen Drahtzieher würden bekannt werden.

Einer möglichen Enthüllung steht neben der für viele offenkundigen »medialen Gleichschaltung« eine weitere Barriere im Weg: *PC* (Political Correctness) – die neuen **ungeschriebenen** Gesetze, die festlegen, was sich zu sagen ziemt und was nicht. Und Zweifel an der offiziellen 9/11-Lesart ziemen sich ganz und gar nicht, weil sie im höchsten Grad politisch unkorrekt sind. Das kann man wohl schon daran erkennen, dass

»9/11-Leugner« in den Medien – so sie dort überhaupt wahrgenommen werden – schon mal in einem Topf mit den üblen »Holocaust-Leugnern« landen, wo sie wahrhaftig nicht hingehören. Ich habe das selbst einmal bei einer TV-Diskussion vernommen. Auch wenn ich heute nicht mehr sagen kann, um welche Sendung es sich gehandelt hat, so habe ich mir diese unerwartete Argumentation sehr wohl gemerkt.

Manche meinen aber, dass der fast schon totale Einsatz von *PC* schlussendlich das Gegenteil von dem bewirken wird, was er bewirken soll ...

Denkverbote wanken

»Wenn Freiheit überhaupt etwas bedeutet, dann vor allem das Recht, anderen Leuten das zu sagen, was sie nicht hören wollen.«
George Orwell (Eric Blair)

»Ihre Meinung ist mir zwar widerlich, aber ich werde mich dafür totschlagen lassen, dass Sie sie sagen dürfen«, dieser Ausspruch Voltaires galt lange als unumstößliches Fundament freiheitlichen Denkens und Handelns, dessen sich besonders die USA rühmten. Deshalb ist es für manche seltsam, dass der Totschlagbegriff der *Political Correctness (PC)* ausgerechnet im »Land of the Free« aus der Taufe gehoben wurde. Aus den USA kommend hat PC mittlerweile auch in Europa in die Sprache und in das tägliche Leben Eingang gefunden. Ohne gesetzliche Basis(!) wird die Verwendung von »Pfui-Wörtern« mit gesellschaftlichem Bann belegt. Manchmal können »Unkorrekten« sogar ernsthafte Sanktionen drohen. Ich erwähnte es bereits.

Für viele Demokraten, darunter nicht wenige Juristen, steht PC daher für einen massiven Bruch mit der rechtsstaatlichen Tradition, dass Meinungsfreiheit allen und unbedingt zu garantieren sei, selbst jenen, die an sich unakzeptable Positionen vertreten. Der *Deutsche Autorenrat*, dem auch namhafte Politiker und Autoren angehören, sieht diesen Grundsatz durch die normierende Kraft der »politischen Korrektheit« schwer gefährdet.

Bereits im Herbst 2004 verfasste der Autorenrat eine klare Stellungnahme zu PC:

»Politische Korrektheit ist die Diktatur von Tabus und Meinungen, deren Urheber oft **nicht festgestellt werden können**. Denn die ›politisch korrekt‹ Denkenden glauben zu wissen, was moralisch ist, und erheben

ihre Ansicht zum Dogma der Rechtgläubigen. Sie schließen andere Menschen als unkorrekt aus, schränken damit die freie Diskussion ein und errichten Tabus, auch wenn ihre Argumente schwach sind. Dass man diese Tabus verletzt hat, merkt man daran, dass nicht mit vernünftigen Argumenten geantwortet, sondern dass moralisch Verdächtige ins Abseits gestellt werden.
Der Deutsche Autorenrat tritt für eine offene Diskussion ohne Beschränkung der Themen und Meinungen ein. Er ruft dazu auf, Denkverbote und Verbotsschilder politischer Korrektheit nicht zu beachten; von welcher Seite sie auch aufgestellt werden: Wenn alle Welt und alle Medien einhellig applaudieren oder einhellig verurteilen, dann soll der einzelne kritisch prüfen, ob sie Recht oder Unrecht haben. Meinungstrends soll er misstrauen, und an Kampagnen soll er zweifeln. Wo er Fehler oder Falschheit entdeckt, soll er widersprechen. Die Welt braucht frei und selbständig denkende Menschen, Rebellen, die gegen den Strom von Vorurteilen schwimmen und die mutig für ihre Überzeugungen eintreten, auch wenn sie damit gegen weithin anerkannte, politisch korrekte Gebote verstoßen.«

Und im September 2007 äußerte der Präsident des Österreichischen Verfassungsgerichtshofes ganz offen seine Sorge, die Überwachung würde in Österreich bereits an die in der ehemaligen DDR gemahnen. Zitat: »Ich habe manchmal den Eindruck, wir werden ähnlich stark überwacht wie seinerseits die DDR-Bürger von der Stasi ...«

Auch wenn Appelle wie diese derzeit noch Mangelware sind und, so sie erfolgen, meist ungehört verhallen, so darf man sie nicht gering schätzen. Es **gibt** sie – und das ist schon etwas angesichts eines scheinbar übermächtigen allgegenwärtigen Konsenses »politischer Korrektheit« aus nebulosen Quellen. Aber auch auf anderen Ebenen regt sich Unmut bis hin zum Widerstand ...

Gegenzüge zu den Überwachungsorgien

Gegen die Totalüberwachung via RFID-Chips haben findige Datenschützer bereits ein Gegenmittel gefunden, das weit einfacher ist als etwa ein tragbarer Mini-Störsender. In Erinnerung an das Ausstreuen von Metallstreifen im Zweiten Weltkrieg zum Stören des Radars empfehlen sie Alufolie, um unerwünschtes Lesen der Chips durch Blockieren der Funksignale unmöglich zu machen. Dass solcher Widerstand allerdings für den schlichten Normalverbraucher fatal ausgehen kann, zeigt sich, wenn Kunden mit solchen Störsendern plötzlich vor verschlossenen Kaufhaustüren stehen. Allerdings ist der Bürger in seinem Widerstand gegen die Totalüberwachung nicht so allein, wie man vielleicht glaubt.

Nachdem die US-Firma, die einen nach ihr benannten implantierbaren Chip produziert, dessen Einsatz für Mitarbeiter in sensitiven Bereichen forcierte, traten Volksvertreter auf den Plan, von denen man wohl mit Fug und Recht sagen kann, dass sie ihre Wähler in der Tat vertreten. Ein *Representative Democrat* aus Wisconsin traute der Behauptung des Unternehmens nicht, die Implantation würde stets auf freiwilliger Basis erfolgen, und reichte einen entsprechenden Gesetzesentwurf ein. In einem richtungweisenden Akt unterschrieb daraufhin im Mai 2006 der Gouverneur von Wisconsin – ein weiterer echter Volksvertreter – ein Gesetz, das es Firmen und den Regierungen im Staate Wisconsin untersagen soll, Personen gegen deren Willen zu implantieren. Wer eine Person dazu nötigte, sich einen Mikrochip implantieren zu lassen, würde sich demnach eines Verbrechens schuldig machen. Die Bürger von Wisconsin begrüßten dieses »RFID-Gesetz«, das einem Missbrauch durch Firmen und Regierungsbehörden Schranken setzt, so gut wie einhellig.

Beobachter der Szene wünschen sich ein solches beherztes Vorgehen auch in Europa. Generell Frustrierte rufen nach Volksvertretern wie jenen Demokraten und seinem Gouverneur im fernen Wisconsin.

Auswege

»Bevor man die Welt verändert, wäre es vielleicht wichtiger, sie nicht zugrunde zu richten.«
Paul Claudel (1868–1955)

Unerwartete Vorbilder

Auch wenn derzeit Feigheit, Ignoranz, Vergesslichkeit und Bequemlichkeit in einer im großen Stil desinformierten und verwahrlosten, um nicht zu sagen verkommenen Konsumgesellschaft das Zepter zu schwingen scheinen, so muss dennoch das strategische Kalkül der Kriegstreiber, Globalisierer, Deregulierer, Privatisierer samt ihrer Orwell'schen Medien-Verdrehungsmaschinerie nicht unbedingt aufgehen.

Immer mehr Menschen in Europa wollen nicht weniger als eine neue Identität jenseits von Globalismus, Hedonismus, Spaß- und Drogengesellschaft. Sie fordern ein Ende der Selbstvernichtungspolitik: raus aus der EU … ; eine Regierung, die ihre Wähler vertritt … ; keine »Reformen«, die Bewährtes liquidieren, den Versorgungsauftrag des Staates abschaffen und schlussendlich den Sozialstaat überhaupt vernichten … ; Härte gegen Kriminelle und Hilfe für Opfer … ; entschlossene Korruptionsbekämpfung … ; nicht länger Diebstahl von Volksvermögen unter dem Mäntelchen der Privatisierung … ; Einführung von Einfuhrzöllen für Waren jeglicher Art aus dem Ausland … ; weg mit den Subventionen für die Abwanderung von Arbeitsplätzen ins Ausland … ; keine sinkenden Löhne bei explodierenden Konzerngewinnen … .

Gerade bei letzterem können wir uns – man lese und staune – frühe, heute unaktuelle Vorbilder aus den USA (jawohl, von dort!) zu Herzen nehmen: Henry Ford. Dieser Unternehmer, der die Bezeichnung »Kapitalist« wohlverdient hat, pflegte seine Arbeiter für die USA untypisch gut zu bezahlen, weil sie sich sonst seinen *Ford T* nicht kaufen könnten. Das sollten sich die Auslagerer hinter die Ohren schreiben, deren Endziel offenbar ein Europa der arbeitslosen Konsumenten zu sein scheint.

Und – noch elementarer – der Satz »No Taxation without Representation«. Er wurde vom Reverend Jonathan Mayhew 1750 bei einer Predigt in Boston kreiert und vom Bostoner Politiker James Otis als »Taxation without Representation is Tyranny« häufig verwendet. Der Slogan soll auch jene Kolonisten angefeuert haben, die am 16. Dezember 1773 die berühmte *Boston Tea Party* veranstalteten und damit die Initialzündung zum Unabhängigkeitskrieg ausgelöst haben sollen. Auf heute umgemünzt, deuten manche diesen Satz und die ihm zugrunde liegende Haltung so:

Wieso eigentlich noch Steuern zahlen, wenn der Staat seine Versorgungsaufgabe (Post, Bahn, Infrastruktur, usw., usf.) nicht wahrnimmt? Ford und Mayhew sind aber beileibe nicht die einzigen »unerwarteten Vorbilder«.

Als das ZDF 2004 eine Umfrage nach den »größten Deutschen« durchführte, waren die ersten zwei Plätze mit Konrad Adenauer und Martin Luther keine großen Überraschungen. Auf Platz drei landete zur Verblüffung vieler und zum Ärger einiger Karl Marx. Ein Ausrutscher? 2005 führte *»Der Spiegel«* eine Umfrage zur Bedeutung von Karl Marx durch. Danach waren mit nur geringen Unterschieden zwischen Ost und West 50 Prozent der Deutschen der Ansicht, dass »die Kritik von Karl Marx am Kapitalismus heute noch ihren Sinn hat«. 56 Prozent finden gar den Sozialismus »eine gute Idee, die bislang schlecht ausgeführt wurde«. *»Der Spiegel«* ergänzte entsetzt: »Hier fiel die Zustimmung bei den Jüngeren sogar noch höher aus.«

Obgleich es im ersten Augenblick seltsam anmutet, so kann man gelegentlich die exotische Meinung vernehmen, der Kommunismus sei nicht wirklich gescheitert, sondern würde nur eine Atempause einlegen, ehe es zum tatsächlichen »Weltkommunismus« kommt – wenn auch nicht unter diesem Namen. Grotesk, oder? Betrachtet man allerdings die unglaubliche Zerstörungswirkung, die der hemmungslose Kapitalismus rings um den Globus entfaltet, so wundert man sich nicht, dass sich der Widerstand dagegen versteift.

Ich erinnere mich noch gut an Diskussionen, die Freunde und ich in den 1960er- und 70er-Jahren mit unverbesserlichen Kommunisten hatten, die da **sprachen**: »Wenn die Sowjetunion weg wäre (woran damals nicht zu denken war), würdet ihr uns noch nachweinen«. Damals haben wir alle gelacht. Heute lachen wir **nicht**, wenn wir von alten Russen hören müssen: »So gut wie unter Breschnew ist es uns nie wieder gegangen.« Manche zitieren sogar Stalin, der vor seinem Tode gemeint hat, ohne ihn würden die Kapitalisten die Russen ertränken wie junge Katzen. Derartiges passierte allerdings nicht gleich nach dem Tod eines der größten Menschenschlächter der Geschichte. Es dauerte noch längere Zeit, bis die Ära Gorbatschow die Auflösung der Sowjetunion einleitete und die Ära Jelzin die Ausplünderung des Restes von ihr.

Und was sich in Ungarn nach dem Ende der Sowjetunion, und ungebrochen nach dem EU-Beitritt, laut Insiderberichten an Elend durch Globalisierung, Privatisierung, Deregulierung abspielt, spottet jeder Beschreibung. Dass wir davon nicht allzu viel erfahren, liegt für Kritische daran, dass es in den westlichen Medien komplett ausgeblendet wird. Auch darüber, dass gar nicht so wenige Ungarn sich mittlerweile die Roten zurückwünschen, breitet die sogenannte »Informationsgesellschaft« gnädig den Mantel des Schweigens.

Manche ziehen daher folgendes Resümee: »Als System war der Kommunismus das Letzte, als Schutzschild hingegen war er äußerst effektiv.«

Auch wenn klar ist, dass die bereits aufdämmernde Endstufe eines Kontinents voll arbeitsloser Konsumenten ein nicht lebensfähiges Unding ist, lassen wir die extremen Verschwörungstheorien beiseite, die meinen, der in der ehemaligen UdSSR erfolgte Übergang zu marktwirtschaftlich-neoliberalen Verhältnissen (besser gesagt Missverhältnissen) sei in Wirklichkeit eine raffiniert inszenierte Täuschung zur finalen Errichtung einer »sozialistischen Weltordnung«, wie Lenin sie als Langzeitziel definiert hat. Zu einer »Weltoktoberrevolution« wird es wahrscheinlich nicht kommen, wohl aber – und dafür gibt es Anzeichen – zu Bestrebungen, wieder »Herr im eigenen Haus« zu werden.

Lokaler Widerstand

»Nichts ist schwerer und nichts erfordert
mehr Charakter, als sich in offenem
Gegensatz zu seiner Zeit zu befinden
und laut zu sagen: nein.«
Kurt Tucholsky

»Wer kein Schwert hat, der verkaufe
seinen Mantel und kaufe ein Schwert!«
Jesus-Zitat aus Lukas 22, 36

Im 16. Jahrhundert beauftragte der Papst Julius II. Michelangelo, die Sixtinische Kapelle auszumalen. Der begnadete Künstler hat mit seiner zwischen 1508 und 1512 geschaffenen Arbeit der Menschheit ein Geschenk von ewigem Wert gemacht. Wenn es damals die WTO schon gegeben hätte, wäre es wohl nichts mit diesem Geschenk gewesen. Der Papst hätte nämlich eine öffentliche, grenzüberschreitende Ausschreibung durchführen müssen. Zu erwartender Weise wäre dann der billigste Künstler ausgewählt worden. Hätte sich der Papst einem solchen Diktat gebeugt, würden wir heute in der weltberühmten Kapelle Fresken der anderen Art bestaunen oder eher nicht bestaunen können. Sehr wahrscheinlich hätte der Pontifex sich damals aber ebenso wenig gebeugt, wie Jahrhunderte später patriotische Schweizer, über deren Widerstand im Internet publiziert wurde.

Ende 2005 plante das Schweizer Städtchen Stein am Rhein sein Wahrzeichen – die Burg Hohenklingen – mit einem Budget von 23 Millionen Franken zu renovieren und zu restaurieren. Der Stadtrat verkündete öffentlich, die Bauaufträge an erstklassige einheimische Handwerker aus der Region zu vergeben, welche Lehrlinge ausbilden. Eine solche Vorgehensweise ist allerdings weder GATT- noch WTO-konform, da diese Organisationen diktieren, größere öffentliche Bauprojekte seien grenzüberschreitend auszuschreiben. Im Gegensatz zu den meisten »Volksvertretern«, die solche Diktate durch ihre Unterschrift überhaupt erst möglich gemacht haben und folglich davor auch kapitulieren, soll der Stadtrat Stein am Rhein zur »GATT-/WTO-freien Zone« erklärt haben.

Der Stadtpräsident begründete dies sachlich: »Wir sind nicht bereit gewesen, unsinnige Bestimmungen einzuhalten. Wir haben uns für einen Architekten entschieden, der sich mit alter Bausubstanz gut auskennt und bereits alle Vorarbeiten gemacht hat.« Die Bauaufträge sind weitgehend an einheimische Bauhandwerker aus der Region vergeben, die Burg Hohenklingen im Juni 2006 von Baugerüsten eingehüllt worden.

Stein am Rhein soll in seinem mutigen Aufbegehren gegen das Diktat von supranationalen Gebilden wie der Welthandelsorganisation WTO und der EU nicht allein sein. Wie kolportiert wird, haben sich um die hundert Schweizer Gemeinden zu diesem unbotmäßigen Schritt entschlossen und sich zu GATT-/WTO-freien Zonen erklärt. Dazu gehörten große Städte wie Genf, Basel, Zürich und Luzern. Weltweit sollen sich auch in anderen europäischen Ländern weit über tausend Gemeinden angeschlossen haben.

Der Steiner Stadtpräsident ist nach wie vor von der Richtigkeit des Vorgehens überzeugt. Bei künftigen Bauprojekten werde man sich jedoch zähneknirschend an die geltenden Bestimmungen halten müssen. Gleichwohl würde man den Spielraum komplett ausnützen und bei der Vergabe von Bauaufträgen nicht nur den Preis, sondern auch andere Faktoren wie beispielsweise die Ortsnähe und die Lehrlingsausbildung in den einzelnen Betrieben berücksichtigen. Der Preis allein werde nach wie vor nicht die oberste Entscheidungsmaxime sein. Die wackeren Schweizer haben also vorerst nur einen Teilsieg errungen, aber aufgeben werden die Nachkommen eines Wilhelm Tell sicher nicht. Anderswo lässt man sich auch nicht mehr alles gefallen.

So gibt es seit einiger Zeit in Norwegen einen *Ethik-Rat*, der dem Neoliberalismus auf die Finger schaut. Dieses Gremium hat im September 2005 einen im Land Filialen betreibenden US-Supermarkt-Giganten mit Anschuldigungen über Verstöße gegen Menschenrechte und Arbeitsstandards konfrontiert. Das Unternehmen würde Kinderarbeit erlauben, gefährliche oder gesundheitsschädliche Arbeitsbedingungen dulden und würde Arbeiter zu Überstunden ohne Lohn- oder Freizeitausgleich nötigen. Zudem würden Frauen häufig schlechter bezahlt als Männer und die gewerkschaftliche Organisation der Angestellten unterbunden. Diese Verstöße wären eine »systematische und bewusste Praxis«.

Da das Riesenunternehmen offenbar nicht daran dachte, zu solchen läppischen Vorwürfen auch nur Stellung zu nehmen, empfahl der *Ethik-Rat* der norwegischen Regierung, die Anteile in Höhe von rund 320 Millionen Euro an der Marktkette zu veräußern. Ende März 2006 entschied man sich in Oslo, der Empfehlung des Ethik-Rats zu folgen und die Anteile zu verkaufen. Die Regierung wolle keine »ernsthaften, systematischen oder groben Verletzungen ethischer Normen«, so die damit verbundene Erklärung. Daneben trennte sich der staatliche Fonds auch von Aktien eines US-Bergbaukonzerns, dessen Kupfermine im indonesischen Teil der Insel Neuguinea massive Umweltverschmutzungen verursachen soll. Diese würden die Regenwälder und damit die Lebensgrundlage der Bevölkerung zerstören.

Auch dem sprudelnden Profit der Wasserprivatisierer wurde aufgrund anhaltender Proteste aus der Bevölkerung von der öffentlichen Hand ein wenig der Hahn zugedreht. Nachdem von *Thames Water* offen zugegeben wurde, *Tag für Tag*(!) würde bald schon eine Milliarde Liter Wasser(!) aus lecken Leitungen und Rohren austreten und versickern, weil die Firma trotz astronomischer Rekordgewinne nicht zu Instandsetzungsinvestitionen zu bringen war, machte sich der Londoner Bürgermeister zum Anwalt der Verbraucher. Er riet seinen Mitbürgern: »Benutzen Sie nach dem Urinieren die Klospülung nicht mehr! Sparen Sie das Wasser für Ihren Tee auf.« Schließlich schritt die Regulierungsbehörde *Ofwat (Office of Water Services)* ein und verlangte von dem Unternehmen 714 Millionen Euro an Investitionen für die Trinkwasserleitungen und 470 Millionen Euro für die Abwasserkanäle, die im Zeitraum zwischen 2005 und 2010 zu erbringen sind. Damit soll der tägliche Wasserverlust auf »nur« 725 Millionen Liter gesenkt werden. *Thames Water* wurde es untersagt, die Investitionen auf die Wasserpreise umzulegen und eine größere Jahresrendite als sechs Prozent auszuweisen.

Auch der gallische Hahn hat offenbar langsam genug und schottet seine Wirtschaft gegen »Heuschrecken« ab. Die Regierung in Paris hat im August 2005 bekannt gegeben, Industriebereiche aus Schlüsselsektoren aufzulisten, die gegen Übernahmen geschützt werden sollen. Auslöser dafür waren Ende Juli Gerüchte über eine drohende Übernahme von *Danone* durch einen amerikanischen Getränkegiganten. *Danone* hat eine zentrale Rolle für die französische Agrarbranche, besonders für die Milchwirtschaft. Folglich hatten die Gerüchte für gehörigen politischen Wirbel gesorgt.

»Sind Sie dafür, dass die Stadt Freiburg Eigentümerin der *Freiburg Stadtbau GmbH* und der städtischen Wohnungen bleibt?«, lautete im November 2006 die Abstimmungsfrage hinsichtlich des anstehenden Verkaufs von 7.900 städtischen Wohnungen für 510 Millionen Euro an private Investoren. Nach dem »Vorbild« von Dresden, wo Sozialwohnungen verhökert worden waren, sollte die *Freiburger Stadtkasse* auf einen Schlag schuldenfrei werden. Wie man hörte, sollen auch in Freiburg Fonds Gewehr bei Fuß gestanden sein, die sich bereits in Dresden eingekauft hatten. Noch vor dem Jahresende sollte der Kauf über die Bühne gehen. Die Bürger aber machten einen Strich durch die Rechnung. Eine klare Mehrheit von ihnen stimmte am zwölften des Monats gegen die Verkaufspläne des Oberbürgermeisters.

Der Bürgerentscheid, der die Stadtverwaltung Freiburgs für die nächsten drei Jahre bindet, löste einen Schock unter Privatisierungsbefürwortern aus, zusätzlich verstärkt durch die bundesweiten Auswirkungen. »Freiburg ist ein Wendepunkt«, beklagte ein Immobilienvertreter. Auch in anderen Städten würde den Privatisierern jetzt scharfer Gegenwind ins Gesicht blasen. »Im schlimmsten Fall werden auch Public-Private-Partnership-Projekte abgeblasen ...« Für viele Bürger ist dieser schlimmste Fall allerdings kein solcher, wie man Reaktionen entnehmen kann, sondern ein Hoffnungsschimmer, vielleicht doch nicht früher oder später (eher früher) in Spekulationsobjekten wohnen zu müssen.

Wie berichtet wird, soll sich der Berliner Bürgermeister am Tag nach dem Freiburger Votum mit Bundeskanzlerin Angela Merkel zu einem Gespräch über die Hauptstadtfinanzen getroffen haben. Wie kolportiert wird, erwartet die Bundesregierung, dass Berlin seine 270.000 städtischen Wohnungen verkauft, um seine Schulden von 60 Milliarden Euro um fünf Milliarden zu verringern. Berlins Finanzsenator soll kein Geheimnis daraus gemacht haben, dass er für den Verkauf an private Investoren wäre. Sollte man sich darauf einlassen, erwarten viele einen Sturm der Empörung unter den Berlinern.

Fachleute widersprechen offiziellen Aussagen, zu solchen Verkäufen gäbe es aufgrund der horrenden Verschuldung (wo kommt die eigentlich her?) keine Alternative. In Wirklichkeit gäbe es sehr wohl eine ganz andere Lösung. Gerade Berlin als deutsche Hauptstadt könnte sich an die Spitze einer bundesweiten Bewegung von Kommunen setzen, die Druck auf die Bundesregierung machen, damit diese das Maastricht-System aufkündigt und durch eine Rückkehr zum gemeinwohlorientierten System produktiver Kreditvergabe ersetzt.

Dazu müssten Vollzeitarbeitsplätze geschaffen werden, welche die Steuereinnahmen der Kommunen verbessern, so dass Notprivatisierungen unnötig werden. Im Gegensatz zur Mehrheit der »Fachleute«, für die Massenarbeitslosigkeit gottgegeben ist, meinen andere, dass dem keineswegs so ist. Notwendig wäre lediglich die Re-Industrialisierung der Großstädte, die mittlerweile in erschreckendem Maße ent-industrialisiert und stattdessen mit Versicherungen, Banken etc. zugepflastert sind (ich erwähnte das bereits im Zusammenhang mit der »Stadterneuerung« von Boston).

Wie es ein Vertreter des baden-württembergischen Mieterbunds ausdrückte, geht es beim kommunalen Eigentum nicht darum, wer was besitzt, sondern um nichts weniger als die Überlebensfähigkeit städtischen Lebens. Heuschreckenfonds kümmern sich bei den erworbenen Wohnungen um die Profit versprechenden »Filetstücke« und lassen den Rest zum Ghetto verkommen. Nach dem Verkauf kommunaler Wohnungen haben die Gemeinden keine Möglichkeit, städtische Entwicklungen zu beeinflussen und die Entstehung von Slums zu verhindern. Zustände wie beispielsweise in den Vorstädten von Paris wären die logische Folge, so die Warner, fügen aber hinzu: »Dass es so weit auch in Deutschland kommt, kann noch verhindert werden.« Und ihre Forderung lautet: »Für Finanzheuschrecken muss ein Zutrittsverbot zum kommunalen Eigentum verhängt werden.«

Auch gegen das bereits angesprochene Strompreisdiktat regt sich Widerstand. Überall in Deutschland zahlen Bürger ihre Stromrechnungen nicht mehr, klagen gegen Preiserhöhungen und schließen sich zu Genossenschaften zusammen, um billiger Gas einzukaufen.

Diese Regungen zur Bewahrung heimischer Strukturen und gegen die Übertragung von allem und jedem an profitorientierte Eigner lassen manche nach einer neuen, in Wirklichkeit aber alten Form »menschlichen Kapitalismus« rufen, wie er jahrzehntelang in Europa für Wohlstand und Sicherheit gesorgt hat.

Renaissance des »Ordoliberalismus«

> »Der Kampf gegen Armut und Reichtum ist die weitaus wichtigste Aufgabe aller Gesetzgebung, bei welcher der Staatsmann gar nicht rasch und entschieden genug zu Werke gehen kann. Denn der wahre Staatsmann erstrebt das Glück der Bürger und, da wirkliches Glück nicht ohne Tugend erreichbar ist, auch die Sittlichkeit der Bürger.«
>
> *Platon (428/427 – 348/347 v. Chr.)*

Manche Fachleute sind überzeugt: Man **kann** z. B. die Auslagerung der einheimischen Unterhosenproduktion **nach** China verbieten und gleichzeitig den Import derselben intimen Kleidungsstücke **aus** China, mit dem Ergebnis, dass Arbeitsplätze in der heimischen Textilindustrie erhalten bleiben um den Preis, dass eine Unterhose eben einen Euro mehr kostet, was bei dem statistisch festgestellten einwöchentlichen Unterwäschewechsel in manchen EU-Staaten nicht allzu sehr ins Geld gehen dürfte. Solche und andere derartige Maßnahmen zum Schutz der eigenen Wirtschaft sind nach Ansicht dieser Fachleute kein Ding der Unmöglichkeit – wenn, ja, wenn man sich des Prinzips besinnen würde, das als »Ordoliberlismus« bekannt geworden ist.

Der Ordoliberalismus gilt als deutsche Variante des Neoliberalismus. Er steht für eine marktorientierte Wirtschafts**ordnung**, in der Vater Staat einen marktkonformen **Ordnungs**rahmen für Privateigentum, Vertragsfreiheit, freien Wettbewerb, Konjunktur- und Geldwertstabilität gewährleistet. Innerhalb dieser politisch gesetzten Spielregeln, die für soziale Gerechtigkeit sorgen, kann sich der Staat weiterer Eingriffe enthalten. In der Praxis gilt es, durch politische Rahmenbedingungen einen funktionierenden und für alle Menschen nützlichen Wettbewerb zu sichern. Unter diesen Auspizien wären die Löhne in Deutschland 2007 nicht unter dem Niveau von 1986 und in Österreich nicht unter dem Niveau von 1992, wie Analysten festgestellt haben wollen.

Als Grund für die Notwendigkeit einer Rahmenordnung sieht der Ordoliberalismus die Tendenz eines vollständig freien Marktes zur Alleinherrschaft. Anbieter schließen sich zusammen, bilden Kartelle und Preisabsprachen und können so den Markt diktieren, ganz im Gegenteil zu den Aussagen von oftmals berühmten Volkswirtschaftlern, der Konsument wäre der bestimmende Faktor. Was gibt es zu bestimmen, wenn man auf der Suche nach einem Produkt, das aus dem Sortiment genommen wurde, »weil es sich nicht rechnet«, von einem Supermarkt zum nächsten pilgert, es aber in keinem erhält, weil alle unter verschiedenen Namen zu ein und demselben Mega-Konzern gehören? Die Aufgabe des Staates sei es folglich, einen Ordnungsrahmen zu entwickeln, der vor allem aus Kartell- und Wettbewerbsgesetzen besteht, Markttransparenz und freien Marktzugang fördert sowie für Preisstabilität sorgen soll. Dazu erforderlich ist logischerweise eine De-Monopolisierung und staatlicher Selbstschutz.

Wie ich in *»Schatten der Macht«* ausführlich dargelegt habe, ist sogar in einer führenden westlichen Wirtschaftsnation ein sagenhafter Steuersatz von 94 Prozent möglich gewesen, verbunden mit dem Verbot, Betriebe auszulagern und Kapital ins Ausland zu schaffen. Hat das der amerikanischen Volkswirtschaft geschadet, um diese handelt es sich nämlich? Mitnichten. Die Wirtschaft war trotzdem beflügelt, gleichzeitig wurde allgemeiner Wohlstand geschaffen. Das ist allerdings ein Extrembeispiel und so weit braucht man natürlich nicht zu gehen. Begnügen wir uns mit der Grundforderung des Ordoliberalismus, die Wirtschaft habe sich in den

Dienst von überwirtschaftlichen Dingen und Werten wie das Menschliche und das Kulturelle zu stellen und das Wohlergehen des Einzelnen nicht mit Füßen zu treten. Sozialgedanke und Leistungsprinzip harmonisch verbunden.

Von der Wirklichkeit sind solche Forderungen allerdings noch ziemlich entfernt. So widerspricht beispielsweise das deutsche Kartellgesetz den ordoliberalen Prinzipien, da es den Politikern erlaubt, Fusionsverbote des Kartellamtes aufzuheben, was sie auch immer wieder tun. Noch gelten Globalisierung, Deregulierung, Privatisierung als Naturgesetze, während jeder Versuch, eigenstaatliche Interessen zu propagieren unweigerlich einen Hieb mit der »Anti-Nationalismus-Keule« nach sich zieht.

Trotzdem braucht man die Hoffnung nicht aufzugeben. Wie gezeigt, schwingt das Pendel langsam, aber sicher, zurück. Gesetze können geändert werden. Und – man glaubt es kaum – sogar die »große Politik« kann nicht mehr schalten und walten wie ehedem. Kühne Naturen glauben sogar, es wäre möglich, die ureigenste Natur des Homo sapiens positiv zu beeinflussen, sprich: dem Krieg selbst den Kampf anzusagen.

Krieg gegen den Krieg

Zuerst einmal müssen wir uns klar sein, dass Kriege nicht von selbst entstehen, sondern handfeste Gründe haben. In der Regel sind diese materieller Natur und müssen daher verschleiert werden. Um profane Kriege aus »hehrsten Motiven heraus« führen zu können, werden Waffengänge durch eiskalte Emotional-PR vorbereitet, die sich tief sitzender menschlicher Motivationen bedient. Appellierte man früher an Patriotismus und Nationalismus, so stellen die Werbestrategen heutzutage – zumindest im Westen – die Verteidigung der Zivilisation gegen Terror und Schurkenstaaten groß heraus. Will man ein Land einsacken, geht es stets darum, dort die Demokratie einzuführen. Und natürlich rangiert die Wahrung der Menschenrechte bei Interventionen aller Art ganz oben auf der Agenda. Beispiele dazu finden sich in meinen Büchern *»Lügen in Krieg und Frieden. Die geheime Macht der Meinungsmacher«* und *»Mythos Informationsgesellschaft. Was wir aus den Medien* nicht *erfahren.«* Wie aber schon Abraham Lincoln bemerkte, kann man nicht alle Menschen für immer täuschen. Der »kleine Mann« beginnt sich der auch mittels Kriegen durchgezogenen Globalisierung entgegenzustellen. Die jahrelang vor sich hindämmernde Friedensbewegung gibt deutliche Lebenszeichen von sich. Sie hat klarere Vorstellungen als die in den 1980er-Jahren. Das muss nicht verwundern, denn der Gegner ist ebenso konkret wie die Ziele, die er mit Feuer und Schwert zu erreichen sucht.

Obgleich die »*New York Times*« den Kriegskurs der US-Regierung unterstützt, kam sie am 17. Februar 2003 zu der bemerkenswerten Einschätzung, dass es neben den USA nunmehr eine weitere Supermacht gäbe: die öffentliche Weltmeinung. In der weltweiten Antikriegsbewegung sei Präsident Bush ein unerwarteter und mächtiger Widerpart entstanden.

Im Januar 2003 versammelten sich in Porto Alegre in Brasilien etwa 100.000 Menschen, um gegen die Kriege zu protestieren, die entweder für die Verbreitung »westlicher Werte« oder gegen den ominösen Terror angezettelt werden. Am 15. Februar 2003 gingen weltweit 15 bis 20 Millionen Menschen auf die Straße und protestierten gegen den Krieg im Irak. Im Januar 2004 protestierten Hunderttausende in Mumbai, vormals Bombay. In Spanien gingen zehn Prozent der Gesamtbevölkerung auf die Straße. In Deutschland verließen Zehntausende von Schülern ihre Schulen und protestierten. In Italien weigerten sich die Hafenarbeiter, Schiffe mit Waffen für den Irak zu beladen.

Selbst in den USA formieren sich die Kriegs- und Globalisierungsgegner. Abgeordnete führen Brandreden gegen den Krieg. Diplomaten verlassen ihren Arbeitsplatz. 136 Städte erklärten sich zu »Cities for Peace«. Die »Move-on«-Bewegung sammelt Millionen Internetnutzer der Friedensbewegung. Ein »virtueller Marsch auf Washington« im Internet legte die Leitungen des Weißen Hauses lahm. Gewerkschafter und Kirchenleute stehen auf und beteiligen sich an Aktionen. Unternehmer schalten Anzeigen gegen den Krieg.

Aus Kanada kam schon vor dem Irak-Krieg eine Initiative, die sich der Sprache der US-Werbestrategen bedient, wenn sie zum Kampf gegen das Böse (Evil) aufrufen. *Rooting out Evil* (das Böse mit der Wurzel ausrotten) nennt sich die kanadische Initiative, die ein mehr als ambitioniertes Ziel verfolgt: Sie will Waffeninspekteure in die USA schicken. Begründet wird diese Forderung mit exakt jenen Kriterien, welche die Bush-Regierung zur Identifikation von »gefährlichen Staaten«, sprich potentielle oder schon als solche deklarierte »Schurkenstaaten«, aufgestellt hat:

1. Umfangreiche Lager an chemischen, biologischen und nuklearen Waffen
2. Nichtbeachtung der Resolutionen der Vereinten Nationen
3. Die Weigerung, internationale Verträge zu unterzeichnen und zu respektieren
4. Die Übernahme der Regierungsgewalt durch illegale Mittel

Diese vier Kriterien treffen laut Ansicht besagter Kanadier voll und ganz auf die USA zu. Dass man dort eine Inspektion von Waffenanlagen strikt verweigert, versteht sich von selbst. Trotzdem: Mit einem solchen Ansinnen dürfte die »einzig verbliebene Supermacht« nicht gerechnet haben – und das sagt an sich schon einiges.

Dabei hätte man sich ausrechnen können, dass die von Washington praktizierte Verbreitung von Demokratie und Menschenrechten nicht überall auf Zustimmung stoßen dürfte. So hatten bereits im April 2000 beim Südgipfel der Entwicklungsländer 133 Staaten folgende Erklärung abgegeben: »Wir lehnen das sogenannte ›Recht‹ auf humanitäre Intervention ab, das keine Rechtsgrundlage in der Charta der Vereinten Nationen oder in den allgemeinen Völkerrechtsprinzipien besitzt.« Mittlerweile erfährt man von immer mehr US-Bürgern, die sich weigern, Steuern zu entrichten, um den Irak-Krieg nicht mit ihrem Geld zu finanzieren. Manche arbeiten raffinierterweise gerade noch so viel, dass sie unter der Mindesteinkommensgrenze sind, ab der Steuern fällig werden. Die aus den USA gemeldeten Zahlen über diese heimischen Widerständler schwanken, es sollen aber 2007 bereits über eine halbe Million gewesen sein, Tendenz steigend.

Bislang sind das zwar mutige Intentionen, lobenswerte Aktivitäten und hoffnungsvolle Ansätze, aber noch scheint der Gegner übermächtig. Noch scheint ein exklusiver Club der Reichen und Superreichen von »der Neuen Welt« aus in der Lage zu sein, die von ihm gewünschte weltumspannende Wirtschafts- und Sozialordnung auf Biegen oder Brechen durchzusetzen. Doch halt, es scheint nur so, meinen manche, die konstatieren, dass der Welthegemon die unterschiedlichsten Risse und Sprünge aufweist. Mit anderen Worten: die »einzige verbliebene Supermacht« beginnt, immer weniger super zu sein …

Countdown eines Imperiums

Vom Kippen von Systemen

»Die letzte Stimme, die man hört, bevor die Welt explodiert, wird die Stimme eines ›Experten‹ sein, der sagt: ›Das ist technisch unmöglich!‹«
Sir Peter Ustinov

Der Begriff »Phasenübergang« bedeutet in Physik und Chemie, dass ein Zustand schlagartig in einen anderen übergeht, wenn ein gewisser Schwellenwert erreicht oder überschritten ist. Man kennt solches beim Laser, bei chemischen Uhren usw., doch nicht nur dort. Auch historische und gesellschaftliche Entwicklungen können jäh »kippen« und in etwas völlig anderes umschlagen. Die Vergangenheit hat es mehrfach bewiesen:

1900 wäre es undenkbar gewesen, dass das mächtige Europa achtzehn Jahre später in Trümmern liegen und die Kaiserhäuser von Deutschland und Österreich untergegangen sein würden.
1940 hätte sich kein Europäer vorstellen können, dass Hitler **nicht** in wenigen Jahren der Herr Europas sein würde.
1950 hätte sich kein Schwarzafrikaner vorstellen können, dass sein Land in absehbarer Zeit das koloniale Joch abschütteln würde.
1960 hätte sich kein Mensch vorstellen können, dass neun Jahre später ein Erdenbürger eine Flagge auf dem Mond hissen würde.
1970 hätte sich kein »Experte« vorstellen können, dass es eine Ölkrise geben könnte, und schon gar nicht, dass sie zu einer »grünen Revolution« führen würde.
1980 hätte sich niemand vorstellen können, dass am Ende der Dekade die Sowjetunion zerfallen und Deutschland vereinigt würde.
1990 hätte sich kein Mensch vorstellen können, dass Europa **tatsächlich** zu einer Einheit zusammenwachsen könnte.
1995 hätte sich kein Mensch vorstellen können, dass via Internet eine schrankenlose Informationsvernetzung und Meinungsfreiheit herrschen könnte.
2000 hätte sich kein Mensch vorstellen können, dass die Tage der weltweiten Leitwährung, des Dollars, gezählt sein könnten.
Im Gegensatz zur sogenannten »breiten Masse«, die von solchen unerwarteten Schwenks der Geschichte meist völlig überrascht wird, erkennen In-

sider natürlich Vorzeichen, besonders wenn diese fatale Ähnlichkeit mit dem biblischen »Menetekel« haben.

Der Begriff »Menetekel« stammt aus dem Alten Testament *(»Das Gastmahl des Belsazar« im Buch Daniel, Kapitel 5)*: Nachdem der König von Babylon Nebukadnezar gestorben war, wurde sein Sohn Nabonid König. Da dieser jahrelang auf einem Feldzug ist, regiert für ihn sein Sohn Belsazar. Dass Nebukadnezar als sein Vater bezeichnet wird, obwohl er ja sein Opa war, ist eine damals übliche Redewendung.

Während eines seiner ausschweifenden Feste lässt Balsazar die geraubten Gefäße aus dem Tempel Gottes in Jerusalem holen. Im völligen Delirium fangen die Partygäste an, Gott zu verspotten. Mitten in diesem Gelage erscheint eine riesige Hand, die in Flammenschrift die aramäischen Worte »Mene mene tekel ufarsin« an die Wand schreibt. Alle vom König herbeigerufenen Wahrsager können die Schrift nicht entziffern.

Die Mutter von Belsazar erinnert sich an Daniel. Dieser gehört zu den Juden, die von Nebukadnezar II. nach der Eroberung Jerusalems einschließlich der Zerstörung des salomonischen Tempels (586 v. Chr.) in die babylonische Gefangenschaft verschleppt worden waren. Daniel wird gerufen und deutet die Worte so:

> »Die Tage deiner Herrschaft sind gezählt!
> Gott hat dich gewogen und zu leicht befunden!
> Dein Reich wird von den Medern und Persern erobert!«

In der gleichen Nacht wird der König von seinen Knechten ermordet und das geschwächte Babylon eingenommen.

So wie dieses alte Reich scheint für Insider auch das jüngste, größte und aggressivste Imperium der Neuzeit, das »Imperium Americanum«, zu krachen. Ihrer Ansicht nach werden weder noch so monströse, ultramoderne Abwehrsysteme (*Haarp, Master-Shield, SMI, SDIneu, NMD, Raketen in Osteuropa* etc.) noch so verfeinerte Abhörmethoden (*Echolon, Enfopol,* usw.) das US-Imperium auf lange, oder vielleicht kürzere Sicht vor einem dramatischen Abstieg bewahren können. In seinem Inneren werden nämlich immer mehr strukturelle Schwächen schlagend und der »Rest der Welt« beginnt aus reiner Selbsterhaltung aufzumucken. Wie es scheint, kommen da und dort Volksvertreter ans Ruder, die ihr Volk voll und ganz vertreten und denen klar sein dürfte, was der Journalist und Autor Joachim Fernau schon 1977 in seinem Buch *»Halleluja. Die Geschichte der USA«* schonungslos auf den Punkt gebracht hat: »Gewinnt der Amerikanismus, so wird er in 150 Jahren die Menschheit zugrunderichten, und die Erde wird als erstorbener Mars im Weltall weiterkreisen.« Da 150 Jahre wahrscheinlich zu optimistisch sind, regt sich jetzt schon handfester

Widerstand. Zwar (noch) nicht im (noch) handzahmen Westen, wohl aber in Ländern, welche die USA für ewig unter ihrer Knute zu haben glaubten und deren Aufmucken »Uncle Sam« erheblich schmerzt ...

Allianz der Unwilligen

»Es kommt darauf an, wirtschaftliche
Zustände für ein Gemeinwesen zu schaffen,
die auf die Menschen zugeschnitten sind.«
Silvio Gesell

Die USA unterscheiden bekanntlich penibel zwischen »Schurken«, das sind Staaten wie der Irak, und »Willigen«, das wiederum sind Staaten wie England, die bereit sind, sich gemeinsam mit den Amerikanern über die »Schurken« herzumachen. Mittlerweile scheint sich jedoch unter der Fahne des venezolanischen Präsidenten etwas zu formieren, das man »Allianz der Unwilligen« nennen könnte. Dass der in der Mediensprachregelung stets mit dem Prädikat »linkspopulistisch« versehene Hugo Chàvez die Staaten Südamerikas und der Karibik auf eine antiamerikanische Politik einschwört, ist bekannt. Man denke nur an seine Rede bei der Ankunft beim Andengipfel in Lima im Juli 2005: »Der Kapitalismus ist gescheitert, er hat es nicht geschafft, die Region aus der Armut zu holen«. Mehr noch, er wagte es sogar, seine Appelle in der »Höhle des Löwen« von sich zu geben.

Im Anschluss an den Gipfel der Vereinten Nationen im September 2006 blieb Chàvez in New York und rief dort vor sozialen Organisationen und Nachbarschaftsgruppen zum revolutionären Umbruch auf. In dem ebenso verarmten wie verrufenen New Yorker Stadtteil Bronx rief er einer großen Menge von Latinos und schwarzen Amerikanern zu: »Der Kapitalismus ist nichts als eine perverse Praxis, die den Individualismus über alles stellt.« Es sei daher wichtig, gemeinsam für einen »Sozialismus des 21. Jahrhunderts« zu kämpfen. Auch wenn das von den US-Medien nicht so gesehen wurde, lag Chàvez mit diesem Kampfruf im Grunde sowohl auf der Linie von Abraham Lincoln als auch der Väter der amerikanischen Verfassung (Constitution), der *Sons of Liberty* (Söhne der Freiheit). Ähnliches kannte man schon von Fidel Castro, allerdings mit einem bedeutenden Unterschied: Im Gegensatz zu Kuba, das der Weltökonomie außer Zuckerrohr wenig zu bieten hat, ist Venezuela der fünftgrößte Erdöllieferant der USA. Das macht Chàvez für die Herren der Wallstreet zu einer weit größeren Bedrohung, als es der »Maximo Lider« der kubanischen Revolution jemals war.

Zum materiellen Ungemach gesellen sich provokante Vorschläge des Venezolaners, die für die stolzen USA Schläge ins Gesicht sein müssen. So offerierte Chàvez sowohl dem New Yorker Stadtrat als auch dem US-Kongress die Hilfe Venezuelas zur Erstellung einer Studie zur Säuberung des Bronx-River an. Die Entgiftung des Stadtflusses wird seit Jahren von Nachbarschaftsgruppen und Umweltorganisationen gefordert. Der Schmähungen nicht genug, bot er an, nach dem Vorbild der Sozialprogramme in Venezuela den Aufbau von Bildungs- und Gesundheitsprojekten in den Armenvierteln zu finanzieren.

Wie Russland ist sich Venezuelas Staatspräsident wohl bewusst, welche Stärke der Besitz von Rohstoffen bedeutet. Selbstbewusst plädiert er für eine gemeinsame Energiepolitik der lateinamerikanischen Staaten: »Fast jedes unserer Länder hat große Energiereserven. Das muss die Region im Verhältnis zu den USA künftig ausnutzen.« Tatsächlich befinden sich zehn Prozent der weltweiten Erdöl- und sechs Prozent der Gasreserven in Lateinamerika. Der Großteil der Produktion geht in die USA, beispielsweise etwa 80 Prozent der mexikanischen Ölexporte.

Als mächtiges Mitglied im Ölkartell OPEC bietet Venezuela den Staaten der Karibik und Lateinamerikas auch die Lieferung von günstigem Erdöl und Erdölprodukten an. Erfolge in diesem Bemühen, die Region aus der Abhängigkeit von den USA zu befreien, machen sich zum Unbehagen amerikanischer Eliten bemerkbar.

So konnte in Kuba die aufgrund der US-Sanktionen über Jahrzehnte anhaltende Treibstoffknappheit beendet werden. Die »geächtete« Insel wird von Chàves mit Benzin und Diesel versorgt. Als Gegenzug kommen exzellent ausgebildete Ärzte nach Venezuela. Dass trotz des Embargos und anderer Drangsalierungen das Ausbildungs- und Sozialsystem sowie die medizinische Versorgung der Kubaner besser ist als für die meisten US-Bürger, findet auch kaum Beachtung in den westlichen Medien; das nur am Rande.

Und weiter geht's mit dem am 1. Mai 2007 medienwirksam verkündeten Rückzug Venezuelas aus der Weltbank und dem Internationalen Währungsfonds IWF. Begründung: Diese Organisationen hätten nur den Zweck, Länder auszubeuten. Diese Anschuldigung wurde im Westen klarerweise als Lug und Trug, zumindest aber als übler Populismus verurteilt, ungeachtet der Tatsache, dass der »Entwicklungshilfeberater« John Perkins in seinem autobiographischen Bestseller *»Bekenntnisse eines Economic Hit Man«* 2004 schwarz auf weiß zugegeben hatte, im Auftrag der Weltbank und anderer Organisationen Ländern Kredite aufgeschwatzt zu haben, um sie in Wirklichkeit einer »Neo-Kolonisation« auszuliefern. Mittlerweile hapert es damit etwas, da sich Argentinien und Brasilien entschuldet haben, wodurch die Geldquelle Zinsen nicht länger sprudelt.

Hugo Chàvez ist für die USA eindeutig ein *»pain in the ass«*, wie man extrem Lästiges dort auszudrücken pflegt. Nach zwei CIA-gestützten Putschversuchen scheint er sich zu einer Dauerbedrohung entwickelt zu haben, die man nicht wie Saddam Hussein militärisch aus dem Amt befördern kann. Es bedarf daher wohl gar nicht Chàvez' öffentlicher Ankündigungen, die USA würden im Fall einer Invasion kein venezolanisches Öl mehr bekommen. Die im afghanischen und irakischen Sumpf versinkenden US-Streitkräfte sind nach militärtechnischen Analysen nämlich absolut nicht in der Lage, Venezuela oder den Iran anzugreifen, nicht nach einander und schon gar nicht gleichzeitig, da beide Staaten – im Gegensatz zu dem seit 1991 entmilitarisierten Irak – reichlich mit moderndem Kriegsgerät ausgestattet sind. Dazu kommt, dass die »einzig verbliebene Supermacht« immer weniger zu der für solche Abenteuer erforderlichen »Kriegswirtschaft« imstande sein dürfte. Nüchterne Analysten meinen sogar, die US-Wirtschaft wäre überhaupt zu nicht mehr viel imstande.

Zerbröselnde Fundamente

Wie man gelegentlichen Medienberichten entnehmen kann, gehen in den USA Investitionen in Verkehrswege, Elektrizitäts- und Wasserversorgung, Bahn, U-Bahn, Stromnetz mit Kraftwerken, Tunnel, Brücken, Dämme etc., kurzum in die Infrastruktur zurück oder bleiben überhaupt auf der Strecke. Strom- und Wassernetz sind hoffnungslos veraltet und überlastet.

Der Bürgermeister von New York soll sogar planen, Zapfstellen für Wassertankschiffe zu errichten, um die Trinkwasserversorgung der Stadt sicherzustellen. Eine der Hauptpipelines zum Ölhafen ist schon seit den 1970ern undicht und hat einen Ölsee im Untergrund verursacht.

Als charakteristisch für die Misere gilt Insidern die Explosion einer unterirdischen Dampfleitung in New York am 18. Juli 2007, die einen tiefen Krater in der berühmten Fifth Avenue verursachte. Sie war von einer derartigen Dimension, dass viele sofort an einen Terroranschlag a là 11. September dachten. De facto war die Überalterung schuld. Das antike Rohr stammte schließlich aus dem Jahr 1924.

Wenn auch nicht an die große Glocke gehängt, so befindet sich die amerikanische Stromwirtschaft, Wasserversorgung usw. in einem desaströsen Zustand. Fachleute merken an, dass ein Großteil der öffentlichen Infrastruktur bis in die 1950er und 60er entstanden ist. Von da an haben die USA nur noch von ihrer Substanz gelebt – und Kriege geführt. Verstärkt wird der Verfall der Infrastruktur durch die vorherrschende Privatisierung auch hoheitlicher Aufgaben.

Man erinnere sich der Deiche von New Orleans, die beim Hurrikan Katrina nachgegeben haben. Sie sind selbstverständlich privat geführt worden, haben einige Jährchen auf dem Buckel und wurden schlecht bis gar nicht gewartet. Auch wenn man ihrem Zusammenkrachen nicht nachgeholfen hat, wie Verschwörungstheoretiker vermuten – ich erwähnte es bereits –, so wären sie auch von allein da und dort eingebrochen.

Eine Studie soll Präsident Clinton 1993 beim Antritt seiner ersten Amtsperiode mit der peinlichen Aussicht konfrontiert haben, allein für die dringend notwendigen Arbeiten an den desolaten amerikanischen Brücken mehr Geld ausgeben zu müssen, als das Budgetdefizit ausmachte. Dass die auf Clinton folgende Bush-Administration keine Abhilfe schuf, verwundert nur naive Gemüter. Und dass seit dem »Krieg gegen den Terror« noch weniger Geld im eigenen Land investiert werden kann, ist jedem Patrioten wohl klar.

Es stürzen in den USA auch Brücken ein. Aktuellstes Beispiel war kurz vor der Vollendung dieses Buches am 1. August 2007 der Kollaps einer achtspurigen Autobahnbrücke, die in Minneapolis auf der Interstate 35W über den Mississippi führte. Die erst vierzig Jahre alte, lange Riesenkonstruktion soll auf einer Länge von 581 Metern in mehrere Teile zerfallen sein, wobei etwa 100 Autos in die Tiefe gerissen wurden. Es gab zahlreiche Tote und Verletzte. Ein unter der Brücke durchfahrender Eisenbahnfrachtzug wurde buchstäblich in zwei Teile zerschnitten. Neben der vermuteten Unglücksursache, dass die Brücke wie fast alle in den USA in Billigbauweise errichtet wurde, tauchten nach ihrem Zerrfall die kuriosesten Vermutungen auf: vom Taubendreck, der die Fundamente zerfressen hat, bis zu den Folgen des Klimawandels. Zusätzliche Sicherheitsstützen hätten, laut Meinung eines Experten, die Katastrophe verhindern können – aber leider, solches ist zu teuer …

160.570 Straßenbrücken, das sind über 27 Prozent, werden als »strukturell mangelhaft und funktionell obsolet« beurteilt. Mit anderen Worten: Sie sind einsturzgefährdet. Anmerkung eines österreichischen Statikers nach dem Brückeneinsturz von Minneapolis: »In Europa pflegen Brücken auch nach hundert Jahren noch stabil und sicher zu sein.«

Schlimmer noch als bei den Brücken soll es um die Sicherheitsverhältnisse auf den US-Eisenbahnstrecken bestellt sein. Die Gleiskörper gelten als so ausgefahren, dass Güter- und Personenzüge ihre Geschwindigkeit streckenweise auf Fahrradtempo reduzieren müssen.

Die 332.000 Highwaykilometer in den USA weisen Schlaglöcher, weggebrochene Fahrbahnen und geplatzten Asphalt auf, so dass die US-Autofahrer im Jahr rund 54 Milliarden Dollar an Reparaturkosten aufwenden müssen. Amerikas Straßentunnel sind in keinem besseren Zustand. Immer wieder stürzen tonnenschwere Deckenplatten auf die Autos. Viel schlimmer noch ist es um die rund 83.000 Staudämme und Deiche in den USA bestellt. Tendenz Medienberichten zufolge negativ: Die Zahl der unsicheren Dämme steigt schneller als die Rate der Damm-Reparaturen.

Der US-Ingenieursverband *American Society of Civil Engineering (ASCE)* konstatierte, der marode Zustand der amerikanischen Infrastruktur sei eine echte Bedrohung für die öffentliche Sicherheit und die Wirtschaft des Landes.

Nach dem Brückeneinsturz von Minneapolis errechnete der ASCE, dass eine Summe von 1,6 Billionen Dollar (1.600 Milliarden Dollar) erforderlich wäre, um ähnliche Desaster zu vermeiden. Woher nehmen? »Einen solchen Betrag kann man nicht einmal stehlen«, wie Zyniker anmerken, mit dem Zusatz: »Kein Wunder, dass in den USA bei einem Sturm, den man in Europa Wind nennen würde, alle Lichter ausgehen und Häuser zusammenfallen.«

Für immer mehr Zeitgenossen im Rest der Welt sind die USA innen morsch. Der »Riese« steht auf wackeligen Beinen, ist hohl und sollte sich lieber darum kümmern, als die Kriegstrommel zu schlagen. Viele hoffen, dass die US-Bürger endlich zu begreifen beginnen, was in ihrem Namen in der Welt und ihrem eigenen Land vor sich geht. Andernfalls wird eine völlig neue Art Bombe hochgehen, deren Auswirkungen sich durchaus mit denen nuklearer Sprengkörper messen könnte.

Die »Dollar-Bombe«

»Der älteste Fluch des
Menschen ist das Geld.«
Sophokles (496–406/405 v.Chr.)

Haben Sie schon jemals von einem Bankkunden vernommen, der Geld, Gold und Wertpapiere in aller Welt hortet und Milliardensummen monatelang auf kaum verzinsten Geldkonten liegen lässt? Sicher nicht, denn ein solcher würde über kurz oder lang ruchbar und als »verrückter Dagobert Duck« geoutet werden. Damit erhebt sich die Frage: Ist die Zentralbank der Volksrepublik China verrückt? Die Währungshüter aus dem Reich der Mitte haben nämlich über die Jahre Hunderte Milliarden Dollar angehäuft und auf zahllosen Konten in New York, Tokio und Frankfurt geparkt, großteils angelegt in amerikanischen Staatsanleihen. Jeden Monat werden es ein paar Milliarden mehr.

Wie desaströs diese Dollarschwemme ist, sagt Insidern unter anderem der am 23. März 2006 öffentlich bekannt gegebene Beschluss der US-Notenbank *Federal Reserve FED*, die Geldmenge M 3 fortan nicht mehr offenzulegen. Unter besagter Menge versteht man in der Ökonomie den gesamten Bestand an Geld, der in einer Volkswirtschaft zur Verfügung steht. Mit anderen Worten: Von nun an wird der wichtigste und zuverlässige Indikator für die weltweit umlaufende Menge an Dollars unter Verschluss gehalten. Für Kritische nicht unerwartet, da man gelegentlich auf Analysen stoßen kann, die davon ausgehen, die über den Globus verbreitete Dollarmenge würde ein Mehrfaches des Wertes der gesamten USA betragen.

Indem die Vereinigten Staaten speziell im »Reich der Mitte« eine enorme Dollarakkumulation nicht nur zugelassen, sondern verursacht haben, sind sie auf Gedeih und Verderb in eine Abhängigkeit mit dem von einer kommunistischen Partei regierten China verstrickt, das zugleich ihr ärgster Rivale im Spiel um die Weltmacht ist.

Man denke nur an die Überraschung, als der »Cox-Report« im Mai 1999 enthüllt hatte, dass China durch jahrzehntelange Spionage militärisch mit den USA gleichgezogen haben dürfte. Der Drache würde technologisch keine zwanzig Jahre hinterher hinken, wie man sich bis dahin selbstgefällig in die eigene Tasche gelogen hatte. Sogar über die Neutronenbombe verfügte das Reich der Mitte mit einem Mal.

Neben beachtlichen chinesischen Eigenentwicklungen im militärischen Wettlauf finanzieren die USA mit ihrem jährlichen Handelsbilanzdefizit von um die 80 bis 100 Milliarden Dollar zugunsten Pekings die Armierung des Drachens, der für das amerikanische Geld in Russland und anderswo militärische Hochtechnologie erwirbt. Bezeichnenderweise dient den Chinesen das vom Irak Saddam Husseins zur höchsten Raffinesse entwickelte Einkaufssystem für fremde Hochtechnologien als Vorbild. Beraten sollen sie dabei durch eine größere Anzahl von Irakern werden, die seit Jahren in China als Instruktoren tätig sind. Nach Saddams Sturz sollen noch zahlreiche Instruktoren dazugekommen sein. Auch über eine Kooperation von chinesischen und russischen Wissenschaftlern bei der Entwicklung neuer biologischer und chemischer Kampfstoffe wird berichtet.

Seit 1985 hat sich die chinesische Armee zu Chinas größtem und extrem profitablem Wirtschaftsfaktor entwickelt weit über den militärischen Bereich hinaus, der natürlich im Vordergrund steht. Nachrichtendienste melden, dass die Armee bis dato mehr als 10.000 Unternehmen kontrolliert, darunter 200 der größten Kombinate des Landes. Jährlich sollen acht bis zehn Profite einfahrende Konglomerate dazukommen. In den USA hingegen sind die Defizite des Haushalts mittlerweile so hoch, dass sie nie mehr mit erarbeiteten Steuerabgaben ausgeglichen werden können.

Was die amerikanisch-chinesische Problematik noch schlimmer macht, ist die Tatsache, dass China die USA so gut wie mit allem beliefert, was der amerikanische Konsument begehrt. Dafür stellen die Vereinigten Staaten den Chinesen Schuldverschreibungen aus. Derzeit besitzt China mehr US-Schuldverschreibungen als das amerikanische Bruttosozialprodukt in vielen Jahren erwirtschaften könnte. Der stetig anschwellende chinesische Dollarberg ist Ausdruck einer weltwirtschaftlichen Konstellation, wie es sie noch nie gegeben hat. Würde der chinesische Notenbankchef die Anweisung geben, alle Dollarpapiere auf den Markt zu werfen, würde dies Amerika unvermeidlich in eine tiefe Wirtschaftskrise stürzen. Ein Absturz des Dollarkurses würde mit drastisch steigenden Zinsen einhergehen. Zigmillionen hoch verschuldeter Amerikaner müssten plötzlich sparen, etwas, das ihrer Mentalität völlig fremd ist.

China wartet also ab, bis es militärisch stark genug ist, um seine Rechnungen präsentieren zu können. Die amerikanischen Machtzentren wissen das und suchen krampfhaft nach einem Ausweg – einem großen Krieg vielleicht.

Ganz neu sind Befürchtungen hinsichtlich eines oder mehrerer großer Währungs- und/oder Wirtschaftskriege nicht. Der Irak-Krieg von 2003 soll ein solcher zum Schutz des »Petro Dollar« gewesen sein. Darum lohnt sich die Erinnerung an einen US-Bestseller von 1991 mit dem bezeichnenden Titel »*The Coming War with Japan*«. Darin entwirft der Sicherheitsexperte, Professor für Politikwissenschaften und früher Konstrukteur von Computerkriegsspielen George Friedmann gemeinsam mit seiner Co-Autorin Meredith LeBard eine Art Pearl Harbor mit umgekehrten Vorzeichen: Schlagartig werden Schwärme von Stealthbombern und ähnliches High-Tech-Kriegsgerät auf Japan losgelassen. US-Special Forces besetzen Tokio. Buchstäblich über Nacht ist Japan wieder in amerikanischer Hand, genau wie 1945. Und wieso?

Weil »Nippon sich mit seiner rücksichtslosen Handelspolitik die Welt untertan machen würde, wobei Amerika der Verlierer zu sein drohe«. Das ist in etwa die Grundaussage einer Studie von 1991. Verfasst wurde diese »Entlarvung der Verschwörung von seelenlosen japanischen Bürokraten zusammen mit den Vorständen riesiger Konzerne mit dem Ziel der Welteroberung« im Auftrag des CIA vom *Rochester Institute of Technology (RIT)*. Besagte 173-seitige Analyse trug den knalligen Titel »*Japan 2000. DEFCON 1*« (DEFCON ist die Abkürzung für »Defense Condition«). Der Autor der Studie hatte nicht gerade diplomatisch vor der kommenden japanischen Bedrohung gewarnt: Die Japaner seien (im Gegensatz zu den Amerikanern) »intolerant, rassistisch und wie Ameisen gewillt, ihr Leben der Arbeit des Kollektivs zu opfern«. Dieses Japan hält heute über ein Viertel aller US-Staatsanleihen und ist damit der größte Geldgeber Amerikas. Ohne

Japan könnte Amerika seinen Irak-Krieg nicht finanzieren. Auch der Aufbau von New Orleans soll mit japanischem Geld finanziert werden.

Der bloße Export von »grünen Lappen« (Dollars) gegen Waren aus aller Welt kann nicht ewig weitergehen. Der einzige Ausweg: weniger konsumieren und mehr sparen. Eine Schreckensvorstellung für die meisten Amerikaner.

Wichtigste Ursache für diese verblüffende Entwicklung ist der Abstieg der USA zum weltgrößten Schuldnerland. Seit vielen Jahren importieren die Amerikaner mehr Güter und Dienstleistungen, als sie ihrerseits in andere Länder exportieren. Das (zugegebene) jährliche Leistungsbilanzdefizit soll um die sechs Prozent der US-Wirtschaftsleistung betragen. Jede andere Nation, die derart über ihre Verhältnisse lebt, würde sofort vom internationalen Währungsfonds IWF und von der Weltbank abgemahnt und mit Sanktionen eingedeckt. Bei einer Supermacht geht das natürlich nicht. Das ändert aber nichts daran, dass die USA zwangsläufig auf Kapitalzuflüsse aus dem Ausland angewiesen sind. Derzeit benötigt die US-Ökonomie kolportierte etwas mehr als zwei Milliarden Dollar Auslandskapital **täglich**(!), nur um das derzeitige Niveau des Privatkonsums zu halten. Letzteres ist nämlich der Antrieb der sogenannten »amerikanischen Wirtschaftslokomotive«, von denen Eliten und Medien dauernd faseln, wobei sich viele fragen, ob sich hier völlige Ignoranz manifestiert, oder ob schlichtweg gelogen wird. Die Vereinigten Staaten gleichen einem sehr großen lateinamerikanischen Schuldenstaat, spottete hingegen sogar die *»Financial Times«*.

All das galt unter Ökonomen aller Couleur lange nicht als Problem. Denn anders als die Krisenstaaten im Süden des Kontinents genießen die USA als Heimatland der globalen Leitwährung das Privileg, sich in der eigenen Währung verschulden zu können und den Wechselkurs nicht fürchten zu müssen. Zudem haben private Investoren aus aller Welt die ganzen 1990er-Jahre hindurch ihr Geld freudig in Amerika angelegt, um am dortigen »Boom« teilzuhaben. Nach dem Platzen der Börsenblase in eben diesem Jahrzehnt haben sowohl die (private) Notenbank *Federal Reserve* als auch die Bush-Regierung alle Schleusen aufgerissen. Niedrige Zinsen und große Steuersenkungen überschwemmten den Markt mit billigen Dollars. Die drohende Rezession konnte noch einmal abgewendet werden. Allerdings animierten die Minizinsen die Bürger, sich noch tiefer zu verschulden. Im Gegensatz zu der in Europa war Amerikas private Sparquote immer schon bescheiden. Mittlerweile soll sie nahe bei Null angekommen beziehungsweise zur Minus-Sparquote geworden sein, welch schonende Bezeichnung, die den hässlichen Begriff »Verschuldung« ersetzt. Zur Finanzierung von Investitionen und zum Abbau von Staatsschulden steht praktisch kein inländisches Kapital zur Verfügung.

Dafür platzt mittlerweile eine Immobilienblase nach der anderen, schließen Rentenfonds, gehen Hedgefonds baden, mit anderen Worten: Bürger, die ihr sauer erspartes Geld angelegt haben, bekommen keinen Cent. Diese Entwicklung ist nicht so neu, wurde lediglich konsequent weggelobt.

Schon 1998 drohte der hochgelobte *LTCM (Long Term Capital Management)*-Fonds zu kollabieren. Der Fonds hatte über vier Milliarden Dollar Eigenkapital verfügt, aber mit 125 Milliarden Dollar spekuliert. Er hätte bei seinem Zusammenbruch schier unermessliche Schäden ausgelöst, wenn nicht die (private) amerikanische Notenbank *Federal Reserve* Hilfe organisiert hätte. In den USA ist die FED derzeit dabei, zahlreiche Hedgefonds (Banken und Versicherungen) aus der Pleitefalle herauszukaufen, und zwar mit immer neuen Geldmengen. Eine Kuriosität am Rande: Unter den Begründern und Betreibern des Fonds sind die beiden Wissenschaftler Robert Merton und Myron Scholes, die 1997 gemeinsam den Nobelpreis für Ökonomie erhalten haben. Und zwar für das wissenschaftlich korrekte Einschätzen finanzieller Risiken.

Mittlerweile kracht es im »Wirtschaftswunderland« an allen Ecken und Enden. Die über Jahre aufgebaute Immobilienblase, deren verheerende Natur ich in *»Mythos Informationsgesellschaft«* dargelegt habe, scheint kurz vor dem Platzen zu stehen. In letzter Zeit mehren sich die Einbrüche im amerikanischen Immobilien-Börsenindex und steigern sich gleichzeitig an Intensität. Ein extremer Einbruch erfolgte im Juli 2007 mit desaströsen Auswirkungen auf dem Börsenindex. Diese Entwicklung wird nicht nur von Pessimisten als Vorbote weit größeren Unheils gewertet.

Dazu gesellt sich der seit einigen Jahren geführte »Kampf gegen den Terror« der Bush-jun.-Regierung, der zusätzlich ein tiefes Loch in die Staatsfinanzen reißt. Allein die Kriege im Irak und in Afghanistan haben die Militärausgaben um mehr als 100 Milliarden Dollar im Jahr erhöht. Noch teurer waren nur die Steuergeschenke an die Reichen. Mit kolportierten 700 bis 800 Milliarden Dollar jährlicher Neuverschuldung bewegt sich die US-Regierung weit jenseits der Maastrichtgrenze. Bezahlt **wird** das mit Krediten aus dem Ausland, denn private Geldgeber finden sich für diese Harakiri-Politik nur wenige.

Da Amerika mehr konsumiert, als seine auf Dienstleistungen reduzierte Wirtschaft leistet, verfällt die amerikanische Währung. Der dem Dollar gegenüber steigende Euro-Kurs belegt dies. Verblüffenderweise scheint kein Fachmann von dieser Entwicklung etwas zu bemerken, so dass die Fabel von der »US-Wirtschaftslokomotive« unwidersprochen verbreitet werden kann.

Für Laien stehen die USA da wie der Riese Goliath bevor ihn Davids geschleuderter Stein fällte. Kein Zinsschock zwingt irgendwen zu sparen.

Konsumgüter strömen bergeweise ins Land. Wie ist das möglich?

Amerika hat neue potente Geldgeber aufgetan, die für viele Analysten allerdings eine gewisse Ähnlichkeit mit dem berühmten Trojanischen Pferd aufweisen. Es sind die ostasiatischen Regierungen, allen voran das Regime in Peking. Das wichtigste Anliegen der chinesischen Wirtschaftspolitik ist nämlich das Wachstum der Exportindustrie. Nur diese kann die jährlich rund zehn Millionen neuen Jobs für die unzähligen billigen Arbeitskräfte schaffen, die in die Städte strömen. Ein riesiges Heer an Landflüchtigen, die zu beschäftigen die Binnennachfrage nicht ausreicht. Das ist der Grund, weshalb die Regierung im Land der Mitte Jahr um Jahr eisern an der Dollarbindung des chinesischen Yuan festhielt. Nur so bleiben Chinas Waren in Amerika billig, obwohl das Land im Handel mit den USA riesige Überschüsse erzielt.

Um gegenüber dem Giganten in ihrer Mitte nicht zurückzufallen, schützen die Regierungen von Japan bis Malaysia ihre Währungen vor Aufwertung, indem sie ebenfalls Hunderte Milliarden Dollar jährlich in US-Papieren anlegen. Das Ergebnis dieser wilden Kombination von amerikanischem Konsumrausch und asiatischem Exportwahn enthüllte ein Bericht der *Federal Reserve*: So haben im Jahr 2003 überwiegend asiatische Notenbanken für 441 Milliarden Dollar US-Wertpapiere gekauft und damit vier Fünftel des gesamten Außenhandelsdefizits der USA finanziert. Folglich liegt das Schicksal der US-Ökonomie – und damit letztlich auch der Weltwirtschaft – in der Hand der Regierungen Ostasiens. Viele Fachleute betrachten diese Konstellation als höchst riskant, da der »Dollarthriller« langsam, aber sicher, in eine neue Phase eintritt. Die Exportförderung durch Währungsdumping kommt jenen, die sie betreiben, nämlich teuer zu stehen: Ihre Zentralbanken **müssen** alle überschüssigen Dollars kaufen und in Amerika anlegen, obwohl sie dort kaum Zinsgewinne erwirtschaften.

Noch gibt es keinen Grund zur Panik. Noch haben vornehmlich die Regenten in Peking kein Interesse, ihren wichtigsten Absatzmarkt mit einem Dollar-Crash zu versperren. Für viele Ökonomen ist es allerdings fraglich, wie lange dieser Drahtseilakt gutgehen kann. Das asiatische Währungsdumping führt ihrer Ansicht nach nämlich zu einer überzogenen Aufwertung des Euro, die Europas Unternehmen von den Märkten verdrängen und Abwehrmaßnahmen der EU provozieren könnten. Dem widersprechen jene, die die EU für einen Außenposten der USA halten. Treue Vasallen spucken ihren Kolonialherren nicht in die Suppe – aber wenn der Herr und Zuchtmeister Schwäche zeugt, dann können auch Gefolgsleute aufmucken.

China jedenfalls liegt nicht an der Leine aus Washington. Daher macht man sich dort ernsthaft Sorgen über die Aufblähung der Geldmenge, weil für die Dollarkäufe zu viele Yuan in Umlauf gesetzt werden. Und eine Geldschwemme führt üblicherweise zu Fehlinvestitionen und zu einer Immobilienblase.

Ginge es nach sachlichen Mahnern, dann würden Chinesen, Japaner, Europäer und Amerikaner gemeinsam eine behutsame Korrektur des bedrohlichen Ungleichgewichts betreiben. Die Asiaten würden ihre Währungen aufwerten, die US-Regierung das Staatsdefizit zurückfahren und die Zinsen anheben, Europa dagegen die Nachfrage mit Niedrigzinsen und Konjunkturprogrammen stimulieren, um Kaufkraft für US-Exporte zu schaffen.

Ein solches Szenario ist jedoch eher theoretischer Natur, weil alle Beteiligten eisern an ihrem bisherigen Kurs festhalten. So spricht vieles dafür, dass die Dollar-Bombe irgendwann ohne Vorwarnung hochgeht, etwa wenn Chinas Turbowachstum wegen allzu vieler Fehlinvestitionen in sich zusammenfällt und Peking sich die teuren Dollarkäufe nicht mehr leisten will. Darüber hinaus brennt eine weitere Zündschnur an der monetären Bombe: die drohende Abkehr vom Dollar selbst.

Leckender Geldspeicher

Dass die angeblichen Massenvernichtungswaffen Saddam Husseins, die den US-amerikanischen Angriff auf den de facto hilflosen Irak »legitimierten«, ein herbeigelogener Vorwand waren, ist für die meisten Zeitgenossen heute unstrittig. Viele von ihnen glauben, es wäre den Amerikanern in Wirklichkeit um die Eroberung der irakischen Ölfelder gegangen. Manche können sich allerdings nicht erklären, warum diese Ölfelder überhaupt erobert werden mussten. Die FED könnte doch kostenfrei noch mehr Dollar drucken, mit denen man so viel Öl kaufen konnte, wie man wollte. Genau hier liegt laut kritischen Analysten der Hund begraben.

Um das amerikanische Imperium aufrechtzuerhalten, sehen sich die Vereinigten Staaten seit langem veranlasst, den Rest der Welt nicht nur dazu zu zwingen, den beständig an Wert verlierenden Dollar im Austausch für Güter zu akzeptieren, sondern auch immer größere Dollarmengen zu halten. Angelpunkt dieser kühnen Strategie war und ist das Rohöl.

Als der damalige US-Präsiden Richard Nixon am 15. August 1971 in einer sonntäglichen Fernsehansprache die Aufhebung der Golddeckung des Dollars bekannt gab, erlosch die Verpflichtung der USA, internationale Dollarguthaben zu einem festen Satz von 35 Dollar pro Feinunze einzutauschen. Der Abschied von der Golddeckung erfolgte, weil Amerika sich nicht länger in der Lage sah, Dollar mit Gold zurückzukaufen. Eine neue Form des Dollars musste zur Aufrechterhaltung der ökonomischen US-Dominanz her. Das war die Geburtsstunde des »Petro Dollar«.

1972/73 vereinbaren die USA mit Saudi-Arabien das Königshaus Saud fortan zu unterstützen, wenn dieses als Gegenleistung nur noch US-Dollar für ihr Rohöl akzeptiert. Die restlichen OPEC-Mitglieder taten es Saudi-Arabien gleich. Da arabisches Öl den Weltmarkt dominierte, war es sinnvoll, Berge von Dollars für die Bezahlung des Öls zu halten. Dollars konnten zwar nicht länger in Gold gewechselt werden, wohl aber in Öl. Solange dies der Fall war, musste die Welt zum Einkauf von Öl Unmengen an Dollar akkumulieren. Und da weltweit immer größere Mengen an Öl benötigt werden, konnte die Nachfrage nach Dollars nur steigen.

Solange der Dollar die einzig akzeptierte Währung im Ölgeschäft war, konnte das amerikanische Imperium den Rest der Welt besteuern. Ein Ende der Öldeckung des Dollars würde hingegen den Untergang des amerikanischen Imperiums einläuten. Jawohl: Untergang, denn die USA könnten ihren gigantischen Energiehunger schlagartig nicht mehr stillen, weil es ihnen unmöglich wäre, die immensen Ölexporte mit Devisen, Gold, Silber oder gar mit im Lande produzierten Waren abzugelten. Die Katastrophe aller Katastrophen.

Der Überlebensdrang des Imperiums diktiert daher: Öl **darf** nur für Dollars verkauft werden. Länder mit Ölreserven **dürfen** nicht stark genug werden, um für die Bezahlung des Öls nicht länger Dollars zu verlangen. Falls jemand ein anderes Zahlungsmittel in Erwägung zog, musste er entweder mit politischem Druck oder militärischen Mitteln zu einer Änderung seiner Meinung bewegt werden.

Der Mann, der tatsächlich Euro für sein Öl verlangte, war Saddam Hussein im Jahr 2000. Ein klarer Fall von »Schurkenstaat«. Als andere Länder – beispielsweise der »Mit-Schurke« Iran – die Bezahlung in Euro und Yen verlangten, war die Gefahr für den Dollar nicht mehr zu ignorieren. Eine Strafaktion gegen den Rädelsführer Irak war unvermeidlich.

Durchgeführt wurde sie 2003 unter dem schmeichlerischen Motto »Operation Iraqi Freedom« nach der bewährten Methode »Schock und Abschreckung« (»shock and awe«). Das bedeutet, den Gegner mit überlegenem Militäreinsatz plattzumachen, auf dass er in Ehrfurcht vor den USA versinkt (»awe« heißt auch Ehrfurcht oder Scheu). Eine militärische Doktrin der USA, derer sie sich üblicherweise bedienen, beispielsweise in Hiroshima und Nagasaki, wo es bei den Atombombenabwürfen nicht nur um militärische Ziele, sondern auch um profane wirtschaftliche Interessen (Goldraub) gegangen sein soll. Wir hörten bereits davon.

Manche Kritiker erklären dezidiert: Beim Angriff auf den Irak ging es nicht um (fiktive) Massenvernichtungswaffen, nicht um die Verteidigung der Menschenrechte, nicht um die Verbreitung der Demokratie, nicht einmal darum, die Ölfelder zu erobern. Es ging einzig und allein darum, den Dollar zu verteidigen. Irak sollte ein mahnendes Exempel für alle sein, die Öl nicht mehr im Tausch gegen grünes Papier herausrücken wollten. Das Peinliche daran ist: Die USA können weder Venezuela noch den Iran auf dieselbe Weise abstrafen wie den seit 1991 militärisch entblößten Irak. Von China und Russland ganz zu schweigen, die auch mit einer Dollar-Abstinenz liebäugeln.

Der Großteil des wirtschaftlichen Verkehrs von Russland findet mit Europa, mit Öl exportierenden Ländern, mit China und mit Japan statt. Die Einführung des Euro würde mit sofortiger Wirkung den Handel mit den ersten beiden Blöcken abdecken und den Handel mit China und Japan langfristig erleichtern. Die Russen haben daher großes Interesse an der Einführung des Euro. Darüber hinaus haben sie offenbar vom Halten des an Wert verlierenden Dollars die Nase voll, weil sie seit einiger Zeit wieder auf Gold setzen. Nicht zu vergessen, dass Russland sich von den Amerikanern konkret bedroht und eingekreist fühlt. Da die Übernahme des Euro das geeignete Mittel zu sein scheint, den USA einen tödlichen Stoß zu versetzen, werden die Russen den Euro, wenn nur irgend möglich, übernehmen und mit Freude dem schon lange prophezeiten und nun endlich in greifbare Nähe gerückten Sterben des Kapitalismus Marke USA zusehen.

Fachleute sind überzeugt, dass sich – parallel zur immer offenkundigeren militärischen Schwäche der USA – der Kauf- und Verkauf von Öl gegen andere Währungen als den Dollar weltweit durchsetzen wird. Als deutliches Zeichen amerikanischer Schwäche werten viele die im Sommer 2007 von der US-Regierung gestartete Hochrüstung ihrer Verbündeten im Nahen Osten. Eine Maßnahme, die nach hinten losgehen könnte. Die USA können sicher sein, dass das so bedachte Israel ihnen nicht in den Rücken fallen wird. Auch Ägypten dürfte bei der Stange bleiben. Bei Saudi-Arabien sieht die Sache schon anders aus. Bekanntlich steht das Herrscherhaus dort auf wackeligen Beinen. In Saudi-Arabien wird die Mehrzahl der Selbstmordattentäter rekrutiert. Auch Gelder sollen von dort zu diversen Terrororganisationen fließen. Damit könnten die USA die Grundlagen für einen letalen Dominoeffekt geschaffen haben: Übernahme der Macht in Saudi-Arabien durch Islamisten, die für das reichlich gelieferte und supermoderne neue Kriegsgerät dankbar sein dürften, gefolgt von einem islamischen Putsch in Pakistan mit seinen Raketen und Nuklearwaffen. Das ultimate Horrorszenario für die Planer im Pentagon. Dass sie dieses Risiko dennoch eingehen **müssen**, sagt Insidern alles. Es ist also wahrscheinlich, dass über kurz oder lang fast jeder das für alle (außer den USA) vorteilhafte Euro-Öl-System übernehmen wird.

Allein die Briten befinden sich in der Zwickmühle. Sie fühlen sich weniger als Kontinentaleuropäer denn als ein, dem europäischen Festland vorgelagertes, »Klein-USA«. Ihre strategische Partnerschaft mit dem großen Bruder jenseits des Atlantiks ist uralt, bewährt und hat sie stets an der Seite des Siegers stehen lassen. Seit der verhängnisvollen Kumpanei beim Irak-Krieg scheint es mit dem Siegen aber nicht mehr voranzugehen. Wenn die Briten nun ihren alten Verbündeten fallen sehen, werden sie dann standhaft zu ihm stehen? Oder werden sie sich an den heute nur noch Historikern gewärtigen britisch-amerikanischen Krieg erinnern, der am 18. Juni 1812 mit einer Kriegserklärung von US-Präsident James Madison begonnen hatte und der am 24. Dezember 1814 mit dem Frieden von Gent endete? Zuvor hatten britische Truppen am 24. August 1814 das Capitol in Washington in Brand gesteckt. Noch mehr in Vergessenheit geraten als dieser Konflikt der beiden englisch sprechenden Nationen ist ihre Rivalität nach der Niederlage der Mittelmächte im Ersten Weltkrieg. Damals verhinderte nur der unerwartet heftige Wiederaufstieg Deutschlands einen Krieg zwischen England und Amerika um die vakante Weltherrschaft.

Abseits dieses Aspektes gibt es harte materielle Fakten, die dazu führen könnten, dass Großbritannien gemeinsam mit dem sinkenden Schiff USA untergeht. Um zu verstehen, wieso die Engländer ihren Feinden von früher wahrscheinlich nicht den Gnadenstoß versetzen werden, muss man wissen, dass sich die beiden führenden Ölbörsen, die New Yorker *NYMEX* und die in London ansässige *International Petroleum Exchange (IPE)*, beide de facto im Besitz der Amerikaner befinden. Das ist nach Insidermeinung auch die wahre Ursache für die Beibehaltung des Britischen Pfunds. Hätte England den Euro eingeführt, hätte die IPE diese Währung übernehmen müssen, was den Dollar und damit Englands strategischen Partner tödlich verwundet hätte. Unabhängig davon, wie die Briten sich im Ernstfall entscheiden, werden die nackten Eigeninteressen der bedeutenden Mächte (Europäer, Chinesen, Japaner, Russen und Araber) diese schlussendlich dazu zwingen, den Euro zu übernehmen. Damit wäre das Schicksal des (Dollar-)Imperiums besiegelt.

Wie es manchen nach der Amtsübergabe Tony Blairs an Gordon Brown scheint, dürften sich die »Eliten« Großbritanniens zum gemeinsamen Untergehen entschlossen haben, egal was das Volk davon hält, das mehrheitlich gegen den Irak-Krieg war und ist. Brown jedenfalls bekannte sich bei seinem ersten Besuch bei US-Präsident George W. Bush in Washington zu enger Partnerschaft: »Ich war immer ein Atlantiker«, sagte der neue Premier zu ihn begleitenden Journalisten. »Es bleibt in Großbritanniens nationalem Interesse, dass wir eine starke Beziehung zu den USA haben, es ist unsere wichtigste bilaterale Beziehung.« Die USA und Großbritannien wollen den Herausforderungen des 21. Jahrhunderts gemeinsam begegnen, vor allem dem globalen Terrorismus, so Brown.

Besorgte sehen in der von Brown nicht lange nach seiner Amtsübernahme angekündigten »weiteren Entwaffnung« der (nicht-kriminellen) englischen Bürger (was soll ihnen eigentlich **noch** abgenommen werden?) einen weiteren Schritt, um zu verhindern, dass auch nur im geringsten wehrhafte Bürger Stunk machen, wenn sie genug haben. Genau deshalb ist bekanntlich in den USA das Tragen von Waffen ein verfassungsmäßig garantiertes Grundrecht: um eine »volksfeindliche« Regierung davonjagen zu können!

Weil die meisten Länder sich (noch) nicht trauen, den USA für ihre wertlosen grünen Lappen keine Waren zu liefern oder gar von den USA gegen Dollars Waren zu begehren, könnte sich die »einzig verbliebene Supermacht« trotz leerer Taschen noch länger auf der Weltbühne so gebärden, wie sie es tut. Doch auch das wäre wohl nur ein Aufschub. Selbst wenn die »Dollar-Bombe« noch einige Zeit nicht hochgeht, tickt in »God's Own Country« eine andere Art von Zeitbombe.

Ein gewichtiges Problem

Sicher haben Sie schon im TV oder in den Printmedien von US-Bürgern vernommen, die ihre Tage essend vor dem Fernseher verbringen, dort zusammenbrechen und mittels Kran aus dem Fenster gehievt werden müssen, weil sie aufgrund ihrer Körpermasse nicht mehr durch die Türe kommen.

Experten weisen darauf hin, dass die Lebenserwartung in den USA laut einer UNO-Studie von 2006 bereits um sieben bis zehn Jahre gesunken ist. Im Sommer 2007 konnte man Pressemeldungen entnehmen, die Lebenserwartung der US-Bürger sei amtlichen Daten zufolge niedriger als in 41 Staaten und die USA als Ganzes lägen diesbezüglich hinter Jordanien und Guam. Die Tendenz des Sinkens der Lebenserwartung ist steigend. Abgesehen davon, dass rund 50 Millionen Amerikaner keine Krankenversicherung haben, ist der Hauptgrund dafür, dass junge US-Bürger von heute um einige Jahre weniger auf Erden weilen könnten als ihre Eltern, schlichtweg Fettsucht. Diese ist nach Angaben der Weltgesundheitsorganisation (WHO) auf immer mehr ungehemmten Konsum von fett- und zuckerhaltigen Nahrungsmitteln, Hand in Hand mit mangelnder Bewegung, zurückzuführen. Fast zwei Drittel der 300 Millionen US-Bürger sind Studien zufolge übergewichtig. 40 Prozent der Jugendlichen sind schwer übergewichtig. Vier bis fünf Millionen Amerikaner gelten als **extrem** fettleibig. Das heißt, sie haben jeweils mehr als 50 Kilogramm Übergewicht. Ob Jung oder Alt, die Folgeerscheinungen wie Diabetes,

Herzkreislauferkrankungen, generelle Anfälligkeit usw. verschonen keinen. Hunderttausende sterben Jahr für Jahr an den Folgen ihres Übergewichtes. Nach Angaben der amerikanischen Krebsgesellschaft davon jährlich 90.000 an Krebs, der meist durch Übergewicht begünstigt oder verursacht wurde. Darüber hinaus macht es das Übergewicht zunehmend schwieriger, Tumore, verstopfte Blutbahnen, verletzte Organe oder sogar einfache Knochenbrüche auch nur **festzustellen**.

Die dick machende Ernährung der US-Bürger beginnt oft schon im Kleinkindalter. Der Untersuchung eines Instituts im Auftrag eines Herstellers für Babynahrung zufolge sollen bereits zwei Drittel aller Kleinkinder unter einem Jahr täglich mit Bonbons oder anderen Süßigkeiten gefüttert werden. Etwa ein Viertel der 19 Monate bis zwei Jahre alten Kleinkinder soll täglich Limonaden zu trinken und Hot Dogs zu essen bekommen. Jedes fünfte Kleinkind isst oft Pommes und immerhin elf Prozent täglich Pizza.

Während Ernährungsgurus zum »Kampf gegen die Kilos« aufrufen, stellt sich der amerikanische Markt vehement auf eine riesige Käuferschicht mit Über-Übergrößen ein. Und auch sonst versucht man, der Entwicklung gerecht zu werden.

So begannen US-Fernsehsender, laut Meldungen, Nachrichtensprecherinnen zu suchen, die »einem realistischen Menschenbild« entsprechen, soll heißen: Dicke. Handfester rückte man im Bundesstaat Nevada dem Problem im wahrsten Sinne des Wortes zu Leibe. Dort ließ die Stadtverwaltung von Las Vegas Anfang 2006 überbreite, extra stabile Rettungsautos anfertigen, weil allein in den davor liegenden sechs Monaten 75 Patienten mit einem Körpergewicht von mehr als 270 Kilogramm ins Krankenhaus transportiert werden mussten, womit die herkömmlichen Rettungswagen nicht fertig wurden. In Arkansas wird das Gewicht im Zeugnis festgehalten. Die Zahl der Kinder, die am Diabetestyp 2 erkrankten, stieg in den vergangenen zehn Jahren in Arkansas um das Neunfache.

Etwa zur selben Zeit hat die amerikanische Kinderärzte-Vereinigung Autozubehörfirmen zur Herstellung breiterer Kindersitze aufgefordert, weil die 18-Kilo-Norm für Dreijährige nicht mehr der Realität entspricht. Jeder dritte Amerikaner im zarten Alter von ein bis sechs Jahren ist nämlich weit fülliger, als es die Sicherheitsbestimmungen für Kindersitze erlauben.

Nicht nur Spezialspritzen mit längeren Nadeln und extrabreite, solide Spitalbetten für fettleibige Patienten halten Einzug in amerikanische Krankenhäuser, sondern auch neuartige Superbreit-Scanner, da immer mehr Menschen nicht mehr in die herkömmlichen Röhren hineinpassen. In einer steigenden Anzahl von US-Krankenhäusern findet man überbreite Behandlungs- oder Rollstühle für überbreite Patienten wie auch Betten und Krankenhauskleidung in XXXL.

Behörden gaben 2004 die Krankheitskosten infolge von Übergewicht mit jährlich 39 Milliarden US-Dollar (31 Milliarden Euro) an – wenig verwunderlich, denn damals litt bereits ein Drittel der US-Bürger an Diabetes, Tendenz steigend, Dunkelziffer unbekannt. Die genannte Summe ist mehr als die Hälfte der medizinischen Gesamtkosten, die laut dem Forschungsinstitut *RTI International* und der US-Gesundheitsbehörde *CDC* mit 75 Milliarden US-Dollar jährlich beziffert werden. Und das sind nicht die einzigen Kosten.

Aufgrund des höheren Gewichts der Amerikaner steigen in den USA die Spritpreise und damit auch die Flugpreise sowie der CO_2-Ausstoß, wie der erstaunte Europäer im November 2004 Medien entnehmen konnte.

Dass diese »Seuche« nicht auf die Vereinigten Staaten beschränkt ist, zeigt beispielsweise die Armierung von australischen Toiletten mit Sitzen, die einem Belastungswert von 150 Kilogramm gewachsen sind. Unter der bisherigen Maximalbelastung von läppischen 45 Kilogramm gehen Kloschüsseln im fünften Kontinent nämlich immer häufiger zu Bruch.

Wie man bislang in den USA mit dieser Katastrophe umgeht, ist reine Symptombehandlung – von Kleiderübergrößen bis zu molligen TV-Sprechern bzw. -Sprecherinnen.

Wer einen guten Magen sein eigen nennt, dem empfehle ich Morgan Spurlocks Film von 2004 *»Super Size Me«*. In diesem Streifen wird einem die wachsende Fettleibigkeitskatastrophe im wahrsten Sinne des Wortes vor Augen geführt.

Das Hauptproblem wird konsequent ignoriert. Zyniker haben es formuliert: Wie soll die US-Volkswirtschaft überleben, wenn nach dürren Hochrechnungen in zwanzig bis dreißig Jahren der letzte schlanke Amerikaner für 300 Millionen fette Mitbürgerinnen und Mitbürger wird arbeiten müssen?

Manche setzten ihre Hoffnungen in das immer deutlicher werdende Schwanken des amerikanischen Riesen. Sie meinen, die zerbröselnde Infrastruktur, die katastrophalen Kriegsabenteuer, die platzende Dollar- und Kreditblase, das Verfetten einer wachsenden Bevölkerungsschicht, begleitet vom Aufmucken immer zahlreicherer Länder, würde den eisernen Griff lockern oder gar verschwinden lassen, in den besagter Riese die Welt seit Anfang des 20. Jahrhunderts genommen hat. Ein Griff, der sich nach 1945 verstärkte und schließlich nach dem Ende der Sowjetunion einem Schraubstock zu ähneln begann.

Andere fragen: »Und wenn schon, was haben wir Europäer davon? Uns bedroht doch noch etwas anderes: die Überalterung, das Einknicken der Alterspyramide, vielleicht sogar das Aussterben.« Irrtum, wenn man unangepassten Fachleuten glauben will. Genau der Aspekt soll ein Licht der Hoffnung sein.

Mit diesem unkonventionellen »Rettungsanker« möchte ich das Buch ausklingen lassen, das Ihnen, wie ich hoffe, so manchen Durchblick ermöglicht hat ...

Zum Ausklang: Qualität nicht Quantität

»Die Natur versteht keinen Spaß.
Sie ist immer wahr, immer ernst, immer streng.
Sie hat immer Recht, und die Fehler und
Irrtümer sind immer des Menschen.«
Johann Wolfgang von Goethe

In Putins Russland wurden »Vermehrungscamps« eingerichtet, in denen Jugendliche dafür sorgen sollen, dass die Bevölkerung nicht länger Jahr für Jahr um rund 750.000 Russen weniger wird. In diesen Freizeitlagern sind Kondome verpönt, ebenso wie Alkohol, der nicht unwesentlich zur Kinderlosigkeit beiträgt. Des Weiteren gibt es »Vermehrungsprämien«, beispielsweise einen Kühlschrank für jedes geborene Kind.

Und im demokratischen Westen?

In der aktuellen Diskussion werden Kinder hauptsächlich als Rentennachschub betrachtet. Politiker und Wissenschaftler schlagen vor, Kinderlosen die Ruhensbezüge noch weiter zu kürzen. Was wäre aber, wenn jede Frau tatsächlich drei Kinder hätte, wie die Rentenapokalyptiker fordern? Dann gäbe es nicht die offiziellen fünf Millionen Arbeitslosen und Hartz-IV-Anwärter, sondern zwanzig Millionen.

Das ist keine Polemik. Arbeitslosigkeit ist der Grund, dass seit Jahren hochqualifizierte Deutsche mit Kind und Kegel auswandern. Diese Auswanderungswelle hat sich mittlerweile sogar in einigen TV-Serien niedergeschlagen. Auswanderungswellen gibt es übrigens auch im »Land der unbegrenzten Möglichkeiten«, das eigentlich von jeher als Einwanderungsland galt. So sind nach Erhebungen einer kanadischen Universität in den letzten Jahren mehr als 50.000 US-Bürger nach Kanada ausgewandert, weil sie die Verhältnisse in den USA als unerträglich empfanden. Das nur am Rande.

Studien zeigen: Würden die Deutschen sich weiterhin wie im Spitzenjahr 1964 vermehrt haben, hätte man heute in Deutschland tatsächlich zwanzig Millionen Arbeitslose und so gut wie keinen Pfennig mehr in der

Rentenkasse. Übrigens: Die aktuelle Gesamtzahl der Arbeitslosen in Deutschland dürfte de facto zehn Millionen betragen, wenn man alle aus der Statistik Hinausgesäuberten mitzählt.

Nicht mit den Wölfen heulende Analysten sind der Überzeugung, dass die Rentenkasse und die Geburtenzahlen absolut nichts miteinander zu tun haben. Weil in den letzten Jahrzehnten in der BRD an die zehn Millionen Arbeitsplätze abgebaut wurden – siehe konkrete Arbeitslosenzahl! – fließt ihrer Ansicht nach daher immer weniger Geld in die Rentenkasse. Wer keine Arbeit hat, kann auch keine Rentenbeiträge zahlen, das ist klar.

Zu Beginn der Bundesrepublik war die Rentenversicherung keineswegs ein »Generationenvertrag«, sondern wie eine Lebensversicherung mit Rentenauszahlung aufgebaut. Als sich dann Milliarden und Abermilliarden in dieser Rentenkasse anzuhäufen begannen, kam das den schuldenfreudigen Politikern nur allzu recht. Um die ausufernden Zahlungen nach allen Richtungen fortführen zu können, wurden Riesenbeträge aus der Rentenkasse in den normalen Haushalt überführt und das System auf das Generationenvertrag-Modell umgestellt. Arbeitsplatzvernichtung zugunsten von Konzernen und Investoren ist allerdings Gift für dieses Modell. Deshalb kränkelt es nach geäußerter Ansicht auch so stark und nicht wegen des mangelnden Kindersegens.

In den Augen der Kritiker am Rentengejammer liegt die Angst der Politiker darin, dass die Masse der Bevölkerung diese Zusammenhänge erkennen und ihre »Vertreter« in die Wüste schicken könnte. Deshalb bleibt ihnen wohl nichts anders übrig, als mit apokalyptischen Visionen von sinkenden Geburtenraten, verbunden mit biblischer Lebenserwartung die Aufmerksamkeit von den nüchternen Fakten abzulenken. Verschwörungstheoretiker gehen noch weiter. Sie meinen, die sogenannten Eliten würden unter dem Schlachtruf »Zuwanderer zahlen unsere Renten!« unberechtigte Altersängste schüren, um gewaltige Zuwanderung zu ermöglichen und damit die Schaffung von »One World« zu betreiben.

Misstrauische sind der Ansicht, genau aus diesem Grunde sei es der EU gar nicht ernst damit, die illegale Masseneinwanderung per Boot über das Mittelmeer zu bekämpfen. Ein Indiz dafür ist für sie die Tatsache, dass die EU-Grenzschutzagentur *Frontex* im Herbst 2007 ihre Tätigkeit im Mittelmeer aus Geldmangel einstellen musste. Die EU hatte nämlich das Budget für diese Agentur, welche die Anrainerstaaten bei der Überwachung des Mittelmeers effektiv unterstützte, auf 40 Millionen Euro heruntergefahren. Für manche ist dies ein Beweis, dass Brüssel nicht sonderlich interessiert ist, den Zustrom Illegaler einzudämmen, wobei zusätzlich bekrittelt wird, das Budget der »Grundrechtsagentur« der EU, deren Aufgabe für kritische Bürger Gesinnungsschnüffelei ist, würde im gleichen Jahr 150 Millionen Euro betragen. Das Fazit der Frustrierten: Für Bürgerüberwachung ist mehr Geld dar als für den Schutz der Bürger.

Sei es, wie es sei, bleiben wir nüchtern.

Bereits in meinem Buch »*Mythos Informationsgesellschaft. Was wir aus den Medien* nicht *erfahren*« habe ich mich mit der Alterslüge auseinandergesetzt. Die heftigen Reaktionen darauf erfordern eine weitere Vertiefung des Themas.

Zuerst einmal muss die Basis für das Gejammer auf den Prüfstand: die von der medialen Erschreckensgemeinschaft konstatierte kollektive Vergreisung. Dazu kann man nur sagen: Sie ist falsch! Wie bereits bei den USA angemerkt, nimmt die Lebenserwartung auch hierzulande in Wirklichkeit dramatisch ab. Wie jenseits des Atlantiks begünstigt ein Zusammenwirken verschiedener Faktoren das frühere Dahinscheiden.

Da wäre einmal der immer desolater werdende Gesundheitszustand (Übergewicht, Diabetes, Herz-Kreislauf-Erkrankungen, immer mehr Umweltgifte usw.). Ein weiterer Lebensverkürzungsfaktor, der weder in Statistiken noch in Wahlreden vorkommt, ist die immer stärker dominierende Zwei-Klassen-Medizin. Globalisierung und Sparmaßnahmen sorgen dafür, dass für medizinische Leistungen konstant mehr bezahlt werden muss, was sich immer weniger Menschen leisten können. In der deutschen Gesundheitsreform wurde das schönfärberisch »gedeckelte Kosten« genannt. Für Kritiker ist es aber de facto nichts anderes als ein Kappen des Lebensfadens von Nicht-Finanzkräftigen, deren Zahl laufend steigt. Wie heißt es so treffend »Armut ist die halbe Krankheit.«? (Bald vielleicht schon der Tod.)

Wer sich die Mühe macht, Todesanzeigen in beliebigen Zeitungen zu studieren, wird feststellen, dass rund die Hälfte der Verstorbenen sozusagen im »besten Alter« ist. Die andere Hälfte stellen die Geburtsjahrgänge aus dem Anfang des 20. Jahrhunderts, die in der Tat robust sind. Den Grund dafür, dass in unseren Tagen die Zahl der Hundertjährigen wächst, sehen Fachleute in dem Umstand, dass es sich bei dieser Generation um extrem ausselektierte (man verzeihe mir den Ausdruck) Personen handelt, die Hunger, Krieg etc. überstanden haben. Viele von ihnen konnten in den Jahren der Prosperität einen ordentlichen Batzen Geld ansparen, so dass sie von den Errungenschaften der modernen Medizin trotz Kostenanstiegs maximal profitieren. Diese Idealverbindung dürfte bei den nachfolgenden Generationen aufgrund der genannten Gesundheits- bzw. Nicht-Gesundheitsfaktoren sowie der Nicht-Vollbeschäftigung, verbunden mit den Zwängen, an allen Ecken und Enden für sämtliche Fälle finanziell vorzusorgen, wegfallen.

Ein gestresster Geist kann auch einen gesunden Körper krank machen. Die meisten europäischen Körper sind allerdings auch so nicht die gesündesten.

Extremes Übergewicht bereits bei Babys wird in steigendem Maße in

Deutschland, England und anderen EU-Ländern festgestellt. 25 Prozent aller europäischen Kinder sind extrem übergewichtig und fettsüchtig, wobei mehr als die Hälfte von ihnen an einer Vorstufe von Diabetes Typ 2 leidet. Mittlerweile liegt also auch Europa voll im US-Trend: Beispielsweise in Österreich weisen 25 Prozent der Kinder zwischen sechs Monaten und 17 Jahren ein starkes Übergewicht auf. Bei den Erwachsenen sogar ein Drittel der Bevölkerung. Und aus Italien kam im August 2007 die vielsagende Meldung, der Bürgermeister der Stadt Varallo würde beleibte Mitbürger durch eine Prämie zum Abnehmen bewegen wollen. Männer, die in einem Monat vier Kilogramm abspecken, bekommen 50 Euro. Frauen müssen für dieselbe Summe nur drei Kilogramm opfern. Wer sein neues Gewicht fünf Monate lang hält, darf mit weiteren 200 Euro rechnen.

Mehr als 20 Prozent der über Achtzehnjährigen in Deutschland erfüllten 2007 die Diagnose-Kriterien des »Metabolischen Syndroms«, der Vorstufe zu Diabetes in Kombination mit Herz-Kreislauf-Beschwerden. Auch in Deutschland werden – wie in den USA – die Krankenhausbetten verstärkt. 16 bis 20 Millionen Deutsche sollen einen lebensbedrohenden Bluthochdruck aufweisen.

In Meldungen wird ganz offen über eine bedrohliche Anzahl von Herz- und sonstigen Erkrankungen und der damit verbundenen **sinkenden** Lebenserwartung in ganz Europa berichtet. Seit neuestem nimmt in Europa die Zahl Jugendlicher zu, die Schlaganfälle erleiden. Ursache – man lese und staune: steigender Kokain-Konsum!

Aber auch der Hunger, der sich in den USA rapide ausbreitet und nun auch in Europa verzögert auszubreiten beginnt, dürfte die Lebensspanne künftiger Generationen verkürzen. Haben Sie davon schon vernommen?

All dies klingt tatsächlich nicht sehr hoffnungsträchtig. Was also soll für uns, ja, für die westliche Welt überhaupt, gut daran sein? Dazu müssen wir uns den Blickwinkel zu eigen machen, unter dem die eingangs erwähnten unangepassten Fachleute die sogenannte »bedrohte Alterspyramide« betrachten.

Zuvor ein Hinweis auf ein unbeachtetes Faktum, das es verdient, immer wieder in die Diskussion geworfen zu werden: So gut wie alle Staatsutopien gehen von einer **fixen** Bevölkerungszahl aus, die sich niemals ändern **darf**(!). Platons ideales Stadtmodell (polis) auf Kreta umfasst 5.040 Familien, deren Zahl **niemals** steigt, wofür auch gesorgt wird. Nicht nur erträumte Idealgemeinschaften wie Campanellas *Sonnenstaat*, Homeros *Scheria*, das *Land der Phäaken*, Owens *Meccania*, Cabets *Ikaria*, Bulwer-Lyttons *Land der Vrilyia* oder Bacons Ensalem aus seinem *»Nova Atlantis«*, sondern auch alle Überlieferungen eines vergangenen Utopia – sei es nun Atlantis, Mu, Lemuria, Hyperborea, usw. – betonen die Wichtigkeit einer **stabilen Menschenanzahl**. Eine eherne Regel, die mit großer Wahrscheinlichkeit jede Zivilisation, die sie missachtet, mit einem Ablaufdatum versieht (dieselbe Beschränkung gilt natürlich auch für ewiges Wirtschaftswachstum).

Nochmals in aller Deutlichkeit: In einem endlichen System namens Erde kann **nichts** ewig wachsen, das müsste doch eigentlich auch all jenen klar sein, die dauernd vom ewigen Wirtschaftswachstum faseln und stolz verkünden, dass die Bevölkerung ihres Landes bzw. ihrer Stadt weiter gewachsen ist.

Für die von mir herangezogenen Fachleute ist die stattfindende demografische Transformation absolut keine Katastrophe, sondern in Wirklichkeit ein Segen. Der Rückgang der Geburtenrate erhöht zwar (vorübergehend) den Altenanteil an der Bevölkerung, hat aber verhindert, dass heute in Deutschland zwischen 100 und 200 Millionen Menschen einander auf die Füße treten. Für nüchterne Naturen wäre das nämlich der direkte Weg in eine europäische Dritte Welt mit den damit verbundenen Begleiterscheinungen. Sprudelnde Jugend ist keine Altersversorgung wie kritische Naturen anmerken und Beispiele anführen.

Stichwort Kinderarbeit. Warum, so fragen die Nüchternen, gelingt es nicht, der Kinderarbeit trotz Boykotten, Wohlverhaltenszertifikaten usw. real Herr zu werden? Wieso werden Kinder in Entwicklungsländern trotz allen in Richtung Kinderschutz ausgeübten Drucks oder Belohnungen nach wie vor ausgebeutet? Wieso verschwinden sie einfach in Kellern oder dunklen Verließen, wo sie dieselbe Arbeit wie früher ausführen, nur verborgen eben? Wieso lassen Eltern das überhaupt zu bzw. betreiben es aktiv? Die nüchterne Antwort ist: Wenn es zu viele Menschen gibt, ist das Menschenleben eben nichts wert, und damit basta!

Frage: Wollen wir auch bei uns solche Zustände?

Ein anderes Beispiel: Die Schlickplatte Bangladesch. Weniger als doppelt so groß wie das Acht-Millionen-Land Österreich drängen sich dort am Golf von Bengalen rund 150 Millionen Menschen, die Mehrheit davon Jugendliche. Ein gutes Pensionssystem gibt es nicht, dafür werden Jahr für Jahr Hunderttausende von den seit undenklichen Zeiten auftretenden Hochwassern weggeschwemmt, weil buchstäblich überall gesiedelt wird.

Im kinderreichen Afrika wird der Nachwuchs oft verstoßen oder verkauft, was sich in einer steigenden Zahl von Kindersoldaten niederschlägt, wie zahlreiche NGOs beklagen. Kinder sind – darüber gibt es Untersuchungen – in manchen Weltregionen schon deswegen keine Altersversorgung, weil sie nicht den Frauen oder der Familie »gehören«, sondern der Gesellschaft, manchmal sogar den Clanchefs. Sie werden den Familien weggenommen und als Kindersoldaten, Sklaven oder Prostituierte missbraucht. Nicht nur die BBC berichtet vom Aufblühen der Kindersklaverei. Es gibt Berichte, dass beispielsweise in Lateinamerika die von Behörden ihren Eltern zurückgebrachten Kinder wieder verstoßen werden. In der Dritten Welt gibt es viele bettelnde alte Frauen und Männer, um die sich niemand kümmert, obgleich sie sicher viele Kinder in die Welt gesetzt haben. Den Vorwurf, dies sei Polemik, weisen jene, die so argumentieren, mit dem Hinweis auf unzählige Dokumentationen, Studien usw. zurück, von denen viele lediglich vor Aussagen dieser grausamen Konsequenz zurückschrecken.

Nichtsdestotrotz prophezeit das demografische Panikorchester unverdrossen, der Staat würde zusammenbrechen, wenn nicht mehr Junge geboren werden, um die Last der Alten und Arbeitslosen zu tragen. Das klingt plausibel, doch nicht alles Plausible ist auch richtig. De facto tragen nicht die Jungen die Altenlast, sondern die unter Hochleistung Arbeitenden der mittleren Jahre. Würden die Geburtenraten tatsächlich ansteigen, wie es als wünschenswert getrommelt wird, dann hätten die mittleren Jahrgänge für Alte und Junge zusammen noch mehr zu schultern (von den Arbeitslosen ganz zu schweigen) – und das Gejammer über fehlende Krippenplätze würde zum Crescendo anschwellen.

Nun scheinen Bevölkerungswachstum und Wirtschaftswachstum historisch zusammenzugehören. Die Wortführer der demografischen Angstgemeinschaft weisen darauf hin, dass 2030 zwei Erwerbstätige für einen Rentner aufkommen müssen. Diese Hochrechnung soll das Fürchten lehren. Aber sie lehrt etwas anderes. Und zwar, dass die wirtschaftliche Produktivität ein von demografischen Schwankungen unabhängiger Prozess ist.

Die heute in aller Munde geführten Probleme sind den Unangepassten zufolge in erster Linie durch die Wirtschaft gemacht, und zwar nicht durch ihr Erlahmen, sondern durch ihre Effizienz. Eine hochproduktive Volkswirtschaft stößt Überzählige als Arbeitslose und Frührentner aus. Nicht zu vergessen: Die deutsche Wirtschaft bezieht einen Großteil ihrer Nachfrage von außen, von einer wachsenden Weltbevölkerung.

Den Querdenkern zufolge ist ein Geburtenrückgang in den Industrieländern kein Problem, sondern eine Problemlösung. Er verschafft der Hochleistungsgesellschaft mehr Luft und Leistungsraum. Je besser die Wirtschaft funktioniert, je höher die Produktivität ist – und sie ist ungleich höher als in den Jahren der Vollbeschäftigung und des Kinderreichtums – desto weniger Menschen braucht sie. Nicht zufällig weisen die »vergreisten« Gesellschaften in Deutschland und Japan das weltweit höchste Produktivitätsniveau auf.

Daneben merken die Fachleute eine weitere Ungereimtheit an: Der demografischen Schreckenslogik zum Trotz, derzufolge eine Familie schrumpft, wenn eine Frau nur ein Kind hat (wieso redet man dann von Schrumpfung?), wird die moderne Familie nicht kleiner, sondern größer.

Entgegen den Vorurteilen von der zerfallenden und verstreuten Familie sind Familienbande heute eher wichtiger und dichter als vor einem halben Jahrhundert.

90 Prozent der älteren Menschen wohnen heute nicht mehr als zwei Stunden von ihrem Nachwuchs entfernt. 70 Prozent der Senioreninnen und Senioren stehen mit ihren Kindern und Enkeln mehrmals pro Woche in Kontakt. Die »nutzlosen Alten« unterstützen die Jungen beim Hausbau und bei der Hausarbeit, bei der Versorgung von Kindern, bei Berufs- und Reiseplänen, im Krankheitsfall. Ja, sie kümmern sich um Haustiere und gießen Pflanzen. Viele Karrieren von Frauen und/oder Männern bzw. Familien, in denen beide Elternteile berufstätig sind oder sein müssen, wären gar nicht möglich, gäbe es nicht die Großeltern, die sich um alles kümmern. Eine Leistung, die weder gewürdigt noch honoriert wird und die in der Horrorvision über die Heere von Alten nicht vorkommt. Wenn die jüngeren Generationen kleiner und die Familien weniger werden, so zerreißt es die Familien nicht, sondern bindet sie enger zusammen, sei es nun über Gefühle oder Geld.

Die Propheten der Vergreisung haben deshalb leichtes Spiel, weil in unserer biologisch geprägten Vorstellung der evolutionäre Erfolg einer Spezies, aber auch einer Kultur, an der Zahl ihrer überlebenden Nachkommen gemessen wird. Der Gedanke, dass Outsourcing nicht nur ein Vorteil für die Produktion von Weizen, Oberhemden, Schuhen, Autos, Computerchips, Notebooks und Handys ist, sondern auch für die Aussaat der eigenen Lebensform rings um den Globus sein könnte, kommt den meisten gar nicht erst in den Sinn.

In Eric Frank Russells (1905–1978) Story *»Abenddämmerung der Menschheit« (»Fast Falls the Eventide«)* von 1952 beschreibt der berühmte britische Science-Fiction-Autor die auf einer niedergehenden Erde dahinschwindende Menschheit, umgeben von einem riesigen Verbund galaktischer Intelligenzen. Obgleich zahlenmäßig marginal, spielt die zukünftige Menschheit dennoch eine wichtige Rolle, da ihre Vertreter sich unter zahllosen Alien-Kulturen verbreiten und dort wegen ihres Wissens und ihrer Fähigkeiten bevorzugte Stellungen einnehmen. So überlebt der Homo sapiens in einer riesigen Galaxis, und so könnte die westliche Kultur überleben, wenn alle Stricke reißen. Sie müssen aber nicht reißen. Wirtschaft, soziale Sicherheit, Wissenschaft, Politik, Religion, Familie, Kultur verfügen über die erstaunliche Fähigkeit, sich selbst zu reproduzieren. Das Überlebenskapital einer modernen Hochleistungsgesellschaft ist nicht ein laufendes Mehr an Kindern, sondern ein Mehr an Gehirnschmalz. Die Nachkriegs-BRD war mit 60 Millionen Einwohnern keine soziale Wüste, und das nicht nur, weil es galt, neu aufzubauen. Das war in den Sechzigerjahren endgültig vorbei. Nein: »Made in Germany« war die Devise, unter der die Bundesbürger Wohlstand schufen und ins Land schaufelten. Nüchterne Rechner meinen: Selbst wenn wir (bei gestoppter Zuwanderung) eine Generation lang ruhig weniger werden, vermehrt sich dadurch automatisch das Volksvermögen: Es gibt mehr Platz, mehr Wohnraum, riesige Erbschaften, weniger Kosten für die Versorgung der Kleinsten und Jungen usw. usf. Extrem gesprochen, aber trotzdem historisch nicht zu leugnen, sind große Bevölkerungsaderlässe, beispielsweise durch die Pest, den Dreißigjährigen oder andere Kriege, mit Wohlstands- und Entwicklungsschüben einhergegangen.

Da man Kinderlosigkeit nicht vererben kann, stünden der darauf folgenden Generation mehr Mittel zur Nutzung des einzig wirklichen Kapitals zur Verfügung: des unleugbar vorhandenen Hirnschmalzes. Für die sogenannten »niederen Arbeiten« würde die zunehmende Automation sorgen anstatt wie heute für Arbeitslosigkeit.

Damit komme ich zu meinem für viele sicher überraschenden – weil entgegen meiner Natur positiven – Fazit: Keine Panik – wenn man den Durchblick hat, braucht man sich viele Sorgen nicht **machen zu lassen** …

Bibliographie: Quellen und weiterführende Literatur

Klarstellung: Dies ist ein um Vollständigkeit bemühtes Buch. Sämtliche herangezogenen Werke sollen die Bandbreite der Verschwörungstheorien möglichst umfassend darstellen. Es liegt in der Natur der Sache, dass einige wenige der herangezogenen Quellen als unseriös und bedenklich angesehen werden könnten, im Extremfall sogar versteckte Vorurteile und Verleumdungen enthalten mögen. Keiner dieser zurückzuweisenden Gedankengänge wurde in mein Buch übernommen, Zweifelhaftes wurde als solches deklariert. Der überwiegende Großteil der Quellen erfüllt alle Anforderungen an seriöses Quellenmaterial. Meine Empfehlung geht dahin, das eigene Weltbild ebenso wenig von abstrusen Theorien beeinflussen zu lassen wie von altbekannten Schönfärbereien und Verzerrungen.

Abrahams, Eddie: *The New Warlords – From the Gulf War to the Recolonisation of the Middle East* (London 1994)
Adams, James Truslow: *The Epic of America* (New York 1931)
Adler, Manfred: *Die Söhne der Finsternis* (Jestetten 1994)
Agnoli, Carlo Alberto Dr.: *Der europäische Haftbefehl – der kürzeste Weg in die Tyrannei* (Durach 2004)
Ahmed, Nafeez M.: *Geheimsache 09/11* (München 2003)
Albrecht, Katherine/McIntyre, Liz: *Spychips: How Major Corporations and Government Plan to Track Your Every Move with RFID* (Nashville 2005)
Alexander, Caroline: *Die wahre Geschichte der Meuterei auf der Bounty* (Berlin 2004)
Allen, Gary: *Die Insider* (Wiesbaden 1980)
Allen, Gary: *Die Rockefeller-Papiere* (Wiesbaden 1978)
Alperowitz, Gar: *Hiroshima. Die Entscheidung für den Abwurf der Bombe* (Hamburg 1995)
Ambros, Hans: *Die nächsten 40 Jahre* (Wien 1993)
Andreas, Joel: *Süchtig nach Krieg. Warum die USA nicht aufhören können, Krieg zu führen* (2001)
Arendt, Hannah: *Elemente und Ursprünge totaler Herrschaft* (München 1986)
Arnim, Hans Herbert von: *Das Europa-Komplott. Wie EU-Funktionäre unsere Demokratie verscherbeln* (München 2007)
Atkinson, Rick: *Crusade – The Untold Story of the Gulf War* (London 1994)
Attac, (Hrsg): *Das kritische EU-Buch. Warum wir ein anderes Europa brauchen* (Wien 2006)
Attac, Schweiz (Hrsg.) *Service Public. Perspektiven jenseits der Privatisierung* (Zürich 2005)
Bairoch, Paul: *The Economic Development of the Third World since 1900* (London 1977)
Bairoch, Paul: *Economics and World History: Myths and Paradoxes* (New York 1993)
Balkhausen, Dieter: *Alfred Herrhausen. Macht, Politik und Moral* (Düsseldorf 1993)

Bamford, James: *NSA. Die Anatomie des mächtigsten Geheimdienstes der Welt* (München 2001)
Barnes, Harry Elmer.: *The Genesis of War* (New York 1926)
Barnes, Harry Elmer: *Entlarvte Heuchelei* (Wiesbaden 1961)
Barth, von Wehrenalp Erwin: *Man sollte es nicht für möglich halten – Unglaubliches aus der Weltgeschichte* (Düsseldorf 1988)
Bastian, Til: *55 Gründe, mit den USA nicht solidarisch zu sein und schon gar nicht bedingungslos* (Zürich 2002)
Bauer, Dolores M.: *Der lange Schatten des Adlers. Menschenverachtung made in USA?* (Klosterneuburg 2004)
Bauer-Jelinek, Christine: *Die geheimen Spielregeln der Macht und die Illusionen der Gutmenschen* (Salzburg 2007)
Beard, Charles: *The Devil Theory of War* (New York 1936)
Beck, Gloria: *Verbotene Rhetorik. Die Kunst der skrupellosen Manipulation* (Frankfurt 2005)
Bedford, James/Kensington Walt B.: *Das Delpasse-Experiment* (Düsseldorf 1975)
Begich, Nick/Roderick James: *Freiheit nehmen. High-Tech-Krieg auf unseren Willen und wie wir uns wehren können* (Peiting 2006)
Begich, Nick: *Bewußtseins- und Gedankenkontrolle* (Peiting 2007)
Behan, Mira: *Kriegstrommeln* (München 2000)
Bello, Walden: *De-Globalisierung. Widerstand gegen die neue Weltordnung* (Hamburg 2004)
Bernays, Edward L.: *Propaganda* (New York 1928, erweitert 1952)
Bernays, Edward L.: *The Engineering of Consent* (New York 1955)
Bernays, Edward L: *Crystallizing Public Opinion* (New York l923)
Biermann, Werner/Klönne, Arno: *Kapital-Verbrechen. Zur Kriminalgeschichte des Kapitalismus* (Köln 2006)
Biermann, Werner: *Die Herren der Welt. Die Weltmachtpolitik der USA nach 1945* (Köln 2000)
Blackburn, Robin: *The Making of New World Slavery* (London 1997)
Blackwood, Peter: *Die Netzwerke der Insider* (Leonberg 1986)
Blix, Hans: *Mission Irak. Wahrheit und Lügen* (München 2004)
Blumenthal, Sid/Yazitian Harvey: *Government by Gunplay* (New York 1976)
Bonner, Bill/Wiggin, Addison: *Das Schuldenimperium. Vom Niedergang des amerikanischen Weltreichs und der Entstehung einer globalen Finanzkrise* (München 2006)
Borges, Guiseeppe Antonia: *Foundations of the World Republic* (Chicago 1953)
Borjesson, Kristina (Ed.): *Into the Buzzsaw. Leading Journalists Expose the Myth of a Free Press* (Amherst 2002)
Borjesson, Kristina: *Zensor USA. Wie die amerikanische Presse zum Schweigen gebracht wird* (Zürich 2004)
Borjesson, Kristina (Ed.): *Feet to the Fire: The Media After 9/11, Top Journalists Speak Out* (New York 2005)
Böttiger, Helmut (Hrsg.): *Die Neocons – Wer treibt die USA in die imperiale Falle?* (Wiesbaden 2006)
Boveri, Margret: *Der Verrat im XX. Jahrhundert, 4 Bände* (Hamburg 1956)
Boveri, Margret: *Amerikafibel für erwachsene Deutsche. Ein Versuch, Unverstandenes zu erklären* (Berlin 2006)
Bowart, Walter: *Operation Mind Control* (New York 1978)
Bower, Tom: *The Paperclip Conspiracy* (Boston 1987)
Boxberger, Gerald/Klimenta, Harald: *Die 10 Globalisierungslügen. Alternativen zur Allmacht des Marktes* (1998)
Bozsoki, Jürgen: *Der neoliberale Großangriff auf Europa* (Klosterneuburg 2007)
Braun, Karl Otto: *Pearl Harbor in neuer Sicht – Wie F.D. Roosevelt die USA in den Zweiten Weltkrieg führte* (München-Berlin 1986)
Bresheeth, Haim/Yuval-Davis, Nira: *The Gulf War and the New World Order* (New Jersey 1991)
Brisard, Jean-Charles/Dasquié, Guillaume: *Die verbotene Wahrheit. Die Verstrickung der USA mit Osama bin Laden* (Zürich 2002)
Broad, W./Wade, N.: *Betrug und Täuschung in der Wissenschaft* (Basel 1984)
Bröckers, Mathias/Hauß, Andreas: *Fakten, Fälschungen und die unterdrückten Beweise des 11.9.* (Frankfurt 2003)

Bröckers, Mathias: *Verschwörungen, Verschwörungstheorien und die Geheimnisse des 11.9.* (Frankfurt 2002)
Bruhn, Jürgen: *Schlachtfeld Europa oder Amerikas letztes Gefecht: Gewalt und Wirtschaftsimperialismus in der US-Außenpolitik seit 1840* (Bonn 1983)
Brzezinski, Zbigniew: *The Great Chessboard* (New York 1997)
Brzezinski, Zbigniew: *The Geostrategic Triad* (Washington 2001)
Buchanan, Pat: *A Republic, not an Empire, revised Edition* (New York 2002)
Buchanan, Pat: *The Death of the West* (New York 2002)
Buck-Morss, Susan: *Dreamworld and Catastrophe* (Boston 2000)
Bühler, Charlotte: *Psychologie im Leben unserer Zeit* (München 1962)
Buitenen, Paul van: *Korruptionskrieg in Brüssel* (Giessen 2005)
Buitenen, Paul van: *Unbestechlich für Europa. Ein EU-Beamter kämpft gegen Misswirtschaft und Korruption* (Giessen 2000)
Bülow, Andreas von: *Im Namen des Staates – CIA, BND und die kriminellen Machenschaften der Geheimdienste* (München 2002)
Bundesvorstand der BüSo (Hrsg.): *Deutschlands Neocons – Wer führt den neoliberalen Großangriff auf den sozialen Bundesstaat?* (Wiesbaden 2006)
Bundesvorstand der BüSo: *Die Heuschrecken und ihre Fußsoldaten* (Wiesbaden 2007)
Bürger, Peter: *Kino der Angst. Terror, Krieg und Staatskunst aus Hollywood* (Stuttgart 2005)
Bürger, Peter: *Hiroshima, der Krieg und die Christen* (Düsseldorf 2005)
Bürger, Peter: *Bildermaschine für den Krieg. Das Kino und die Militarisierung der Weltgesellschaft* (Heidelberg 2007)
Canetti, Elias: *Masse und Macht* (Frankfurt 1995)
Carmin, E. R.: *Fünf Minuten vor Orwell* (Zürich 1979)
Carmin, E. R.: Das schwarze Reich (München 2006)
Carr, William Guy: *The Conspiracy to Destroy All Existing Governments and Religions* (Metaire 1960)
Catalinotto, John/Sara (Editors): *Metal of Dishonor – Depleted Uranium: How the Pentagon Radiates Soldiers & Civilians with DU Weapons* (New York 2004)
Cernin, Rudolf: *Vom Liberalismus zur Anarchie. Dem Sturz ins Chaos begegnen!* (Graz 2002)
Chamberlain, Nevill Houston: *Die Grundlagen des 19. Jahrhunderts I und II* (München 1906)
Chaudhry, Lakshmi/Scheer, Christopher und Robert: *The Five Biggest Lies George Bush told us about Iraq* (New York 2003)
Chomsky, Noam/Beinin, Joel/Emery, Michael/Zinn, Howard/Hulet, Craig: *Die Neue Weltordnung und der Golfkrieg* (Grafenau 1992)
Chomsky, Noam/Herman, Edward S.: *Manufacturing Consent* (New York 2002)
Chomsky, Noam: Necessary Illusion: *Thought Control in Democratic Societies* (New York 1988)
Chomsky, Noam: *What Uncle Sam really wants* (New York 1992)
Chomsky, Noam: *Deterring Democracy* (London 1992)
Chomsky, Noam: *Profit over People* (Hamburg 2000)
Chomsky, Noam: *Wirtschaft und Gewalt. Vom Kolonialismus zur neuen Weltordnung* (Springe 2001)
Chomsky, Noam: *War against People* (Hamburg 2001)
Chomsky, Noam: *People Without Rights. Kosovo, Ost-Timor und der Westen* (Hamburg 2002)
Chomsky, Noam: *The Attack. Hintergründe und Folgen* (Hamburg 2002)
Chomsky, Noam: *Power and Terror* (Hamburg 2002)
Chomsky, Noam: *Media Control* (Hamburg 2003)
Chomsky, Noam: *Hybris* (Hamburg 2004)
Chomsky, Noam: *Die neue Weltordnung* (Hamburg 2005)
Chomsky, Noam: *Die Zukunft des Staates* (2005)
Chomsky, Noam: *Eine Anatomie der Macht* (Hamburg 2005)
Chomsky, Noam: *Lügen unserer Zeit. Über die Widersprüche von Demokratie und Propaganda* (Hamburg 2005)
Chomsky, Noam: *Der gescheiterte Staat* (München 2006)
Chossudovsky, Michel: *Global brutal. Der entfesselte Welthandel, die Armut, der Krieg* (Frankfurt am Main 2002)

Chossudovsky, Michel: *The Globalization of Poverty and the New World Order* (Gabriola Island 2004)
Clark, Ramsey: *Wüstensturm. US-Kriegsverbrechen am Golf* (Göttingen 1995)
Clarke, Richard A.: *Against All Enemies. Der Insiderbericht über Amerikas Kampf gegen den Terror* (Hamburg 2004)
Cockett, Richard: *Thinking the Unthinkable. Think-Tanks and the Economic Counter-Revolution 1931–1983* (London 1995)
Cohn, Norman: *Das Ringen um das Tausendjährige Reich* (München 1961)
Cohn, Norman: *Cosmos, Chaos and the World to come* (New Haven 1993)
Coleman, Dr. John (Dok.): *Conspirators Hierarchy* (Carson City 1989)
Connolly, Bernard: *The Rotten Heart of Europe* (London 1995)
Constantine, Alex: P*sychic Dictatorship in the U.S.A* (Portland 1995)
Cooley, John: *Unholy Wars. Afghanistan, America and the International Terrorism* (New York 2002)
Cooper, William: *Behold a Pale Horse* (New York 1991)
Creel, George: *How We Advertised America: The First Telling of the Amazing Story of the Committee on Public Information that Carried the Gospel of Americanism to Every Corner of the Globe* (New York 1920)
Creveld, Martin von: *Die Zukunft des Krieges* (München 1998)
Creveld, Martin von: *Aufstieg und Untergang des Staates* (München 1999)
Crossen, C.: *Tainted Truth: The Manipulation of Fact in America* (New York 1996)
Cutlip, Scott M.: *The Unseen Power: Public Relations* (New York 2002)
Dallaire, Roméo: *Handschlag mit dem Teufel* (Frankfurt am Main 2005)
Davis, Mike: *Planet der Slums* (Berlin 2007)
DeGard, Leo H.: *Wer plant den 3. Weltkrieg?* (Rottenburg 2002)
Denson, John: *The Costs of War* (Dallas 1998)
Deschner, Karlheinz: *Der Moloch. Eine kritische Geschichte der USA* (München 1992)
Deyo, Stan: *The Cosmic Conspiracy* (South Pasadena 1989)
Diamond, Jared: *KOLLAPS: Warum Gesellschaften überleben oder untergehen* (Frankfurt am Main 2005)
Dietl, Wilhelm: *Schwarzbuch Weißes Haus* (Erftstadt 2004)
Drucker, Peter F.: *The new Realities* (London 1990)
Eco, Umberto: *Auf dem Wege zu einem neuen Mittelalter* (München 1989)
Eco, Umberto: *Im Krebsgang voran. Heiße Kriege und medialer Populismus* (München 2007)
Ederer, Günter und Peer: *Das Erbe der Egoisten* (München 1997)
Effenberger, Wolfgang/Löw, Konrad: *Pax Americana* (München 2004)
Eggert, Wolfgang: *Out of the Blue? (*München 2001)
Eggert, Wolfgang: *Angriff der Falken* (München 2004)
Eggert ,Wolfgang: *Erst Manhattan – dann Berlin* (München 2005)
Elter, Andreas: *Die Kriegsverkäufer, Geschichte der US-Propaganda 1917–2005* (Frankfurt am Main 2005)
Ende, Michael: *Momo* (Stuttgart 1973)
Engdahl, F. William: *Mit der Ölwaffe zur Weltmacht* (Wiesbaden-Nordenstadt 1992/2005)
Engelmann, Bernt: *Hotel Bilderberg – Tatsachenroman* (Göttingen 1994)
Epperson, Ralph A.: *The Unseen Hand – An introduction to the conspiratorial view of history* (Philamena Tucson 1995)
Eysenck, Hans Jürgen: *The Psychology of Politics* (London 1954)
Farkas, Viktor: *Das SF-Quizbuch* (München 1984)
Farkas, Viktor: *Zukunftsfalle – Zukunftschance* (Frankfurt 2000)
Farkas, Viktor: *Geheime Bünde & Verschwörungen* (Wien 2001)
Farkas, Viktor: *Vertuscht. Wer die Welt beherrscht* (Marktoberdorf 2002)
Farkas, Viktor: *Schatten der Macht* (Rottenburg 2003)
Farkas, Viktor: *Lügen in Krieg und Frieden. Die geheime Macht der Meinungsmacher* (Wien 2004)
Farkas, Viktor: *Mythos Informationsgesellschaft. Was wir aus den Medien nicht erfahren* (Rottenburg 2005)

Farkas, Viktor: *Jenseits des Vorstellbaren* (Rottenburg 2006)
Fernau, Joachim: *Halleluja. Die Geschichte der USA* (München 1977)
Fey, B. Sidney: *Origin of the World War* (New York 1931)
Fiedler, Peter (Red.): *Detlev Karsten Rohwedder* (Dortmund 1993)
Foerster, Heinz von/Poerksen Bernhard: *Die Wahrheit ist die Erfindung eines Lügners* (Heidelberg 1998)
Forbes, B.O.: *Men Who are Making America* (New York 1922)
Ford, Franklin L.: *Der politische Mord* (Hamburg 1990)
Forrester, J.W.: *Der teuflische Regelkreis* (Stuttgart 1972)
Franken, Al: *Kapitale Lügner* (München 2004)
Frey, Eric: *Schwarzbuch USA* (Frankfurt 2004)
Friedman, Alan: *Spider's Web-The secret history of how the White House illegally armed Iraq* (New York 1993)
Friedman, George/LeBard, Meredit: *The Coming War with Japan* (New York 1991)
Friedman, George: *America's Secret War: Inside the Hidden Worldwide Struggle Between America and Its Enemies* (New York 2004)
Friedman, George: *The Next Hundred Years: A Forecast for the 21st Century* (New York 2007)
Fuchs, Stefan (Hrsg.): *Die Hypermacht USA in Nahaufnahme* (Hamburg 2003)
Fulbright, William J.: *The Arrogance of Power* (New York 1966)
Fuller, Buckminster Richard: *Grunch – Raubzug der Giganten* (Wiesbaden 1985)
Furedi, Frank: *The New Ideology of Imperialism* (London 1994)
Gammelin, Cerstin/Hamann, Götz: *Die Strippenzieher, Manager, Minister, Medien – wie Deutschland regiert wird* (Düsseldorf 2006)
Ganser, Daniele: *Nato's Secret Armies* (London 2005)
Gasche, Urs P./Guggenbühl Hanspeter: *Das Geschwätz vom Wachstum* (Zürich 2004)
Geheimbünde und Verschwörungen (Leipzig 1831)
Gerlach, Thomas: *Die Herstellung des allseits verfügbaren Menschen. Zur psychologischen Formierung der Subjekte im neoliberalen Kapitalismus* (Frankfurt 2000)
Goodman, Amy: *The Exception to the Rulers. Exposing Oily Politicians, War Profiteers, and the Media that Love them* (New York 2004/dt. Berlin 2006)
Gordon, Thomas: *Journey into Madness, The True Story of CIA Mind Control and Medical Abuse* (New York 1989)
Gray, John: *Die falsche Verheißung. Der globale Kapitalismus und seine Folgen* (Berlin 1999)
Greene, R.: POWER : *Die 48 Gesetze der Macht. Machiavellis Thesen neu* (München 1999)
Greider, William: *The Secrets of the Temple – How the Federal Reserve Runs the Country* (New York 1989)
Griffin, David Ray: *The New Pearl Harbor: Disturbing Questions About the Bush Administration and 9/11* (Northampton 2004)
Griffin, David Ray: *The 9/11 Commission Report: Omissions And Distortions* (Redford 2004)
Griffin, David Ray/Scott Peter Dale: *9/11 and American Empire: Intellectuals Speak Out* (Northampton 2006)
Griffin, Edward Des: *The Missing Dimension in World Affairs* (New York 1976)
Griffin, Edward Des.: *Die Herrscher. Luzifers 5. Kolonne* (Vaduz 1980)
Griffin, Edward Des: *Die Absteiger. Planet der Sklaven* (Wiesbaden 1981)
Griffin, Edward Des: *Wer regiert die Welt?* (Vaduz 1986)
Griffin, Edward Des: *Descent into Slavery* (Colton 1994)
Griffin, Edward Des: *The Creature from Jeckyll Island: A Second Look at the Federal Reserve* (New York 1998)
Groves, L. R.: *Now it can be told* (New York 1962)
Gruen, Arno: *Der Wahnsinn der Normalität* (München 1987)
Hahne, Peter: *Schluß mit lustig. Das Ende der Spaßgesellschaft* (Lahr 2004)
Hamm, Bernd: *Die soziale Struktur der Globalisierung. Ökologie, Ökonomie, Gesellschaft* (Berlin 2006)
Hammond, Allen: *Projekt Erde. Szenarien für die Zukunft* (München 1999)
Hankel/Nölling/Starbatty/Schachtschneider: *Die Euro-Illusion. Ist Europa noch zu retten?* (Hamburg 2001)

Hannich, Günter: *Börsenkrach und Weltwirtschaftskrise. Der Weg in den 3. Weltkrieg* (Rottenburg 2001)
Hannich, Günter: *Wer in Schuld ist, ist nicht frei* (Rottenburg 2001)
Hannich, Günter: *Sprengstoff Geld. Wie das Kapitalsystem unsere Welt zerstört* (Rottenburg 2004)
Hannigan, John: *Fantasy City: Pleasure and Profit in the Postmodern Metropolis* (Rutledge 1998)
Hansl, Proctor: *Years of Plunder* (New York 1935)
Hanus, Bo: *Drahtlos überwachen mit Mini-Videokameras* (Poing 2004)
Harley, Naomi: *Depleted Uranium: Gulf War Illnesses Series Volume 7* (Santa Monica 1999)
Harris, Robert/Paxmann, Jeremy: *A Higher Form of Killing: The Secret Story of Chemical and Biological Warfare* (New York 1982)
Haslinger, Josef: *Das Elend Amerikas* (Frankfurt 1992)
Hausdorf, Hartwig: *Geheime Geschichte I-III* (Marktoberdorf 2002–2005)
Hayek, Friedrich August von: *Der Weg zur Knechtschaft* (Bonn 1944, 1991)
Heinrich, Michael: *Kritik der politischen Ökonomie* (Stuttgart 2005)
Hentoff, Nat: *The War on The Bill of Rights and die Gathering Resistance* (New York 2003)
Hermann, Franzis: *Die Falschspieler. Amerika: Die große Zumutung* (Tübingen 2002)
Herrholz, Eduarde: *Die geheime Macht* (Bausendorf 1991)
Hersh, Seymor M.: *Die Befehlskette vom 11. September bis Abu Ghraib* (Reinbek 2005)
Hickey, Donald: *The War of 1812: A Forgotten Conflict* (Chicago 1989)
Hippler, Jochen: *Die Neue Weltordnung* (Hamburg 1991)
Hoar, William B.: *Architects of Conspiracy: A Intriguing History* (Western Islands 1984)
Hoering, Uwe: *IWF und Weltbank* (Göttingen 1999)
Hofbauer, Ernst: *Das Waldheim-Komplott* (Wien 1998)
Hoffman, II Michael A.: *Secret Societies and Psychological Warfare* (Lilburn 1991)
Hoggan, Davild L.: *Das blinde Jahrhundert, Band 1: Amerika, das messianische Unheil* (Tübingen 1979)
Holmes, Donald: *System Sapiens – Die Verschwörung der Illuminaten* (München 1990)
Hoppe, Hans Hermann: *Democracy: The God that failed* (New Brunswick/London 2002)
Howard, Michael: *The Occult Conspiracy: Secret Societies – Their Influence and Power in World History* (Rochester 1989)
Hufschmid, Eric: *Time for Painful Questions* (New York 2002)
Human Development-Report 2006 der Vereinten Nationen (Herbst 2007)
Hummel, Jeffrey Rodger: *Emancipating Slaves, Enslaving Free Men* (New York 1996),
Hunt, E. Howard: *Undercover. Memoirs of an American Secret Agent* (New York 1974)
Hunter,James Davidson: *Culture Wars: The Struggle to define America* (Washington 1991)
Huth, Peter/Engelke Jan: *Die Selbstbediener. Wer sich unser Geld einsteck*t (Coburg 2004)
Huxley, Aldous: *Schöne Neue Welt* (Leipzig 1932)
Huxley, Aldous: *The Perennial Philosophy* (London 1958)
Icke, David: *Alice in Wonderland and the World Trade Disaster. Why the official Story of 9/11 is a monumental lie* (Ryde 2002)
Ignatieff, Michael: *Empire light. Die amerikanische Mission und die Grenzen der Macht* (Hamburg 2003)
Illich, Ivan: *Die Nemesis der Medizin* (München 1995)
Inglis, Brian: *The Hidden Power* (London 1986)
Jacobi, Claus: *Uns bleiben 100 Jahre – Ursachen und Auswirkungen der Bevölkerungsexplosion* (Frankfurt 1986)
Jäger, Margret/Jäger Siegfried: *Gefährliche Erbschaften* (Berlin 1999)
Jasper, William F.: Global Tyranny ... *Step by Step* (Western Islands 1992)
Jean-Charles/Dasquié Guillaume: *Die verbotene Wahrheit. Die Verstrickung der USA mit Osama bin Laden* (Zürich 2002)
Joel, Andreas: *Süchtig nach Krieg. Warum die USA nicht aufhören können Krieg zu führen* (Frankfurt 2005)
Johnson, Alison: *Gulf War Syndrome: Legacy of a Perfect War* (New York 2001)
Jungk, Robert: *Amerikas Macht und Ohnmacht* (Stuttgart 1952)
Kah, Gary H.: *En Route to Global Occupation* (Lafayette 1991)

Kahn, Mansur U.: *Die geheime Geschichte der amerikanischen Kriege – Verschwörung und Krieg in der US-Außenpolitik* (Tübingen 2003)
Kahn, Mansur: *Das Irak-Komplott* (Tübingen 2004)
Kaplan, Robert T.: *The Coming Anarchy* (Boston 1994)
Kappatsch, Axel Dr.: *Union der Narren. Wie »Europa« die Deutschen ruiniert* (Coburg 2005)
Karl, Jonathan: *The Right to Bear Arms – The Rise of America's New Militias* (New York 1995)
Kaufmann, Stefan: *Kommunikationstechnik und Kriegsführung 1815–1945, Stufen telemedialer Rüstung* (München 1996)
Keith, Jim (Ed.): *Secret and Suppressed; Banned Ideas and Hidden History* (Portland 1993)
Keith, Jim: *Strikeforce for the New World Order* (New Delhi 1994)
Keith, Jim: *Mind Control World Control* (Illinois 1997)
Keith, Jim: *Bewußtseinskontrolle* (Peiting 2005)
Kemmerer, E.W.: *ABC of the Federal Reserve System* (Princeton 1919)
Kennedy, Paul: *Aufstieg und Fall der großen Mächte* (Frankfurt 1989)
Kennedy, Paul: *In Vorbereitung auf das 21. Jahrhundert* (Frankfurt 1993)
Kepplinger, Hans Martin: *Die Kunst der Skandalisierung und die Illusion der Wahrheit* (München 2004)
Keynes, John Maynard: *Vom Gelde* (Berlin 1931/1983)
Kissinger, Henry A.: *Memoiren in zwei Bänden* (München 1979, 1982)
Kluge, Alexander/Negt Oskar: *Öffentlichkeit und Erfahrung* (Frankfurt/M. 1974)
Knaur, Kulwant: *US and the emerging New World Order* (New Delhi 1994)
Knaut, H.: *Das Testament des Bösen* (Stuttgart 1979)
Knight, Stephen: *The Brotherhood* (London 1985)
Knop, Ingmar Dr.: *Mit der EU in den Abgrund. Deutschlands Selbstvernichtung* (München 2006)
Koch, Egmont R./Sperber Jochen: *Die Datenmafia – Computerspionage und neue Informationskartelle* (Hamburg 1996)
Koch, Egmont R./Wech, Michael: *Deckname Artischocke. Die geheimen Menschenversuche der CIA* (München 2002, 2004)
Kolko, Gabriel: *The Triumph of Conservatism* (Chicago 1967)
König, Johann-Günther: *Alle Macht den Konzernen* (Reinbek 1999)
Kotkin, Joel: *Stämme der Macht. Der Erfolg weltweiter Clans in Wirtschaft und Politik* (Hamburg 1996)
Krech, Hans: *Vom zweiten Golfkrieg zur Golf-Friedenskonferenz* (Bremen 1996)
Kronberger, Hans: *Blut für Öl. Der Kampf um die Ressourcen* (Wien 1998)
Krüger, Frank: *Warum die Atombomben wirklich fielen* (Saarbrücken 2005)
Krupey, G. J.: *AIDS, Act of God or the Pentagon?* (Portland 1993)
Kühne, Hartmut: *Auslaufmodel Föderalismus? Den Bundesstaat erneuern – Reformblockaden aufbrechen* (München 2005)
Kurnitzky, Horst: *Die unzivilisierte Zivilisation* (Frankfurt 2002)
Kursbuch Verschwörungstheorien (Berlin 1996)
Kurtz, Michael L.: *Crime of the Century* (Knoxville 1982)
Kurz, Robert: *Weltordnungskrieg* (Bad Honnef 2003)
Kurz, Robert: *Das Weltkapital. Globalisierung und innere Schranken des modernen warenproduzierenden Systems* (Berlin 2005)
Lammer, Helmut und Marion: *Verdeckte Operationen* (München 1997)
Lammer, Helmut und Marion: *Schwarze Forschungen. Geheime Versuche unter Ausschluß der Öffentlichkeit* (München 1999)
Landolt, Roman: *Das Spiel mit dem Feuer einer neuen Weltordnung* (Verax-V. 1999)
Lane, Mark: *Rush to Judgement* (New York 1966)
Lane, Mark: *Possible Denial* (New York 1991)
Lange, Dorothy: *Impounded. Censored Images of Japanese American Internment* (New York 2006)
Lanka, Dr. Stefan/Niemitz, Hans-Ulrich/Widmer, Verionca/Krafeld, Karl: *Die Vogelgrippe. Der Krieg der USA gegen die Menschheit* (Stuttgart 2006)
Larson, Keith A.: *Public Relations* (New York 1951, erweitert 1971)
Laughland, John: *The great Deception: The Secret History of the European Union* (London 2003)

Lay, Rupert: *Die Macht der Unmoral oder: Die Implosion des Westens* (Düsseldorf 1993)
Le Bon, Gustave: *Psychologie der Massen* (Stuttgart 1895/1982)
Lederer, E.: *Der Massenstaat : Gefahren der klassenlosen Gesellschaft* (Graz-Wien 1995)
Lee, Martin A./Shlain, Bruce: *Acid Dreams. The CIA and Mind Control* (New York 1979)
Lehrer, L.: *Wallstreets Krieg. Die Weltkriegsinszenierung von Pearl Harbor* (München 1956)
Leroux, Penny: *In Banks We Trust* (Garden City 1984)
Levine, Robert: *Die große Verführung. Psychologie der Manipulation* (München 2003)
Lewin, Kurt: *Time Perspective and Morale* (New York 1941)
Leydendecker, Hans: *Die Lügen des Weißen Hauses* (Reinbeck 2004)
*LibLit – Vertrauliche Nachrichten (*Peiting 2004–2007)
Liedtke, Rüdiger: *Special: Konzerne* (Reinbek 1995)
Lietaer, Bernard A.: *Das Geld der Zukunft. Über die destruktive Wirkung des existierenden Geldsystems und die Entwicklung von Komplementärwährungen* (München 1999)
Linden, Marcel van der (Hrsg.): *Was war die Sowjetunion?* (Wien 2007)
Linder, Marc/Nygaard, Ingrid: *Rest Breaks and the Right to Urinate in Company Time* (New York 1998)
Lippmann, Walter: *Public Opinion* (New York 1922)
Löbsack, Theo: *Unterm Smoking das Bärenfell – Was aus der Urzeit noch in uns steckt* (Frankfurt 1990)
Löbsack, Theo: *Die letzten Jahre der Menschheit* (Frankfurt 1992)
Lohoff, Ernst/Trenkle, Norbert/Lewed, Karl-Heinz/Wölflingseder, Maria (Hrsg.): *Dead Men Working. Gebrauchsanweisungen zur Arbeits- und Sozialkritik in Zeiten kapitalistischen Amoklaufs* (Münster 2004)
Löpfe, Philip/Vontobel, Werner: *Der Irrsinn der Reformen – Warum mehr Wettbewerb und weniger Staat nicht zu mehr Wohlstand führen* (Zürich 2005)
Lorenz, Herdolor/Franke, Leslie: *Bahn unter dem Hammer* (Frankfurt 2007)
Luttwak, Edward: The Coup d'Etat: *A Practical Handbook* (London 1968)
MacArthur, John R.: *Die Schlacht der Lügen – Wie die USA den Golfkrieg verkauften* (München 1994)
Machiavelli, Nicolo: *Der Fürst* (Stuttgart 1955)
Mackay, Judith: *Der Welt-Gesundheitsatlas* (Bonn 2006)
Madsen, Wayne: *Moralischer Bankrott. Der amerikanische Offenbarungseid* (Wassertrüdigen 2006)
Maler, Juan: *Verschwörung* (Buenos Aires 1978)
Man, Henrik de: *Vermassung und Kulturverfall: Eine Diagnose unserer Zeit* (Berlin 1951/1970)
Mandel, Michael: *How America Gets Away with Murder* (New York 2005)
Mander, Jerry/Goldsmith Edward (Hrsg.): *Schwarzbuch Globalisierung. Eine fatale Entwicklung mit vielen Verlierern und wenigen Gewinnern* (München 2004)
Mander, John/Cavanough John (Hrsg.): *Eine andere Welt ist möglich. Alternativen zur Globalisierung* (München 2003)
Manvell/Fraenkel: *The Incomparable Crime. Mass Extermination in the 20. Century* (London 1967)
Marchetti, Victor/Marks, John D.: *The CIA and the Cult of Intelligence* (New York 1975)
Mari, Francisci/Buntzel, Rudolf: *Das globale Huhn* (Frankfurt 2007)
Mapother, John: *Wie man auf die Watchlist kommt* (München 1997)
Markhof, Georg J.E.: *Der verspielte Wohlstand* (Graz 2000)
Marks, John: *The CIA and Mind Control* (New York 1979)
Marks, John: *The Search for the Manchurian Candidate* (New York 1979)
Martin, Hans-Peter/Schumann, Harald: *Die Globalisierungsfalle* (Reinbek 1996)
Maser, Werner: *Fälschung, Dichtung und Wahrheit in der Zeitgeschichtsschreibung* (München 2004)
Mayer, Frederick: *Wahnsinn USA* (Wien, 1984)
McBean, Dr. phil. Eleanor: *The Poisoned Needle* (New York 1957)
McChesney, Robert W.: *Corporate Media and the Threat to Democracy* (New York 1997)
McManus, John F.: *The Insiders: Architects of the New World Order* (Appleton 1992)
McRae, Hamish: *The World in 2020* (London 1995)

Mechtesheimer, Alfred: *Handbuch Deutsche Wirtschaft 2005/2006. Internationale Konzerne kaufen Deutschland Unternehmen auf – Politik und Verbraucher machtlos?* (Starnberg 2005)
Meinhart, E./Schmid, U.: *SPIN DOKTOREN : Die hohe Schule der politischen Manipulation* (Wien 2000).
Melber, Henning/Wilss, Cornelia (Hrsg.): *G8 macht Politik. Wie die Welt beherrscht wird* (Frankfurt 2007)
Melisch, Richard: *Pulverfaß Nahost* (Tübingen 2003)
Melisch, Richard: *Der letzte Akt. Die Kriegserklärung der Globalisierer* (Tübingen 2004)
Menzel, Ulrich: *Das Elend der Dritten Welt und das Scheitern der großen Theorie* (Frankfurt 1992)
Merlino, Jacques: *Yugoslav Truths are not all good for telling* (London 1994)
Merz, Friedrich/Glos Michael (Hrsg.): *Soziale Marktwirtschaft im 21. Jahrhundert* (München 2005)
Meves, Christa: *Verführt. Manipuliert. Pervertiert – Die Gesellschaft in der Falle modischer Irrlehren* (Gräfeling 2004)
Meyssan, Thierry: *Der 11. September 2001. Der inszenierte Terrorismus- Auftakt zum Weltbrand?* (2002)
Michael, Heinrich: *Kritik der politischen Ökonomie* (Stuttgart 2004)
Mies, Maria/Werlhof Claudia von: *Lizenz zum Plündern* (Hamburg 1998)
Mikoletzky, Hans Leo (Hrsg.): *Geschichte lebt* (Wien 1958)
Milborn, Corinna: *Gestürmte Festung Europa* (Wien 2007)
Mises, Ludwig von: *Liberalismus* (Jena 1927)
Moench, Doug/Stang, Rev. Ivan: *The Big Book Of Conspiracies* (New York 1995)
Moore, Michael: *Stupid White Men. Eine Abrechnung mit dem Amerika unter George W. Bush* (München 2001)
Morelli, Anne: *Die Prinzipien der Kriegspropaganda* (Springe 2004)
Morgenstern, Oscar: *The Validity of International Gold Movement Statistics* (New York 1956)
Moris, D.: *The New Prince : Machiavelli Updated for the Twenty Century* (Los Angeles 1999)
Moscovici, Serge: *Das Zeitalter der Massen: Eine historische Abhandlung über die Massenpsychologie* (München 1984)
Möstl, Markus: *Verfassung für Europa* (München 2005)
Müller, Albrecht: *Die Reformlüge. 40 Denkfehler, Mythen und Legenden, mit denen Politik und Wirtschaft Deutschland ruinieren* (München 2004)
Mullins, Eustace C./Bohlinger Roland: *Die Bankierverschwörung* (Struckum 1980)
Mullins, Eustace C.: *The World Order* (Boring 1984)
Mullins, Eustace C.: *Secrets of the Federal Reserve* (New York 1991)
Mullins, Eustace C.: *Our Secret Rulers* (New York 1996)
Mullins, Eustace C.: *Why Hiroshima was destroyed. The Untold Story* (Staunton 1998)
Myers, Bill: *The Secret Government* (Washington 1988)
Nafeez, M. Ahmed: *Geheimsache 9/11. Hintergründe über den 11. September und die Logik amerikanischer Machtpolitik* (München 2004)
Napoleoni, Loretta: *Ökonomie des Terrors. Auf den Spuren des Dollars hinter dem Terrorismus* (München 2005)
Nelson-Pallmeyer, Jack: *Brave New World Order – Must we pledge Allegiance?* (New York 1993)
Neufeld, Gordon Dr./Maté, Gabor: *Unsere Kinder brauchen uns. Die entscheidende Bedeutng der Kind-Eltern-Bindung* (Bremen 2006)
Norden, Albert: *So werden Kriege gemacht!* (Berlin 1968)
Norman, Solomon: *War Made Easy: How Presidents and Pundits Keep Spinning Us to Death* (New York 2005)
O'Grady, Olivia: *The Beasts of the Apocalypse* (New York 1959)
Ogger, Günter: *Die Ego AG. Überleben in der Betrüger-Wirtschaft* (München 2005)
Ogger, Günter: *Kauf dir einen Kaiser* (München 1978)
Ogger, Günter: *Nieten in Nadelstreifen* (München 1992)
Olscheswski, Malte: *Von den Karawanken bis zum Kosovo. Die geheime Geschichte der Kriege in Jugoslawien* (Wien, 2000)

Opoczynski, Michael: *Die Blutsauger der Nation. Wie ein entfesselter Kapitalismus uns ruiniert* (Coburg 2005)
Ortega y Gasset, José: *Der Aufstand der Massen* (Stuttgart 1993)
Orwell, George (Eric Blair): *1984* (New York 1949)
Ötsch, W.: *Handbuch für Demagogie* (Wien 2000)
Ovason, David: *Der Dollar. Die Enthüllung seiner geheimen Symbole und deren verborgener Magie* (Rottenburg 2005)
Packard, Vance: *The Hidden Persuaders* (New York 1957)
Packard, Vance: *The People Shapers* (London 1978)
Packard, Vance: *Die Ultra-Reichen* (Düsseldorf 1990)
Pakraduny, T.: *Die Welt der geheimen Mächte* (Wiesbaden 1981)
Palast, Greg: *Armed Madhouse: Who's Afraid of Osama Wolf?* (New York 2006)
Paye, Jean Claude: *Das Ende des Rechtsstaats. Demokratie im Ausnahmezustand* (Zürich 2005)
Pearce, Fred: *Wenn die Flüsse versiegen* (München 2007)
Peccator, H.: *Trümmer für den Feldherren* (Alsfeld 2001)
Peikoff, Leonard: *The Ominous Parallels* (New York 2001)
Pelletière, Stephen: *Iraq and the International Oil System. Why America went to War in the Gulf* (Westport 2001)
Perkins, John: *Bekenntnisse eines Economic Hit Man* (Frankfurt 2004)
Pfeiffer, Heinz: *Brüder des Schattens* (Zürich 1984)
Phillips, Peter: *Democracy in Action – Censored 2004. The Top 25 Censored Stories* (New York 2004)
Pilger, John: *Hidden Agendas* (London 1998)
Pilger, John: *War American Style. The Great Power Game* (Petrolia 2001)
Pilger, John: *The New Rulers of the World* (London 2002)
Pilger, John: *Verdeckte Ziele. Über den modernen Imperialismus* (Frankfurt am Main 2004)
Pipes, Daniel: *Verschwörung* (München 1998)
Pizzo, Stephen/Muolo Paul/Fricke Maryr: *The Looting of America's Savings and Loans* (New York 1989)
Polanyi, Karl: *The Great Transformation. Politische und ökonomische Ursprünge von Gesellschaften und Wirtschaftssystemen* (Frankfurt 1944/1995)
Ponsonby, Arthur: *Lügen in Kriegszeiten* (Berlin 1930)
Prause, Gerhard: *Niemand hat Kolumbus ausgelacht – Fälschungen und Legenden der Geschichte richtiggestellt* (Düsseldorf 1986)
Prestowitz, Clyde: *Schurkenstaat. Wohin steuert Amerika?* (Düsseldorf 2004)
Proctor, Hansl: *Years of Plunder* (New York 1935)
Prouty, Leroy Fletcher: *The Secret Team – The CIA and its Allies in Control auf of the United States and the World* (N.J. 1973)
Quigley, Caroll: *Tragedy and Hope – A History of the World in our Time* (California 1994)
Raeithel, Gert: *Geschichte der nordamerikanischen Kultur. 1600 bis 2002. In drei Bänden* (Frankfurt 2003)
Ranelagh, John: *The Agency* (London 1986)
Reed, Douglas: *Der große Plan der Anonymen* (Zürich 1952)
Reilly, Philip R.: *The Surgical Solution: A History of Involuntary Sterilization in the United States* (Baltimore 1991)
Reimon, Michel/Felber, Christian: *Schwarzbuch Privatisierung. Wasser – Schulen – Krankenhäuser – Was opfern wir noch dem freien Markt?* (Wien 2003)
Reimon, Michel/Weixler, Helmut: *Die sieben Todsünden der EU* (Wien 2006)
Reischl, Gerhard: *Im Visier der Datenjäger* (Wien 1998)
Reisegger, Gerhoch: *Wir werden schamlos irre geführt! Vom 11. September zum Irak-Krieg* (Thalheim 2003)
Reisegger, Gerhoch: *Neue Beweise* (Thalheim 2004)
Reiter, Erich: *Der Krieg um das Kosovo 1998/99* (Mainz 2000)
Réty, Andreas von: *Die unsichtbare Macht. Hinter den Kulissen der Geheimgesellschaften* (Rottenburg 2002)

Réty, Andreas von: *Skull and Bones. Amerikas geheime Macht-Elite* (Rottenburg 2004)
Rich, Frank: *The Greatest Story Ever Sold: The Decline and Fall of Truth from 9/11 to Katrina* (London 2006)
Richter, Karl: *Tödliche Bedrohung USA* (Tübingen 2003)
Ridgeway, James: *The March to War* (New York 1991)
Rifkin, Jeremy: *Das Ende der Arbeit und ihre Zukunft* (Stuttgart 1995)
Rifkin, Jeremy: *Das Verschwinden des Eigentums* (Frankfurt 2000)
Ritter, Manfred/Zeitler Klaus: *Armut durch Globalisierung- Wohlstand durch Regionalisierung* (Graz 2000)
Roberts, J.M.: *The Mythology of Secret Societies* (New York 1972)
Robertson, Pat: *The New World Order* (Dallas 1991)
Robin/Tiger: *The Imperial Animal* (London 1974)
Rose, David: *Guantanámo Bay. Amerikas Krieg gegen die Menschenrechte* (Frankfurt 2004)
Ross, Colin: *Welt auf der Waage* (Leipzig 1929)
Ross, Colin: *Die westliche Hemisphäre* (Leipzig 1942)
Roszak, Theodore: *The Making of a Counter Culture* (New York 1968)
Roth, Jürgen: *Die Mitternachtsregierung* (Hamburg 1990)
Rowse, Edward/Fish, Lois: *Fundamentals of Advertising* (United States Armed Forces Institute, Washington 1943, 1948)
Roszak, Theodore: *Alarmstufe Rot. Amerikas Wildwest-Kapitalismus bedroht die Welt* (München 2004)
Rügemer, Werner: *Cross Border Leasing. Ein Lehrstück zur globalen Enteignung der Städte* (Münster 2004)
Rügemer, Werner: *Die Berater. Ihr Wirken in Staat und Gesellschaft* (Bielefeld 2004)
Ruppert, Michael C: *Crossing the Rubicon – The Decline of the American Empire at the End of the Age of Oil* (Gabriola Island 2004)
Sallinger, Pierre/Laurent, Eric: *Krieg am Golf. Das Geheimdossier* (Rottenburg 2003)
Samhaber, Ernst: *Das Geld. Eine Kulturgeschichte* (München 1964)
Sampson, Anthony: *The Seven Sisters. The Great Oil Companies & The World they shaped* (New York 1978)
Sampson, Anthony: *Globalmacht Geld* (Hamburg 1990)
Sampson, R.V.: *The Psychology of Power* (New York 1966)
Saunders, Frances Stonor: *Wer die Zeche zahlt ... Der CIA und die Kultur im Kalten Krieg* (München 2007)
Schafarschik, Walter (Hrsg.): *Herrschaft durch Sprache: Politische Reden* (Stuttgart 1973)
Scheflin, Alan/Opton jr. Edware: *The Mind Manipulators* (London 1978)
Scheuer, Michael F. (Anonymus): *Imperial Hubris* (Washington 2004)
Scheunemann, Egbert: *Der Jahrhundertfluch. Neoliberalismus, Marktradikalismus und Massenarbeitslosigkeit. Eine allgemeinverständliche Erklärung der Zusammenhänge* (Münster/Hamburg/London 2004)
Schlosser, Eric: *Die scheinheilige Gesellschaft. Sex, Drogen und Schwarzarbeit – die dunkle Seite der USA* (München 2003)
Schneider, Wolf: *Unsere tägliche Desinformation. Wie die Massenmedien uns in die Irre führen* (Hamburg 2003)
Schneider, Wolf: *Unsere tägliche Desinformation. Wie Journalisten die Wirklichkeit verfälschen* (Beilage zu „Der Österreichische Journalist" 4–5, Salzburg-Eugendorf 2004).
Schorkopf, F. (Hrsg.), *Der Europäische Haftbefehl vor dem Bundesverfassungsgericht* (Tübingen 2006)
Schreiber, Hermann und Georg: *Geheimbünde von der Antike bis heute* (Augsburg 1992)
Schreiner, H.C. Dr. med.: *Mobilfunk. Von technischer Desinformation zur biologischen Desinformation* (Peiting 2004)
Schui, Herbert: *Neoliberalismus – Der Versuch, die Konzentration von Einkommen und Vermögen zu legitimieren* (Heilbronn 1996)
Schuler, Thomas: *Immer im Recht. Wie Amerika sich und seine Ideale verrät* (München 2003)
Schuster, Georg: *Geheime Gesellschaften, Verbindungen und Orden* (Dreieich 1905)

Schwinge, Erich: *Machtmißbrauch der Medien* (Tübingen 2003)
Scott, Ernest: *Die Geheimnisträger – Auf den Spuren der verborgenen Baumeister der Evolution* (München 1989)
See, Hans: *Kapitalverbrechen – die Verwirtschaftung der Moral* (Düsseldorf 1990)
Seifert, Thomas/Werner, Klaus: *Schwarzbuch Öl. Eine Geschichte von Gier, Krieg, Macht und Geld* (Wien 2005)
Seinitz, Kurt: *Vorsicht China!* (München 2007)
Senf, Bernd: *Der Tanz um den Gewinn* (Lütjenburg 2005)
Sheflin, Alan W./Opton, Edward M. jr.: *The Mind Manipulators* (London 1978)
Sherman, Arnold: *Die Zerschlagung Jugoslawiens* (Freiburg 1995)
Short, Martin: *Inside the Brotherhood* (Glasgow 1989)
Singer, Peter Warren: *Die Kriegs AG* (Frankfurt 2006)
Sklar, Holly (Hrsg.): *Trilaterlism – The Trilateral Commission and Elite Planning for World Mangagement* (Boston 1980)
Smoot, Dan: *The Invisible Government* (Boston 1965)
Snow, Nancy: *Propaganda Inc. Behind The Curtin at the U.S.I.A* (New York 2002)
Snow, Nancy: *American Propaganda, Free Speech, and Opinion Control Since 9/11* (New York 2003)
Soetbeer, Adolf: *Edelmetall-Produktion und Werthverhältnisse zwischen Gold und Silber seit der Entdeckung Amerikas bis zur Gegenwart* (Gotha 1879)
Solomon, Norman/Reese Ehrlich: *Angriffsziel Irak. Wie die Medien uns den Krieg verkaufen* (München 2003)
Spataro, Mario: *Der europäische Knebel – Wie Europa die Freiheit tötet* (Rom 2002)
Speth, Rudolf Dr.: *Die stille Macht. Lobbyismus in Deutschland* (Wiesbaden 2003)
Speth, Rudolf Dr./Leif, Thomas Dr.: *Die fünfte Gewalt, Lobbyismus in Deutschland* (Wiesbaden 2006)
Stahlhofen, Paul: *Programmierter Wahnsinn. Wer manipuliert Deutschland?* (Coburg 2004)
Stein, Conrad C.: *Die Geheime Weltmacht. Die schleichende Revolution gegen die Völker* (Tübingen 2003)
Stern, Paul M.: *Von Deutschland nach Absurdistan. Verwandlung einer Nation* (Unna 2005)
Stiegnitz, Peter: *Die großen Lügen der kleinen Politiker* (Klosterneuburg 2004)
Stiglitz, Joseph E.: *Die Schatten der Globalisierung* (München 2004)
Strange, Nicholas: *Keine Angst vor Methusalem. Warum wir mit dem Altern unserer Bevölkerung gut leben können* (Röse 2006)
Stringfield, Leonard H.: *Im Allerheiligsten der Geheimdienste und des U.S. Militärs* (Rottenburg 1996)
Ström, Pär: *Die Überwachungsmafia. Das gute Geschäft mit unseren Daten* (München 2005)
Sturdza, Prince Michael: *The Suicide of Europe* (Boston 1968)
Summers, Anthony: *Conspiracy* (New York 1989)
Sunzi: *Die Kunst des Krieges* (München 1988)
Sutton, Anthony C.: *Roosevelt und die internationale Hochfinanz* (München 1975)
Sutton, Anthony C: *America's Secret Establishment* (Billings 1986)
Tansill, Charles Callan: *America Goes To War* (Boston 1938)
Tansill, Charles Callan: *Die Hintertür zum Kriege* (Düsseldorf 1956)
Tarpley, Webster Griffin: *9/11 Synthetic Terror: Made in USA* (Joshua Tree 2006)
Thielen, Helmut (Hrsg.): *Der Krieg der Köpfe – Vom Golfkrieg zur Neuen Weltordnung* (Bad Honnef 1991)
Theobald, Robert A.: *The Final Secret of Pearl Harbor. The Washington Contribution to the Japanese Attack* (New York 1954)
Thomas, Gordon: *Journey into Madness. The True Story of CIA Mind Control and Medical Abuse* (New York 1989)
Thompson, Damian: *Das Ende der Zeiten* (München 1999)
Tilgner, Ulrich: *Der inszenierte Krieg* (Berlin 2004)
Tittmann, Harold H.: *Die Verteufelung : eine Dokumentation der US-Rufmord-Kampagne gegen Waldheim* (Wien 2001)

Toffler, Alvin: *Future Schock* (New York 1970)
Toffler, Alvin: *The Third Wave* (New York 1987)
Toffler, Alvin: *Power Shift* (Aylesbury 1991)
Toffler, Alvin: *War and Anti-War* (New York 1993)
Tuchmann, Barbara: *Die Torheit der Regierenden* (Frankfurt 1986)
Tye, Larry: *The Father of Spin: L. Bernays and the Birth of Public Relations* (New York 2001)
Uessler, Rolf: *Krieg als Dienstleistung. Private Militärfirmen zerstören die Demokratie* (Berlin 2006)
Ulfkotte, Udo: *Marktplatz der Diebe* (München 1999)
Ulfkotte, Udo: *So lügen Journalisten. Der Kampf um Quoten und Auflagen* (München 2002)
Ulfkotte, Udo: *Der Krieg in unseren Städten* (Frankfurt 2004)
Ulfkotte, Udo: *Grenzenlos kriminell* (München 2005)
Ulfkotte, Udo: *Der Krieg im Dunkeln. Die wahre Macht der Geheimdienste* (Frankfurt 2006)
Ulfkotte, Udo: *Heiliger Krieg in Europa* (Frankfurt 2007)
Valle, Jacques: *The Invisible College* (New York 1975)
Vankin, Jonathan/Whalen John: *The 60 Greatest Conspiracies of all Time* (Secaucus 1996)
Vennard, V.: *The Federal Reserve Hoax* (Washington 1963)
Vicary, James: *Die unterschwellige Werbung im Dienste des Absatzes* (Hamburg 1959)
Vidal, Gore: *Ewiger Krieg für ewigen Frieden. Wie Amerika den Hass erntet, den es gesät hat* (Hamburg 2002)
Virilio, Paul: *New York im Delirium* (München 1998)
Von Balanyá, Belén/Doherty, Ann/Hoedemann, Olivier /Ma'anit, Adam/Wesselius, Erik: *Konzern Europa. Die unkontrollierte Macht der Unternehmen* (Zürich 2001)
Wagemann, Dr. Ernest: *Wo kommt das viele Geld her?* (Düsseldorf 1940)
Wagner, Bruno: *Business ist wie Krieg führen* (Frankfurt 2004)
Walker, Martin J.: *Dirty Medicine – Science, Big Business and the Assault on Natural Health Care* (London 1993)
Wallace, William: *The Transformation of Western Europe* (London 1990)
Wallerstein, Immanuel: *Die Barbarei der anderen. Rhetorik der Macht* (Berlin 2007)
Walther, Christian C.: *119 Fragen zum 11.9.* (München 2004)
Warum mehr Wettbewerb und weniger Staat nicht zu Wohlstand führen
Watrin, Konrad: *Schock and Awe – 11. September – Irak Krieg – Masterplan für den Nahen Osten* (München 2004)
Webster, Nesta H.: *The Plot Against Civilisation* (London 1921)
Webster, Nesta H.: *Secret Societies* (New York 1924)
Wehrenalp, Erwin Barth von: *Man sollte es nicht für möglich halten – Unglaubliches aus der Weltgeschichte* (Düsseldorf 1988)
Weiner, Tim: *Blank Cheque – The Pentagon's Black Budget* (New York 1991)
Weiner, Tim: *Files and Whispers: The CIA opens it's Safe* (New York 1993)
Weiss, Hans/Schmiederer, Ernst: *Asoziale Marktwirtschaft. Insider aus Politik und Wirtschaft enthüllen, wie die Konzerne den Staat ausplündern* (Köln 2005)
Wells, H.G.: *The New World Order* (New York 1940)
Weltbevölkerungsbericht der Vereinten Nationen 2006
Wendling, Peter: *die Unfehlbaren – die Geheimnisse exklusiver Klubs, Logen und Zirkel* (Zürich 1991)
White, Theodore: *Der Präsident wird gemacht* (Köln-Berlin 1963)
Wie geschah es wirklich? Den Geheimnissen der Weltgeschichte auf der Spur
Wilgus, Neal: *The Illuminoids* (New York 1979)
William, Greider: *How the Federal Reserve Runs the Country* (New York 1987)
Wilson, Colin: *A Criminal History of Mankind* (London 1986)
Wilson, Edward. O.: *Die Zukunft des Lebens* (Berlin 2002)
Winter, Rolf: *USA go home. Plädoyer für den Abschied von einem gewalttätigen Land* (Hamburg 1989)
Wise, David/Ross, Thomas B.: *The Invisible Government* (New York 1965)
Wisnewski, Gerhard/Landgraeber, Wolfgang/Sieker, Ekkehard: *Das RAF-Phantom* (München 1991)

Wisnewski, Gerhard: *Operation 9/11. Angriff auf den Globus* (München 2003)
Wisnewski, Gerhard/Brunner, Willi: *Mythos 9/11. Der Wahrheit auf der Spur. Neue Enthüllungen* (München 2004)
Wisnewski, Gerhard: *Verschlußsache Terror. Wer die Welt mit Angst regiert* (München 2007)
Wohlmeyer, Heinrich: *Globales Schafe Scheren. Gegen die Politik des Niedergangs* (Klosterneuburg 2006)
Wolf, Winfried: *In den letzen Zügen. Bürgerbahn statt Börsenwahn – zur Kritik der Bahnprivatisierung* (Hamburg 2006)
Woodward, Bob: *Veil – The Secret Wars of the CIA* (New York 1987)
World Population Prospects (United Nations, New York 1985–2006)
Wright, Evan: *Generation Kill. Das neue Gesicht des Amerikanischen Krieges* (Frankfurt am Main 2005)
Wright, Micah Ian: *He Sie da! Keine Fragen bitte! Oder wir inhaftieren Sie illegal in Guantanamo* (2004)
Yeates, P.: *Forty Years of Foreign Trade* (London 1959)
Yergin, Daniel: *Der Preis. Die Jagd nach Öl, Geld und Macht* (Frankfurt 1991)
Zalloum, Abdulhay: *Feindbild Islam? Kapitalismus und Globalisierung in der Krise* (Wiesbaden 2007)
Zeller, Christian (Hrsg.): *Die globale Enteignungsökonomie* (Münster 2004)
Ziegler, Jean: *Die neuen Herrscher der Welt und ihre globalen Widersacher* (München 2003)
Zimbardo, Philip G.: *Psychologie* (Berlin 1992)
Zinn, Howard: *Amerika, der Terror und der Krieg* (Freiburg 2003)
Zunnek, Karl-Heinz: *Countdown zum 3. Weltkrieg? Der 11. September, der Irak-Konflikt und die Verschwörung zur US-Weltherrschaft* (Rottenburg 2003)

Sowie zahlreiche Zeitschriften und Publikationen, reichliches Archivmaterial aus unterschiedlichen, privaten und öffentlich zugänglichen Quellen (von der Library of Congress in Washington bis zur österreichischen Nationalbibliothek ...), wie auch aus TV- und Filmdokumentationen sowie aus dem Internet, einschließlich Onlinediensten, Telepolis, etc.

Namens- und Stichwortverzeichnis

A

B

C

D

E

F

G

H

I

J

K

L

M

N

O

P

R

S

T

Ü

V

W

Z

hauck-margart.de